元華文創

歐美與亞太地區
圖書資訊學教育

主編——王梅玲

Library and Information Science Education in Europe,
United States and Asian-Pacific Region

圖書資訊學教育培養新時代專業人才，
跨域翻轉圖書資訊學新典範。

解讀美國、英國、德國、法國、澳洲、紐西蘭、印度、日本、韓國、中國與臺灣
圖書資訊學教育最新發展趨向

 圖書資訊學研究叢書系列

目 次

圖 目 次

表 目 次

主 編 序

　　圖書資訊學教育專題，是1993年臺灣大學圖書資訊學博士班最受歡迎的一堂課。那個年代，美國、英國的圖書館事業以及圖書資訊學教育令我們博士生嚮往，德國、法國、日本、韓國、澳洲……充滿了未知與神祕，這堂課的老師，是有一個法律學士、二個政治學碩士、三個圖書館學碩士，以及一個圖書館學博士等七項學位胡述兆教授，他用國際與世界的觀點，打開我們這群博士生的視野。

　　圖書館是文化保存的守護者，是人類智慧的寶藏，是社會知識傳播鏈的重要節點。圖書館學是一門年輕的學科，起初培養圖書館管理員，後來圖書館事業成為專業，形成圖書館學教育，培養專業圖書館員。第一所圖書館學校肇始於1887年，杜威（Melvil Dewey），在美國哥倫比亞大學設立的圖書館學院（School of Library Economy）。臺灣大學圖書館學系在1980年，成立圖書館學碩士班，提升圖書館學專業教育，推動臺灣圖書館事業蓬勃發展。圖書館學教育隨著社會變遷，演變成圖書資訊學教育，面臨科技、社會、資訊環境與圖書館事業等巨大變革，帶來許多問題與挑戰。歐美圖書資訊學界正在探討未來教育。鑑此，有系統因應變革，進行國際與比較圖書資訊學教育研究相當具有意義。

　　受到了博士班專題的啟發，世界圖書資訊學教育成為這三十年研究我最愛探尋的主題。第一部曲，在1996年，撰寫《英美圖書館與資訊科學碩士教育的比較研究》博士論文並獲出版。當時從專業教育的理論來探討英國與美國圖書館與資訊科學教育的歷史與現況，發現二國圖書館與資訊科學教育發展蓬勃頗有建樹，專業教育推動二國圖書館事業的發展。

　　其後，世界各國大幅更改系所名稱，「去圖書館化」現象普遍發生，資訊科技進步與高等教育變革影響圖書資訊學教育的發展，於是進行第二部曲，2005年，撰寫《英美與亞太地區圖書資訊學教育》專書。從國際觀點，採用比較研究方法，探討英美與亞太地區圖書資訊學教育，涵蓋英國、美

國、澳洲、日本、韓國、中國與臺灣七國。

圖書資訊學教育經過一百三十餘年的洗禮,歷經社會、科技、教育許多變革,現今有了不同的意涵與教育新形式,值得研究探索。世界各國隨著圖書館事業的建立,如今圖書資訊學教育也形成體系,並在各國社會、文化、教育、政治、經濟的架構下綻放不同的花朵,增益豐富與多元。因此,我在政治大學圖書資訊與檔案學研究所開設「圖書資訊學教育專題」課程,與博士生、碩士生、臺灣的學生、中國的學生,天南地北,一起探討世界各國圖書資訊學教育。用國際與比較的鏡子,重新檢視圖書資訊學門與教育制度,各種豐富、多元、反差的現象與觀點,再一次喚起師生的好奇與驚嘆。於是我們共同約定寫作一本世界圖書資訊學教育的書,這就是第三部曲,《歐美與亞太地區圖書資訊學教育》。

本書探討二十一世紀世界各國圖書資訊學教育發展現況,美國是圖書館學教育的發源地,其建立的圖書資訊學認可制度,培養了專業的圖書資訊人員,並保證了圖書資訊學教育的卓越品質,領導全球發展。英國也在圖書館員專業資格認可與培育基礎上,建立獨特的學會制度。澳洲不斷反思與改革圖書館與資訊服務,法國是在檔案機構開設圖書館課程最早的國家,德國因為重視圖書館事業與館員專業能力而建立圖書館學教育體系,印度是圖書資訊學教育發展範圍與學校規模最大的國家。中國由於二十一世紀經濟發展強大,帶動圖書資訊學教育大規模成長,發展出多元多層次的教育體系。臺灣的七所圖書資訊學教育以碩士教育發展最有活力且具特色,而比鄰的日本與韓國的圖書資訊學校也不斷進步變革,更添加國際圖書資訊學教育的豐富與價值。因此本書以美國、英國、德國、法國、澳洲、紐西蘭、印度、日本、韓國、中國與臺灣等十一國的圖書資訊學教育為研究對象,採用國際與比較研究觀點,探討十一國現行圖書資訊學教育制度,研究其教育歷史發展與影響,歸納各國圖書資訊學教育重要發展與興革,最後比較其異同,並根據重要發現以推論未來發展趨向。

2021年,我在政大開授「圖書資訊學教育專題」課程,有十一位同學修課,二位博士生與九位碩士生,藉著專題式學習(Project-Based Learning),以國際圖書資訊學教育作為專題計畫主題,引發學生對圖書資

訊學教育求知的渴望。由於同學學習熱烈，回饋豐富，於是我提出寫作的框架，引導每位同學選擇一國圖書資訊學教育作為專題的學習主題，這十一位同學及主題：黃沛（美國），董冠麟（英國），黃鈺婷（德國），汪楚筠（法國），張梓妤（澳洲），李宗叡（紐西蘭），李育浚（印度），吳悠（日本），翁玉蓉（韓國），鐘黃迎（中國），與王琪寬（臺灣）。我們用專題式學習方式進行課堂學習並產生學術報告。最後由我綜整十一篇專題報告，完成本書。

　　感謝在本書撰寫過程中，許多朋友的協助，如韓國江南大學退休曹炯鎮教授、本所韓國畢業生安智炫、中國武漢大學信息管理學院的陳傳夫院長、肖希明主任。更要感謝黃鈺婷博士生擔任第三校校閱者，以及助理黃沛同學，謝謝他們悉心的打字與校稿，才使得這本書終於順利出版。最後要感謝我的指導老師胡述兆教授，他的專題課程開啟了我學術生涯的追尋，感到萬分的喜悅與啟發。希望這本書，同樣吸引修課的研究生以及讀者，共同探索世界圖書資訊學教育的奧妙與迷人。

王梅玲 謹識

2023年3月　於政治大學

主編、作者簡介

主編簡介

王梅玲　國立政治大學圖書資訊與檔案學研究所教授。為國立臺灣大學圖書資訊學研究所博士，曾任國立政治大學圖書資訊學與檔案學研究所所長、國立臺灣大學圖書館期刊組主任、圖書館採訪組主任、國家圖書館輔導組主任、玄奘大學圖書資訊學系主任、玄奘大學圖書館館長；並在公共事務方面，曾任中華圖書資訊學教育學會理事長、中華民國圖書館學會常務理事、中華圖書資訊學教育學會秘書長、中國圖書館學會基本選目編輯小組主任委員、中華圖書資訊學教育學會課程發展委員會主任委員、中國圖書館學會館藏發展委員會主任委員、中國圖書館學會理事、中華圖書資訊學教育學會學術交流委員會主任委員、中國圖書館學會館藏發展委員會副主任委員、中國圖書館學會副秘書長、中華圖書資訊學教育學會副秘書長，研究專長涵蓋館藏發展與管理、數位資源使用與評鑑、數位圖書館、學術圖書館、圖書資訊學教育、資訊素養教育等領域。

作者簡介

王梅玲

學歷：美國馬里蘭大學圖書館與資訊服務學院碩士、國立臺灣大學圖書資訊學研究所博士

現職：國立政治大學圖書資訊與檔案學研究所教授

黃沛

學歷：私立淡江大學資訊與圖書館學系學士、國立政治大學圖書資訊與檔案學研究所碩士

現職：國立臺灣圖書館企劃推廣組編審職務代理人

董冠麟

學歷：天主教輔仁大學圖書資訊學系學士、國立政治大學圖書資訊與檔案學研究所碩士

現職：國家實驗研究院科技政策研究與資訊中心政策研究組專案佐理研究員

黃鈺婷

學歷：國立東華大學歷史系學士、國立政治大學圖書資訊與檔案學研究所碩士

現職：國立政治大學圖書資訊與檔案學研究所博士生

汪楚筠

學歷：天主教輔仁大學圖書資訊學系學士、國立政治大學圖書資訊與檔案學研究所碩士

現職：鴻海科技集團人力資源管理專員

張梓妤

學歷：私立淡江大學資訊與圖書館學系學士

現職：國立政治大學圖書資訊與檔案學研究所碩士生

李宗叡

學歷：私立東海大學社會工作學系學士、國立政治大學圖書資訊與檔案學
研究所碩士

現職：行政院農委會藥物毒物試驗所助理

李育浚

學歷：天主教輔仁大學歷史學系學士、國立政治大學圖書資訊與檔案學研
究所碩士

現職：國立傳統藝術中心綜合企劃組圖書資訊科專案人員

吳悠

學歷：國立政治大學中國文學系學士、國立政治大學圖書資訊與檔案學研
究所碩士

現職：小學實習教師

翁玉蓉

學歷：私立淡江大學資訊與圖書館學系學士、國立政治大學圖書資訊與檔
案學研究所碩士

現職：淡江大學覺生紀念圖書館參考組約聘行政人員

鐘黃迎

學歷：福建師範大學管理學學士（圖書館學專業）、國立政治大學圖書資訊
與檔案學研究所碩士

現職：廣東拓迪智能科技有限公司智慧圖書館研究院研究員

王琪寬

學歷：天主教輔仁大學圖書資訊學系學士、國立政治大學圖書資訊與檔案
學研究所碩士

現職：國立政治大學圖書資訊與檔案學研究所博士生

第1章
緒　論

王梅玲

1.1 國際與比較圖書資訊學教育

　　圖書資訊學教育源自圖書館學教育，第一所圖書館學校肇始於1887年，杜威（Melvil Dewey, 1851-1931）在美國設立的圖書館學院（School of Library Economy），至今已有一百三十餘年。隨著社會變遷，圖書資訊學教育正面臨科技、社會、資訊環境與圖書館事業等巨大變革，帶來許多問題與挑戰。歐美圖書資訊學界正在探討未來教育。鑑此，有系統因應變革，進行國際與比較圖書資訊學教育具有相當意義。

　　圖書館是人類文化典藏的重要機構，及至圖書館事業發達，成為人類社會重要的機構，也形成專業，圖書館學的研究與教育於是開始發展（Shera, 1976）。圖書館學教育從美國、英國、歐洲開始發展，推及至亞洲與太平洋地區，經過百餘年發展，圖書館學教育成為圖書館專業人員教育與訓練重要管道，以培育良好的圖書館員從事圖書館服務為職志。

　　有關圖書館學（Librarianship）的理念，美國圖書館大師薛拉（Jesse H. Shera）闡釋如下：「一些圖書放在一起並非圖書館，圖書館也非僅是圖書典藏的場所，而是保存與促進圖文紀錄利用的社會機構。其是促成人類社會與文化進步的社會傳播系統，沒有這個傳播功能，就無法形成人類的社會；沒有圖文紀錄的保存就失去了永恆的文化。圖書館也許隨著時代不同，管理功能有異，但其基本目標，作為關注人類紀錄知識的保管者並與知識傳播鏈結是永遠相同的，其最終的關懷是將人類的知識、構想、思維予以

1

傳播。這些智識內涵才是圖書館所重視的，遠勝過圖書等圖文紀錄的實體形式」（Shera, 1993）。圖書館學教育有助於實踐圖書館社會知識傳播的天職。

1887年，美國圖書館學先驅杜威（Melvil Dewey），在紐約的哥倫比亞大學（Columbia University）設立圖書館學院（School of Library Economy），為全世界第一個圖書館學校，代表近代圖書館學的開始。十九世紀，社會專業（Profession）興起，卡羅（C. Edward Carrol）主張專業需要由專門學校提供長時間之訓練；必須奠基於通識教育或博雅教育（Liberal Education）基礎之上；要涵蓋一套比技能更為重要的有組織條理之知識體系（Carroll, 1970）。這些觀念促成圖書館學教育自二十世紀開始在世界各地發展，在美洲、歐洲、澳洲、亞洲各地開花結果，並且朝向專業教育發展。但各國的發展受到其社會、文化、教育、政治、經濟等因素影響呈現各種成果與風貌。

中國圖書館學教育始於1913年，南京金陵大學開設之圖書館課程，第一所圖書館學校在1920年，由美國韋棣華女士（Mary Elizabeth Wood, 1861-1931）在武昌文華大學創辦文華圖書科，為中國圖書館事業奠定基礎。1949年起，中國圖書館學教育在中國與臺灣兩地分別發展。臺灣地區圖書館學教育始於1954年，臺灣大學外國語文學系開授第一個圖書館學的課程。1955年，臺灣師範大學社會教育學系成立圖書館學組。1961年，臺灣大學圖書館學系成立，是臺灣地區設置於普通綜合大學的第一所圖書館學校。

臺灣圖書資訊學教育發展六十餘年，建立起學士班、碩士班與博士班完整的體系，並從一校擴增至七所圖書資訊學學校。但受到資訊科技進步與資訊社會變遷而發生變革，自1992年，輔仁大學率先將圖書館學系改名為圖書資訊學系，其他各校紛紛易名。同時中國也陸續改名為信息管理系。變革之風吹向全世界，圖書館學系所紛紛改名為「圖書館與資訊科學」（Library and Information Science）。本書依據我國習慣，將「圖書館與資訊科學」稱為「圖書資訊學」。

二十一世紀以降，科技不斷進步，近年出現許多新興科技，如雲端運算、行動裝置、物聯網、區塊鏈、AR擴增實境、大數據、人工智慧、開放

內容與MOOCs磨課師等，這些數位與網路科技進步，改變了社會面貌，朝向雲端化、行動化、數據化、人工智慧化發展。圖書館向來是人類文化的重要守護者，美國圖書館學會（American Library Association，簡稱ALA）在〈動盪的世界趨勢報告〉（Trends Report: Snapshots of a Turbulent World），提出三項影響原因與七項主要趨勢，其中網路新革命、資訊機構改變與資訊使用和消費轉型改變三項，是影響圖書館營運轉變的因素。全球七項趨勢包括：（1）全球互聯世界形成。（2）環境恢復力提升。（3）人口統計呈現更大、更老、更多樣化面貌。（4）經濟不公平加劇。（5）公共部門預算不足。（6）教育朝向自我導向、協作和終身學習發展。（7）出現新工作需要新技能與新結構（American Library Association [ALA], 2014）。該趨勢報告引起許多探討：圖書館事業發生重大改變，未來圖書館功能變化為何？這些趨勢對圖書館與大眾獲取資訊的影響為何？圖書館有哪些機會和競爭優勢？對圖書資訊學教育帶來何種挑戰與機遇？

國際圖書館協會聯盟（International Federation of Library Associations and Institutions，簡稱IFLA）（2016）也提出趨勢報告，確定全球資訊環境變革中的五個重要趨勢：（1）新技術將擴大和限制取用資訊權。（2）線上教育將普及全球教育與學習。（3）隱私和資料保護的界線將重新定義。（4）超連結的社會將被重視並賦予新聲音和群體力量。（5）新科技將改造全球資訊經濟。

圖書資訊學教育在數位時代中不斷演變。自1960年代起，由於電腦普及與資訊科學興起，擴大了圖書館學研究範圍。1970年代以來，圖書館學與資訊科學整合成為熱門的話題，美國大學校院中的Library School紛紛改名為School of Library and Information Science。2005年，iSchools聯盟成立，新興科技大量應用在圖書館學與資訊科學，促進iField資訊領域與資訊學院的發展。

在探討圖書館學與資訊科學議題時，學門命名是一個難得共識的課題，因為資訊是很難界定的名詞。英國最早主張用「資訊研究」（Information Studies）一詞，可以涵蓋所有資訊相關研究。美國在1980年代，常稱作圖書館與資訊科學（Library and Information Science，簡稱LIS），但美國圖書

館學會在1992年，將圖書館學校認可標準改稱為：〈圖書館與資訊研究碩士學程認可標準〉（Standards for Accreditation of Master's Programs in Library and Information Studies），將圖書館學碩士班改名為「圖書館與資訊研究」（Library and Information Studies）碩士班（ALA, 2019），提升圖書資訊學專業教育到碩士教育。

圖書資訊學發展至今，經過不斷的演變，美國巴克蘭（Buckland）形容這個學門是一塊百納布，廣納百川，涵蓋：書目學、文獻學、資訊檢索、圖書館學、電腦、通訊、檔案學與出版學。1968年，資訊科學誕生對圖書館學科產生刺激（Borko, 1968）。美國圖書館學校在1978至2001年，共有17所學校關門（Estabrook, 2003）。許多圖書館學校力求改變，以走過關閉的危機，改名為圖書資訊學學院（Library and Information Science）。及至2005年，iSchools聯盟成立，有一百多所學校參加，改名為Information School，如University of Syracuse改名為資訊學院（School of Information），聘請圖書資訊學以外其他背景的教師，並改革課程。iSchools聯盟成員來自圖書資訊學、電腦科學、資訊工程與其他學科，建構iField領域，形成跨領域特質（iSchools Organization, 2022）。Roger Greer與Robert Grover稱這種轉變是以「資訊轉換」（Information Transfer）為中心，圖書資訊學教育從「圖書館為中心」趨向「資訊為中心」。

圖書館學教育本質是專業教育，Shera（1976）詮釋圖書館教育是專業教育，引述C.C. Williamson的話：「圖書館專業要放在大學環境中，藉由專業教育培養圖書館員具有專業信念、知識與能力，以獲得專業的認同。」而今圖書資訊學教育普遍設於大學中，受到大學以教學、學術、研究與發展知識理念的影響。由於面臨高等教育變革，常引發圖書資訊學教育向「圖書館專業」或「學術教育」發展兩種爭議。Van House等（1996, March 11）主張圖書資訊學門應從生態系統（Ecosystem）思維發展，圖書資訊學教育在高等教育動態與競爭環境之中，應揚棄以圖書館為中心的思維，建立新學門學術地位以爭取生存空間，並在學門知識庫、研究方法、價值、實務、工具應用等新課題領域中追求發展。

圖書資訊學教育經過一百三十餘年的洗禮，歷經社會的變遷、資訊科

技成長、高等教育與學門改革，現今有了不同的意涵與教育新形式，值得研究探索。世界各國隨著圖書館事業的建立，如今圖書資訊學教育也形成體系，並在各國社會、文化、教育、政治、經濟的架構下綻放不同的花朵，增益豐富與多元。

　　本書探討二十一世紀世界各國圖書資訊學教育發展現況，美國是圖書館學教育的發源地，其建立的圖書資訊學認可制度，培養了專業的圖書資訊人員，並保證了圖書資訊學教育的卓越品質，領導全球發展。英國也在圖書館員專業資格認可與培育基礎上，建立獨特的學會制度。澳洲不斷反思與改革圖書館與資訊服務，法國是在檔案機構開設圖書館課程最早的國家，德國因為重視圖書館事業與館員專業能力而建立圖書館學教育體系，印度是圖書資訊學教育發展範圍與學校規模最大的國家。中國由於二十一世紀經濟發展強大，帶動圖書資訊學教育大規模成長，發展出多元多層次的教育體系。臺灣的七所圖書資訊學教育以碩士教育發展最有活力且具特色，而比鄰的日本與韓國的圖書資訊學校也不斷進步變革，更添加國際圖書資訊學教育的豐富與價值。因此本書以美國、英國、德國、法國、澳洲、紐西蘭、印度、日本、韓國、中國與臺灣等十一國的圖書資訊學教育為研究對象，採用國際與比較研究觀點，探討十一國現行圖書資訊學教育制度，研究其教育歷史發展與影響，歸納各國圖書資訊學教育重要發展與興革，最後比較其異同，並根據重要發現以推論未來發展趨向。

1.2 研究方法

　　本書探討圖書資訊學教育的原理、教育制度、發展現況與變革趨向，採用比較方法，從歐美與亞太地區十一國圖書資訊學教育現況資料分析與研究，主要研究目的如下：（1）探討圖書資訊學教育的意涵與原理。（2）調查十一國圖書資訊學教育制度。（3）研究十一國圖書資訊學教育評鑑。（4）論述十一國圖書資訊學教育特色與課程發展。（5）比較十一國圖書資訊學教育的異同。（6）歸納當代圖書資訊學教育新典範與改革趨向。

本書的研究範圍與限制涵蓋如下：

1. 本書以美國、英國、德國、法國、澳洲、紐西蘭、印度、日本、韓國、中國與臺灣十一國圖書資訊學教育為對象。

2. 本書以圖書資訊學專業教育為範圍，以學士班、碩士班、高級文憑、超碩士研究、博士班與遠距教育為主，圖書館技術員教育、繼續教育與在職教育不在本書範圍。

3. 本書主要以圖書資訊專業教育發展歷史、教育制度、課程設計、教育評鑑，以及改革計畫與措施為範圍。

4. 研究對象以各國提供專業教育的圖書資訊學系所為範圍，如美國圖書館學會認可之系所（加拿大不在本書範圍）、英國圖書館與資訊專業學會認可的系所、以及德國、法國、澳洲、紐西蘭、印度、日本、韓國、中國、臺灣等國圖書資訊學系所。

　　本書採用國際與比較研究法，其應用在圖書館學稱為「國際圖書館學」（International Librarianship）與「比較圖書館學」（Comparative Librarianship），為1950年代起，逐步形成的一門新興學科，它以探索各國、各地區圖書館事業的發展，國際圖書館事業的合作，以及調查研究的方法為主要目標（Dane, 1976）。Parker界定「國際圖書館學」，係在世界任何地方，在兩個或多個國家的政府或非政府機構、組織、團體或個人之間開展的活動，以促進、建立、發展、維護和評估圖書館、文獻和相關服務，以及圖書館事業和圖書館專業。Collings（1971）界定：比較圖書館學即有系統地分析不同環境下圖書館之發展及實務作業，並考量相關的歷史、地理、政治、社會、文化及其他背景因素，以研究圖書館發展的因果關係及相關問題。丹頓（J. Periam Danton）指出：「比較圖書館學」是學術調查和研究的領域，可定義為在兩個或多個國家、文化或社會環境中對圖書館、圖書館系統、圖書館學的某些方面或圖書館問題的分析。置於社會政治、經濟、文化、意識形態和歷史背景下，這種分析可以理解潛在的相似性和差異並確定差異的解釋，最終獲得有效的概括原則（Lor, 2017）。

　　本書採用「國際與比較圖書資訊學」（International and Comparative

Study in Library and Information Science）取向，參考比較圖書館學與Krzys（1974）的圖書館學之國際與比較研究的論說，將其界定為：「係將兩個以上國家之圖書館、圖書館系統、圖書資訊學、圖書資訊學教育、圖書館問題或資訊相關議題，依社會之政治性、經濟性、文化性、觀念性、歷史性之內涵進行分析，以瞭解及解釋其相似性與相異性，藉以歸納圖書資訊學之共通理論與原則」。

國際與比較圖書資訊學應用於圖書資訊學教育，可以擴大視野，增廣見聞，汲取國外圖書資訊學教育的成功經驗和失敗教訓，作為本國圖書資訊學教育改革的借鏡；更可以增加國際瞭解，促進國際文化交流，豐富學門的知識，並提高學術和研究層級與境界。本書將從國際圖書資訊學教育的觀點來蒐集多國，跨國圖書資訊學教育制度與現況資料，最後採用比較教育研究方法進行分析與比較，期望最後能獲致圖書資訊學教育新典範。

國際與比較圖書資訊學研究多採用Bereday（1964）之比較教育研究方法，分為「區域研究」及「比較研究」兩個部分，而每一部分又分兩個步驟。區域研究包含「描述」（Description）及「解釋」（Interpretation）兩個步驟，比較研究也有「併排」（Juxtaposition）及「比較」（Comparison）兩個步驟。區域研究為比較研究的準備階段，而描述、解釋、併排及比較為比較教育之四個主要研究步驟。

「描述」係指描述所要比較研究的國家或研究主題之現狀。描述一國或一地區的教育制度首須廣泛閱讀相關資料，包括第一手資料、第二手資料及輔助資料。「解釋」係指分析形成各國或各地區教育制度的因素，以求瞭解該國或該地區的教育制度為何如此形成。因一國或一地區的教育制度是其社會生活的反映，而社會生活又受歷史、政治、經濟、社會、文化、地理、哲學及其他因素的影響，故解釋各項因素時應綜合應用歷史學、政治學、經濟學、社會學、地理學、哲學及心理學等學科的知識，也是比較法中最難掌握的一部分。「併排」係指將各國的教育資料相同或可資比較的類別加以系統化的排列，以便找出研究的假設及供正式比較之用。因為蒐集之各國資料在未經整理前十分混亂，須將資料加以分類，然後再將同類的資料排列在一起，以便進行比較。「比較」又稱「同時比較」（Simultaneous

Comparison），係指對各國或各地區的資料詳細反覆地加以研究比較，藉以獲得明確的結論。此四步驟經常為國際與比較圖書資訊學所採用，也是本書所採用的方法。

本書根據前述研究目的，擬就下列研究問題逐一探討：

1. 網路與資訊科技對於圖書資訊學教育帶來變革，是否產生新典範？新典範為何？

(1) 探討圖書資訊學教育的原理、發展與變革、圖書館事業在圖書資訊學教育的地位、圖書資訊學教育新典範。

2. 十一國圖書資訊學正規教育有何特色，其相同與相異點為何？

(1) 探討十一國圖書資訊學正規教育本質上之異同，包括：圖書資訊學發展歷史、現行教育制度、課程規劃與設計。

(2) 探討十一國圖書資訊學教育專業評鑑制度之異同，包括：評鑑標準、評鑑機構、評鑑程序。

3. 各國是否受到教育、文化、科技、社會、經濟及其他因素之影響造成相同與相異點？

有關資料蒐集，分為兩方面，在一手資料，主要蒐集：(1) 十一國圖書資訊學系所概況資料，以及網站資料等。(2) 美國圖書館學會（ALA）、英國圖書館與資訊專業學會（Chartered Institute of Library and Information Professionals，簡稱CILIP）、其他國家圖書資訊學教育相關學會或團體網站資料、會議論文集、以及書面資料等。(3) 圖書資訊學教育會議紀錄。(4) 圖書資訊學學校年度報告。各國圖書資訊學名錄參考美國圖書館學會的世界圖書資訊系所網站（World List）（ALA, 2022），本網站依據英國University of Sheffield的Wilson教授在1996到2013年間編製的世界圖書資訊學系所名錄（World List of Department and Schools of Information Studies, Information Management, Information System）（Wilson, 2003），由美國圖書館學會修訂維護。

在二手資料方面，主要蒐集：(1) 圖書資訊學教育相關之圖書。(2) 圖書資訊學教育相關之期刊論文。(3) 圖書資訊學教育相關之博碩士論

文、白皮書、研究報告等。

　　本書研究架構如下：

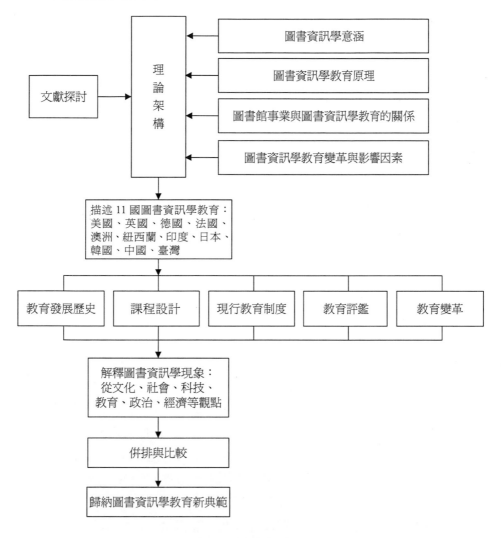

圖1-1　研究架構圖

　　本書的研究步驟如下：

　　第一步驟是「描述」，首先探討圖書資訊學教育之發展歷史、教育系

統、課程設計、教育評鑑等資料。

　　第二步驟是「解釋」，從十一國圖書資訊學教育之發展歷史，就教育、文化、社會、科技、經濟、政治等方面，解釋影響十一國圖書資訊學教育發展之主要因素。

　　第三步驟是「描述各國圖書資訊學教育制度」，涵蓋各國圖書館事業概述、圖書資訊學教育歷史發展、教育制度、課程設計、教育評鑑以及教育變革與發展趨向。

　　第四步驟是「比較與歸納」，乃將第三步驟十一國圖書資訊學教育制度資料分別進行比較與解釋：十一國圖書資訊學教育制度現況、十一國圖書資訊學教育評鑑制度、影響其正規教育發展之主要因素、及十一國圖書資訊學教育變革新典範，比較其相異與相似點，並解釋差異之原因。最後將上述比較結果，作一結論，以驗證研究假設，並提出具體建議與未來值得進一步研究之問題。

1.3本書結構

　　本書從世界觀點，採用比較圖書資訊學研究方法，探討歐美與亞太地區圖書資訊學教育。內容首先陳述網路革命，新興科技進步與前瞻未來教育引起圖書館學教育的變革，其次探討圖書資訊學教育的原理與發展。進一步探討歐美與亞太地區各國的圖書資訊學教育，包括美國、英國、德國、法國、澳洲、紐西蘭、印度、日本、韓國、中國與臺灣十一個國家，內容涵蓋了十一國圖書館事業概述、圖書資訊學教育歷史發展、教育制度、課程設計、教育評鑑以及教育變革與發展趨向，並提出總結與建議。本書涵蓋下列十四章，各國圖書資訊學教育包括：圖書館事業概述、圖書資訊學教育發展簡史、圖書資訊學教育制度（含圖書資訊學系所名錄）、課程設計、圖書資訊學教育評鑑、教育變革與發展趨向。

　　第一章　　緒論

　　第二章　　圖書資訊學教育的原理與發展

本書相關名詞釋義如下：

1.3.1 專業（Profession）

專業與一般職業有所不同，係一種職業組織之理想形式，並非存於現實表面之上，當職業團體專業化時，即形成這種專業模式。專業有其特質，係具備下列要件的職業：（1）必須奠基於博雅教育基礎之上。（2）需要由專門學校提供長時間之訓練。（3）涵蓋一套比技能更為重要，有組織條理之知識體系。（4）不僅需作研究調查，尚要將專業應用於實務工作中。（5）為社會提供服務比獲得經費收入更為重要。（6）關心人類社會之需求。（7）藉由倫理守則以規範其會員之行為。（8）組織全國性社團或專業學會以代表該專業。（9）專業人員之工作勞心甚於勞力（Carroll, 1970）。

1.3.2 專業教育（Professional Education）

專業教育係為專業提供之教育與訓練，具體而言是指從專業學校接受

專業教育，而使得專業得以保存、累積、傳播與擴展其經驗，並保證該專業長久適合社會目的與配合社會之需要。一般專業學校具備下列功能：（1）組織專業知識，藉由整合性課程將有組織系統之知識傳授給學生。（2）選擇與訓練學生。（3）進行研究。（4）提供繼續教育與提升專業水準（Carroll, 1970）。

1.3.3圖書館學（Librarianship）

圖書館工作是一種專業，圖書館學主要關懷將各種形式的知識有系統地組織，並傳播，以保存社會文化遺產，提昇學術與創造新知識。圖書館從業者藉著圖書館學、文獻學與資訊科學的技術、方法與知識，提供各種圖文紀錄，以配合圖書館各層級服務的使用者的需求（International Federation of Library Associations and Institutions [IFLA], 2016）。

1.3.4資訊科學（Information Science）

資訊科學係研究資訊的特質及行為，控制資訊流的力量，以及最佳的獲取和使用處理資訊的方法的學科。它所關心者是資訊的產生、徵集、組織、檢索、解釋、傳遞、改變及利用的知識本體。包括自然和人工系統中資訊表現的研究，有效訊息傳遞的符碼使用，以及資訊處理的設施和技術，如：電腦和其程式系統的學問。它也是一門從相關學科提取的綜合科學，如：數學、邏輯學、語言學、心理學、電腦科學、作業研究、繪圖藝術、傳播、圖書館學、管理學等學科。它有純科學的成分，研究主題而不論應用；也有應用科學的成分，發展服務和產品（Borko, 1968）。

1.3.5圖書資訊學（Library and Information Science）

圖書資訊學全稱為圖書館與資訊科學（Library and Information Science），其意涵以美國圖書館學會的〈圖書館與資訊研究碩士學程認可標準〉（Standards for Accreditation of Master's Programs in Library & Information Studies）解釋最為具體。該標準於1992年，將圖書館學改為「圖書館與資訊研究」（Library & Information Studies），界定：其係相關

於紀錄性資訊與知識，便於管理利用的服務與技術的一門學科，範圍涵蓋資訊與知識的創造、傳播、辨識、選擇、徵集、組織與描述、儲存與檢索，保存、分析、解釋、評估、整合、傳布與管理。此定義不僅指涉專業實務並且也是學術研究（ALA, 2019）。

1.3.6 圖書資訊學教育（Library and Information Science Education）

圖書資訊學教育係指圖書館與資訊服務專業人員的養成教育，專為圖書館與資訊服務專業提供教育與訓練，目的在培養具備圖書館與資訊服務所需的知識與技能的專業合格人員，俾其勝任專業工作（王梅玲，2005；王梅玲、蔡佳縈，2009年3月）。

1.3.7 國際與比較圖書資訊學（International and Comparative Study in Library and Information Science）

國際與比較圖書資訊學係將兩個以上國家之圖書館、圖書館系統、圖書資訊學、圖書館問題、或資訊相關議題，依社會之政治性、經濟性、文化性、觀念性、歷史性之內涵進行分析，以瞭解及解釋其相似性與相異性，藉以歸納圖書資訊學之共通理論與原則。而描述、解釋、併排及比較為比較研究之四個主要研究步驟。

1.3.8 比較圖書館學（Comparative Librarianship）

比較圖書館學即有系統地分析不同環境下圖書館之發展及實務作業，並考量相關的歷史、地理、政治、社會、文化及其他背景因素，以研究圖書館發展的因果關係及相關問題。

1.3.9 圖書館學國際與比較研究（International and Comparative Study in Librarianship）

圖書館學之國際與比較研究，涵蓋國際性、跨國性、或跨文化網絡背景之圖書館現象的研究，藉由對圖書館現象之解釋、預測與控制以達到深

化圖書館科學的目的。此研究最後宗旨在藉由比較世界各種不同圖書館實務以提升圖書館學（Krzys, 1974）。

1.3.10 認可制度（Accreditation）

　　認可制度為高等教育維持教育機構品質的一種評鑑制度，係由一群教育機構，專業實務者及教育工作者所建立自願性、非官方性的組織，負責對教育機構的品質進行評鑑與認定。其任務為：（1）鼓勵並協助各教育機構接受評鑑並改善其教育品質；（2）告知公眾某些教育機構的教育品質是否符合其認可的標準（Young, 1983）。

參考文獻

王梅玲（2005）。英美與亞太地區圖書資訊學教育。臺北：文華。

王梅玲、蔡佳縈（2009年3月）。臺灣圖書資訊學教育指南發展之研究，大學圖書館，**13**（1），58-84。

American Library Association (2014). *Trends report: Snapshots of a turbulent world.* Chicago: American Library Association Policy Revolution Initiative. https://districtdispatch.org/wp-content/uploads/2014/08/ALA_Trends_Report_ Policy_Revolution_Aug19_2014.pdf

American Library Association (2019). *Standards for Accreditation of Master's Programs in Library and Information Studies.* Adopted by the Council of the American Library Association (the Council), February 2, 2015 Revision of standard element V.3 adopted by the Council, January 28, 2019 by request of the Committee on Accreditation.http://www.ala.org/ educationcareers/sites/ala.org.educationcareers/files/content/standards/Sta ndards_2019_ALA_Council-adopted_01-28-2019.pdf

American Library Association (2022). *World List.* https://www.ala.org/education careers/employment/foreigncredentialing/worldlist

Bereday, George Z. F. (1964). *Comparative Methods in Education*. New Holt, NY: Rinehart and Winston, pp. 27-28.

Borko, Harold (1968). Information Science: What is It? *American Documentation* 193.

Carroll, C. Edward (1970). *The Professionalization of Education for Librarianship: with Special Reference to the Year 1940-1960*. Metuchen, N.J.: The Scarecrow Press, p. 29.

Collings, Dorothy G. (1971). Comparative Librarianship. *Encyclopedia Library and Information Science,* pp. 5, 492.

Dane, Chase (1976). Comparative Librarianship. *Reader in Comparative Librarianship*, p. 23.

Estabrook, Leigh (2003). Library and Information Science Education, *Encyclopedia of Library and Information Science*, pp. 1, 646-1, 652.

International Federation of Library Associations and Institutions (2016). *IFLA Trend report 2016 update*. https://trends.ifla.org/update-2016.

iSchools Organization (2022). *iSchools, Inc. –* Home. https://ischools.org/.

Krzys, Richard (1974). International and Comparative Study in Librarianship. Research Methodology. In *Encyclopedia of Library and Information Science* 12, 328.

Lor, Peter Johan (2017). International and Comparative Librarianship. In: Levine-Clark, Michael (ed.), *Encyclopedia of Library and Information Sciences*. https://doi.org/10.1081/E-ELIS4 online

Shera, Jesse H. (1976). *Introduction to Library Science*. Chicago: American Library Association, p. 139.

Shera, Jesse H. (1993). Librarianship, Philosophy of. *World Encyclopedia of Library and Information*. Chicago: American Library Association, p. 461.

Van House, Nancy A. & Stuart A. Sutton (1996, March 11). *The Panda Syndrome: An Ecology of LIS Education.* http://sims.berkelex.edu/~vanhouse/panda.html

Wilson, Tom (2003). *World List of Department and Schools of Information Studies, Information Management, Information System.* http://informationr.net/wl/

Young, Kenneth E. (1983). *Understanding Accreditation.* San Francisco: Jossey-Bass, p. 449.

第2章
圖書資訊學教育的原理與發展

王梅玲

　　圖書資訊學（Library and Information Science，簡稱為LIS），中文全稱為「圖書館與資訊科學」，其前身為圖書館學（Library Science）。1807年，德國施倫廷格（Martin Wilibald Schrettinger）首先提出「圖書館學」名詞，德文為Bibliothekswissenschatt。他發現圖書館員用心經營圖書館，但是當館員離開，經營的方法與技術也帶走了。所以需要建立圖書館學，整理記錄圖書館經營的方法才能傳授他人。圖書館學涵蓋一系列理論與實務，需要藉由教育機構傳授，1887年，由杜威（Melvil Dewey）在美國哥倫比亞大學創設第一所圖書館學院（School of Library Economy），建立圖書館學門。

　　隨著專業發展潮流，各國發展圖書館事業並成立圖書館學會，逐漸發展成為專業（Profession）。圖書館學教育也朝向專業教育（Professional Education）發展，以圖書館專業為主體，英國圖書館學會早期主導館員的專業資格與培育制度。其後專業教育轉為在大學設置圖書館學教育，逐漸擺脫了學會的館員資格考試模式，大量在大學院校中設置圖書館學系所，並陸續發展碩士班與博士班。但同時也受到高等教育與學術發展的影響，圖書館學教育不僅要教學，尚要注意研究、發展、推廣與服務。作為一個「學術學門」，還需要不斷研發與創新，以因應高等教育需求，於是「專業教育與高等教育」以及「專業性與學術性」成為圖書館學經常論辯的兩大課題。

　　1960年代末期，資訊科學（Information Science）形成，資訊科技大量應用在圖書館經營與服務上，資訊開始與圖書館學發生關係。1980年代，

美國許多圖書館學校關閉，為因應危機，圖書館學校改名為圖書館與資訊科學（Library and Information Science）。系所名稱的改變打破了原來以「圖書館中心」的典範，趨向「資訊中心」。圖書資訊學發展到二十一世紀，學門本質發生兩大爭議：其一、圖書資訊學是一門「專業」的訓練範疇，或是「學科、研究」的範疇；其二、圖書資訊學是一門獨立學科或是「圖書館學」（Library Science）和「資訊科學」（Information Science）兩學科的集合（吳美美，2001）？是以圖書館為中心或以資訊中心？上述爭議不斷互相糾葛。圖書資訊學從圖書館學而來，「圖書館」是一種機構，圖書館事業是一種專業，而圖書館學是一個學門，這個學門的本質究竟是專業？是科學？是學門？這些問題從1920年代，即不斷討論。又圖書資訊學是圖書館學？或資訊科學？二者關係為何？圖書資訊學教育受到圖書館專業發展，圖書資訊學門演變，高等教育的變革以及社會變遷等影響，產生「專業教育或高等教育」以及「以圖書館中心或資訊中心」兩大爭議，也是本章探討圖書資訊學教育原理與發展的核心議題。

2005年，iSchools聯盟建立，吸引全球許多圖書資訊學系、電腦科學系、資訊科學系參加，發展iField跨學門的資訊領域，許多圖書資訊學校改名為資訊學院（Information Schools），於是促成圖書資訊學朝跨領域發展。本章大分為三節：圖書資訊學教育發展、圖書資訊學教育理論與圖書資訊學教育評鑑與標準。首先，陳述圖書資訊學教育發展的歷史以及十一國圖書資訊學教育的發軔。其次，探討在圖書資訊學教育發展歷程中重要的理論，最後評述圖書資訊學教育的評鑑機制，及其依據的重要圖書資訊學教育標準。

2.1 圖書資訊學教育的發展

圖書資訊學教育發展出多層級學程，包括學士班、碩士班、超碩士班與博士班。近年由於數位科技進步，又設置數位學習碩士班。圖書館學校改變名稱，增加資訊相關的名詞，如資訊科學、資訊研究、資訊管理、資訊系統、資訊服務等（Estabrook, 2003），或改名為資訊學院。本節首先回

顧圖書資訊學教育發展歷程，圖書館學校從1887年美國哥倫比亞學院設立第一所圖書館學校，經過一百三十餘年的發展，研究者參考Holley（1986）撰寫的〈百年之進程：圖書館教育之成長與發展〉（One Hundred Progress of Library Education），Shera（1972），與Rubin（2020）相關文獻。將圖書資訊學教育發展歷史分成四個階段：（1）圖書館學教育開創時期（十九世紀—1940年），（2）圖書館學教育成長時期（1941—1990年），（3）圖書資訊學教育時期（1991—2004年），以及（4）iSchools運動與數位轉型時期（2005年—迄今）。

2.1.1 圖書館學教育開創時期（十九世紀—1940年）

美國1887年1月5日，杜威（Melvil Dewey）在哥倫比亞大學（Columbia University）設立第一所圖書館學院（School of Library Economy）（胡述兆，1995年12月），開啟圖書館學正規教育，促使圖書館學校的設立，但圖書館員的教育與訓練仍未專業化。1915年至1924年間，美國學校圖書館員學會（American Association of School Librarians，簡稱AASL）成立，探討圖書館學校教育問題並制定圖書館學校標準。1923年，Charles C. Williamson接受卡內基基金會委託調查圖書館教育現況，提出《圖書館服務培訓》研究報告（Training for Library Services），指陳美國圖書館學教育之問題，引起各方重視，奠定後來美國圖書館學教育之基石。1924年，美國圖書館學會（American Library Association，簡稱ALA）回應該報告，正式成立圖書館學教育委員會（Board of Education for Library，簡稱BEL）專門負責圖書館學校評鑑與研訂標準。1925年，訂定〈圖書館學校最低標準〉（Minimum Standards for Library Schools），將圖書館學教育學程分為學士班低年級、學士班高年級、碩士以及超碩士等四類。1926年，芝加哥大學（Chicago University）在卡內基財團法人基金會資助下，成立「圖書館研究所」（Graduate Library School，簡稱GLS），並於1926年與1928年，設立碩士班與博士班，開啟圖書館學研究所教育。1929年開始，美國因經濟大恐慌，導致1930年代，圖書館事業與教育發展遲緩（張譯文，2019）。

美國芝加哥大學開始發展圖書館學研究所，從1928年至1940年為止，

該研究所博士班是美國唯一圖書館學博士班（盧秀菊，1995年12月）。韋伯斯（Douglas Waples）指陳當年芝加哥大學圖書館學院成立時賦予下列重要任務：（1）發展成一般研究所的學術與研究水準。（2）研究為其主要任務，開拓現有圖書館學價值與實務知識，並發展研究方法以徵集、檢測與應用此領域的重要資料。（3）協助其他圖書館學校傳授學生圖書館學重要的原則與實務知識。（4）招收對大學研究活動有興趣、曾經參與學術研究、並有才能的學生。（5）幫助學生整合圖書館學領域的各種知識。（6）訓練具有研究精神的學生加入圖書館專業陣容。（7）發揮其他重要的功能，如準備、蒐集與出版圖書以推動圖書館事業的研究（王梅玲，1997）。

有關英國圖書館學教育，英國圖書館學會（Library Association）自1885年，開始實施館員專業考試，主責全國圖書館人員的考試制度；1909年起，施行專業註冊制度，明定圖書館員專業資格條件（陳敏珍，1995年12月）。因而圖書館正規教育遲自1919年，在倫敦大學學院（University College London）創立第一所圖書館學院（School of Librarianship），但仍無濟於圖書館專業教育的發展。直至二次世界大戰以後，英國進行高等教育改革，設立教育與科學部（Department of Education and Science）以及成立國家學位頒授委員會（Council for National Academic Awards，簡稱CNAA），才推動了英國正規圖書館學教育。1920年，中國成立第一所圖書館學校——文華圖書科，由美國韋隸華（Mary Elizabeth Wood）女士創辦，後改名為文華圖書館專科學校（沈寶環，1995年12月）。

2.1.2 圖書館學教育成長時期（1941—1990年）

圖書館學研究所的價值在於擺脫杜威時代以技術教育（Technical Education）為導向的型態，而將圖書館學教育定位在專業與研究所（Professional/Graduate）新模式，此對後來的圖書館學校發展有很大的影響。1951年，美國圖書館學會確定圖書館學碩士班認可成為專業教育，培養碩士生成為專業館員，並成立認可委員會（Committee on Accreditation）專責對圖書館學校進行認可。1970年代，美國圖書館學教育達到顛峰，美國與加拿大有70所圖書館學校獲得認可，其碩士畢業生取得專業館員資

格。

　　另一方面，歐洲的德國與法國也開啟了圖書館學教育。德國的柏林洪堡大學（Humboldt-Universität zu Berlin）於1928年，設立「柏林圖書館學校」（Institute of Library Science），培養圖書館員，圖書館學教育的重心從職業訓練轉移至正規教育。1949年，東西德分裂後，東德地區圖書館學教育由德意志民主共和國（Deutsche Demokratische Republik）採國家控管制度，隨柏林洪堡大學劃歸於東德之柏林圖書館學校於1955年，重新開課。西德地區則由各邦獨立發展圖書館學校（王美鴻，1997）。法國早在1821年，巴黎成立的檔案管理學院（Ecole Nationale des Chartes，簡稱ENC）開設第一個圖書館課程。1963年，在法國巴黎建立第一所正規的圖書館學校——國立高級圖書館學院（Ecole Nationale Supérieurede Bibliothécaires，簡稱ENSB）（邱子恒，2003）。

　　1964年，英國雪菲爾大學（University of Sheffield）成立了第一所圖書館學研究所，英國才逐漸步向大學與專業教育合一之路，圖書館學碩士教育自此開始發展。目前英國圖書資訊學教育已建立了學士班、高級文憑班、碩士班、哲學碩士班與博士班等各級學程，均為專業教育。其學士學位為第一基本專業資格，其他高級文憑、碩士學位、哲學碩士學位、博士學位則為高級專業資格。

　　亞洲地區也次第建立圖書資訊學教育。1920年，文華圖書科創辦，為中國圖書館學正規教育的濫觴。印度早在1911年，博登（William Alanson Borden）在Baroda開辦印度圖書館訓練課程；1929年，馬德拉斯大學（University Madras）設立圖書館學院（Library School）；1937年，設立圖書館學研究所（鄭惠珍，2012年10月）。1951年，日本在慶應義塾大學成立第一所日本圖書館學校（Japan Library School）。臺灣的圖書館學教育始自1955年，臺灣師範大學社會教育學系成立圖書館學組；1961年，臺灣大學設立圖書館學系，目前建立起七所圖書資訊學校，學士班、碩士班、博士班三層級完整的體系。1957年，韓國在延世大學設立四年制的圖書館學科。1959年，澳洲在南威爾斯大學（University of New South Wales）建立第一所圖書館學校（School of Librarianship），1960年提供研究所文憑（王

梅玲，2005）。1980年，紐西蘭維多利亞大學（Victoria University of Wellington）創立第一所圖書館學系（Department of Librarianship），1981年，開始提供一年期的文憑課程（林素甘，2001）。

1980年代，美國面臨圖書館學校關門熱潮，芝加哥大學圖書館研究所在1990年停辦（盧秀菊，1995年12月）。從1978至2001年間，有17所經認可的學校陸續關閉，帶來了圖書館學教育嚴重警訊。Paris（1988）指出下列影響的原因：（1）1970年代以來大學財政緊縮，造成學生人數減少，學生人口改變，學費提高，學校資源減少，致使大學關閉圖書館學研究所。（2）圖書館學系所與大學行政主管之間缺乏良性的溝通與瞭解，造成長時間之問題。（3）圖書館專業係以女性為主的行業，在社會上地位不高。（4）由於圖書館學研究所未能配合隸屬大學之目標與任務，致使許多大學行政主管不認為有保留圖書館學系所之需要。（5）圖書館學系所也無法說服保留該系所的必要與價值。（6）其他學科如商學、電腦科學、資訊管理系等認為圖書館學侵犯到他們的領域。（7）由於許多美國圖書館學會認可的研究所關門，顯見該學會的認可無法阻擋圖書館學校關閉風潮。（8）圖書館學系所主管及教師與大學其他系所鮮有往來，十分孤立。

本書探討的十一國在第一階段與第二階段已經陸續開啟圖書館學教育，並在世界傳播。其後，美國卻發出圖書館學校相繼關門的警訊，於是圖書館學教育發展進入第三階段，圖書資訊學教育時期。

2.1.3 圖書資訊學教育時期（1991—2004年）

1990年代，開啟了圖書資訊學教育新紀元，因為學校關閉風潮，美國許多圖書館學校改名，雪城大學（Syracuse University）圖書館學院第一個將系名改為School of Information Studies，強調從傳統圖書館學走向資訊科學，外聘其他背景老師並進行改革課程。Roger Greer與Robert Grover評論，這種改變是以「資訊轉換」（Information Transfer）為中心，而圖書館成為應用的機構（Rubin, 2020）。教育制度也發生改變，原來以碩士學位為主，開始經營學士班，出現多元學程，包括學士班、碩士班、超碩士班與博士班等學程。

1960年代，電腦普及，資訊科學興起，擴大了圖書館學研究範圍，並促成圖書館學改名為「圖書館與資訊科學」（Library and Information Science），簡稱「圖書資訊學」。美國圖書館學會在1992年，修訂認可標準〈圖書館與資訊研究碩士學程認可標準〉（Standards for Accreditation of Master's Programs in Library and Information Studies），將圖書館學一詞改為「圖書館與資訊研究」（Library and Information Studies），並界定其意義與範圍為：「係專指研究紀錄性資訊與知識，及便於其管理與利用之服務與技術的一門學科，涵蓋資訊與知識之創造、溝通、辨識、選擇、徵集、組織及描述、儲存及檢索、保存、分析、解釋、評估、綜合、傳播與管理」（American Library Association [ALA], 1992）。

美國圖書館學會修訂碩士學程認可標準的主體改為「圖書館與資訊研究」（Library and Information Studies），強調對紀錄性資訊與知識的研究，便於管理利用服務與技術的一門學科。然而未提及圖書館，其意在將圖書館當作資訊研究與應用的場所。Ford, B. J.指陳：「這個學科已從傳統圖書館是一個機構的研究範圍，擴展至新的範疇，包括瞭解資訊的產生、記錄、儲存、保存和檢索，以滿足個人和社會需要」（吳美美，2001）。

美國圖書資訊學教育的新主張帶動全世界圖書館學校改名風潮，紛紛在圖書館學加上資訊一詞，如資訊科學、資訊研究、資訊管理、資訊系統或資訊服務等。密西根大學（University of Michigan）為反映學校課程以資訊為主體，1996年，將校名改為School of Information。1992年，我國輔仁大學圖書館學系首先改名為圖書資訊學系，其意為圖書館與資訊科學，各校跟進，自此之後，圖書資訊學成為學校的新名稱。德國、法國與印度多以文獻學（Documentation）稱之。在亞洲，中國稱為圖書情報學、信息管理學，日本稱圖書館情報學，韓國稱文獻情報學。

圖書資訊學門回應資訊社會的需求，逐漸脫離從「圖書館機構為主體」，朝向「資訊為中心」發展，主要探討資訊與知識之創造與轉換。圖書館成為紀錄性資訊與知識管理和服務的機構，並與檔案館、博物館、其他資訊服務機構共同成為人類知識傳播的社會機構。圖書資訊學領域改變，成為以資訊為中心，資訊使用者為導向，超越圖書館主體範圍的框架。

2.1.4 iSchools運動與數位轉型時期（2005年—迄今）

吳丹、余文婷（2015）指陳iSchools聯盟成立是二十一世紀圖書資訊學教育重大事件，並改變圖書資訊學校的經營方向。iSchools聯盟源自於1988年，University of Pittsburgh圖書資訊學院提議。2005年，iSchools聯盟正式成立，25所學校加入。近十年快速成長。2022年，iSchools聯盟增至123個會員，遍及美洲、歐洲、亞洲、澳洲，中國有13校，臺灣有3校參加。iSchools聯盟主要成員來自圖書資訊學、資訊科技或資訊科學等學院或系所，主張以使用者、資訊、科技三者為核心，發展資訊研究與教學，促進人類科學、商業、教育與文化領域的進步（王梅玲，2021；iSchools, 2022）。

肖希明等（2016）分析iSchools運動對圖書資訊學教育影響，iSchools聯盟的研究圍繞著資訊、科技與人，並與圖書資訊學教育變革相輔相成，研究的「跨學科性質」日益明顯，如教師背景廣泛，學生背景、課程設置及科研項目研究均出現跨學科現象。iSchools運動也影響人才培養模式變革，李金芮、肖希明（2012）從學科設置、入學條件、培養目標、培養方式、培養內容、培養要求質量評估與認證等方向，對34所iSchools成員院校調查，發現iSchools聯盟人才培養模式突破了單面向圖書館專業的侷限，根據寬廣的資訊專業需求適時調整人才培養目標，注重實踐能力培養。iSchools課程設置專業針對性較強，選修課數量大，注重實踐課程設置，課程設置反映iSchools聯盟學院的學科建設和發展思路。

新興科技推陳出新，如雲端運算、行動科技、人工智慧、大數據分析等，影響圖書資訊學新課程設置，包括科技課程，eScience課程，資料科學／數位庋用課程，數位人文課程與健康醫學課程等（王梅玲，2021）。近十年線上教育與數位學習大量成長，影響高等教育轉型，開放教育與MOOCs課程成為教育風潮。1996年，美國University of Illinois圖書館學院成功實施線上碩士班實驗計畫——LEEP Library Education Experiment Project，開啟圖書資訊學線上教育紀元。Chu（2010）發現美國圖書資訊學教育大量應用科技教學，形成線上教育，但也引發圖書資訊學教育轉型、重新定位與小學校關門等問題。LEEP實驗的成功帶動美國圖書資訊學線上教育成長，二十年間加倍成長。

　　王梅玲（2019年1月）探討美國與臺灣圖書資訊學線上教育，美國共有40所圖書資訊學線上碩士班，臺灣自2009年開始，政治大學與淡江大學開辦圖書資訊學數位碩士在職專班，為圖書館在職人員打開專業繼續教育之門。美國40所線上碩士班有34所百分百線上學程，以線上課程為主；輔以面授課程有12所；兩種模式採行共6校。圖書資訊學線上教育逐漸成形，發展出線上教育模式，線上與線下並行的圖書資訊學教育擴展教育新視野。

　　二十一世紀來臨，網路革命與新興科技改變了人類社會的樣貌，美國圖書館學會（ALA, 2014）探討未來世界趨勢發展，促進美國馬里蘭大學資訊學院探討圖書館學碩士教育（Master of Library Science，簡稱MLS），啟動「再探圖書館學碩士教育」（Re- Envisioning the MLS）計畫，臺灣也在2018年，開啟圖書資訊學未來教育研究計畫。

　　圖書資訊學教育歷經學徒制時代、學士班與研究所成立、圖書館學校關門風潮以及圖書資訊學改名，正規教育發展出涵蓋學士班、碩士班、超碩士班、博士班與遠距教育的多元和多層級教育制度，展現活力與多變面貌。

2.2 圖書資訊學教育理論

　　圖書資訊學教育是培養圖書資訊學專業人才與促進圖書館專業發展的基石。圖書資訊學源自圖書館學，兼具專業與科學性質。其後，資訊科學的融入，使得本學科發展從「圖書館中心」趨向「資訊中心」。及至iSchools運動發起，許多資訊相關領域加入，圖書資訊學科又朝跨領域發展。圖書資訊學教育的本質是專業教育或學術教育？是圖書館學或資訊科學？向來有許多爭議。持專業教育之說者，主張因為圖書資訊學前身為圖書館學，圖書館事業即是專業，故圖書資訊學教育本質是專業教育。但圖書資訊學教育在大學設立，是高等教育也是學術教育。是故，圖書資訊學教育在專業教育與學術教育兩方面均發展重要理論。

　　圖書資訊學教育建構許多哲學與理論，本節分成專業教育與學術教育、

專業能力研究與圖書資訊學未來教育研究三類闡述。在專業教育與學術教育說明這兩個爭議的重要理論；在專業能力的研究反思圖書資訊學教育是否回應了圖書館專業能力的需求；在未來教育研究前瞻圖書資訊學教育未來發展與趨勢。

2.2.1 專業教育與學術教育

圖書資訊學教育是在大學中提供的專業教育，因此引發專業教育的本質是學術性（Academic）或專業性（Professional）的爭議。主張為學術性的教育者認為：「專業性知識與技能的獲得比事務性操作還更重要，高等教育是足以提供專業實務的良好理論基礎，俾使專業教育更能傳授專業的知識與技術以培育優秀的專業人才」。但是另一派主張專業性為重者則認為：「專業教育的目標應在於專業的本身，大學所傳授的知識與理論無法充份表達專業人員的需求，專業人員才是專門技藝的真正主宰。學術的標準無法用以評估專業性領域的智識內涵」。長久以來此兩派始終在專業教育是培育大學畢業生或為專業教育兩者間不斷交戰。

首先從圖書資訊學教育是專業教育來論述。專業教育（Professional Education）係為專業提供之教育與訓練，具體而言是指從專業學校接受專業教育，而使得專業得以保存、累積、傳播與擴展其經驗，並保證該專業持續適合社會目的與配合社會之需要。一般專業學校須具備下列功能：（1）組織專業知識，藉由整合性課程將有組織系統之知識傳授給學生；（2）選擇與訓練學生；（3）進行研究；（4）提供繼續教育與提升專業水準。

專業教育重視培養專業人員所需的工作能力（Competencies），將專業能力分為專業知識（Professional Knowledge）、專業技能（Professional Skills）與專業態度（Professional Attitude）。查維斯（Chavez）認為專業教育的內涵包括：專業知識、技能與態度的培養、專業教育課程的標準、教學的程序、專業教育的評鑑、教師及教學，倫理問題等。其中尤以專業知識、技能、與態度的培養、教師的角色、與課程設計最為重要。

杜威（Melvil Dewey）創辦圖書館學校，但由於圖書館學士教育缺乏專業性的基礎，難以有效執行專業人員的職責。1919年，卡內基基金會聘

請威廉生（Charles C. Williamson）針對美國圖書館教育進行調查研究，在
1921年至1923年間，完成《圖書館服務培訓》（Training for Library Services）
報告，發現當時圖書館學校不受所屬機構重視、圖書館學校規模小、課程
簡短、教師素質不良與缺乏學術著作、課程主題不當等缺點。其針對這些
缺點提出多項建議，奠定了美國圖書館專業教育的基礎（Williamson,
1923）。

　　威廉生報告（Williamson Report）提出重要發現與建議：（1）圖書館
學校應提供專業性（Professional）而非事務性（Clerical）教育，專業是理
論與原則的應用。（2）圖書館學校不應該教授或強調特定科目。（3）課程
需不斷地審查，提供最新與相關的訓練。（4）研究生的專業教育必須超過
一年。（5）圖書館學校應該以學士或同等學歷為入學要求。（6）圖書館學
校的教師缺乏學士學位、教學與圖書館工作經驗。（7）圖書館學校教育過
度依賴演講且缺少教科書。（8）教師薪水太低，必須進行調整以招聘更高
品質的教師。（9）圖書館學校必須為教師提供經濟支援來製作教科書。
（10）圖書館學校應保持高水準的教育，提供獎學金增加吸引力。（11）圖
書館學校應該成為大學的一部分，遵循其他專業學校的模式。（12）專業教
育應有兩年，第一年為一般學程，第二年為專業學習並與其他教育機構合
作。（13）圖書館學校要重新審視與定位在職教育。（14）專業教育與圖書
館員應建立標準。（15）美國圖書館學會應建立圖書館員與學校的認可制度
（Williamson, 1923）。該報告是圖書館學教育的重要里程碑，是邁向專業
教育的起點，至今仍有許多主張依然是圖書資訊學教育持續探討的議題。

　　威廉生報告最關鍵的建言是圖書館學教育為「專業教育」，圖書館工作
應分兩種類型：專業性與事務性，兩者性質與方法均不同。所以圖書館學
校應定位在提供專業性教育，而事務性訓練只需在圖書館進行。專業教育
需要廣泛與綜合性教育，至少需要四年大學課程訓練，再加上一年圖書館
研究所教育。而事務性圖書館工作之訓練只需有一般高中程度，再施以短
期圖書館作業方法之教學。威廉生報告的建議對圖書館學教育發展有指標
性作用，第一在大學環境進行，這成為進入圖書館事業新手的第一步。其
次，是圖書館專業教育必須是研究生教育，要設立研究所以提昇專業促進

學門研究。其三是建立圖書館員的檢定制度與認可標準。這些為美國圖書館專業教育奠定基礎，也成為全球圖書館學教育領頭羊。

美國圖書館學大師Shera（1972）同樣主張圖書館學教育是專業教育應設置於大學之中，並且以研究所為專業教育。Shera探討圖書館學專業碩士學程，主要有兩項任務。其一是提供專業教育以培育優秀學生，使其具有圖書館學研究能力與專業館員資格。其二是藉研究與專業活動以提升圖書館實務水準。明白揭示了碩士教育為專業教育，需兼顧理論與實務，兩者不可偏廢。

Shera（1972）主張圖書館學專業教育涵蓋下列要件：（1）使學生瞭解圖書館在社會傳播過程中扮演之角色，圖書館歷史發展與圖書館資料如何成為社會的公器以及孕育人類文化。（2）使學生瞭解與解釋圖書館館藏資料組織之基本理論與系統，尤其是資料之知識內涵，以及圖書館組織與利用之知識。（3）使學生瞭解圖書館的問題與學習研究方法，包括研究方法的選擇與研究成果評鑑。（4）使學生學習圖書館管理與應用的原則，並配合學生學科背景使其瞭解各類型圖書館之管理。（5）使學生掌握圖書館專門性知識，如兒童讀物、學校圖書館與教學媒體。（6）藉由適當督導、研究計畫或實習課程，使學生獲得充份的實務經驗。（7）圖書館學校經由課程講授、課堂討論及專門活動增加與圖書館專業人員的接觸。（8）鼓勵學生多與大學其他學系接觸，以避免圖書館學校孤立。（9）圖書館學校的課程應配合圖書館學知識的進步，並採用新的教學方式。教師與學生應有良好的互動關係，應配合教學目標積極從事研究，與探討圖書館學理論基礎，應鼓勵學生與教師積極參與課程與各項專業活動，學生應主動積極與其他學系合作，主動參與圖書館學教育與圖書館界的活動，並注意地方性、全國性、國際性的圖書館專業責任的發展。Shera的圖書館學理論至今仍是重要理論與哲學。

圖書資訊學系所普遍設置在大學環境，受到高等教育的影響而朝向學術教育發展。Van House與Sutton（1996）主張圖書資訊學教育應擺脫圖書館為中心，走向高等教育與學術教育形式，建議圖書資訊學教育發展必須以「資訊中心焦點」（Information – Centered Focus）取代傳統以「圖書館機

構為焦點」（Institutional Focus），並改變教育形式，朝向專科化
（Specification），與二元化（Hybridization）發展。圖書資訊學校可採用擴
大規模、多元化與彈性辦學等策略。由於圖書館學為名的學校數量少而且
規模小，所以圖書資訊學校必須成長、多元以及增加，以爭取生存機會。
圖書資訊學應與其他學門領域合作，重視學術品質，在學校爭取重視，並
調變採用彈性教學，如實驗新學程、課程與專門領域，增聘兼任老師與改
革教學機制，對學生入學要求放寬，上課時間彈性等。總之圖書資訊學教
育應以資訊功能與組織導向發展。Van House與Sutton以生態系統觀點檢視
圖書資訊學科，應以資訊中心為焦點，並擴大學校規模，多元化與彈性教
育經營政策，對二十一世紀圖書資訊學發展產生指引。

　　有關圖書資訊學教育的價值探討，美國圖書館學會邀請Bertot與Sarin
研究並提出《美國圖書館學會認可的圖書館與資訊研究碩士學程價值：專
業人員為社區服務白皮書》（The Value of American Library Association-
Accredited Master's Programs in Library & Information Studies: Serving Our
Communities Through a Professional Workforce），探討ALA認可的圖書資訊
學碩士學程的價值，從碩士專業人員應具備的才能，論述專業人員為社會
服務的價值（Bertot & Sarin, 2016）。

　　該白皮書確認與詮釋圖書資訊學碩士學程具備7項價值，包括：（1）專
業價值觀：圖書館專業價值，包括包容、隱私、公平、開放政府、公民參
與、基本人權、知識自由、民主等。（2）掌握資訊與資訊理論應用在日常
生活：資訊理論與資訊需求行為是圖書館員的必要技能，瞭解資訊問題，
協助個人解決資訊需求。（3）滿足資訊與其他需求：圖書館員應掌握將資
訊需求與資訊資源連接的技能。（4）關注多元素養：圖書館員將幼兒與青
少年、資訊與數位素養與圖書館結合，促進創造與創新。（5）提供學習與
協作空間：圖書館員能建立正式的資訊學習空間，培養民眾學習的能力，
促進終身學習。（6）技術需求與能力：圖書館員專注於將人、社會、技術、
包容與資訊結合。（7）促進開放數據與開放政府：圖書館與資訊機構發揮
作用，能夠作為社會的開放數據中心確保開放與透明的政府，包括數據管理、
數據清理和準備、分析、視覺化，以及隱私與安全。基於上述價值，圖書

資訊學碩士學程培養專業館員，能夠滿足其服務的機構與社會需求，並整合下列七要素於一體：資訊、使用者、需求、學習、價值、科技與傳播（Bertot & Sarin, 2016）。

2.2.2 專業能力研究

　　圖書資訊學教育係培養專業人員的工作能力的專業教育。由於網路與資訊科技大量應用在圖書館與資訊服務，工作的方式與程序大幅改變，近20年引發專業能力研究，並因應在課程設計。〈金氏報告〉（King's Report）首先界定專業能力（Competency）包括知識（Knowledge）、技能（Skills）、態度（Attitude），係指一個人可以有效從事工作所需具備的知識、技能與態度。能力又分兩類：專科性能力（Specific Competencies）與一般能力（Generic Competencies）。專科性能力係指各個學科領域的特別能力，如圖書館與資訊服務的編目、線上檢索與參考技能等。一般能力係指應用在各領域的能力，如管理與行政技能。以下依時間先後析述近年較重要的圖書館員專業能力研究，以及瞭解現代館員需要的專業能力（Griffiths & King, 1986）。

2.2.2.1 金氏圖書資訊學教育新方向報告

　　Griffiths與King（1986）發表《圖書館與資訊科學教育新方向》（New Directions in Library and Information Science Education）報告，又稱〈金氏報告〉，受到高度的重視，其依據能力本位教育理論，對100餘個圖書館與資訊單位進行調查，分成學術圖書館、公共圖書館、學校圖書館、專門圖書館、資料庫製作者、資料庫發行／服務、資訊中心／交換中心、紀錄與資訊管理師、檔案／博物館／特種館藏、資訊分析中心、資訊服務公司、圖書館自動化供應廠商12類圖書館與資訊工作；就22種圖書館與資訊作業功能，從不同的圖書館員層級，再依專業能力與一般能力，共列舉出圖書館與資訊人員8,800項專業能力的文字說明，最後並對美國圖書資訊學教育新方向提出檢討與建議。

2.2.2.2 美國圖書館學會圖書館員專業能力研究

2009年，美國圖書館學會提出〈圖書館員核心能力〉（Core Competences of Librarianship）報告，定義具有認可碩士學程的畢業生應具備的基本知識，包括八大能力與40項指標，八大能力涵蓋：專業基礎（Foundations of the Profession）、資訊資源（Information Resources）、知識與資訊組織（Organization of Recorded Knowledge and Information）、科技的知識和技能（Technological Knowledge and Skills）、參考資源與使用者服務（Reference and User Services）、研究（Research）、繼續教育與終身學習（Continuing Education and Lifelong Learning），以及行政與管理（Administration and Management）。圖書館員須具備上述的專業能力並懂得依其工作性質而有所調整，學生也必須視情況在適當的環境中彈性運用（ALA, 2009）。因應時代改變，美國圖書館學會2021年，進行〈圖書館核心能力草案〉（Core Competences of Librarianship Draft）討論，館員新的核心能力清單包括：入口網站知識、資訊資源、終身學習與繼續教育、管理與行政、紀錄知識與資訊的組織、參考與使用者服務、研究與實證實務、社會正義、科技知識與技能九類新知能（ALA, 2022）。

Saunders（2015）質疑美國圖書館學會2009年訂定的圖書館館員核心能力清單不符時代需求，進行焦點團體訪談研究從圖書資訊學專業教育的觀點探討圖書館員的核心能力。研究結果顯示圖書資訊學專業人員對於美國圖書館學會館員核心能力清單，在技術、硬技能、與軟技能三方面看法不同。美國圖書館專業人員認為圖書資訊學教育與圖書館工作需求發生落差，尤其在科技、軟技能與硬技能專業知能需要加強。圖書資訊學專業人員關注畢業生三方面的技能：（1）科技：畢業生要有跨平臺操作、硬軟體故障排除、學習與評估新產品、社群媒體網路、資料庫結構與程式語言等技能。（2）硬技能與內容知識：包括公共關係、策略規劃、預算管理、補助金寫作與倫理道德，並強調行銷與社區參與。（3）軟技能：指人際關係與溝通技能，包括口頭、書面、讀者服務、演講與教學、問題解決、適應性與靈活性、終身學習。Saunders（2019）問卷調查美國圖書資訊專業人員與圖書資訊學教師對圖書館核心能力看法，獲得53項圖書館核心能力，

分為一般、溝通、使用者服務、管理和科技五類進行調查。該研究顯示圖書館人員與圖書資訊學教師對於專業能力看法不同，學用落差的問題確實存在。

2.2.2.3 二十一世紀專門圖書館員能力報告

美國專門圖書館學會（Special Libraries Association）在1996年，首次公布〈二十一世紀專門圖書館員所應具備的能力〉（Competencies for Special Librarians of the 21st Century）報告。2003年、2016年修訂〈資訊專業人員能力〉（Competencies for Information Professionals），指陳資訊專業人員雖來自不同的教育背景，但皆重視資訊與知識在組織與社區中的作用，並關注其生命週期。本能力報告適用於專門圖書館的館員與資訊人員、雇主、學生以及圖書資訊學的教育者，涵蓋資訊專業人員須具備六大核心能力：（1）資訊與知識服務：指透過評估人們、社區或組織的資訊行為，以多樣化的服務滿足其資訊與知識的需求。（2）資訊與知識的系統和科技：指有效地使用資訊與通訊技術來滿足其社區與組織的資訊和知識需求，設計、開發、實務與操作具有成本效益的資訊系統。（3）資訊與知識資源：瞭解社區的資源內容，系統地評估潛在價值、關注資訊市場與廠商進行有效的協商。（4）資訊與數據的檢索和分析：有效地探索與取用資訊，執行複雜的資訊檢索任務，利用分析工具與方法提取資訊的意義。（5）數據、資訊與知識資產：組織與數據管理、資訊與知識資產，使其可被使用與取用並制定政策，同時考量母機構的使命與營運需求，建立後設資料的作業程序，評估與調整分類、儲存與鏈結標準與系統，確保妥善管理。（6）資訊倫理：將道德倫理與資訊知識工作結合，瞭解專業機構的行為標準並遵守雇主的道德準則，建立雇主、使用者及專業人士之間互信的環境。此外，除核心能力外，資訊專業人員的賦能（Enabling Competencies）對於專業成就與發展至關重要，包含批判性思考、口頭與書面溝通、市場行銷、領導管理、終身學習、教學與商業倫理等（Special Libraries Association, 2016）。

2.2.2.4 醫學圖書館學會教育政策宣言

2017年，美國醫學圖書館學會（Medical Library Association，簡稱MLA）

發表〈醫學圖書館員終身學習與專業成功能力〉（MLA Competencies for Lifelong Learning and Professional Success）報告，將專業能力定義為可觀察、衡量與教導的基本專業技能與能力，旨為引導專業人員的終身學習與成功，奠定學前預備及繼續教育的基礎。報告中以健康資訊專業人員（Health Information Professional）一詞，涵蓋醫學圖書館員、健康科學圖書館員、健康資訊專家、資訊專家及其他相關專業人員。該報告涵蓋下列六大專業能力，每項專業能力又含數個績效指標：（1）資訊服務：健康資訊專業人員透過查找、評估、綜整與提供具權威性的資訊，回應生物醫學與健康相關的諮詢。（2）資訊管理：策劃並提供可獲取的生物科學、臨床與健康資訊之數據、資訊與知識，包含選擇、獲取、管理、評估資訊、組織資源、遵守版權與智慧財產權、保存與維護紙本與數位資源、使用適當的技術來取用資源、促進學術傳播及數據管理等指標。（3）教學與教學設計：教育生物科學、臨床與健康資訊素養的技能，包含使用當代教學設計的原則開發課程、以學習者為中心的教學方法、創新的教學及溝通方法。（4）領導力與管理：管理人員、時間、預算、設備與技術，並引導他人實現機構目標。（5）實證導向之實務與研究：評估及使用研究來改進實務，進行研究並傳達結果，包含查找並評估證據以支持決策、使用實證導向的方法評估活動、計畫與服務、進行研究、解釋數據並提供統計分析、傳達研究成果。（6）健康資訊專業：促進健康資訊專業的發展並與其他專業人員合作，以改善與獲取醫療保健的資訊，培養終身學習的文化（Medical Library Association, 2017）。

2.2.3 圖書資訊學未來教育研究

新興科技不斷應用在圖書館與圖書資訊學科，社會持續變遷，這些均影響圖書資訊學教育發展，二十一世紀以來圖書資訊學未來教育研究不斷，預測未來趨勢，以規劃設計調整圖書資訊學教育方向。1998年，美國克洛格基金會（W. K. Kellogg Foundation）與圖書資訊學教育學會（Association of Library and Information Science Education，簡稱ALISE），合作研究二十一世紀圖書資訊學課程的趨勢，發表「KALIPER計畫」

（Kellogg–ALISE Information Professions and Education Renewal Project）研究報告，預測圖書資訊學課程的未來發展包括六個方向：（1）圖書資訊學課程未來發展除保持圖書館的社會機構與專業作業本質外，並將以資訊環境與資訊課題為規劃設計的基礎。（2）圖書資訊學課程仍將繼續從其他相關與合作的學門領域形成特色，並以「使用者導向」為重要核心。（3）圖書資訊學校將更重視加強資訊科技設備與資源以支援課程的開設，並裨益學生學習。（4）圖書資訊學校將重新檢討與規劃各類專門性課程，以培養專才館員或資訊人員，並針對學生個人化需求規劃課程，甚至提供雙學位選擇。（5）圖書資訊學校將提供各種不同形式的教學，大量提供遠距教學，加強與他校合作，或與外國大學跨校選課，有助於學生彈性化學習。（6）圖書資訊學校將提供學士班、碩士班、博士班各種層級學程來擴大課程範圍，並規劃多形式的繼續教育、工作研討會與其他學程。本研究報告的預言後來在全球圖書資訊學教育一一實現（ALISE, 2000, July）。

Myburgh（2003, August）提出〈新資訊專業人員的教育方向〉（Education Directions for New Information Professionals）論文，指出傳統資訊專業人員能力已不符合社會變遷需求。資訊專業人員正遭遇到變革。並建議未來圖書資訊學教育的新方向：（1）不強調特定資訊資源與如何使用，而重視知識在各學門領域如何創造與組織，從何而來，如何評估以及取用的問題。（2）研究資訊管理，包括資訊與文件不同，資訊如何被應用，使用者評估品質與相關性，不同使用者有不同使用資訊方法，資訊隱私與智慧財產權等。（3）社會問題，如資訊取用在社會中，組織機構與各國資訊政策，社會與科技從專業與國際的觀點。（4）資訊系統與資訊科技，但非取代專業活動而是支持。（5）課程要強調在資訊環境中各種資訊媒體的一般實務與原則。（6）重視資訊、社會與人的互動，以及人機介面的資訊系統設計等。

Chu（2010）探討圖書資訊學教育在二十一世紀數位時代下面臨的變革與問題，指陳造成變革的原因部分是由於網際網路與數位技術，而影響圖書資訊學專業人員的教育。作者回顧2000年至2010年間，美國圖書資訊學教育的重要文獻，分五方面析論：（1）圖書資訊學課程的改變：十年間圖書資訊學教育出現許多新課程，集中在數位圖書館、知識管理與資訊架

構三類，作者預測資訊架構課程未來會持續增長。然而，隨之而來的即是對專業核心課程的重新定義與修訂，過往傳統圖書館的編目與參考資源課程，逐漸轉向較符合數位時代的內容，技術課程則會隨著發展不斷地更新。此外，美國的碩士學程重新制定核心課程的結構，朝向數位相關的內容。（2）圖書資訊學的遠距教育：拜科技與技術所賜，興起圖書資訊學遠距教學，由美國Universtiy of Illinois的LEEP計畫（Library Education Experiment Project）首開線上學習的先河。然而，作者表示遠距教育實為一把雙刃刀，對規模較小的圖書資訊學學校發展造成影響。（3）圖書資訊學學校的重新定位、重置與關閉：組織發生的變革，如重新定位、學院系名稱改變等，近年iSchools聯盟出現後形成兩種轉變，第一為圖書資訊學系所在名稱刪除Library或添加Information，第二為建立新的資訊學院。另外，組織重置是與其他學術單位合併，其餘則選擇關閉，二者通常是受到財務、政治或制度的影響。（4）圖書資訊學教育成長：圖書資訊學教育在各層級建立學程並與其他學科或跨國界合作，顯示其教育蓬勃發展，跨學科性課程也是一大特色。（5）圖書資訊學教育的問題：包含圖書資訊學教育危機、教育與實務的鴻溝以及學程認可。圖書資訊學教育的危機發生在資訊科學衝擊、教師男女比例失衡、課程議題未能有效解決，教育者與從業人員之間無法達成教育與實務的共識，學程認可的制度也受到質疑。

　　鑑於美國圖書館學會趨勢報告的影響（ALA, 2014），美國馬里蘭大學資訊研究學院（College of Information Studies, University of Maryland），2014年8月，啟動「再探圖書館學碩士教育」（Re-Envisioning the MLS）計畫，探討圖書館學碩士教育的價值、未來圖書館學碩士學程、未來圖書館和資訊專業人員的專業知能。Bertot與Percell（2014）提出〈再探圖書館學碩士教育研究報告〉（Re-envisioning the MLS: Issues, Considerations, and Framing），分析圖書館學碩士教育的未來趨勢，發現影響圖書館學碩士教育主要因素有三：（1）社會、政治、技術、學習和資訊環境的變化。（2）當前人口或經濟的變化。（3）圖書館事業與工作觀念的變化。由於許多圖書資訊學碩士畢業生到圖書館以外機構就業，需要新技能。此外，聯邦政府與州地方面臨的挑戰、工作機會、資訊提供者、資訊本質與社會變化亦

是相關影響因素。該研究報告提出圖書館學碩士教育的六項重要趨勢，包括：（1）新科技快速進步，要利用科技參與、取用與分享資訊，以適合社會需求。（2）開放數據與資訊分析日益重要，需要數據庋用、運用、分析與視覺化等分析技能。（3）數位學習快速發展，學習策略改變挑戰通用核心能力，學習者需要快速學習各種新知識，終身學習觀念與技能更重要。（4）人口老化與多元，而改變資訊服務需求內涵。（5）全球、國家、地方受到科技、教育、社會影響而改變政策，影響文化機構角色並挑戰圖書館價值。（6）圖書館資源限制及預算縮減影響未來圖書館與資訊專業。

馬里蘭大學〈再探圖書館學碩士教育研究報告〉總結如下：（1）圖書館與資訊機構關注的焦點改變，從實體館藏轉為個人及其所服務的社區，資訊機構透過學習、創作、參與等活動促進社區的改變與轉型。（2）圖書館核心價值重要，包括確保獲取、公平、知識自由、隱私、包容人權、學習、社區公正、保護和遺產、開放政府和公民參與。（3）未來資訊專業人員的能力改變，包括領導、管理計畫和人員的能力；透過指導或互動促進人們學習和教育。此外，資訊專業人員需有行銷和宣傳技能；良好的大眾和書面溝通技巧，與公眾合作；解決問題以及思考與適應的能力；瞭解募款、預算和政策制定的原則和應用；為員工、顧客、社區合作夥伴和資助者之間建立關係。（4）關注社區創新與變革。透過建立夥伴關係，資訊機構，在健康、教育和學習、經濟發展、貧困和飢餓、公民參與、保護文化遺產以及研究創新等領域幫助社區面對挑戰。（5）使用數據並實踐評估。（6）培養資訊專業人員具備數據分析能力。（7）瞭解並運用社區人力資源。（8）關注學習科學：教育和青少年議題。（9）關注數位資產與典藏的思維。此外，該計畫提出圖書館學碩士學程未來課程規劃，建議涵蓋下列九大領域及相關技能需求：新興科技、數位資產管理、數據（大數據／本地數據／個人數據）、評估與評鑑、政策、文化素養、資訊需求、自造力、變革管理（Bertot, Sarin & Percell, 2015）。

吳丹、余文婷（2015）回顧2010-2014年間，圖書資訊學教育研究進展與趨勢，觀察iSchools聯盟成立後，圖書資訊學教育進入新的改革期。黃如花與黃雨婷（2019）探討全球視野下中國圖書情報學教育變革，歸納圖書

館學教育變革。王梅玲（2021）回顧2010-2020年間，圖書資訊學教育研究，發現近十年全球圖書資訊學教育研究呈現著轉型與擴疆的樣貌，並綜整歸納圖書資訊學教育研究涵蓋下列八大方向：圖書資訊學教育指南更新、iSchools運動對圖書資訊學教育影響、系所名稱變革與多元學程、新興科技影響課程設置、圖書資訊學線上教育成長、圖書資訊學就業市場擴大、能力導向教育與未來圖書資訊學教育。

2.3圖書資訊學教育評鑑與標準

2.3.1圖書資訊學教育評鑑

　　教育評鑑制度是確保高等教育機構與學程具有品質且符合教育標準的重要機制。高等教育評鑑分為機構評鑑與專業領域評鑑，專業領域評鑑又分為專門領域認可制度、學位課程甄審制度與學程審查制度。圖書資訊學教育評鑑制度是專業領域評鑑，以保證教育品質與培養高品質的圖書資訊學畢業生的重要機制。美國、英國、澳洲的圖書館學會在圖書資訊學教育評鑑扮演重要的角色，學會訂定教育評鑑制度及相關評鑑標準，實施評鑑程序進行圖書資訊學教育認可與評鑑，並公布評鑑通過的學校名單向公眾報告。圖書資訊學教育評鑑的要件包括：評鑑範圍與種類、評鑑標準、評鑑認可的機構、評鑑方法與程序、評鑑結果與應用（林素甘，2021）。

　　美國與英國的圖書資訊學教育以及專業人員專業資格認可與評鑑領先國際，兩國的學會皆發揮重要的影響力，致力發展與維護教育制度與品質。美國圖書館學會自1924年開始，以認可制度模式（Accreditation），針對美國、加拿大與波多黎各的圖書館與資訊研究碩士學程進行認可（ALA-Accredited Master's Programs in Library and Information Studies）。由圖書資訊學的從業人員、學者組成審查小組進行圖書資訊學碩士學程審查工作，依據〈圖書館與資訊研究碩士學程認可標準〉（Standards for Accreditation of Master's Programs in Library and Information Studies）確認各校提供的圖書資訊學碩士學程，是否符合圖書資訊學就業需求的最低要

求，以及碩士學程的要件，確保教育的品質、創新與價值。當畢業生取得美國圖書館學會認可的碩士學程的學位，即成為專業館員。美國許多州要求圖書館任職者必須具備美國圖書館學會認可碩士學程學位才能擔任圖書館員（ALA, 2021）。

英國與美國的教育評鑑制度對專業教育發生影響，使得專業教育機構有系統地發展與提升專業品質。在圖書資訊學評鑑過程，需依據教育標準進行評鑑。圖書資訊學教育標準成為教育發展的指南與評鑑依據，並且反映圖書資訊學教育重要理論，對教育的發展影響深遠。以下介紹國際圖書館協會聯盟、美國圖書館學會、英國圖書館與資訊學會與澳洲圖書館與資訊學會制定的圖書資訊學專業教育指南與標準。

2.3.2圖書資訊學教育評鑑標準

2.3.2.1國際圖書館協會聯盟教育指南

國際圖書館協會聯盟（International Federation of Library Associations and Institutions，簡稱IFLA）鑑於網路與資訊科技的進步，圖書館實務與內涵大幅改變，為反映時代需求，2012年，修訂〈圖書館與資訊專業教育學程指南〉（Guidelines for Professional Library / Information Educational Programs, 2012）（International Federation of Library Associations and Institutions [IFLA], 2012）。2022年，IFLA進行教育指南修訂，名稱改為〈圖書館與資訊科學專業教育學程指南〉（IFLA Guidelines for Professional Library and Information Science（LIS）Education Programme），從「圖書館與資訊專業教育學程」改為「圖書館與資訊科學專業教育學程」，本指南作為全球圖書資訊學校各級教育的架構，並協助發展與評鑑圖書資訊學教育。該指南界定「圖書館與資訊科學」（Library and Information Science）是研究領域，也是專業實務。在教育與學術領域，它關注所有形式的資訊，處理資訊的技術以及資訊與相關技術的人與人之間的互動。作為專業實務，圖書館與資訊科學參與了資訊生命週期，利用科技將人們與資訊連結，並且引導文化遺產機構（例如圖書館、檔案館和博物館），在更廣大資訊環

境經營。

IFLA教育指南涵蓋八大要件：教學與學習，基礎知識領域（Foundational Knowledge Areas，簡稱FKAs），課程，學校治理，學術、研究、教師和行政人員，學生，繼續教育與專業發展，教育和研究資源與設施。指南列出八個基礎知識領域（FKAs），其概念是現有指南的核心知識／能力，適合於國際環境和領域，提供圖書資訊專業人員發展自己的專業知識和技能，並保持最新狀態，同時滿足世界與本地環境的要求，如高等教育標準、專業協會教育政策聲明、國家認可，認證，資格和註冊要求。八個基礎知識領域包括：資訊與社會、圖書館與資訊科學專業原理、資訊與傳播科技、研究與創新、資訊資源管理、資訊專業人員管理、資訊需求與使用者服務、素養與學習，參見附錄二（IFLA, 2022）。

2.3.2.2 美國圖書館學會評鑑標準

美國圖書館學會於1992年、2008年、2015年、2019年修訂〈圖書館與資訊研究碩士學程認可標準〉（Standards for Accreditation of Master's Programs in Library and Information Studies），認可的主體為「圖書館與資訊研究」（Library and Information Studies），描述圖書館與資訊專業人員教育學程的要件，制定符合圖書資訊學專業需求以及學程的標準，透過評鑑檢視學程是否符合標準，為圖書館與資訊服務專業人員教育的品質把關。美國圖書館學會認可委員會（Committee of Accreditation）依據認可標準審查各項準則，評鑑的關鍵要素為碩士學程的成就與學習環境的實踐，以學程的整體評估為主（American Library Association Office for Accreditation [ALAOA], 2015）。

ALA的認可標準列出圖書資訊學教育五大要件：策略規劃、課程、教師、學生、行政管理，並發展成五類子標準，用於評估圖書資訊學碩士學程，包括：（1）系統性規劃。學程必須訂定願景、使命、目標與目的，短期或長期策略規劃的過程，學程必須保持與母機構一致的價值觀，明確地在學程目標中定義學生的學習成果，並定期審查學程目標與目的，作為內部與外部評鑑的參考依據，提供未來願景與方向的策略制定。（2）課程。

課程設置以學程目標與目的為基礎，回應系統性規劃，並定期修訂整體概念涵蓋資訊與知識創造、傳播、辨識、選擇、取用、組織和描述、儲存與檢索、保存與管理、分析、解釋、評估、整合、傳播使用與使用者，以及人力資源與資訊資源的管理；同時考量專業核心與一般課程的設置。(3)教師。學程教師要能夠達成學程目標，專任教師的專業多樣性必須滿足學程，且教師要持續發表研究成果，而兼任教師能平衡與補充專任教師的專業知識。(4)學生。學程必須制定學生招生錄取、保留學籍、經濟援助、專業服務以及其他學術與行政政策，以符合學程使命與目標，構建具有連貫性地學習學程，滿足學生需求、目標與願望，利用系統性學習成果評估、改進與規劃未來學程。(5)行政管理、財務經費和資源。學程具備管理基礎設施、財政支持與資源等，以確保學程的目標與目的，定期審查行政、財政及支持政策與資源等需求（ALA, 2021）。此標準具有若干特性：著重指示性而非規定性，重視質化要求遠勝於量化要求，鼓勵追求高品質教育制度與改革，強調持續性學程之規劃、發展與評鑑，注重現代科技與未來之發展，強調專業領域教學之重要，重視研究以及涵蓋多元民族、族群文化、族群語言與全球社會之觀念等，參見附錄三。

2.3.2.3 英國圖書館與資訊專業學會評鑑標準

英國圖書館與資訊專業學會（Chartered Institute of Library and Information Professionals，簡稱CILIP）負責圖書資訊學校課程認可。2002年，修訂〈課程認可程序〉（Procedures for the Accreditation of Courses），是英國圖書資訊學學士班與研究所課程之認可標準，要求圖書館與資訊研究課程應包括資訊產製、傳播與利用；資訊管理與組織；資訊系統與資訊傳播科技；資訊環境與政策；管理與移轉技能等五大領域（Chartered Institute of Library and Information Professionals [CILIP], 2013）。2012年，新認可標準與專業資格認證標準改為：〈專業知識與技能基石〉（Professional Knowledge and Skills Base，簡稱PKSB），標誌圖書資訊學專業的核心知識與技能，並支援圖書資訊學教育認證。PKSB以圓圖示意，首先將專業倫理和價值置於圓圖中心，向外發展12類專業知識與技能，再向外為廣泛的圖書館、資訊和知識機構情境。PKSB包括下列八類「專業知能」（Professional

Experience）：組織知識與資訊、知識與資訊管理、知識與資訊使用和利用、研究技能、資訊治理與承諾、文書管理與歸檔、館藏管理與發展、素養與學習等；以及四類「通用技能」（Generic Skills），包括領導與倡議、策略規劃與管理、以讀者為中心的服務設計和行銷、資訊科技與傳播等，參見附錄四（CILIP, 2021a, 2021b；林素甘，2021）。

2.3.2.4澳洲圖書館與資訊學會評鑑標準

澳洲圖書館與資訊學會（Australian Library and Information Association，簡稱ALIA），主要負責澳洲圖書資訊學教育認證，範圍包括圖書資訊學學士班、研究文憑班與碩士班，以及類專業人員的職業教育與訓練（Vocational Education and Training，簡稱VET）學程，如技職體系的文憑學位（林素甘，2021）。依據專業類別，ALIA（2022a）網站公布通過認證的圖書館與資訊專家、圖書館助理館員與教師圖書館員等三類學程名單，供大眾參考。

澳洲圖書資訊學學位課程審查制度要求申請者需具備符合下列兩項標準的資格證明：第一項標準是〈檔案館、圖書館和文書管理資訊專業人員的基礎知識、技能與特質標準〉（Foundation Knowledge, Skills and Attributes Relevant to Information Professionals Working in Archives, Libraries and Records Management）由ALIA、Australian Society of Archivists Inc.（簡稱ASA）和The Records and Information Management Professionals Australasia（簡稱RIMPA）共同發展，於2014年訂定，2015年、2020年修訂，包括下列基礎知識、技能與特質：資訊環境的廣泛背景知識；資訊架構、組織和取用的目的和特徵；資訊管理的過程與實務；資訊資源、服務與產品；一般就業技能；專業發展（Australian Library and Information Association [ALIA], 2022b），參見附錄五之一。

第二項標準是〈初等圖書資訊專業人員的基礎知識標準〉（Foundation Knowledge for Entry-level Library and Information Professionals），原名稱為：〈圖書館與資訊機構：核心知識、技能與特質標準〉（The Library and Information Sector: Core Knowledge, Skills and Attributes）（ALIA, 2014）。澳洲圖書館與資訊學會於1998年發布，2009年、2012年、2014年、2020年

修訂，旨在針對圖書館與資訊專業人員，詳述其目的、政策聲明及初等圖書館與資訊專業人員的基礎知識領域。其將圖書資訊專業人員的基礎知識分成下列十大領域：資訊環境，資訊服務，資訊管理，素養和學習，數位科技，社區參與，領導與管理，研究，行為技巧，專業精神，參見附錄五之二（ALIA, 2022c）。

另一方面，有關澳洲教師圖書館員課程評鑑，申請者首先要符合上述兩個標準資格，另外需要符合ALIA和澳洲學校圖書館學會（Australian School Library Association，簡稱ASLA）頒布的〈教師圖書館員政策聲明〉（Teacher Librarian Policy Statements）（ALIA, 2022b）。

綜上所述，圖書資訊學教育已從圖書館學中心、資訊中心，走向跨學科領域新典範，以資訊環境與應用為重點。資訊是一個多元意涵與概念的名詞，圖書館在人類社會是一個公共資訊系統，以及社會與文化的傳播系統，在今日資訊大海中是重要的知識傳播機構。因此，圖書資訊學教育以資訊與使用者為中心，也重視圖書館事業的發展。圖書資訊學教育置於高等教育中，教學、研究、推廣、活動成為要件，並致力發展學術教育。所以圖書資訊學教育與圖書館及資訊專業保持緊密的互動關係，以維持圖書資訊學教育的多元與豐富內涵。本書將針對一百三十餘年來圖書資訊學教育發展良好的國家進行研究，依序為：美國、英國、德國、法國、澳洲、紐西蘭、印度、日本、韓國、中國、臺灣，探討各國圖書資訊學教育制度與教育評鑑。

世界各國圖書資訊學教育因其社會、科技、經濟、與政治文化等背景而有不同的發展，本書希望從這圖書資訊學教育活躍的十一個國家，探索各國教育的歷史軌跡，現今發展與未來趨向，最後歸納圖書資訊學教育的原理、教育制度、課程設計與發展趨勢。

參考文獻

王美鴻（1997）。**德國的圖書館教育**。未出版之研究報告，國立臺灣大學圖
　　書館學研究所—圖書館教育研討報告。國立臺灣大學圖書館學研究
　　所。

王梅玲（1997）。英美圖書館與資訊科學專業教育。**英美圖書館與資訊科學
　　碩士教育之比較研究**。臺北市：漢美，頁47-57。

王梅玲（2005）。**英美與亞太地區圖書資訊學教育**。臺北：文華。

王梅玲（2019年1月）。美國與臺灣圖書館與資訊科學線上教育研究。**圖書
　　館論壇**，**1**，153-170。

王梅玲（2021）。2010-2020年圖書資訊學教育研究回顧與前瞻：變革與擴
　　疆。在吳美美（主編），**圖書資訊學研究回顧與前瞻2.0**（頁612-644）。
　　臺北：元華文創。

吳丹、余文婷（2015）。近五年國內外圖書情報學教育研究進展與趨勢。**圖
　　書情報知識**，**165**，4-15。

吳美美（2001）。尋找資訊研究的大方向。**資訊時代的圖書館—新教育思潮
　　與圖書資訊學**。臺北：師大書苑，頁21-22。

李金芮、肖希明（2012）。iSchools人才培養模式研究。**圖書情報工作**，**23**，
　　6-10。

沈寶環（1995年12月）。文華圖書館學專科學校。在胡述兆（主編），**圖書
　　館學與資訊科學大辭典**。https://terms.naer.edu.tw/detail/1683569/?index=2

肖希明、司莉、吳丹、吳鋼（2016）。**iSchools運動與圖書情報學教育的變
　　革**。武昌：武漢大學出版社。

林素甘（2001）。紐西蘭圖書資訊學教育。**圖書資訊學刊**，**39**，65-77。

林素甘（2021）。歐美國家圖書資訊學教育認證制度。在吳美美（主編），
　　圖書資訊學研究回顧與前瞻2.0（頁670-702）。臺北：元華文創。

邱子恒（2003）。法國圖書資訊學專業教育概況。國立中央圖書館分館館刊，**9**（2），28-36。

胡述兆（1995年12月）。杜威（1851-1931）。在胡述兆（主編），**圖書館學與資訊科學大辭典**。https://terms.naer.edu.tw/detail/1682504/?index=1

張譯文（2019）。**從圖書館員專業養成探討美國圖書資訊學碩士教育**〔未出版之碩士論文〕。國立政治大學圖書資訊與檔案學研究所。

陳敏珍（1995年12月）。英國圖書館學會紀錄。在胡述兆（主編），**圖書館學與資訊科學大辭典**。https://terms.naer.edu.tw/detail/1681926/?index=3

黃如花、黃雨婷（2019）。全球視野下我國圖書情報學教育變革之思考。**圖書情報知識**，**191**，4-11。

鄭惠珍（2012年10月）。印度的圖書館與資訊科學教育。在胡述兆（主編），**圖書館學與資訊科學大辭典**。https://terms.naer.edu.tw/detail/1678701/?index=1

盧秀菊（1995年12月）。芝加哥大學圖書館學院。在胡述兆（主編），**圖書館學與資訊科學大辭典**。https://terms.naer.edu.tw/detail/1682238/?index=1

ALISE (2000, July). *Kaliper Advisory Committee, Association for Library and Information Science Education*, Educating Library and Information Science Professionals for a New Century: the Kaliper Report.

American Library Association (1992). *Standards for Accreditation of Master's Programs in Library and Information Studies*. http://www.ala.org/Content/NavigationMenu/Our_Association/Offices/Accreditation1/standards4/standards.htm

American Library Association (2009). *Core Competences of Librarianship*. http://www.ala.org/educationcareers/careers/corecomp/corecompetences

American Library Association (2014). *Trends report: Snapshots of a turbulent world*. Chicago: American Library Association Policy Revolution Initiative. https://districtdispatch.org/wp-content/uploads/2014/08/ALA_Trends_Rep

ort_Policy_Revolution_Aug19_2014.pdf

American Library Association (2021). *Standards for Accreditation of Master's Programs in Library and Information Studies Adopted by the Council of the American Library Association* (the Council), February 2, 2015 Revision of standard element V.3 adopted by the Council, January 28, 2019 by request of the Committee on Accreditation. http://www.ala.org/educationcareers/sites/ala.org.educationcareers/files/content/standards/Standards_2019_ALA_Council-adopted_01-28-2019.pdf

American Library Association (2022). *ALA's Core Competences of Librarianship Draft Version.* https://www.ala.org/educationcareers/sites/ala.org.educationcareers/files/content/education/Draft%20-%20ALA%20Core%20Competences%202021%20Update.pdf

American Library Association Office for Accreditation (2015). *Accreditation process, policies, and procedures (AP3) (4th ed.).* http://www.ala.org/educationcareers/accreditedprograms/standards

Australian Library and Information Association (2014). *The Library and information sector: Core knowledge, skills and attributes.* https://www.alia.org.au/about-alia/policies-standards-and-guidelines/library-and-information-sector-core-knowledge-skills-and-attributes.

Australian Library and Information Association (2022a). *Accredited courses and qualifications.* https://www.alia.org.au/lis-careers/accredited-courses-and-qualifications

Australian Library and Information Association (2022b). *Foundation knowledge, skills and attributes relevant to information professionals working in archives, libraries and records management.* https://www.alia.org.au/foundation-knowledge-skills-and-attributes-relevant-information-professionals-working-archives.

Australian Library and Information Association (2022c). *Foundation knowledge for entry-level library and information professionals. Australian Library and Information Association*. https://www.alia.org.au/about-alia/policies-standards-and-guidelines/library-and-information-sector-core-knowledge-skills-and-attributes.

Bertot, J. C., & Percell, J. (2014). *Re-envisioning the MLS: Issues, Considerations, and Framing*. http://mls.umd.edu/wp-content/uploads/2015/08/ReEnvisioningFinalReport.pdf

Bertot, J. C., & Sarin, L. C. (2016). *The value of American Library Association- Accredited master's programs in library & information studies: Serving our communities through a professional workforce*. http://www.ala.org/educationcareers/value

Bertot, J. C., Sarin, L. C., & Percell, J. (2015). *Re-envisioning the MLS: Findings, issues, and considerations*. http://mls.umd.edu/wp-content/uploads/2015/08/ ReEnvisioningFinalReport.pdf

Chu, H. (2010). Library and information science education in the digital age. *In Advances in Librarianship, 32*, 77-111. https://doi.org/10.1108/S0065-2830(2010)0000032007

Chartered Institute of Library and Information Professionals (2013). *CILIP accredited qualifications*. http://www.cilip.org.uk/cilip/jobs-careers/starting-library-and-information-career/how-become-librarian-or-information.

Chartered Institute of Library and Information Professionals (2021a). *The Professional Knowledge and Skills base* https://www.cilip.org.uk/page/pksb.

Chartered Institute of Library and Information Professionals (2021b). *CILIP Accredited Qualifications* https://www.cilip.org.uk/page/qualifications

Chartered Institute of Library and Information Professionals (2021c). *The*

Professional Knowledge and Skills Base https://www.cilip.org.uk/page/pksb.

Estabrook, Leigh (2003). Library and Information Science Education. *Encyclopedia of Library and Information Science*, pp. 1646-1652.

Griffiths, Jose-Marie & Donald W. King (1986). *New Directions in Library and Information Science Education.* Greenwood Press, American Society for Information Science, p. 42.

Holley, Edward G. (1986). *One Hundred Years of Progress: The Growth and Development of Library Education.* The ALA Yearbook of Library and Information Services 11, 23-28.

International Federation of Library Associations and Institutions (2012). *Guidelines for professional library /information educational programs-2012.* http://www.ifla.org/files/assets/set/publications/guidelines/Guidelines%202012_revision_SET%20FINAL%202012.pdf.

International Federation of Library Associations and Institutions (2022). *Guidelines for Professional Library and Information Science (LIS) Education Programme*s https://lisedu.files.wordpress.com/2022/02/lisep guidelines-consult-draft.pdf

iSchools (2022). *List of All Members*. https://ischools.org/Members

Medical Library Association (2017). *MLA competencies for lifelong learning and professional success.* http://www.mlanet.org/page/test-competencies

Myburgh, Sue (2003, August). Education Directions for New Information Professionals. *Australian Library Journal, 52*(3).

Paris, Marion (1988). Library School Closings: Four Case Studies. *Metuchen, NJ: The Scarecrow Press*, 1988, pp. 145-151.

Rubin, R. E. (2020). *Library and Information Science, in Foundations of Library and Information Science.* 5th ed., Neal-Schuman Publishers.

Saunders, L. (2015). Professional perspectives on library and information science education. *The Library Quarterly, 85*(4), 427-453.

Saunders, L. (2019). Core and more: examining foundational and specialized content in library and information science. *Journal of Education for Library and Information Science. 60*(1), 3-34. DOI: 10.3138/jelis.60.1. 2018-0034

Shera, Jesse H. (1972). *The Foundation of Education for Librarianship.* New York: John Wiley, pp. 367-371.

Special Libraries Association (2016). *Competencies for information professionals.* https://www.sla.org/about-sla/competencies/

Van House, Nancy A. & Sutton, Stuart A. (1996). *The Panda Syndrome: An Ecology of LIS Education.* http://sims.berkelex.edu/~vanhouse/panda.html

Williamson, Charles C. (1923). *Training for Library Service: A Report Prepared for the Carnegie Corporation of New York*, Boston: D. B. Updike. The Merrymount Press.

第3章
美國圖書資訊學教育

王梅玲、黃沛

　　美國（America），曾是大英帝國殖民地，十八世紀中期開始要求限度自治，1776年獨立為美利堅合眾國（United States of America），簡稱美國。其是聯邦國家，由五十州及阿拉斯加、夏威夷、哥倫比亞特區，以及一些海外領土所組成，全國面積約9,833,516平方公里，人口約332,970,000人，官方語言為英語，地理位置北連加拿大，南接墨西哥，東隔大西洋，西臨太平洋，地區分布如圖3-1（Nations Online Project, 2021；沈姍姍，2000）。

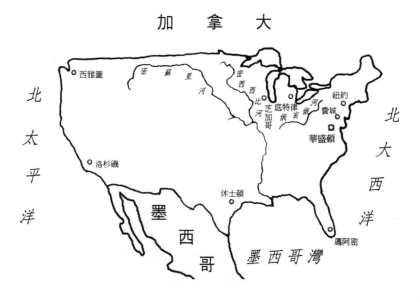

圖3-1　美國地圖

資料來源：沈姍姍（2000）。**國際比較教育學**，頁213。臺北：正中。

　　美國經二百多年的勵精圖治，如今是世界經濟強國，其社會教育與政治制度經常成為其他國家效法對象。在二次世界大戰之後，美國有一度受到民族主義的影響，而以經濟與教育制度經驗援助他國，對亞洲的日本、韓國、中國與臺灣均有影響。美國於1876年，成立全世界第一個圖書館學會——美國圖書館學會（American Library Association，簡稱ALA）；1887年，設置全世界第一所圖書館學校。也是最早把圖書館學教育帶進大學環境中，並進一步提升至研究所教育層級。這麼多的第一名，奠定其在世界圖書資訊學教育的領導地位。

　　本章將陳述美國圖書資訊學教育發展歷史與教育制度，希望可從歷史發展中找出影響其教育發展的因素。從教育制度與評鑑探討，找到美國圖書資訊學教育模式，是專業教育或學術教育，資訊科學在圖書資訊學門有何角色，並歸納未來發展趨向。本章探討美國圖書資訊學教育將分別從：（1）圖書館事業概述，（2）圖書資訊學教育發展簡史，（3）圖書資訊學教育制度，（4）課程設計，（5）圖書資訊學教育的評鑑，（6）教育變革與未來趨向六方面研究。

3.1 圖書館事業概述

　　美國圖書館事業發展蓬勃，根據2021年美國圖書館學會統計，全國有116,631所圖書館，包括3所國家圖書館、9,057所公共圖書館、3,094所學術圖書館、867所政府圖書館、5,150所專門圖書館，以及98,460所學校圖書館（American Library Association [ALA], 2021），參見表3-1。

　　回顧美國圖書館的發展，早在北美洲殖民時期，即有不少私人藏書室出現。最早的大學圖書館是1638年，由牧師哈佛（John Harvard）捐贈的哈佛學院圖書館。1656年，首倡公共圖書館的麻薩諸塞州商人金尼（Robert Keayne）捐建了波士頓公共圖書館。早期的館藏內容多偏重宗教、醫藥、軍事及畜牧等（王梅玲，2005）。

表3-1　美國圖書館事業統計

類型	數量
國家圖書館	3
公共圖書館	9,057
學術圖書館	3,094
政府圖書館	867
專門圖書館	5,150
學校圖書館	98,460
總計	116,631

資料來源：American Library Association (2021). *Library Statistics and Figures: Number of Libraries in the United States.* https://libguides.ala.org/librarystatistics

　　第一所會員圖書館是由富蘭克林（Benjamin Franklin）於1731年，成立的費城圖書館公司（Library Company of Philadelphia）。1834年，新罕布什爾州的彼得博羅市建立第一所稅收基層公共圖書館。1851年，麻州議會通過法案；1854年，在波士頓建立第一所依法設立的公共圖書館。鋼鐵大王卡內基（Carnegie）在十九世紀中葉創建了2,500所圖書館，對美國公共圖書館的發展有很重要的影響。鑑於成立圖書館專業團體之需要，首屆圖書館員工作會議1853年，在紐約召開，1876年，103位圖書館員聚集在費城（Philadephia）正式成立美國圖書館學會（American Library Association），並且出版圖書館專業出版品《美國圖書館學報》（American Library Journal）。至此，美國圖書館事業奠定基礎（Wayne, 1993；王梅玲，2005）。

　　美國的圖書館法較為完備，1849年，新罕布什爾州通過全美第一個州圖書館法，推動公共圖書館事業；1956年，頒布〈圖書館服務法〉，是國會首度通過第一個國家級的圖書館法，涵蓋各類型圖書館；1964年，〈圖書館服務及建設法〉之通過，以及1965年，〈初等和中等教育法〉、〈高等教育法〉及〈醫學圖書館援助法〉等，使圖書館法規更臻完備。公共圖書館由州政府的相關行政當局管理，一般圖書館依據圖書館法設立圖書館委員會，負

責管理相關事宜。

　　二十世紀美國成為世界上圖書館事業最發達的國家之一。二次大戰後，圖書館進入自動化的時代，1970年代，資料庫的增加，線上公用目錄的出現、流通自動化與光碟產品等，使圖書館能提供多樣化的服務，館際合作也更加密切。美國有三所國立圖書館，包括美國國會圖書館（Library of Congress）、美國國立醫學圖書館（National Library of Mediacine）和美國國立農業圖書館（Agricultural National Library）。公共圖書館通常由總館、分館及流動書車組成，館藏量十分懸殊。大型的公共圖書館不僅提供一般的讀者服務，也支援教育、科學研究、文化與資訊傳播等功能。著名的公共圖書館有紐約公共圖書館、波士頓公共圖書館等。

　　大學圖書館是大學的心臟，豐富的館藏支援教學計畫及學術研究。哈佛大學與耶魯大學館藏均超過一千萬冊以上，其他加州柏克萊大學、密西根大學及哥倫比亞大學皆超過5,000,000冊。為提供讀者更好的服務，圖書館開始加強合作及資源分享，如館際互借、編製聯合目錄、合作採訪、合作儲存、互惠閱覽及合作編目等，並建立線上書目資料庫。

　　學校圖書館自1969年以後，多改稱「學校圖書館媒體中心」（School Library Media Center），是由美國學校圖書館員學會和全國教育學會的視聽教學部門的發展標準而來。為滿足師生自課程中對各類型資料產生的需求，學校圖書館必須提供非印刷資料製作和使用時必要的設備。因此，良好的媒體中心和學校的教育計畫之間逐漸密切配合，成效廣受各界肯定。

　　美國圖書館的專業組織多元，包括美國圖書館學會、醫學圖書館學會（Mediacal Library Association，1898年成立）、法律圖書館學會（Law Library Association，1906年成立）、專門圖書館學會（Special Libraries Association，1909年成立）、研究圖書館學會（Association of Research Libraries，1932年成立）、美國全國圖書館暨資訊科學諮詢委員會（National Commission on Libraries & Information Science，簡稱NCLIS，1970年成立）等，這些圖書館相關學會協助推動美國圖書館事業的進步與發展（王梅玲，2005）。

在穩健的根基及多元的輔助之下，二十世紀，美國一躍成為全球圖書館事業發達的國家之一，資料庫的增加、線上公用目錄的出現、自動化的發展、館際合作的建立、非書資料的典藏，拓展了美國的圖書館事業，帶來新的契機（楊乃樺，1995；英惠奇，2007）。美國圖書館在二十一世紀，受到下列趨勢影響：網路革命，數位著作權管理，圖書館工作與人力資源多元化，圖書館2.0發展，圖書館遊戲化，圖書館倡議與募款等，而朝向數位轉型與多元化發展（Berry, 2017）。

3.2 圖書資訊學教育發展簡史

杜威（Mevil Dewey）於1887年，在美國哥倫比亞大學創辦了第一所圖書館學校，設立了圖書館學正規教育的開端，經過百餘年發展，目前美國圖書館學會認可的學校共計63所，並以碩士教育代表專業教育（ALA, 2021a）。

本章參考霍利（Edward G. Holley）撰寫的〈百年之進程：圖書館教育之成長與發展〉（One Hundred Progress of Library Education）論文與現況，將美國圖書資訊學教育分為四個階段：（1）圖書館學校創立時期（十九世紀—1900年）；（2）威廉生報告時期（1901—1940年）；（3）圖書館教育成長時期（1941—1991年）；與（4）圖書資訊學教育時期（1992年—至今）（Holley, 1986）。

3.2.1 圖書館學校創立時期（十九世紀—1900年）

從十九世紀到1900年是美國圖書館學校創立時期，在這個階段有幾個重大發展，包括學徒制時代、美國圖書館事業的建立、高等教育的發展，以及杜威創設第一所圖書館學校等。美國在圖書館學校未設立之前，圖書館人員的訓練是自主式與實驗式，Vann曾描述有三種型態：經驗與探索、閱讀自修與由美國圖書館學會提供教育機會，這時期稱作學徒制時代（Roy, 1998）。館員學習技藝有二途，一是在圖書館謀得基層職位，獲得學習經驗

而逐漸進升；一是參加大型圖書館附設的訓練班，然而訓練班毫無制度可循（王梅玲，2005）。

1870年代，美國高等教育發展，將學術研究與職業服務結合，而改變了職業文化。其中最大的影響是1862年，通過〈莫瑞爾土地贈予法案〉（Morill Land Grant of 1862），鼓勵捐贈土地給各州，大量興建有關研究農業與機械之學院。新的土地贈予學院（Landz-Grant College）開始提供文理科與技術教育混合學程。另一方面，私立學院亦開始提供實用課程，一般認為莫瑞爾法案是美國技術教育成長的第一步。至1892年，美國已有57所大學院校受益於該法案。另一方面，美國高等教育開始發展，並逐漸擺脫歐洲大學的模式（王梅玲，2005）。

杜威（Mevil Dewey）對美國圖書館學教育影響深遠，他在1883年受聘為紐約哥倫比亞學院（Columbia College in New York）的圖書館館長。1887年1月5日，他在紐約哥倫比亞學院創立「圖書館學院」（School of Library Economy），為兩年制專修班，開啟了美國圖書館學正規教育之端。第一屆招收20名學生，男生3名、女生17名。其中10位有圖書館工作經驗，4位有學士學位，1位有碩士學位，大部分缺乏大學院校的學歷。該校課程極為簡單，只有編目、分類、目錄學、圖書館經營等基本科目，外加專題演講（Sche, 1983；王梅玲，2005）。

第一屆畢業生訓練雖然極其成功，可惜未受到哥倫比亞學院董事會重視，迫使杜威辭去哥大職務，轉任紐約州立圖書館（New York State Library）館長與紐約州立大學祕書（Secretary of the University of the Sate of New York）。同年4月9日，杜威將「圖書館學院」遷至紐約州首府阿爾巴尼市（Albany），改為紐約州立圖書館學院（New York State Library School），直至1926年，環境改變，始又歸併於哥倫比亞大學（Holley, 1986；王梅玲，2005）。

圖書館學正規學校雖然開始建立，但至十九世紀末期為止，圖書館員的教育與訓練工作，仍多在圖書館及職業學校中進行。在此階段中能真正稱為專業教育者，不過是伊利諾大學及紐約州立大學兩校而已（William, 1972；王梅玲，2005）。

3.2.2 威廉生報告時期（1901—1940年）

從1901到1940年，是威廉生報告時期，在這個階段有幾個圖書館學教育重大發展，包括專業教育與認可制度興起、美國圖書館學校學會成立、威廉生報告提出、圖書館學教育委員會成立、芝加哥大學圖書館學研究所的成立。

美國圖書館學學校逐漸興起，校際間的交流日益增多，美國圖書館學學校學會（Association of American Library Schools，簡稱AALS）在1915年正式成立，旨在探討圖書館學教育問題，建立圖書館學校標準，並規定該會的會員相當於被認可的圖書館學學校。該學會仿傚其他專業學會，制訂圖書館學學校標準，包括學生入學資格、課程類型、教師資格、行政組織與接受圖書館專業認可等。該學會在1915年至1924年間，負責維持圖書館學學校的標準（Davis, 1973；王梅玲，2005）。但由於該學會的標準對於學生入學要求較低於美國圖書館學會的標準，因此該會最後未能成為美國圖書館學學校的認可機構。

由於美國圖書館學學校水準不一與內容分歧，卡內基基金會（Carnegie Foundation）委託威廉生（Charles C. Williamson）於1919至1921年間，進行調查研究；1923年，發表著名的《圖書館服務之培訓》（Training for Library Services），又名〈威廉生報告〉（The Williamson Report）。威廉生以當時美國15所圖書館教育機構為調查對象，兼及短期訓練單位，包括6所大學（Syracuse，Western Reserve，Illinois，Wisconsin，California，Washington），5所私立學院（Pratt，Simmons，Pittsburgh，Atlanta，Drexel）與4所公共圖書館附設訓練班（New York State，New York City，St. Louis，Los Angeles）。他蒐集各校課程、設備、入學資格、教師、教學情形、教科書、實習、圖書館學學校在大學環境中的表現、標準、畢業情形、證書及財務與經費資料，詳加分析研究（Williamson, 1923；王梅玲，2005）。

威廉生在報告指陳美國圖書館學教育之缺點，包括：學程教育缺乏標準；學程時間太長；學校設備不良；教師品質與數量不好；課程太重於事務訓練而未達專業內涵要求。他提出圖書館學學校應建立專業教育模式的建議，對於美國圖書館學專業教育發展影響深遠，其要點如下：（1）圖書

館學學校應致力於專業工作之訓練，並在四年大學廣泛的教育基礎上實施。（2）圖書館學學校須設置於大學之中，而為獨立的學系或學院，其地位與其他學系相當，並因獲得大學完整的資源而使課程內涵愈益豐富。（3）各圖書館學學校課程未達成共識，課程設置甚為分歧，建議各校第一年開授的主修課程與其後的選修課程，需要達到某種標準化。（4）圖書館專業訓練必須以四年的大學通識教育為基礎，而提升至研究所階段實施。（5）建議提高教師待遇，並網羅有經驗以及有才智的人才以從事圖書館學教育工作。（6）圖書館學學校應以二年為修業年限，第一年的教育應屬於一般性及基礎性，第二年開始提供專門化與高級的課程。（7）建議應對圖書館人員建立全國專業資格檢定制度與頒授證書，並且設置一專門機構負責制訂圖書館學學校標準，與審查各校是否達到最低設置條件（Williamson, 1923）。

〈威廉生報告〉受到各方重視，奠定了美國圖書館學教育的基礎，也對於美國圖書館員檢定委員會、制訂圖書館學校認可標準，與研究所成立發揮重大影響。美國圖書館學會首先成立臨時圖書館訓練委員會（Temporary Library Training Board）規劃相關事宜，後於1924年正式成立「圖書館教育委員會」（Board of Education for Librariaship，簡稱BEL），負責圖書館學學校的評鑑與發展圖書館學學校標準。1925年，美國圖書館學會訂定〈圖書館學校最低標準〉（Minimum Standard for Library School），明訂四種不同圖書館學教育學程：學士班低年級（Junior Undergraduate）、學士班高年級（Senior Undergraduate）、研究所（Graduate）、高級研究所（Advanced Graduate）等應具備的最低標準。基本上，美國圖書館學教育系統之架構係建立在1925年標準之基礎上（王梅玲，2005；Churchwell, 1975）。

1923年，芝加哥圖書館俱樂部（Chicago Library Club）向卡內基公司建議成立一所新型的圖書館學校。在卡內基公司支持下，1926年，芝加哥大學創設「圖書館研究所」（Graduate Library School at the University of Chicago），領導圖書館學教育之發展。芝加哥大學於1928年開辦美國第一所圖書館學博士班，直至1940年為止這是美國唯一之圖書館學博士班

（Edward, 1970；王梅玲，2005）。

韋伯斯（Douglas Waples）指陳芝加哥大學圖書館學成立研究所主要擔負下列任務：（1）達到一般研究所的學術與研究水準。（2）研究為其主要任務，開拓現有圖書館價值與實務知識，並發展研究方法以徵集、檢測與應用此領域的重要資料。（3）協助其他圖書館學學校傳授學生圖書館學重要的原則與實務知識。（4）招收對大學研究活動有興趣、曾經參與學術研究並有才能的學生。（5）幫助學生整合圖書館學領域的各種知識。（6）訓練具有研究精神的學生加入圖書館專業陣容。（7）發揮其他重要的功能，如：準備、蒐集與出版圖書以推動圖書館事業的研究（Waples, 1931；王梅玲，2005）。綜合言之，該研究所最大的價值在於擺脫杜威時代以技術教育（Technical Education）為導向的型態，而將圖書館學教育定位在專業／研究（Professional/Graduate）新模式，這產生圖書館學教育朝向學術研究發展的一股趨動新力量。圖書館學教育不只是培育圖書館工作人力，而更要以一學門自居，致力圖書館學（Library Science）的理論研究與學術創作。

1929年，美國發生經濟大恐慌，連帶對於圖書館學專業發展造成影響，公共圖書館員開始失業，圖書館學教育亦遭池魚之殃。1934年，圖書館失業問題才逐漸改善；1938年，危機方告終止。1930年代，美國圖書館員失業問題使得圖書館學教育發展遲緩，學生人數銳減，鮮有新校增設（Sche, 1983；王梅玲，2005）。

3.2.3圖書館教育成長發展時期（1941—1991年）

從1941到1950年，正值二次世界大戰前後時期，這個階段有幾個圖書館學教育重要的發展，包括研究所蓬勃發展、圖書館學教育改革會議、圖書館學教育之研究與調查與碩士學位制度改革。

1941年到1950年間，舉行多場圖書館學教育改革會議，促進1950年代圖書館學教育的改革與蓬勃發展，歸納重要建議如下：（1）認同高級圖書館學研究所的重要，與以研究為發展重點，並且對培育圖書館學教員產生很大的催生力量。（2）圖書館學教育需要廣泛的通識教育背景，希望在大學階段養成學生的學科專長與第二外國語文能力。（3）圖書館界不滿意

1940年代的圖書館學教育型態,希望實驗新碩士學程,並建議以五年制碩士學位與博士學位學程作為專業教育。(4)在五年學程中,核心課程應在第一學期或大學階段提供,此為圖書館員培育的必要條件,而後半年應著重於專科性(Specialization),作為培育專門圖書館員之方式。(5)藉由出版品以傳播圖書館學教育的思想。(6)肯定圖書館學教育委員會為圖書館學教育正式認可機構的理念。(7)圖書館學教育應整合圖書館事業的專業意見(Holley, 1970;王梅玲,2005)。

1946年,紐約水牛城(Buffalo, New York)召開美國圖書館學會會議,首次提出五年制碩士學位觀念。五年制碩士學程始自丹佛大學(University of Denver)霍氏(Harriet Howe)院長於1947年的創設,1948年,該校授予二位學生五年制碩士學位(Shera, 1975;王梅玲,2005)。丹佛大學創辦五年制碩士學程引起美國圖書館學會1948年冬季會議的熱烈討論,並獲致下列決議:(1)圖書館學碩士學位(MLS)定為專業教育。(2)專業圖書館學教育應只在研究所階段提供,而圖書館技術人員應在其他機構接受訓練。(3)應提供博士教育學程。(4)課程內涵須廣泛而基礎,但也須兼顧某種程度的專長性(William, 1972;王梅玲,2005)。

1945年到1970年間,是美國經濟的繁榮時期,圖書館界一片欣欣向榮的氣象,布賓斯基(George Bobinski)稱此時期為「美國圖書館事業黃金年代」(The Golden Age of American Librarianship)。美國圖書館學碩士學位在這個時代中成為第一專業必備資格,並且建立起圖書館學教育的認可制度,這個階段重要的發展,包括:1951年修訂的標準、圖書館學教育認可制度建立、博士班大量成立、資訊科學興起、以及設置雙碩士學位與超碩士學位。

1951年,圖書館教育委員會、美國圖書館學校學會以及美國圖書館學會圖書館教育組(ALA Library Education Division)合作制訂新的〈認可標準〉(Standards of Accreditation),據以衡量圖書館學教育學程,並明定碩士學位是圖書館新進館員入館之條件。1953年起,美國圖書館學會的主要工作是在圖書館學校中推動新學程的認可,圖書館學教育委員會開始訪問並審查各圖書館學校。美國圖書館學會經由美國高中後認可委員會

（Council on Post Secondary Accreditation，簡稱COPA）確認其為認可機構（ALA, 1992）。

1956年，由於圖書館教育委員會對於認可標準之解釋分歧而改設認可委員會（ALA/Committee on Accreditation），負責維護標準用以評估與認可圖書館學教育，至此建立了美國圖書館學教育認可制度。值得注意者，美國圖書館學校認可制度僅針對圖書館學學校碩士學位認可，不包括學士班與博士班之認可。美國圖書館學會憑藉著嚴謹之認可制度與程序，以維持圖書館學學校之品質（Hayes, 1986；王梅玲，2005）。

圖書館之發展在此一時期受到政府許多補助，尤以〈高等教育法〉提供了許多經費鼓勵研究以改善圖書館與圖書館教育，此法的實施也增加了圖書館學校學生人數，促進博士班的成長，並新增圖書館學校，如1946年，美國獲得認可之圖書館學校為 36 所，而在 1970 年中期，達到最多70所（Sche, 1983；王梅玲，2005）。

資訊科學（Information Science）在第二次世界大戰後興起，由於受到蘇聯發射人造衛星史普特尼克（Sputnik）的刺激，美國政府開始重視科技資訊並支持各種相關研究計畫，因此促成了許多資訊組織、儲存與檢索系統之研究與發展。文獻學（Documentation）在1956年形成，後來轉變為資訊檢索（Information Retrieval），再演變成資訊科學（Information Science）。為順應時代趨勢，美國文獻學學會（American Documentation Institute）在1968年，改名為美國資訊科學學會（American Society for Information Science）。其後電腦與數學加入應用，機讀、儲存、應用、與傳播資料也大量運用在文獻處理上。電腦技術更推動許多資訊索引與儲存的實驗，這些資訊檢索實驗形成現代資訊科學的內涵（Rayward, 1983；王梅玲，2005）。

3.2.4 圖書資訊學教育時期（1992年—迄今）

1976年，圖書館人力資源顧問委員會（Library Personnel Resources Advisory Committee），修訂〈圖書館教育與人力運用〉（Library Education and Personnel Utilization），將圖書館人力資源分專業人員與輔助人員兩部分，再細分為圖書館相關資格與非圖書館相關資格兩種。圖書館專業人員

分2級4類，輔助人員分3級5類，碩士學位是專業人員第一級之基本要求，每一類均有升級步驟，當低級達到上一級教育訓練標準即可升級（ALA,1986；王梅玲，2005）。此一正式人力政策對圖書館各級工作人員之職務與責任有很大影響力，並肯定碩士學位為圖書館人員的基本專業資格，使得圖書館學教育與專業人力資源能相互配合。

1970年起，美國經濟不景氣，圖書館黃金時代結束，這個年代常稱為「轉型時期」（Transition Period）。由於資訊科技與資訊科學的蓬勃發展，社會經歷了巨大的變遷，由工業時代轉型成為資訊時代，也影響了圖書館學教育的發展。這個階段重要的發展包括：圖書館學學校關閉的警示、1992年認可標準修訂、圖書館學校易名與改組以及專業學會對變革回應。

由於經濟不景氣，美國政府補助減少，圖書館受到極大的衝擊，預算刪減，人員緊縮，專業人員之出路大不如前，從1978年起至1990年代，有15所美國圖書館學會認可的研究所陸續關閉。Paris（1988）認為主要是圖書館學校受到高等教育的影響，其分析主要原因為：（1）大學財政緊縮，造成學生人數減少與人口改變，學費提高，學校資源減少，致使大學關閉圖書館學研究所。（2）圖書館學系所與大學行政主管之間缺乏良性的溝通與瞭解，造成問題。（3）圖書館專業係以女性為主的行業，在社會上地位不高。（4）鑑於圖書館學研究所未能配合大學目標與任務，致使許多大學行政主管不重視圖書館學系所。（5）圖書館學系所無法說出圖書館學研究所的必要與價值。（6）商學、電腦科學、資訊管理系等其他學科認為圖書館學侵犯其領域。（7）由於美國圖書館學會認可的學校多數關閉，顯見該學會的認可無法保障圖書館學研究所的存在。（8）圖書館學系所主管及教師與大學其他系所鮮有往來，十分孤立等。

美國圖書館學學校關閉，帶來幾點思考，第一是專業教育無法保障圖書館教育的生存，而朝向高等教育是必要之路。另一方面，圖書館學受到資訊科學的巨大影響，必須思考結合之道。1992年，美國圖書館學會修訂〈圖書館與資訊研究碩士學程認可標準〉（Standards for Accreditation of Master's Programs in Library and Information Studies），主要回應圖書館學學校關閉的警訊，加上科技進步，社會經濟變遷，資訊社會需要，與大眾反

應。新標準最重要的改變是將學科名稱從傳統「圖書館學」（Librarianship）改為「圖書館與資訊研究」（Library and Information Studies），並界定為：「係專指研究紀錄性資訊與知識，及便於其管理與利用之服務與技術的一門學科，涵蓋資訊與知識之創造、溝通、辨識、選擇、徵集、組織及描述、儲存及檢索、保存、分析、解釋、評估、綜合、傳播與管理」（ALA, 1992；王梅玲，2005）。

1992年新修訂標準是1990年代美國圖書資訊學教育發展的重要里程碑，打破傳統圖書館學的範疇，改變名稱與內涵，融入資訊環境、資訊問題與資訊研究，將圖書館學從更寬的範疇來解釋，為因資訊科學與技術走入小巷的圖書館學，開啟另一扇門。

受到圖書館學校關閉與1992年標準發布的影響，1990年代，美國許多圖書館學學校改名，名稱相當分歧，包括：Library and Information Science；Library and Information Studies，仍稱為圖書館學系所甚少；其餘為反映資訊科學與技術發展趨勢，而改稱為資訊學院、資訊研究或資訊科學的學校不少（王梅玲，2005），如University of Michigan（2021），自1996年起從School of Information and Library Studies，改名為School of Information。

另一個關注圖書資訊學教育的學會──美國圖書館學校學會（American Association of School Librarians，簡稱AASL），為了涵蓋資訊科學，與配合學校會員的改名，自1984年起，改稱為「圖書館與資訊科學教育學會」（Association for Library and Information Science Education，簡稱ALISE）。該學會有團體與個人會員，團體會員均為美國圖書館學會認可的圖書資訊學系所，其主要貢獻如下：（1）提供圖書資訊學教育者交換意見與資訊的論壇。（2）提升、主導與示範圖書資訊學教育的相關研究。（3）激發與累積圖書資訊學教育界的認可標準的訂定與修訂工作。（4）與美國圖書館學會以及其他機構合作。（5）致力於維持圖書資訊學教育的標準以提升圖書館專業品質。（6）主張圖書資訊學應維持其學術性。（7）不斷實驗新的圖書資訊學計畫，以提升圖書館教育水準（Roy & Sheldon, 1998；王梅玲，2005）。

圖書館專業因資訊科技的大量應用而改變，造成館員的知識技能不足

而開始重視繼續教育。美國圖書館學會、美國資訊科學學會、圖書館與資訊科學教育學會均重視繼續教育，配合館員大量開設許多研討會與短期課程等。各圖書資訊學系所也積極開設各類繼續教育課程。繼續教育課程類型有多種，包括：大型會議、工作研習班、研討會、演講、短期訓練班、個別課程指導等，其中工作研習班形式為最多。此外，受到資訊科技與網際網路影響，美國圖書資訊學教育開始實施遠距教育，並受到美國圖書館學會的認可。

美國圖書資訊學碩士教育是專業教育也是該國最大的特色。從教育歷史發展的歷程，可歸納重要的影響因素如下：（1）圖書館學校成立開啟美國圖書館學正規教育之端。（2）美國專業教育的發展與高等教育認可制度的建立。（3）威廉生報告指陳美國圖書館學教育之得失，並提出圖書館專業教育應置於大學院校之環境，以及建立圖書館教育標準與認可制度等具體建議，對於其後美國圖書館學專業教育發展影響深遠。（4）美國芝加哥大學圖書館學研究所的創立開啟美國碩士教育與專業教育的先河。（5）美國圖書館學會促成該國圖書館專業化形成，並建立圖書館學教育標準與認可制度。（6）資訊科學與資訊科技帶給圖書館學教育莫大的衝擊。（7）美國圖書館學會1992年的標準反映出圖書館學與資訊科學教育結合，帶領圖書資訊學教育進入新境界。

1998年，美國圖書館與資訊科學教育學會（ALISE）與家樂氏基金會（W. K. Kellogg Foundation）合作KALIPER計畫（Kellogg-ALISE Information Professions and Education Renewal Project），分析圖書資訊學教育中課程的性質與變化，也是自1923年Charles C. Williamson的報告以來，圖書資訊學課程最廣泛的調查。該計畫提出二十一世紀的圖書資訊學課程六大趨勢：（1）圖書資訊學課程未來除了將圖書館作為社會與專業機構的本質外，必須解決基礎的資訊環境與資訊問題。（2）圖書資訊學課程與其他學科合作形成特色，以使用者為核心。（3）圖書資訊學學校與學程應持續投入資訊技術相關課程。（4）圖書資訊學學校與課程逐漸專業化，以培養專業館員或資訊人員，針對個人需求規劃課程。（5）圖書資訊學學校與課程提供不同形式的教學方法，如遠距學習或跨校合作，提升靈活性。（6）圖書資訊

學學校與課程透過提供學士、碩士與博士學位來擴展課程，擴大市場並提供潛在的收入來源。此外，學生、業者、畢業生與專業學會對研究生能力的要求、新興技術、組織內部關係與定位、新學科教師的專業知識、其他圖書資訊學學程的競爭，以及財政支持等，都是影響未來圖書資訊學教育的關鍵因素，而這些因素影響美國圖書資訊學教育的制度（Association for Library and Information Science Education [ALISE], 2000）。這六大趨勢在二十一世紀前二十年均實現，成為現今美國圖書資訊學教育樣貌。

　　二十一世紀以降，因為網路與數位科技進步，圖書資訊學教育進入數位時代。網際網路的普及與資訊技術的發展，使許多的工作型態、運作方式受到影響，圖書館數位化使圖書資訊專業人員工作方式改變，進而使圖書資訊學教育進行重大轉型，線上教育的普遍，促使圖書資訊學教育的核心需要重新定義。2005年，美國若干圖書資訊學學校倡導，iSchools聯盟成立，為圖書館資訊學教育帶來重大變革，許多美國圖書資訊學、資訊科學學校，參加聯盟，推動資訊領域。同時，線上教育也快速發展，2009年，San Jose State University設置線上碩士班，與MOOCs平臺合作，提升學習成效、班級增加、嚴格品管、與創新的課程，使學習者能輕鬆上手也可體會線上學習的優點（王梅玲，2021）。

　　Chu（2010）分析美國二十一世紀初期，圖書資訊學教育變革：（1）不斷變化的圖書資訊學課程：圖書資訊學教育定期進行重新的定義及規劃，核心課程也會隨之調整，近十年來圖書資訊學的課程亦進行了許多的修整與發展，產生了許多數位圖書館、知識管理、資訊架構、人機互動等新興技術課程，原先的編目課程及參考資源課程內容也會隨著系統的更替及演進而修改教學方式與內容。（2）圖書資訊學遠距教育：網路發展帶來了學習方式上的改變，自Library Education Experimental Program（簡稱LEEP計畫）成功發展後，許多圖書資訊學學校也開始跟進透過網路帶進學習的教學模式。（3）圖書資訊學學校的重新定位、合併及關閉。iSchools運動推行，使更多圖書資訊學學校開始順應趨勢進行重新定位轉而加入iSchools聯盟。雖然資訊領域逐步蓬勃，但也減弱了圖書館學的必要性，產生圖書館學教育的必要性討論與爭議，但也引導未來圖書資訊學教育需要

討論的議題。

　　從圖書館學（Library Science）改名為圖書資訊學（Library and Information Science），顯見專業教育、高等教育與資訊社會三股力量的匯合現象。美國圖書館學會以圖書館專業的要求對教育發揮監督與認可的功能，以碩士教育成為專業教育的核心。但是學校設在大學中，由於高等教育的發展，要求圖書資訊學教育需要兼顧教育、學術、研究，於是學術研發與知識創新成為教育的新方向。資訊社會形成，圖書館學納入資訊科學而成為圖書資訊學，社會變遷，使得圖書館工作不再是圖書資訊學教育唯一市場，而擴大至資訊服務、資訊管理、資訊系統、知識管理新領域。這些促使今日美國圖書資訊學教育兼具圖書館專業、高等教育、以及資訊中心三種特質於一身，這些現象將反映在下一節美國圖書資訊學教育制度上。

3.3圖書資訊學教育制度

　　美國與加拿大的圖書資訊學學校中，經美國圖書館學會認可的學校，計有美國本土54所，波多黎各1所，與加拿大8所，合共63所。就學位的層級而言，美國圖書資訊學教育學程分為五類：二年制專科學校學程、四年學士班學程、碩士學程、超碩士學程與博士學程，其中碩士學程是專業教育的主體（ALA, 2021）。

　　本章以美國境內經美國圖書館學會認可的55所圖書資訊學學校為研究對象，主要蒐集美國圖書館學會網站、55所學校網站、美國圖書館與資訊科學教育學會〈2021年圖書資訊學教育統計報告〉（Library and Information Science Education Statistical Report，2021）等資訊。以下分別從一般校況與圖書資訊學系所基本資料二方面說明（ALISE, 2021）。

3.3.1一般校況

　　一般校況包括美國圖書資訊學系所隸屬大學的一般情形，介紹各大學的所在地、成立年、公立或私立、全校學生人數，參見表3-2（ALA, 2021b）。

表3-2 美國圖書資訊學系所及其所在大學校況一覽表

校、所名稱	所在地	學校成立年	公私立	學生人數	系所成立年	教育學程
1. Univ. of Alabama, College of Communication &Information Sciences, School of Library & Information Studies	Tuscaloosa, AL	1831	州立	37,842	1970	MLIS, PhD, Distance
2. Univ. at Albany, College of Emergency Preparedness, Homeland Security & Cybersecurity	Albany, NY	1844	州立	18,000	1926	MSIS, PhD, Post-Master's, Distance
3. Univ. of Arizona, College of Social & Behavioral Sciences, School of Information Resources & Library Science	Tucson, AZ	1855	州立	45,918	1972	MALIS, BA, PhD, Post-Master's, Distance
4. Univ. of Buffalo, Graduate School of Education, Dept. of Information Science	Buffalo, NY	1846	州立	63,846	1966	MSILS, Post-Master's, PhD, Distance
5. Univ. of California, Los Angeles, Graduate School of Education & Information Studies, Dept. of Information Studies	Los Angeles, CA	1919	州立	44,300	1958	MLIS, PhD, Post-Master's

表3-2 美國圖書資訊學系所及其所在大學校況一覽表（續）

校、所名稱	所在地	學校成立年	公私立	學生人數	系所成立年	教育學程
6. Univ. of Catholic, School of Arts & Sciences, Dept. of Library & Information Science	Washington, D.C.	1887	私立	6,705	1938	MSLIS, Distance, Post-Master's
7. Univ. of Chicago, College of Education, Dept. of Information Studies	Chicago, IL	1867	州立	16,445	2013	MSLIS, Distance
8. Univ. of Clarion Pennsylvania, College of Business Admin. & Information Sciences, School of Information Sciences	Clarion, PA	1867	州立	4,700	1937	MSLS, Post-Master's, Distance
9. Univ. of Denver, Morgridge College of Education, Research Methods & Information Science	Colorado	1864	私立	12,000	2000	MLIS, Post-Master's, Distance
10. Univ. of Dominican, School of Information Studies	Ricon Forest, IL	1901	州立	3,189	NA	MLIS, PhD, Post-Master's, Distance
11. Univ. of Drexel, College of Computing & Informatics, Dept. of Information Science	Philadelphia, PA	1891	私立	24,205	1892	MS, BA, PhD, Post-Master's, Distance

表3-2　美國圖書資訊學系所及其所在大學校況一覽表（續）

校、所名稱	所在地	學校成立年	公私立	學生人數	系所成立年	教育學程
12. Univ. of East Carolina, College of Education, Library Science degree program	Greenville, NC	1907	州立	28,798	1939	MLS, Distance
13. Univ. of Emporia State, School of Library & Information Management	Emporia, KS	1863	州立	5,800	1902	MLS, PhD, Post-Master's, Distance
14. Univ. of Florida State, College of Communication & Information, School of Information	Tallahassee, FL	1851	州立	41,717	1947	MS, MA, BA, PhD, Post-Master's, Distance
15. Univ. of Hawaii, College of Natural Sciences, Library & Information Science Program, Information & Computer Sciences	Honolulu, HI	1907	州立	50,310	1965	MLIS, PhD, Post-Master's, Distance
16. Univ. of Illinois at Urbana-Champaign, Graduate, School of Information Sciences	Champaign, IL	1867	州立	42,728	1893	MSLIS, PhD, Post-Master's, Distance
17. Univ. of Indiana, School of Informatics, Computing, & Engineering, Information & Library Science	Bloomington, IN	1820	州立	97,000	1951	MLS, MIS, Ph, D, Post-Master's, Distance

表3-2 美國圖書資訊學系所及其所在大學校況一覽表（續）

校、所名稱	所在地	學校成立年	公私立	學生人數	系所成立年	教育學程
18. Univ. of Indiana, School of Informatics & Computing, Dept. of Library & Information Science	Indianapolis, IN	1969	州立	29,390	1951	MLIS, Distance
19. Univ. of Iowa, Graduate College, School of Library & Information Science	Iowa City, IA	1847	州立	31,730	1966	MALIS, Distance
20. Univ. of Kent State, School of Information	Kent, OH	1910	州立	32,000	1946	MLIS, PhD, Post-Master's, Distance
21. Univ. of Kentucky, College of Communication & InformationSchool of Information Science	Lexington, KY	1865	州立	25,800	NA	MSLS, PhD, Distance
22. Univ. of Long Island, College of Education, Information & Technology, Palmer School of Library & Information Science	Brookville, NY	1926	私立	16,958	NA	MSLIS, PhD, Post-Master's, Distance
23. Univ. of Louisiana State, College of Human Sciences & Education, School of Library & Information Science	Baton Rouge, LA	1860	州立	27,948	1931	MLIS, Distance

表3-2　美國圖書資訊學系所及其所在大學校況一覽表（續）

校、所名稱	所在地	學校成立年	公私立	學生人數	系所成立年	教育學程
24. Univ. of Maryland, College of Information Studies	College Park, MD	1813	州立	40,700	1965	MLIS, PhD, Distance
25. Univ. of Michigan, School of Information	Ann Arbor, MI	1817	州立	31,266	1926	MSI, BA, PhD
26. Univ. of Missouri, College of Education, Information Science & Learning Technologies	Columbia, MO	1839	州立	31,103	1946	MLIS, PhD, Post-Master's, Distance
27. Univ. of North Carolina at Chapel Hill, School of Information & Library Science	Chapel Hill, NC	1789	州立	10,984	1931	MSLS, MSIS, BA, PhD, Post-Master's, Distance
28. Univ. of North Carolina at Greensboro, School of Education, Dept. of Library & Information Studies	Greensboro, NC	1891	州立	20,000	1965	MLIS, Distance
29. Univ. of North Carolina Central, School of Library & Information Sciences	Durham, NC	1891	州立	20,000	1965	MLS, Post-Master's, Distance
30. Univ. of North Texas, College of Information, Dept. of Information Science	Denton, TX	1890	州立	38,154	1939	MS, BA, PhD, Post-Master's, Distance

表3-2　美國圖書資訊學系所及其所在大學校況一覽表（續）

校、所名稱	所在地	學校成立年	公私立	學生人數	系所成立年	教育學程
31. Univ. of Oklahoma, College of Arts & Sciences, School of Library & Information Studies	Norman, OK	1890	州立	20,000	1929	MLIS, BA, PhD, Distance
32. Univ. of Pittsburgh, School of Computing & Information, Information Culture & Data Stewardship	Pittsburgh, PA	1787	私立	23,466	1962	MLIS, PhD, Distance
33. Pratt Institute Center, School of Information	New York	1887	私立	4,875	1892	MSLIS, Post-Master's
34. Univ. of Puerto Rico, Information Sciences & Technologies	San Juan, PR	1903	州立	14,000	NA	MSLIS, Post-Masterr
35. Univ. of Queens College, Graduate School of Library & Information Studies	Flushing, NY	1937	市立	20,000	1955	MLS, Post-Master's, Distance
36. Univ. of Rhode Island, Arts & Sciences, Graduate School of Library & Information Studies	Kingston, RI	1892	州立	14,572	1964	MLIS, Post-Master's, Distance
37. Univ. of Rutgers, School of Communication & Information, Dept. of Library & Information Science	New Brunswick, NJ	1766	州立	71,000	1953	MI, BA, PhD, Distance

表3-2 美國圖書資訊學系所及其所在大學校況一覽表（續）

校、所名稱	所在地	學校成立年	公私立	學生人數	系所成立年	教育學程
38. Univ. of San Jose State, Applied Sciences & Arts, School of Information	San Jose, CA	1857	州立	35,736	1924	MLIS, PhD, Post-Master's, Distance
39. Univ. of Simmons, College of Organizational, Computational & Information Sciences, School of Library & Information Science	Boston, MA	1899	私立	6,635	1902	PhD, Post-Master's, Distance
40. Univ. of South Carolina, College of Information & Communications, School of Library & Information Science	Columbia, SC	1801	州立	35,468	1970	MLIS, BA, PhD, Post-Master's, Distance
41. Univ. of South Florida, College of Arts & Sciences, School of Information	Tampa, FL	1956	州立	48,708	1965	MALIS, BA, Distance
42. Univ. of Southern California, USC Marshall School of Business	Los Angeles, CA	1880	私立	48,321	NA	MMLIS, Distance
43. Univ. of Southern Connecticut State, College of Education, Dept. of Information & Library Science	New Haven, CT	1893	州立	11,769	2014	MLIS, BA, Distance

表3-2　美國圖書資訊學系所及其所在大學校況一覽表（續）

校、所名稱	所在地	學校成立年	公私立	學生人數	系所成立年	教育學程
44. Univ. of Southern Mississippi, College of Education & Health Sciences, School of Library & Information Science	Hattiesburg, MS	1910	州立	14,606	1965	MLIS, BA, Distance
45. Univ. of Catherine, Graduate College, School of Humanities, Arts, &Sciences	Minnesota	1905	私立	4,724	NA	MLIS, Distance
46. Univ. of St. John's, College of Liberal Arts & SciencesDivision of Library & Information Science	Queens, NY	1870	私立	21,346	1937	MSLIS, Post-Master's, Distance
47. Univ. of Syracuse, School of Information Studies	Syracuse, NY	1870	私立	22,850	1896	MSLIS, BA, PhD, Post-Master's, Distance
48. Univ. of Tennessee, College of Communication & Information, School of Information Sciences	Knoxville, TN	1794	州立	30,559	1971	MSIS, PhD, Distance
49. Univ. of Texas at Austin, School of Information	Austin, TX	1883	州立	51,000	1948	MSIS, PhD, Post-Master's

表3-2 美國圖書資訊學系所及其所在大學校況一覽表（續）

校、所名稱	所在地	學校成立年	公私立	學生人數	系所成立年	教育學程
50. Univ. of Texas Woman's, School of Library & Information Studies	Denton, TX	1901	州立	15,000	1929	MLS, MALS, PhD, Post-Master, Distance
51. Univ. of Valdosta State, College of Education & Human Services, Dept. of Library & Information Studies	Valdosta, GA	1906	州立	11,420	NA	MLIS, Distance
52. Univ. of Washington, Information School	Seattle, WA	1861	州立	48,881	1911	MLIS, BA, PhD, Post-Master's, Distance
53. Univ. of Wayne State, School of Information Sciences	Detroit, MI	1868	州立	26,251	1964	MLIS, Post-Master's, Distance,
54. Univ. of Wisconsin-Madison, College of Letters & Science, Information School	Madison, WI	1849	州立	45,000	1906	MALIS, PhD, Distance
55. Univ. of Wisconsin-Milwaukee, School of Information Studies	Milwaukee, WI	1956	州立	25,000	1966	MLIS, BA, PhD, Post-Master's, Distance

資料來源：American Library Association (2021b). *Directory of Institutions Offering ALA-Accredited Master's Programs in Library & Information Studies.* http://www.ala.org/CFApps/lisdir/directory_pdf.cfm

3.3.1.1所在地

有關認可的美國55校分布的區域，可分為東北部、東南部、中西部、西南部、西部五個部分，其東北部最多以17校居冠，東南部與中西部居次，西南部與西部較為少數。五部分學校分布如下：

東北部（Northeast）17校——Catholic Univ. of America（簡稱Catholic）；Clarion Univ.（簡稱Clarion）；Drexel Univ.（簡稱Drexel）；Long Island Univ.（簡稱Long Island）；Univ. of Maryland（簡稱Maryland）；SUNY, Albany（簡稱Albany）；SUNY, Buffalo（簡稱Buffalo）；Univ. of Pittsburgh（簡稱Pittsburgh）；Pratt Institute（簡稱Pratt）；Puerto Rico（簡稱Puerto Rico）；Queens College（簡稱Queens）；Univ. of Rhode Island（簡稱Rhode Island）；Rutgers Univ.（簡稱Rutgers）；St. John's Univ.（簡稱St. John's）；Simmons College（簡稱Simmons）；Southern Connecticut State Univ.（簡稱Southern Conn.）；與Syracuse Univ.（簡稱Syracuse）。

東南部（Southeast）13校——Univ. of Alabama（簡稱Alabama）；Univ. of East Carolina（簡稱East Carolina）；Emporia St. Univ.（簡稱Emporia）；Florida State Univ.（簡稱Florida St.）；Univ. of Kentucky（簡稱Kentucky）；Univ. of North Carolina（簡稱NC Chap. Hill）；North Carolina Central Univ.（簡稱NC Central）；Univ. of North Carolina at Greensboro（簡稱NC Greensboro）；Univ. of South Carolina（簡稱S. Carolina）；Univ. of South Florida（簡稱S. Florida）；Univ. of Southern Mississippi（簡稱Southern Miss.）；Univ. of Tennessee（簡稱Tennessee）；與Univ. of Valdosta State（簡稱Valdosta）。

中西部（Midwest）13校——Univ. of Catherine（簡稱Catherine）；Univ. of Illinois（簡稱Illinois）；Indiana Univ. Bloomington（簡稱Indiana Bloomington）；Indiana Univ. Indianapolis（簡稱Indiana Indianapolis）；Univ. of Iowa（簡稱Iowa）；Kent State Univ.（簡稱Kent St.）；Univ. of Michigan（簡稱Michigan）；Univ. of Missouri（簡稱Missouri）；Wayne State Univ.（簡稱Wayne State）；Univ. of Wisconsin-Madison（簡稱Wisc. Madison）；Univ. of Wisconsin-Milwaukee（簡稱Wisc. Milwaukee）；Dominican University（簡稱Dominican）與Univ. of Chicago（簡稱Chicago）。

西南部（Southwest）6校——Univ. of Arizona（簡稱Arizona）；Louisiana State Univ.（簡稱Louisiana St.）；Univ. of North Texas（簡稱North Texas）；Univ. of Oklahoma（簡稱Oklahoma）；Univ. of Texas at Austin（簡稱Texas）；與Texas Woman's Univ.（簡稱Texas Woman's）。

西部（West）6校：UC, Los Angeles（簡稱Cal-LA）；Univ. of Denver（簡稱Denver）；Univ. of Hawaii（簡稱Hawaii）；San Jose State Univ.（簡稱San Jose）；Univ. of Southern California（簡稱Southern California）與Univ. of Washington（簡稱Washington）。

3.3.1.2 大學成立年

美國圖書資訊學系隸屬的大學成立的先後來說，大多創校於1851年至1900年，大部分學校的創建都在於十九世紀，二十世紀也有13所之多。

1800年以前4校	NC Chap. Hill；Pittsburgh；Rutgers；Tennessee
1801-1850年11校	Alabama；Albany；Buffalo；Emporia；Indiana Bloomington；Iowa；Maryland；Michigan；Missouri；S. Carolina；Wisc. Madison
1851-1900年27校	Arizona；Catholic；Clarion；Catherine；Chicago；Dominican；Drexel；Denver；East Carolina；Florida St.；Illinois；Kentucky；Louisiana St.；NC Greensboro；North Texas；Oklahoma；Pratt；Rhode Island；Southern California；St. John's；San Jose；Simmons；Southern Conn.；Syracuse；Texas；Washington；Wayne State Valdosta
1901-1950年10校	Cal-L.A.；Hawaii；Kent St.；Long Island；NC Central；Puerto Rico；Queens；Southern Miss.；Texas Women's；Valdosta
1951年以後3校	S. Florida；Wisc. Milwaukee；Indiana Indianapolis

3.3.1.3 公立或私立

美國學會認可的55所圖書資訊學系隸屬的大學大多為州立，州立就有44所，私立則有10所，而另有市立Queens 1所。

3.3.1.4 全校學生人數

有關美國圖書資訊學系所隸屬大學全校學生人數，最多者為Indiana

Bloomington，計97,000人；其次為Rutgers，71,000人；其次，Texas，51,000人。學生最少為Dominican，僅3,189人；次少者為Clarion，4,700人。其餘各校，學生在1萬人以下者7校；在1萬至2萬人之間者11校；在2萬至3萬人之間者14校；在3萬人以上23校。

3.3.2 圖書資訊學系所基本資料

圖書資訊學系所的基本資料包括：系所名稱、系所隸屬學院、系所成立年、教育層級與學程結構、入學資格、畢業要求、教師概況與學生概況。

3.3.2.1 系所名稱

美國55所圖書資訊學系所名稱分歧，大致分為下列6類，以Library and Information Science 22校為最多，其次為Library and Information Studies 10校，Information Studies 6校，Information and Library Science 3校，其他類別皆只有2校或是1校。

（1）Library and Information Science / Sciences 22 校：

Catholic；Illinois；Indiana Indianapolis；Iowa；Kent St.；Kentucky；Long Island；Louisiana St.；NC Central；St. John's；San Jose；Simmons；S. Carolina；S. Florida；Southern Miss.；Texas；Wayne State；Rutgers；Hawaii；Dominican；Southern Conn；North Texas。

（2）Library and Information Studies 10 校：

Alabama；NC Greensboro；Oklahoma；Queens；Rhode Island；Texas Woman's；Wisc. Madison；Pittsburgh；Buffalo；Valdosta。

（3）Information Studies 6 校：

Cal-LA；Chicago；Syracuse；Maryland；Wisc. Milwaukee；Florida St.。

（4）Information and Library Science 3 校：

Indiana Bloomington；Pratt；NC Chapel Hill。

（5）Information School/School of Information 2 校：Washington；Michigan。

（6）Library Science 2 校：Clarion；East Carolina。

（7）Information Science and Learning Technologies 2 校：Missouri；Puerto Rico。

（8）其他名稱如下：

Library and Information Management：Emporia。

Information Sciences：Tennessee。

Information Science and Technology：Drexel。

Information Science and Policy：Albany。

Information Resources and Library Science：Arizona。

Humanities, Arts, & Sciences：Catherine。

Education, Research Methods & Information Science：Denver。

Business：Southern California。

3.3.2.2 系所隸屬學院

美國圖書資訊學學校大部分為獨立系所，下列系所隸屬於下列學院：電腦傳播與資訊科學學院最多，共13校：Dominican, Pratt, North Texas, Maryland, Drexel, S. Carolina, Simmons, Arizona, Clarion, Florida St., Kentucky, Tennessee, Alabama；教育學院次之，共10校：Denver, Chicago, NC Greensboro, East Carolina, Missouri, Southern Conn., Louisiana St., Southern Miss., Valdosta, Long Island；文理學院共5校：Wisc. Madiso, St. John's, S. Florida, Oklahoma, Hawaii；緊急應變學院1校：Albany。

3.3.2.3 系所成立年

美國認可的圖書資訊學系所成立時間依先後來說，前12名依次為：Drexel（1892），Pratt（1892），Illinois（1893），Syracuse（1896），Simmons（1902），Emporia（1902），Wisc. Madison（1906），Washington（1911），San Jose（1924），Albany（1926），Michigan（1926）；其他在1927年至1950年之間創設系所，共計13校；成立於1951年以後者29校。

3.3.2.4 教育層級與學程結構

美國圖書資訊學系所提供學程大致分為學士班、碩士班、超碩士、博

士班、證書學程與雙學位等，本章依據美國圖書館學會認可的圖書資訊學系所名錄統計，全美55所學校，各教育層級包括：學士班17校，碩士班55校，博士班33校，遠距教育52校，以及iSchools聯盟會員33校，參見表3-3。

表3-3　美國圖書資訊學系所學程種類一覽表

學校	學士班	碩士班	博士班	遠距教育	iSchools
Alabama		V	V	V	
Albany		V	V	V	V
Arizona	V	V	V	V	V
Buffalo		V	V	V	V
Cal-LA		V	V		
Catholic		V		V	
Chicago		V		V	
Pennsylvania	V	V		V	
Denver		V		V	V
Dominican		V	V	V	
Drexel	V	V	V	V	V
East Carolina		V		V	
Emporia State		V	V	V	
Florida State	V	V	V	V	V
Hawaii		V	V	V	
Illinois		V	V	V	V
Indiana, Bloomington		V	V	V	V
Indiana, Indianapolis		V		V	
Iowa		V		V	
Kent State		V	V	V	V

表3-3 美國圖書資訊學系所學程種類一覽表（續）

學校	學士班	碩士班	博士班	遠距教育	iSchools
Kentucky		V	V	V	V
Long Island		V	V	V	V
Louisiana State		V		V	V
Maryland		V	V	V	V
Michigan	V	V	V	V	V
Missouri	V	V	V	V	V
Chapel Hill	V	V	V	V	
Greensboro		V		V	
North Carolina Central		V		V	V
North Texas	V	V	V	V	V
Oklahoma	V	V	V	V	V
Pittsburgh		V	V	V	V
Pratt		V			V
Puerto Rico		V			
Queens		V		V	
Rhode Island		V		V	
Rutgers	V	V	V	V	V
San Jose State		V	V	V	V
Simmons		V	V	V	V
South Carolina	V	V	V	V	V
South Florida	V	V		V	V
Southern California		V		V	
Southern Connecticut State	V	V		V	

表3-3　美國圖書資訊學系所學程種類一覽表（續）

學校	學士班	碩士班	博士班	遠距教育	iSchools
Southern Mississippi	V	V		V	
Catherine		V		V	
St. John's		V		V	
Syracuse	V	V	V	V	V
Tennessee		V	V	V	V
Texas at Austin		V	V	V	V
Texas Woman's		V	V	V	
Valdosta State		V			
Washington	V	V	V	V	V
Wayne State		V		V	V
Wisconsin-Madison		V	V	V	V
Wisconsin- Milwaukee	V	V	V	V	V
總計	17	55	33	52	33

資料來源：American Library Association (2021b). *Directory of Institutions Offering ALA-Accredited Master's Programs in Library & Information Studies.* http://www.ala.org/CFApps/lisdir/directory_pdf.cfm

3.3.2.5 入學資格

　　有關入學資格，美國碩博士班學校的入學資格主要以GPA成績作為評比，若是非本國人的申請者要求較為繁複，需要具備托福等英語能力考試成績、面試、推薦信及讀書計畫等備審才能進行審核（ALISE, 2021）。

3.3.2.6 畢業要求

　　有關畢業要求，有17所圖書資訊學學校提供學士班，主要課程是圖書資訊學研究，並提供輔修課程，其要求的修課時數大約是27-188學分不等。有關碩士班，56所學校提供，多數要求學生修滿32至56個學分數（ALISE,

2021）。有34校提供博士學程，各校學分數不同；有些包括了先前的碩士課程學分以及學位論文的學分。學分從13至90學分不等（ALISE, 2021），有關畢業考試，有14校要求學科考試，4校要求要有外國語文考試（NC-Central、Puerto Rico等），若干學校要求有個別研究計畫。

修業時間依學制分為三種：學期制（Semester）、學季制（Quarter）及三學期學制（Trimester），學期制為一年兩學期，最常見，55所學校中有49所實施學期制，每學期約15週。學季制則是順應一年四季，將學年分為春、夏、秋、冬四部分，每部分持續約十週，從9月底持續到6月初結束，代表學校有：Drexel, Washington。三學期制則是將學年分為三個部分，春季、秋季與冬季，每個部分約12至13週，也會開設暑期課程（CanFly TW, 2021年12月24日）。

有關學業期程，（1）碩士班：最快是在12個月內完成碩士學位。一般而言，學程的修業時限最短為8個月，最長為24個月。最長達3至10年，多數學校是5至7年。（2）超碩士班：在碩士班之後提供的課程，多數提供認證，而非學位，然而也有些學校認為這是可以當作是正式學位的修習，其學程長度大約9至12個月，一般而言，其修業的最短時限為3個月，最長時限為19個月。大致而言，平均修業年限為2至8年。（3）博士班：博士班的期程更長，最短修業年限平均為5年，最短3年，最長可達14年，修習學分差異非常之大，從6-51學分不等。而在畢業門檻方面，美國大多數碩士學程皆主張論文選修，不強制要求論文的完成與寫作，以研究計畫代替論文的完成，大多數學校要求學科考試，博士學位則要求博士論文的完成（ALISE, 2021）。

有關必修課程，碩士班必修課程時數從9到28學分不等。有13個學校要求15個學分，有12個學校要求18個必修學分。超碩士學位通常要求0到6個必修學分，但是Drexel要求32個學分，Illinois要求12個學分。26個博士班要求必修學分差異很大，從6個到51個學分數不等。有關博碩士論文，碩士班只有4校要求碩士論文，學分從2到6不等。18校不要求論文，32校提供可選擇性的碩士論文選修。23個超碩士班學校中，有11校不要求碩士論文，6校要求可選擇性，有6校要求為必修課程。26校博士學校只有兩個不要求博

士論文（North Texas與Washington），24個要求論文且3到32個學分不等。有關實習課程，48個學校中有44個學校要求0到8個學分不等的實習課程，超碩士班有16校不要求，有1校要求，其餘有11校是可選擇性的。博士班有3校是可選擇性的，其中Illinois要求教學實習（ALISE, 2021）。

3.3.2.7教師概況

美國的大學教師分為四級：正教授，副教授，助理教授及講師。依其任課的數目及其階級，又可分為專任與兼任兩類，由於各校兼任教員的情形不一致，各校對於榮譽退休教授（Professor Emeritus）列名方式不一，不予計算（ALISE, 2021）。根據ALISE的《2021年美國圖書資訊學教育統計報告》（Library and Information Science Education Statistical Report 2021），55校圖書資訊學教師資訊，專任教師共有1,215位（含系主任55人、教授268人、副教授355人、助理教授279人、講師183人、其他75人），平均每校22位教職員，2005年有53.4%的教職員為終身教職。

3.3.2.8學生概況

根據ALISE《2021年美國圖書資訊學教育統計報告》，55校統計學生概況如下：（1）16校學士班學生共11,816人，平均每校738人。（2）55校碩士班學生共15,071人。（3）33校博士班學生共1,393人。（4）55校學生共37,890人（ALISE, 2021），學生人數逐年成長，博士生在2019-2020年註冊有1,393人，其中有262人獲得博士學位，顯示美國圖書資訊學教育以碩士教育為主，人數與學校數量最多。

3.4課程設計

3.4.1課程綜述

課程設計對於圖書資訊學教育十分重要。美國圖書館學會修訂的〈圖書館與資訊研究碩士學程認可標準〉（Standards for Accreditation of Master's

Programs in Library and Informational Studies），為各校課程設計的重要指南。該標準指出教育目標應涵蓋：「圖書館與資訊研究」的特質，係研究紀錄性資訊與知識，及俾益其管理與利用之服務與技術的一門學科，此學科涵蓋資訊與知識之創造、溝通、辨識、選擇、徵集、組織及描述、儲存及檢索、保存、分析、解釋、評估、綜合、傳播與管理；並包括專業領域中的哲學、原則及倫理。課程設計應以學程目標為基礎，系統性規劃並定期修訂。課程範圍涵蓋資訊與知識創造、通訊、識別、選擇、取用、組織和描述、儲存與檢索、保存與管理、分析、解釋、評估、傳播使用與使用者，以及人力資源與資訊資源的管理，並考量相關專業組織制定核心與一般專業課程建議，促進圖書館與資訊專業人員的發展，滿足學生個人的需求、目標與願望，並達成其學習成果，持續評鑑與改善（ALA, 2019a）。

圖書資訊學系所的課程設計，除設置核心必修與選修課程外，也有些學校採模組化的方式，規定學生必須選擇專科性（Specialization）領域，規定學生修習各模組的課程。有些學校則是將課程依多元主題設計，發展學生多元專長，培養學生成為專業人員（ALA, 2019a）。

ALISE《美國圖書資訊學教育統計報告》顯示美國圖書館學會認可的碩士班課程涵蓋23類專科主題，包括：書籍藝術、科學圖書館、音樂圖書館、特殊／專門圖書館、論文、特藏、法律圖書館／法律資訊服務、文化遺產資訊管理、知識管理、健康科學圖書館／健康資訊學、管理和行政、文書管理、資訊系統設計與分析、參考和使用者服務、資訊組織、數位圖書館、兒童服務、青少年服務、學術圖書館、檔案研究、學校圖書館、公共圖書館等，顯示圖書資訊學碩士課程的多元性。多數學校開設公共圖書館或學術圖書館專業，以及參考和使用者服務、資訊組織、數位圖書館、兒童服務、青少年服務、學術圖書館、檔案研究等課程（ALISE, 2021）。

3.4.2 圖書資訊學課程例說

本章以School of Information Sciences, University of Illinois Urbana-Champaign的圖書資訊學碩士班為案例，說明課程設計。該學院為美國認可的圖書資訊學校，在U.S. News & World Report評等為第一名，也是

iSchools聯盟的成員。該學院設置學士班、三個碩士班、博士班與超碩士班（BS in Information Sciences, MS in Bioinformatics, MS in Information Management, MS in Library and Information Science, PhD in Information Sciences, Certificate of Advanced）。以圖書資訊學碩士班為例（MS in Library and Information Science），畢業條件為：修滿40學分，包括核心課程6-8學分，其他皆為選修課程。碩士論文為選擇性，包括個別研究4學分與論文研究8學分；可用選課替代。此外，尚提供課外活動，專業領域的實習經驗。同學申請入學時需要學士學位的證書（Universtiy of Illinois, 2021）。

3.4.2.1 必修課程

Universtiy of Illinois圖書資訊學碩士生必須於第一學年，完成下列二門課程：資訊組織與取用（Information Organization and Access，4學分），圖書館、資訊和社會（Libraries, Information, and Society，2或4學分）。兩項核心必修課程為基礎課程，為未來提供學習背景。

3.4.2.2 選修課程

學習者完成二門核心課程，可自由選修符合興趣或是專業課程，碩士班課程分為六大領域：檔案及特藏，數位資產管理，資訊組織與管理，知識管理與競爭資訊，研究與資訊服務，青少年及學校圖書館事業。（1）檔案及特藏：數位化和電子媒體便利的使用性使檔案和特殊館藏變得更加重要，該課程教導學生熟悉該領域的鑑定、編排、描述、保存及其參考服務。（2）數位資產管理：透過對數位資產管理目的的學習，該科學生可成為其領域的貢獻者。（3）資訊組織與管理：圖書館核心使命是將資訊進行組織，促使使用者進行研究、滿足查詢需求，因此圖書資訊學學生應具備使用、維護開發系統來組織資訊、創建可用的資訊系統等能力。（4）知識管理與競爭資訊：知識管理主要用於分析組織內部決策前所需依據的資訊，進行系統的資訊支援及系統管理，制訂有效的管理組織資訊的系統。（5）研究與資訊服務：探索及評估從過去到現在的資訊需求及實踐，使學習者能奠定基礎，研究、參考和指導有關於資訊學研究及資訊服務。（6）青少年及學校圖書館事業：培養公共圖書館、學校圖書館和其他相關機構兒童及

青少年服務的專業人員。

3.4.2.3 其他課程學習

　　各系所碩士班學程重視實作與學習，開設實習、個別學習、論文、雙學位等課程，提供學習者申請管道，可至檔案館、圖書館、博物館進行實務學習（Universtiy of Illinois, 2021）。

3.4.3 遠距教育

　　圖書館遠距教育起源於十九世紀，1888年，杜威向State University at Albany申辦圖書館的函授學校。1947年，Florida State 圖書館學校在37個城市傳授圖書館課程；1970年代提供了電視課程，1980年代University of South Carolina嘗試衛星傳播課程。自1996年起，University of Illinois at Urbana-Champaign圖書資訊學院開始提供網路遠距教育——「圖書館教育實驗計畫」（LEEP），美國各校發展遠距教育，以線上教學的方式提供線上修習課程。

　　University of Illinois Urbana-Champaign圖書資訊學院提供LEEP遠距教育，要求學生在開課之前，都必須到校修習一門必修課程「圖書館、資訊與社會」（Library, Information and Society）。該校遠距學程自1998年開始，獲得美國圖書館學會認可，並發展LEEP網路課程多達30門（Universtiy of Illinois, 2021）。2009年，San Jose State進一步發展全面線上教學碩士班，取消實體教室教學。2021年，美國已有50所線上碩士班並通過美國圖書館學會的認可，但遠距教育認證並未獨立，而是合併於碩士班的認證，參見表3-4。55所圖書資訊學系所提供100%遠距課程的學校有48校，提供部分遠距課程的有4校，未提供遠距教育的僅3校。圖書資訊學遠距教育普及，並成為美國圖書資訊學新模式（王梅玲，2005；ALA, 2021b）。

表3-4　美國圖書資訊學學校遠距教育統計

遠距課程方式	學校	數量
100%遠距課程	Alabama；Albany；Arizona；Buffalo；Catherine；Catholic；Chicago；Clarion；Denver；Drexel；East Carolina；Florida St.；Hawaii；Illinois；Indiana Bloomington；Indiana Indianapolis；Iowa；Kent St.；Kentucky；Long Island；Louisiana St.；Maryland；Missouri；NC Central；NC Chap. Hill；NC Greensboro；Oklahoma；Pittsburgh；Queens；Rhode Island；Rutgers；S. Carolina；S. Florida；San Jose；Simmons；Southern California；Southern Conn.；Southern Miss.；St. John's；Syracuse；Tennessee；Texas Woman's；Valdosta；Washington；Wayne State；Wisc. Madison；Wisc. Milwaukee	48所
提供部分遠距課程	Dominican；Emporia；North Texas；Michigan Texas	4所
沒有提供遠距課程	Cal-LA*；Puerto Rico *；Pratt*	3所

資料來源：American Library Association (2021b). *Directory of Institutions Offering ALA-Accredited Master's Programs in Library & Information Studies.* http://www.ala.org/CFApps/lisdir/directory_pdf.cfm

註：*號者雖未在American Library Association認可清單上標註，但作者在該校系所網站上發現該校有部分線上課程。

3.5圖書資訊學教育的評鑑

3.5.1認可的意義與功能

認可制度（Accreditation）是由專門機構，如政府部門或專業組織（如專業學會）以既定的標準或規範，對特定學程的目標、政策與流程進行評鑑，以保障其品質的過程，主要著重在確保教育機構提供高品質的教育水準，是控管教學品質的重要機制。透過認可能讓社會大眾瞭解，這些通過

認可的教育機構具備優良教學品質，並在值得信賴的情況下運作。期望達到保證高等教育機構及其所屬各級教學單位的品質與誠信符合適當的標準，以及藉此改善這些機構提供的教育品質等目標。圖書資訊學教育的認可制度為品質保證工具，可以透過評估準則、自我評鑑和外部審核等方式，評估教師教學品質與學生學習成果，證明其畢業生具備圖書資訊學教育領域專業人員需要的知識與能力（林素甘，2021）。美國圖書資訊學教育的評鑑稱為「認可制」（Accreditation），此是美國高等教育之特色，目前美國圖書資訊學教育之認可，是由美國聯邦教育部長（Secretary of Education）與高等教育認可委員會（Council on Postsecondary Accreditation）指定美國圖書館學會擔任評鑑機構。

3.5.2 認可制度發展歷史

美國圖書資訊學教育認可制度始於1924年，美國圖書館學會設立圖書館教育委員會（Board of Education for Librarianship，簡稱BEL），負責圖書館學校教育之認可，這是受到威廉生報告的影響。1925年，圖書館教育委員會制訂了〈圖書館學校最低標準〉（Minimum Standards for Library Schools），1933年，修訂為〈圖書館學校最低需求〉（Minimum Requirements for Library Schools），均強調量的標準而缺乏質的評量（丁友貞，1994；王梅玲，2005）。

1948年，大部分圖書館學校放棄承認5年制學士學位為第一個專業學位，於是圖書館教育委員會在1951年，公布了〈1951年認可標準〉，將認可主體改為研究所專業學程，將圖書館學第一個專業學位改為碩士學位。1956年，美國圖書館學會成立「認可委員會」（Committee on Accreditation，簡稱COA），取代了原圖書館教育委員會，負責認可工作。美國圖書館學會分別於1972年與1992年修訂公布了〈1972年認可標準〉與〈1992年認可標準〉，亦於2008年、2015年進行更新，而後每年更新與公布〈認可圖書館與資訊研究碩士學程名單〉（ALA-Accredited Master's Programs in Library and Information Studies），被認可的學程範圍涵蓋美國、加拿大與波多黎各。圖書資訊學碩士學程認可制度發展以來，相繼有90所學校通過，而在2021年

認可制度公布的圖書資訊學學校最新名單有63所（王梅玲，2005；ALA, 2021a）。

3.5.3 認可委員會

美國圖書館教育認可委員會主要工作有二項：其一、是負責執行對圖書資訊學研究所進行認可的工作；其二、是制訂認可標準。該委員會由12位委員組成，4年1任，可連任1次，12位中須有2位非圖書館界的人士，因圖書館的專業教育與公共利益攸關，故需圈外人士參加評鑑，以期公平與客觀。12位委員先由美國圖書館學會會長當選人提名，以確保成員專業人員和教育者的比例平衡，最後由學會執行委員會依此任命。該委員會歷屆委員都是圖書館界與圖書館教育界的知名人士。委員會下設一認可辦公室（Office for Accreditation）負責規劃、領導、溝通協調及事務性工作（Goldstein, 1986；王梅玲，2005）。

3.5.4 認可的原則

美國圖書館學教育認可委員會的認可採取下列原則：（1）藉由對圖書資訊學專業教育品質的提升，進而改善圖書館的服務。（2）認可的精神在於對圖書館教育提供建設性的評鑑。（3）圖書資訊學教育的認可，應持續由單一機構執行，並為圖書館界專業人員及社會代表人士所一致認同。（4）制訂及修訂認可標準時，應接受圖書館專業及圖書館學教育者的意見及協助。（5）認可圖書資訊學教育的過程中，應儘量和其他專業學科的認可機構合作。（6）認可機構應持續檢討自身的政策及程序，在認可標準的規定上，應避免過於嚴苛及缺乏彈性。（7）認可機構在評鑑圖書資訊學教育專業學程時，亦須考慮其母機構。（8）認可標準須兼顧下列原則：A.以圖書資訊學研究所為專業教育；B.學校有自由權行使政策。（9）認可標準應強調質的評鑑而非量的評鑑。（10）認可標準應代表圖書資訊學專業教育的最低要求。（11）認可標準的主要評鑑要素，須能反映專業圖書館學教育之要點（Goldstein, 1986；王梅玲，2005）。

3.5.5認可標準

美國圖書館學會定期更新〈圖書館與資訊研究碩士學程認可標準〉逐年進行微修更新，最新修訂日期為2019年，描述圖書館與資訊專業人員教育學程的基本特徵，並制定符合圖書資訊學職業需求以及學程的最低標準與組成要素，透過鑑定學程是否符合公認的標準，為圖書館與資訊服務專業人員教育的品質管理把關（ALA, 2019a）。

2019年更新的認可標準主要分為五大項：（1）系統性規劃（Systematic Planning）；（2）課程（Curriculum）；（3）教師（Faculty）；（4）學生（Students）；（5）行政管理、財務經費和資源（Administration, Finances, and Resources），再以46小項進行說明審核：從學校的學程訂定願景、使命、目標與目的，短期或長期策略規劃的過程及價值觀、學程的整體概念，知識獲取的過程，考量相關專業組織制定核心與一般專業課程的設計、教師教學目標與職責，聘用及評估、學生的招生錄取，學程規劃，以及學程基礎的行政作業，彼此間的合作與串聯，皆是圖書資訊學認可標準的衡量標準，藉由認可標準的衡量評鑑，以達到其學習目的，並可在每一次的評鑑中進行評估與改善（ALA, 2019a）。

3.5.6認可的程序

美國圖書館學會的認可制度主要依據〈認可流程、政策與步驟〉（Accreditation Process, Policies and Procedures, AP3），以及〈圖書館與資訊研究碩士學程認可標準〉（Standards for Accreditation of Master's Programs in Library and Informational Studies）二份文件，認證圖書資訊學碩士學程。其中，認可標準是由認可委員會（COA），透過圖書資訊學的教育者、學生、圖書館以及資訊行業的從業人員等，建立共識所制訂而成，來持續進行修訂（ALA, 2019）。

ALA認證為自願性參與，其認證結果以認證狀態呈現，由認證委員會（COA）會議投票產生。以認證標準為架構進行自我評鑑與評量，包括準備自評報告，需摘錄整個自我評鑑過程。報告需說明學程當前狀況，分析

其挑戰、優缺點及解釋其成因,以及確認學程未來發展、自我評鑑計畫和目標。實施自評後,學程需在實地訪視前4個月提供自評報告初稿給負責人、外部審核小組（External Review Panel,簡稱ERP）,除審核自評文件外,ERP會進行2天實地訪視,並於訪視完成5週後提出最終審核報告,供認可委員會（COA）做出認證決定。其報告內容包括前言（描述實地訪視和各別訪談情況）、分析（以學程提供符合每項標準程度的資料與證據為基礎）和摘要（對學程的優點、限制和挑戰的說明）。並依據ERP審核報告,由COA會議投票決定學程的認證狀態,若COA認為學程不需進行全面審核來蒐集證據決定認證狀態,則會在授予有條件認證或首次認證後安排進度審核,重點聚焦在蒐集有關學程特定面向的證據（林素甘,2021）。

　　各校在進行認可之前1年即開始進行自我評鑑,通常由該校全部教職員,按認可標準所規定的6個評鑑項目,分為教育目標、課程、教師、學生、管理及經費支援、硬體資源及設備6小組,依照其當年度最新修訂認可標準中的各項規定,加以審核,再將自我評鑑的結果做成書面報告呈繳於認可委員會。

　　認可委員會於審閱申請立案者的自我評鑑報告後,認為有進行實地評鑑之必要時,即組成實地評鑑小組,一組以3至5人為單位,多數為4人,組成中至少有1人為現任或曾任的認可委員會委員,充分瞭解評鑑工作以利流程的進行,過程分工合作,每人就事先分配的項目,以參觀、訪問、開會、個別談話等蒐集有關資料,再核對該校所提報告中的各項目,做成書面報告上呈,凡是經認可的學校,每隔7年,就須重新加以評鑑,除了定期評鑑外,各認可的學校,並須於每年向認可委員會提出年度報告作為依據,表示該校於次年被繼續認可;否則,其認可資格即被撤銷（王梅玲,2005）。

3.5.7 認可結果

　　2021年,美國圖書館學會認可的圖書資訊學碩士班,有63校通過,其中55校為美國碩士班,8校為加拿大的碩士班,名單參見3-5（ALA,2021b）。

表3-5 美國圖書資訊學學校認可名單

國家	學校	數量
美國	Alabama；Albany；Arizona；Buffalo；Catherine；Catholic；Chicago；Clarion；Cal-LA；Denver；Dominican；Drexel；East Carolina；Emporia；Florida St.；Hawaii；Illinois；Indiana Bloomington；Indiana Indianapolis；Iowa；Kent St.；Kentucky；Long Island；Louisiana St.；Michigan；Maryland；Missouri；NC Central；NC Chap. Hill；NC Greensboro；North Texas；Oklahoma；Pittsburgh；Pratt；Puerto Rico；Queens；Rhode Island；Rutgers；S. Carolina；S. Florida；San Jose；Simmons；Southern California；Southern Conn.；Southern Miss.；St. John's；Syracuse；Tennessee；Texas；Texas Woman's；Valdosta；Washington；Wayne State；Wisc. Madison；Wisc. Milwaukee	55所
加拿大	Alberta；British Columbia；Dalhousie；Mcgill；Montréal；Ottawa；Toronto；Western ontario	8所
總計		63所

資料來源：American Library Association (2021b). *Directory of Institutions Offering ALA-Accredited Master's Programs in Library & Information Studies.* http://www.ala.org/CFApps/lisdir/directory_pdf.cfm

3.6 教育變革與發展趨向

3.6.1 教育特色

　　美國圖書館學會確定碩士學位是圖書館員的專業資格，為培育圖書館專業人員，定位圖書資訊學碩士教育為主要教育。雖在圖書資訊學教育的過程中歷經了許多高峰與低谷，從原先的圖書館學到圖書資訊學，名稱、學程都隨著技術的進步而有所轉變，但因為有這些變革才能造就了現今圖書資訊學的特色。美國圖書館學會悠久且穩定的認可制度與標準，維持圖

書資訊學專業教育的品質。圖書館員的專業地位具有專業內涵，必須經過圖書館工作與技能理論或科學方面的專業培訓。由此可知，圖書資訊學教育是培育圖書館專業人員的重要管道，圖書館事業的核心價值即反映圖書館員的專業能力，而美國透過圖書資訊學碩士學程的認可制度，有系統地發展出多元、現代且具有質量的圖書資訊學教育體系（王梅玲，2005）。

3.6.2 教育變革

高等教育的變革，使圖書資訊學教育不再侷限圖書館學，也加入了資訊科學的元素，Chu（2010）探討美國圖書資訊學教育發展，發現四項重要議題：圖書資訊學課程與核心課程改變，圖書資訊學遠距教育大量運用科技，iSchools聯盟出現，與圖書資訊學教育的問題。吳丹、余文婷（2015）回顧2010-2014年間圖書資訊學教育研究進展與趨勢，觀察iSchools聯盟成立後，圖書資訊學教育進入新的改革期。

王梅玲（2021）回顧圖書資訊學教育研究，有關美國圖書資訊學教育變革如下：

1. 不斷變化的圖書館課程，圖書資訊學課程注重能力導向課程，核心課程重新修訂。因應圖書館典範轉移，圖書資訊學教育隨著新科技發展，內涵工作趨勢的轉變，能力研究不斷進行更新，使能力導向的課程更受到重視，各圖書資訊學校以系統式的教學方式，能力與指標據以分析教學內容與教學目標也需重新評估。

2. 圖書資訊學遠距教育大量應用科技，設計新興多元課程。提供多元的課程以培養適用多元的市場需求，如eScience課程、資料庋用課程、數位人文課程、MOOCs課程等。

3. 線上教育興起，iSchools聯盟出現，圖書資訊學教育進入新的改革期。iSchools運動的成效影響範圍廣大，使許多圖書資訊學校改名為資訊學院，教師也新增了許多以資訊為本的專業，研究方向也因此從圖書館領域擴及到資訊領域，形成了跨領域的教育制度。

4. 畢業生就業市場擴大。依據近年來的調查發現，圖書資訊專業學科畢業

後到圖書館工作的比率有明顯下降的趨勢，反觀至資訊機構、政府機構、法學機構、檔案機構、文教機構等，進而出現了許多新興的工作職缺。

5. 圖書資訊學教育指南更新。美國圖書館學會近年來修訂圖書資訊學的教育標準與指南，如〈圖書館與資訊研究碩士學程認可標準〉（Standards for Accreditation of Master's Programs in Library and Informational Studies），以反映網路革命、資訊科技進步與社會變遷，且修改評鑑標準，以因應圖書資訊學教育的發展。

6. 系所名稱重新定位。美國許多學校在資訊科學的出現後，進行學校改名、學院改置合併或是隸屬改變等事宜，不再侷限於以圖書館為名稱，逐漸趨向資訊領域。

7. 重視圖書資訊學專業知能。美國圖書館學會與學者彙整了圖書館員的核心能力清單，指出技術、軟實力及數位內容等技術是圖書館員的重要技能，需不斷更新與提升。

　　圖書資訊學校的重新定位、重置與關閉，除了組織上的變革與名稱上的改變外，iSchools聯盟帶來巨大影響，許多圖書館學學校改變名稱，為自己的學系、學院、學位增加Information的成分，也有許多學校選擇與其他學系或學院進行合併，對於財務行政吃緊的學系，甚至選擇關閉。Weech（2015）發現許多學校不再以圖書館為學程，而是以新的學位取代，導致圖書資訊學學程的未來發展受到質疑，線上學程的出現也促使圖書資訊學的碩士畢業生擴大就業市場，不限於圖書館工作。在數據庋用與數據分析等主題專科化發展下，美國圖書資訊學學校開始調整學程，將重點轉移到圖書館外更廣泛的就業市場。

3.6.3 發展趨向

　　網路革命與資訊技術的改革為社會發展帶來巨大的改變，也影響圖書資訊學教育的發展，美國興起圖書資訊學未來教育的探討。美國馬里蘭大學再探圖書館學碩士教育MLS計畫，重新檢視資訊環境，分析未來圖書館學碩士教育有重要趨勢，提出未來圖書館碩士教育，圖書館與資訊機構不

以實體館藏與服務為焦點，將轉關注使用者與社區參與；圖書館核心價值依然是：公平、知識自由、包容、隱私、公民參與；初衷不變，但專業能力卻需要持續增加。圖書資訊學專業人員則需要具備未來的新能力（Bertot et al., 2015）

Bertot等（2015）分析圖書館學未來碩士教育培養的資訊專業人員應具備下列能力，包括：（1）人才與專案計畫的領導與管理能力。（2）透過指導或互動促進學習和教育科技合作，以培養人們的科技能力。（3）行銷和價值宣傳技能。（4）良好的人際和書面溝通技巧與公眾合作。（5）解決問題、思考和應變能力。（6）募款、預算和政策制定和應用知能。（7）與同事、顧客、社群夥伴和資助者建立關係。圖書館學碩士班課程需要重新設計，建議未來課程涵蓋下列九大領域：科技（熱門、新興、概念）、數位資產管理（數位資產創作、儲存與檢索取用能力）、數據（大數據、本機構數據、個人數據）、評估和評價（規劃、分析、影響）、政策、文化知能、資訊需求、自造力、變革管理。

美國博物館與圖書館服務研究院（Institute of Museum and Library Servcies，簡稱IMLS）在2019年，召開「二十一世紀圖書資訊學研究所定位論壇」，邀請美國圖書資訊學校共同討論未來圖書館就業市場，並訂定未來行動計畫。論壇舉行四場會議主題包括：圖書館事業的多樣性，二十一世紀圖書資訊學研究生的技能、專長和能力，圖書資訊學教育的替代模式，圖書資訊學研究所未來發展（張譯文，2019）。

綜上所述，美國圖書資訊學教育始自1876年，歷經一百三十餘年，與時俱進並朝向跨學科發展方向，中間雖經歷過一些困境，但圖書資訊學教育持續調整課程的模式，不斷前行發展，積極培育專業人才。面臨二十一世紀的圖書資訊學研究發展，美國圖書資訊學教育將在專業認可制度下保持專業教育優勢，繼續傳遞教育的價值，確定圖書資訊學教育的認同，促進圖書館與資訊機構從業者和教育者堅強的關係，增進圖書資訊學學生和從業人員的連結與留任，加強基礎設施與圖書資訊學教育的永續發展。

參考文獻

CanFly TW（2021年12月24日）。美國大學學制介紹：學期制**Semester vs學季制Quarter｜美國留學**。https://www.canfly.com.tw/%E7%BE%8E%E5%9C%8B%E5%A4%A7%E5%AD%B8%E5%AD%B8%E5%88%B6-%E4%BB%8B%E7%B4%B9%EF%BC%9A%E5%AD%B8%E6%9C%9F%E5%88%B6-semester-vs-%E5%AD%B8%E5%AD%A3%E5%88%B6-quarter%EF%BD%9C%E7%BE%8E%E5%9C%8B%E7%95%99/

丁友貞（1994）。**美國圖書館學教育認可制度之探討**。臺北：漢美，頁42-50。

王梅玲（2005）。**英美與亞太地區圖書資訊學教育**。臺北：文華圖書館管理。

王梅玲（2021）。2010-2020年圖書資訊學教育研究回顧與前瞻：變革與擴疆。在吳美美（主編），**圖書資訊學研究回顧與前瞻2.0**（頁612-644）。臺北：元華文創。

吳丹、余文婷（2015）。近五年國內外圖書情報學教育研究進展與趨勢。**圖書情報知識**，**165**，4-15。

沈姍姍（2000）。**國際比較教育學**。臺北：正中。頁213。

林素甘（2021）。歐美國家圖書資訊學教育認證制度。在吳美美（主編），**圖書資訊學研究回顧與前瞻2.0**（頁670-702）。臺北：元華文創。

英惠奇（2007）。美國公共圖書館的演進及展望。**臺北市立圖書館館訊**，**25**（1），24-30。

張譯文（2019）。**從圖書館員專業養成探討美國圖書資訊學碩士教育**〔未出版之碩士論文〕。國立政治大學圖書資訊與檔案學研究所。

楊乃樺（1995）。美國的圖書館。在胡述兆（主編），**圖書館學與資訊科學大辭典**。https://terms.naer.edu.tw/detail/1682075/?index=1

Association for Library and Information Science Education (2000). *Education library and information science professionals for a new century: The*

KALIPER report. https://durrance.people.si.umich.edu/img/research/90/KaliperFinalReport.pdf

Association for Library and Information Science Education (2021). *Library and Information Science Education Statistical Report 2021.* https://ali.memberclicks.net/data-collection-surveys

American Library Association (1992). Standards for Accreditation of Master's Programs in Library & Information Studies.*Library and Information Studies*, 23.

American Library Association (2019a). *Accreditation process overview.* http://www.ala.org/educationcareers/accreditedprograms/resourcesforerp

American Library Association (2019b). *Standards for Accreditation of Master's Programs in Library & Information Studies,* https://www.ala.org/educationcareers/sites/ala.org.educationcareers/files/content/standards/Standards_2019_ALA_Council-adopted_01-28-2019.pdf

American Library Association (2021a). *Library Statistics and Figures: Number of Libraries in the United States.* https://libguides.ala.org/librarystatistics

American Library Association (2021b). *Directory of Institutions Offering ALA-Accredited Master's Programs in Library & Information Studies.* http://www.ala.org/CFApps/lisdir/directory_pdf.cfm

American Library Association (1986). Library Education and Personnel Utilization. *American Libraries, 16*(2), 308-309.

Berry, John W. (2017). United States: Libraries and Librarianship in the 21st Century. *Encyclopedia of Library and Information Sciences.* Fourth Edition

Bertot, J. C., Sarin, L. C., & Percell, J. (2015). *Re-envisioning the MLS: Findings, issues, and considerations.* http://mls.umd.edu/wp-content/uploads/2015/08/ ReEnvisioningFinalReport.pdf

Chu, H. (2010). Library and information science education in the digital age. *In Advances in Librarianship, 32*, 77-111. https://doi.org/10.1108/S0065-2830 (2010)0000032007

Churchwell, C. (1975). *Shaping of American Library Education. Chicago*, 42.

Davis, D. (1973). *The Association of American Library Schools, 1915-1968: An Analytical History*. Metuchen, N.J.: Scarecrow Press, pp. 22-25.

Edward, C. (1970). *The Professionalization of Education for Librarianship with Special Reference to the Years 1940-1960*. Metuchen, NJ. The Scarecrow Press, 69-112.

Goldstein, H. (1986). The First Professional Step: The MLS in Library and Information Science in the United States. *Library and Information Science Education: An International Symposium*, pp. 96-100.

Hayes, Robert M. (1986). Accreditation. *Library Trends (spring, 1986)*, 539.

Holley, Edward G. (1986). One Hundred Years of Progress: The Growth and Development of Library Education, *The ALA Yearbook of Library and Information Services, 11*, pp. 23-28.

Nations Online Project (2021). *United States.* https://www.nationsonline.org/oneworld/united_states.htm

Paris, Marion (1988). *Library School Closings: Four Case Studies*. NJ: The Scarecrow Press, pp. 145-151.

Rayward, W. (1983). *Library and Information Science: Disciplinary Differentiation Competition and Convergence*. New York: John Wiley & Sons.

Roy, L. (1998). Personality, Tradition and Library Spirit: A Brief History of Librarian Education.*Library and Information Studies Education in the United States*, 1-16.

Roy, L. & Sheldon, B. E. (1998). *Library and Information Studies Education in the United States*. London: Mansell.

Sche, Josephine Yu Chen (1983). Education Systems for Librarianship in the Federal Republic of Germany. *The United Kingdom and the United States of America: A Comparative Study*, pp. 202-203.

Shera, Jesse H. (1975). Education for Librarianship in the United States and Canada. *Library of Library & Information Studies*, p. 4.

Universtiy of Illinois (2021). *School of Information Sciences*. https://ischool. illinois.edu/

Universtiy of Michigan (2021). *School of Information*. http://www.si.umich. edu/academics/arm

Waples, D. (1931). The Graduate Library School at Chicago. *Library Quarterly, 1*(30), 26-37.

Wayne, A. (1993). United States. *World Encyclopedia of Library and Information Services*, pp. 840-849.

Weech, T. (2015). New career opportunities and their impact on library and information science degrees, an exploratory study. *BiD*, (35), 45-50. =http://search.ebscohost.com.autorpa.lib.nccu.edu.tw/login.aspx?direct=true&db=lih&AN=112309462&lang=zh-tw&site=ehost-live

William, Z. (1972). Education in Library and Information Science. *Encyclopedia of Library and Information Science, 7*, pp. 419.

Williamson, C. (1923). *Tranining for Library Service: A Report Prepared for the Carnegie Corporation of New Tork*. The Merrymount Press.

第4章
英國圖書資訊學教育

王梅玲、董冠麟

　　英國（England），正式名稱為大不列顛與北愛爾蘭聯合王國（The United Kingdom of Great Britain and Northern Ireland，簡稱UK），位處西北歐，由英格蘭（England）、蘇格蘭（Scotland）、威爾斯（Wales）、北愛爾蘭（Northern Island）組成。為大西洋、北海與英吉利海峽所繞，其相鄰國家為西邊的愛爾蘭，隔英吉利海峽與荷蘭、比利時、法國相望，亦與丹麥、挪威與瑞典相隔不遠。總面積242,500平方公里。人口約67,363,000人，官方語言為英語（Briggs et al., 2021, March），地理分布如圖4-1（沈姍姍，2000）。

　　英國歷史悠久，強盛時期在世界建立許多殖民地，素有「日不落國」之稱，對殖民地國家的影響，澳洲即是一例。但自1960年代中期，英國經濟遭遇不景氣，通貨膨脹及失業率增加，影響教育重視學生的職業技能培育，高等教育也加強科學與技術科目，以幫助經濟復甦（沈姍姍，2000）。英國在1988年，進行教育改革，許多技術學院在1992年，升格成大學，現今英國政府的大學院校有174所（GOV.UK, 2021）。1988年，英國〈教育改革法〉（Education Reform Act 1988）實施後對高等教育產生若干影響，如中央教育權力擴張，市場導向與消費者意識的教育理念，以及重視教育成就與品質。

　　英國圖書館學會（Library Association）是專業學會，受到社會的尊重，其考試制度影響英國圖書館教育近一百年，直至在大學中設立圖書館學校，才邁向高等教育模式的圖書館學教育。2002年，英國圖書館學會與英國資訊科學家學會合併改名為圖書館與資訊專業學會（Chartered Institute of

圖4-1　英國地圖

資料來源：沈姍姍（2000）。**國際比較教育學**，頁181。臺北：正中。

Library and Information Professionals，簡稱CILIP），發展成資訊融入圖書館專業，並推動圖書資訊學專業教育發展。本章探討英國圖書資訊學教育分別從：（1）圖書館事業概述，（2）圖書資訊學教育發展簡史，（3）圖書資訊學教育制度，（4）課程設計，（5）圖書資訊學教育的評鑑，（6）教育變革與未來趨向六方面研究。

4.1圖書館事業概述

有關英國圖書館事業，根據Chartered Institute of Public Finance & Accountancy（2020）的統計，英國有10,564所圖書館，包括3所國家圖書館、3,667所公共圖書館、944所學術圖書館、5,926所學校圖書館、24所政府圖書館。英國國家圖書館包括大英圖書館（British Library）、國立蘇格蘭圖書館（National Library of Scotland）與國立威爾斯圖書館（National Library of Wales），其中大英圖書館的館藏量約1.7億冊／件（British Library, 2021）。公共圖書館方面，工作人員約14,925位，館藏量約165,885,367冊。學術圖書館方面，工作人員10,637位，館藏約115,114,996冊（Library and Information Statistics Unit, 2015）。

表4-1 英國圖書館事業統計

類型	數量
國家圖書館	3
公共圖書館	3,667
學術圖書館	944
學校圖書館	5,926
政府圖書館	24
總計	10,564

英國圖書館事業發軔甚早，一千年前已有教會圖書館，最古老的大學圖書館要追溯至十三世紀牛津大學、劍橋大學與聖安德魯斯大學等校的建立。自十七世紀起許多英國圖書館開放供民眾使用，1850年，國會立法通過〈公共圖書館法案〉（Public Libraries Act），公共圖書館開始對公眾開放。1855年與1860年通過〈公共圖書館與博物館法〉（Public Libraries and Museums Acts）；1866年、1871年、1877年三次修訂〈公共圖書館修訂法〉（Public Libraries Amendment Acts）（Sche, 1983），建立了英國公共圖書館

系統並開啟圖書館事業之端。

大英圖書館（British Library）是國家圖書館，前身為大英博物館附屬圖書館，十九世紀英國成為世界最大的殖民帝國，館藏不斷擴增，譽為世界圖書寶庫，同時開放給民眾自由使用。二十世紀初，英國的圖書館事業在全世界最發達，國立中央圖書館主導的全國性館際互借制度，更是圖書館的一大進展。1964年，修訂〈公共圖書館與博物館法〉，規定館藏、經費、專業人員與人數的比例，並加強地區圖書館的合作。

1967年，國立圖書館調查委員會提出〈丹頓報告〉（Danton Report），建議改組大英博物館附屬圖書館與各相關圖書館。1972年，議會通過〈大英圖書館法〉（British Library Act），將大英博物館圖書館與國立科學技術外借圖書館、國立科學與發明參考圖書館、國立中央圖書館、英國國家書目公司合併，改為大英圖書館。其他還有二所國家圖書館，國立蘇格蘭圖書館，設於愛丁堡，前身為1682年，成立的律師圖書館，1701年，開始接受呈繳；1925年，改為現在名稱，主要收藏蘇格蘭語圖書及手稿。威爾斯國立圖書館1907年，設立於阿伯里斯威思，1911年，開始接受呈繳，是世界上凱爾特語藏書最豐富的圖書館。

英國大學圖書館中最重要的是建立於十四世紀的牛津大學波得里圖書館（Bodleian Library）與劍橋大學圖書館（University of Cambridge Library）二所古老學府的圖書館。其館藏分別為1,200多萬與800多萬冊／件（University of Oxford Libraries, 2021; Cambridge University Library, 2021）。倫敦大學圖書館（University of London Library，又稱Senate House Library）建立於1836年，總館藏量約6,000,000冊。曼徹斯特大學賴蘭茲圖書館收藏許多珍本，是英國最重要的研究圖書館之一。

二十世紀初，主要由國立中央圖書館負責全國性館際互借制度建立，是圖書館事業一大進步。1964年，〈公共圖書館與博物館法〉頒布，由政府負責推動圖書館的發展。公共圖書館以市、郡為中心總館，統一管理與採編；分館主要辦理借閱，透過館際互借，使借閱服務有高度的發展，並堅持免費服務原則。公共圖書館與地區中小學校圖書館合作，設教師部協助選書或借閱，以補學校圖書之不足。醫院圖書館和監獄圖書館也由公共圖

書館負責兼管（楊乃樺，1995）。1970年代，各類型圖書館普遍開展參考諮詢服務，並開始向圖書館自動化發展。迄今為止，英國公共圖書館堅持免費原則，除為成人服務外，還重視青少年、居家者、移民、智能障礙者、身心障礙者提供特殊服務。二十一世紀英國圖書館重視館際合作與藉由自動化網路系統為民眾服務。

英國圖書館學會（Library Association）成立於1877年，受到美國圖書館學會的影響，其設立目的係為結合圖書館工作者或對圖書館有興趣者，提升圖書館之管理，並促進書目研究。1898年，該學會取得皇家特許狀（Royal Charter of Incorporation），舉辦圖書館員資格考試，並發給合格證書（Jain, 1971），對英國圖書館教育影響深遠。2002年4月，英國圖書館學會與資訊科學家學會（Institute of Information Scientists），合併為英國圖書館與資訊專業學會（Chartered Institute of Library and Information Professionals，簡稱CILIP），成為英國圖書館員、資訊專家與知識管理人員的專業組織。其願景為建立以素養、資訊檢索和知識轉換為基礎的公平和經濟豐饒的社會，其任務為：（1）鼓勵和支援傳達上述願景的人；（2）成為資訊、圖書館和知識工作從業人員的主要發聲管道，並倡導和藉由分享價值和發展技能與卓越來提供社群的整體融合。學會會員類型多元，包括學會會員、附屬會員、學生會員、海外會員、退休會員和團體會員等。該學會支持會員權益，包括：（1）專業發展：透過國際認證展現專業卓越性、參與各項會議、工作坊和參訪、透過訓練課程學習新技能等。（2）事業支援：協助找尋工作、在工作上的支援與建議、事業發展機會等。（3）新知通告：多種電子與紙本資源協助會員瞭解最新的產業消息、趨勢和發展。（4）社群網路：成為圖書館與資訊產業社群、參與學會線上社群（林素甘，2012年10月）。

4.2 圖書資訊學教育發展簡史

1919年，英國圖書館學正規教育開始，在倫敦大學學院（University College of London）創立第一所圖書館學院，目前英國圖書館與資訊專業學

會認可的圖書資訊學相關系所有14校（Chartered Institute of Library and Information Professionals [CILIP], 2021a）。早期英國圖書館學教育受到英國圖書館學會影響，該學會為全國圖書館員專業資格檢定考試與合格圖書館員註冊的執行機構，在過去百餘年間，主導英國圖書館員資格的取得與圖書館教育的發展，雖然1919年，已建立了圖書館學校，但仍無濟於圖書館專業教育的發展。直至二次世界大戰以後，英國高等教育改革，才推動了英國正規圖書館教育發展。1964年，雪菲爾大學（University of Sheffield）成立了第一所圖書館學研究所之後，英國才逐漸步向大學與專業教育合一之路。

　　近代受到社會變遷，資訊科學與科技進步的影響，英國圖書館服務與作業型態大幅改變。為因應這些的變革，英國圖書館學系所紛紛改名，發展成圖書館與資訊研究（Library and Information Studies，簡稱LIS）教育，本章統稱圖書資訊學。本節將英國圖書資訊學教育歷史發展，分成下列五階段：（1）英國圖書館學會檢定考試與註冊制度建立時期（十九世紀—1941年）、（2）全時圖書館教育時期（1942—1963年）、（3）英國高等教育改革時期（1964—1980年）、（4）圖書資訊學教育時期（1981—1999年）、（5）圖書資訊學教育重組時期（2000年—迄今）。

4.2.1 英國圖書館學會檢定考試與註冊制度建立時期 （十九世紀—1941年）

　　英國早期圖書館人員訓練採學徒制，係在館中進行人員訓練，缺乏適當的圖書館教育系統。鑑於英國其他專業學會辦理專業檢定考試之成功，Henry R. Teddler在英國圖書館學會專門委員會中建議學會辦理圖書館員檢定考試。學會於1885年，舉辦第一次圖書館員檢定考試，主要以教育程度較低而想進入薪資不高的市立圖書館的年輕人為對象。考試分為預備考試（Preliminary Examination）與證書考試（Certificate Examination）兩階段（Bramley, 1981）。此為英國圖書館員專業檢定考試的開始，其後百年間對英國圖書館學教育影響至為深遠。

　　1905年11月，W. R. B. Prideaux建議凡進入圖書館工作者須經過合格圖

書館員註冊，而註冊的首要條件係須通過英國圖書館學會檢定考試及格與有工作經驗者。在當時註冊是專業學會區別合格與非合格專業人員之方法，並可據以改善合格專業人員的待遇。該學會於1909年，建立正式註冊制度以區別專業與非專業圖書館員，此措施並獲得當時正發展中的公共圖書館普遍接受（Prideaux, 1906）。

1917年，Ernest Baker倡議設置圖書館學校，提出在倫敦大學學院建立圖書館學校計畫書（Sche, 1983）。1919年，倫敦大學學院在卡內基英國信託基金會（Carnegie United Kingdom Trustee）援助下，成立第一所英國正規圖書館學校──圖書館學院（School of Librarianship），卡內基連續5年支援，每年撥款1,500英磅，並由英國圖書館學會與該大學成立聯合委員會，由Baker擔任首屆系主任。該學院成立的目標如下：（1）該圖書館學院須設於大學之中。（2）招收學生比照大學較高標準，限於18歲以上，並有圖書館工作經驗者。（3）課程包括英國圖書館學會考試科目之所有主題。（4）課程以2年為期。（5）對在職學生另外提供課程，修業時間3至5年。（6）對畢業學生授予大學文憑。（7）該學院事務由英國圖書館學會與大學聯合委員會主持（Bramley, 1981）。

倫敦大學學院圖書館學院在成立之初並未獲得圖書館界接受，究其原因為：（1）1920年至1925年，經濟不景氣，工作市場不大，已有許多合格圖書館員因而造成競爭激烈。（2）該校的畢業生對於已有英國圖書館學會證書的助理圖書館員形成嚴重威脅。（3）該校畢業生缺乏圖書館工作經驗，未得各地圖書館主管當局接納（Bramley, 1981）。

1928年，英國圖書館學會同意倫敦大學學院圖書館學院有大學文憑的畢業生得豁免參加考試登記成為合格圖書館員。另一方面，倫敦大學學院圖書館學院主要仰賴卡內基英國信託的資助，並未獲得該大學經費上的支持，直至第二次世界大戰為止，其地位均未見改善（Bramley, 1981）。

4.2.2全時圖書館教育時期（1942—1963年）

二次世界大戰期間，英國圖書館學會與卡內基英國信託基金會合作進行英國公共圖書館服務調查，邀請其榮譽祕書長Lionel R. McColvin從事研

究，並於1942年提出《大英公共圖書館系統：現況與戰後重建計畫報告》（The Public Library System of Great Britannia Report on Its Present Condition with Proposals for Postwar Reconstruction）。McColvin鑑於區別專業與非專業圖書館員之重要性，建議二年全時圖書館學教育制度，但繼續保留英國圖書館學會評鑑合格圖書館員之外部考試制度，以檢定圖書館員資格。此報告影響戰後全時圖書館學教育的發展，也是英國圖書館學教育的重要進展（Bramley, 1981）。

二年全時圖書館學課程自1946年起，普遍在技術學院與商學院中設置，當時正值二次世界大戰結束（1945年）初期。同時戰爭時關閉之倫敦大學學院又重新開課。全時圖書館學校使得英國圖書館學教育有了較正式的發展，也為日後正規圖書館學教育奠下基礎。這些新的圖書館學校規模均不大，每校僅有25到30名學生，主要設於省級城市中，如：Glasgow、Loughborough、Leeds、Manchester、Brighton與Newcastle等地，計有蘇格蘭商學院（Scottish College of Commerce）、里茲商學院（Leeds College of Commerce）、曼徹斯特技術學院（Manchester College of Technology）、倫敦市學院（City of London College）、以及伯明罕商學院（Birmingham College of Commerce）等九所全時圖書館學課程的學院（Harrison, 1963）。

4.2.3英國高等教育改革時期（1964—1980年）

1960年代到1980年代，英國高等教育的形式複雜，包括大學、多元技術學院（Polytechnics）及學院（Colleges）。1964年，教育與科學部成立「國家學位頒授委員會」（Council for National Academic Awards，簡稱CNAA），獲得皇家特許狀專門負責對多元技術學院及師範學院頒授學位。該委員會與傳統大學不同，既不提供課程，也不舉行考試，而是幫助非大學高等教育機構發展學位學程。國家學位頒授委員會主管文憑學程，並且認可各學科課程，而不限於技術方面（Bramley, 1981）。

英國高等教育帶動專業教育的發展，圖書館學教育也因教育與科學部的設立而蓬勃興起。1963年，雪菲爾大學圖書館學研究學院（Postgraduate School of Librarianship, University of Sheffield）開始籌設，並自1964年到

1965年起提供圖書館學課程，招收第一批學生，提供圖書館學文憑，距1919年，英國倫敦大學學院成立的第一所圖書館學校相隔了40餘年（Benson & Willett, 2014）。1964年之後，陸續設立了更多學校，Robert Gordon Institute in Aberdeen於1966年，成立圖書館學校（Bramley, 1981）。第一所頒發圖書館學位的學校是1967年，蘇格蘭的University of Strathclyde，同年Queen's University at Belfast建立了School of Library Studies；University of Wales的Welsch College of Librarianship提供圖書館學位，並與其他學系合作提供榮譽雙學位。1967年，Loughborough Technical Colleges提供圖書館學學程，其後，被併入Loughborough University of Technology，並於1973年，成立Department of Library and Information Studies。此外，資訊科學新的文憑學程則由London City與Northampton College of Advanced Technology分別提供（Bramley, 1975）。

多元技術學院（Polytechnics）也紛紛設立圖書館學校，第一所在多元技術學院設立，並經國家學位頒授委員會認可的圖書館學系是Newcastle，但由於招收學生過少，二年後即結束。後轉至Leeds於1968年另外成立，並提供圖書館學的文學士學位及資訊科學的理科學位。其他尚有Birmingham、Brighton、Leeds、Liverpool、North Western、Manchester、Newcastle等七所多元技術學院設置圖書館學科系並由國家學位頒授委員會授予學位。該委員會對於這些設於多元技術學院的圖書館學校的課程進行認可（Bramley, 1975）。

1964年，英國圖書館學會修改其考試與政策，發布正式教育政策，使圖書館學校與學會關係更形密切，該學會並開始承認圖書館學校內部考試（Library Association, 1964a）。英國圖書館學會於1964年訂定〈圖書館學校最低標準〉（Minimum Standards for Schools of Librarianship），就學生、師資、教學與研究等方面提出基本規定（Library Association, 1964b）。

1968年，University Sheffield成立碩士班，提供下列二種學位：MA in Librarianship與MSc in Information Studies，取代文憑（Diploma）課程。Loughborough University of Technology也比照提供碩士學位；1973年，羅浮堡大學開辦英國第一所圖書館學博士班，英國圖書館學教育提高至博士學

位層級。自此以後英國圖書館學研究所蓬勃發展，圖書館學會並與圖書館學校共同合作，致力提升圖書館學教育。

英國圖書資訊學研究所教育之發展受到教育與科學部主導的二篇報告的影響極大。第一篇1968年出版的《圖書館的人力供應與訓練報告》（A Report on the Supply and Training of Libraries）或稱為〈傑素普報告〉（Jessup Report），其中四項重要建議導引日後英國圖書館學教育發展的方向：（1）應加強全時圖書館學教育，圖書館學校應重視質化的發展，不再增設圖書館學校。（2）圖書館學程應設於大學之中，並以碩士學位課程取代一年制全時文憑課程。（3）對於非本科系畢業生希望獲得圖書館專業資格者，建議提供一系列短期課程以增加其圖書館學專長，並且鼓勵資訊科學家學會的（Institute of Information Scientist）科學背景畢業生在完成短期課程時而授予其資格證明。第二篇報告是1968年出版的〈科學與技術圖書館與資訊工作的教育與訓練〉（Education & Training for Scientific and Technical Library and Information Work）又稱為〈雪菲爾報告〉（Sheffield Report），將資訊工作人員分為五級，並對其需要的五種層級教育課程建議二年準備圖書館學會考試課程，包括證書班、二年圖書館考試預備班、學士班、碩士班、博士班（Schur & Saunders, 1968）。

1970年代，圖書資訊學教育因〈傑素普報告〉（Jessup Report）與〈雪菲爾報告〉（Sheffield Report）影響而形成下列局面：（1）圖書館學校始終維持16所，不再增設。（2）圖書館學校課程品質獲得改善，高級文憑學程逐漸改為碩士學程，碩士與博士學位以研究工作為主，並且鼓勵有工作經驗的圖書館員與教員進修高級學程。（3）1981年至1985年，英國圖書館學會逐步取消檢定考試，而使二年制非大學學位的專業課程被三至四年的大學學程取代。（4）教育與科學部鼓勵圖書館學校、機構或大型圖書館開授短期課程，而廣開專業圖書館員推廣教育的管道，提供機會給其他學科領域的資深大學畢業生以獲得圖書館專業資格（Library Association, 1977）。1980年，英國圖書館與資訊研究系所有16校，包括24所學士班、17所研究所，圖書館學與資訊科學提升至研究所層級（Muddiman, 2015）。

4.2.4 圖書資訊學教育時期（1981—1999年）

1981年至今，為英國圖書資訊學教育變革最大的時期，重大發展包括英國圖書館學會取消館員考試制度；1992年，多元技術學院改制大學；圖書館學校改名加入資訊的名稱與課程改革；英國國家職業資格制度建立，英國圖書館學會與資訊科學家學會合併等，以及研究評鑑作業（RAE）對英國圖書資訊學教育造成巨大影響。英國圖書資訊學教育1981-2000年重組發展。

英國高等教育的改革影響了圖書資訊學教育，朝向以大學學位為主的發展。英國圖書館學會在1981年，取消了第一段考試，1982年起，學會實施新的專業資格授予制度。1985年11月，廢除圖書館員檢定考試，結束了百年圖書館員檢定考試時代，至此英國圖書資訊學教育真正步上以大學文憑與學位為主的正規教育之路。英國圖書館學會自1987年1月，實施新的專業資格授予制度（Jones, 1988）。

英國圖書館學會授予合格之圖書館員，分為普通會士（Associate）與高級會士（Fellow）兩種。普通會士申請者必須具備下列條件：（1）具學會承認之學術資格。（2）有一年以上之實務經驗者。（3）繳交一篇專業發展報告。（4）至少具有一年會員資格。高級會士是英國圖書館學會授予之最高專業資格，具備此項資格者係具有高度專業能力，或對專業發展有卓越貢獻者。其基本條件為：（1）具有五年普通會士資格。（2）有五年專業工作經驗。（3）繳交論文或專業著作，或對專業發展貢獻之有關文件。

英國圖書館學系所的專業資格認可（Accredited Qualifications），早自1966年起，學會授權各圖書館學系所舉行考試，凡被授權之系所首須經過學會評鑑，並設立評鑑委員會（Board of Assessor），專門負責訂定評鑑標準與訪視各大學的圖書館學系所（Bramley, 1981）。1967年，University of Strathclyde是第一個獲得課程認可並實施自行檢定的學校，至1974年時英國全部圖書館學系所的課程均已獲得認可。1981年以後，英國圖書館學會逐步取消考試，改對圖書館學系所課程之審核。1982年起，該學會訂定五年訪視計畫，訪視對象為圖書館學系所，除一般性巡視外，同時評估系所開設之課程（Library Association, 1987a）。

　　1987年，英國圖書館學會制訂〈課程審查程序〉（Procedures for the Approval Courses），審核之課程範圍涵蓋學士班及研究所課程，並兼及圖書資訊學以外之課程（Library Association, 1987b）。1993年修訂〈英國圖書館學全時學校課程審查程序〉（Procedures for the Approval of Courses at Fulltime Schools of Librarianship in the United Kingdom），1995年修訂〈課程認可程序〉（Procedures for the Accreditation of Courses）（Library Association, 1995）。

　　英國圖書館學會教育與個人會員服務委員會（Education and Personal Membership Services Committee of the Library Association Council）任命認可委員會（Accreditation Board），負責對圖書資訊學系所與個人申請的認可，圖書資訊學系所的認可包括學士班與研究所（Library Association, 1995）。

　　1980年代中葉，英國圖書資訊學系所修改招生政策與課程，許多學校重新組織，並聘用具有廣泛技術與知識的新教師。也有許多圖書館學校改組，放棄原來獨立之圖書館學系所，與其他商學、電腦相關院、系、所合併。如Liverpool John Moores University原Department of Library and Information Studies，1991年，成為Computing, Information, and Mathematical Sciences之一組。1992年，改制大學後，併入Liverpool Business School成為Information and Library Studies之一組，之後又改成Centre for Information and Library Management（MacDougall & Britain, 1993）。

　　1992年，英國議會正式通過新法案〈推廣與高等教育法案〉（Further and Higher Education Bill），將全部多元技術學院改制大學。當時英國有18所圖書資訊學系所，7所原為多元技術學院後來改制大學：Birmingham，Brighton，Leeds，Liverpool，London，Manchester，Newcastle；此外，尚有2所原設於學院中，也已改隸大學，如Robert Gordon University與Thames Valley University（薛理桂，1995）。專業課程的認可漸由英國圖書館學會與資訊科學家學會取代主持。

　　同年，英國資訊與圖書館教育與研究學會（The British Association for Information and Library Education and Research，簡稱BAILER）成立，其前

身是1962年成立之英國圖書館學校學會（Association of British Library
Schools，簡稱ABLS）；1974年，改名為英國圖書館與資訊研究學校學會
（Association of British Library and Information and Information Studies
Schools，簡稱ABLISS）（Bramley, 1981）。該會成員包括當時英國與愛爾蘭
共和國全部18個系所、系主任、教師與研究人員，設立目標旨在促進資訊
與圖書館研究領域之發展，與鼓勵教師、研究人員從事下列事項：（1）致
力於教學經驗與實務的交流。（2）建立英國資訊與圖書館研究教育與研究
之論壇。（3）保持與國外資訊工作教育機構之聯絡，關心課程發展，並致
力於圖書館與資訊研究教育、與資訊專業間之溝通（BAILER, 2004）。然而
目前BAILER已無運作（Marcella & Oppenheim, 2020）。

　　另一重要發展是英國職業資格制度（National Vocational Qualifications，
簡稱NVQ）的建立（Wood, 1997）。1960年代和1970年代的核心課程被一系
列資訊相關的課程取代，從1980年代後期，開始設置「資訊研究」課程，
1990年代，轉向設置「資訊管理」課程，圍繞著資訊資源管理（Information
Resources Management）的新管理研究方法。許多圖書資訊學學校嘗試新課
程，如知識管理，健康資訊學，網路資訊管理等。遠距和混成學習模式開
始流行，如Aberystwyth University、Robert Gordon University與Abedeen三
校提供遠距學位學程（Muddiman, 2015）。

4.2.5 圖書資訊學教育重組時期（2000年—迄今）

　　2000年以後，英國圖書資訊學校減少與人員裁減，例如：2007年只有
13所學士班，相較於2000年的24所學士班，英國圖書資訊學學士班明顯減
少。圖書資訊學系所被迫裁員，大多數學校，尤其是科技大學，失去自主
權，被電腦科學科系、資訊技術或商學院和學院合併，例如：Queen's
University Belfast與Birmingham City University停開圖書資訊學認證學程
（Muddiman, 2015）。

　　2000年以後，英國高等教育資助委員會的研究評鑑制度（Research
Assessment Exercise，簡稱RAE）造成重要影響。英國大學定期審查學校與
系所學術研究績效，始於1992年，並在1996年、2001年、2007年、2014年

持續進行。2021年，改名為「研究卓越框架」(Research Excellence Framework，簡稱REF)。圖書館和資訊管理系所列入RAE、REF的「評估單元」，研究型大學表現良好，如Sheffield University、Loughborough University、City University均獲得前五名或五星評級。但是2010年以後，英國圖書資訊學校又面臨的下列新問題：課程設置、招生不足和機構重組等問題。另一方面，圖書資訊學系所面臨大挑戰：圖書資訊學研究人員和學者是否能夠鞏固地位，並將圖書資訊學作為英國大學的「學科」，不僅取決於他們的研究和教學品質，也將取決於英國圖書館對於社區影響力(Muddiman, 2015)。

2009年，Sheffield University改名為資訊學院 (Information School)，為英國第一個加入iSchools聯盟的學校 (Seadle, 2016)，其後，英國共有八所大學及研究中心加入 iSchools 聯盟，分別為：University of Glasgow, Information Studies, University College of London；Department of Information Studies, Manchester Metropolitan University；Journalism, Information and Communications, Northumbria University；Computer and Information Sciences, University of Oxford；The Oxford Digital Information Group；Robert Gordon University, Information and Library Studies；University of Sheffield, Information School；University of Strathclyde, Computer & Information Sciences。Sheffield University資訊學院為iSchools聯盟核心會員 (iCaucus)(iSchools Organization, 2021)。除牛津大學數位資訊研究中心外，其餘七所學校之學程皆在CILIP認可名單之中。

Marcella與Oppenheim (2020) 探討英國圖書資訊學教育的未來，訪談圖書資訊學學校教師，研究發現，2010-2020年間，英國圖書資訊學系所在專業實踐和教育方面逐漸衰退。檢視圖書資訊學教學和研究現況，發現有些學校停招，過去的圖書資訊學校如University of Central England、Brighton University、Loughborough University等皆已關閉，有些則併入其它學院，如商業管理、電腦科學或傳播學院，如Northumbria University、Strathclyde University、Robert Gordon University等，而目前英國的獨立學院的圖書資訊學系所／學院只有三所，Sheffield University、City University of London，

以及University College London（Marcella & Oppenheim, 2020）。與1980年代的16校相比，英國圖書資訊學校大量減少。Marcella與Oppenheim（2020）發現英國圖書資訊學系有很大的危機，圖書資訊學教育正在消退，系所可能關閉或與其他學科合併並失去認同。這些危機正威脅未來的圖書資訊學教師和研究人員。

英國圖書館學會自1885年起，舉辦圖書館員檢定考試，並自1909年，主責合格圖書館員之註冊，使得檢定考試長期以來成為進入圖書館工作之唯一途徑。1985年，結束此百年制度。1960年代起，英國高等教育改革將圖書資訊學專業教育設置於大學之中，開啟圖書資訊學教育新紀元，但在2010年之後，出現衰退新危機。從英國圖書資訊學教育之歷史發展來看，影響主要因素可歸納為：（1）英國圖書館學會的影響。（2）圖書館事業的興起。（3）高等教育的發展。（4）政府的推動。（5）研究所教育的建立。（6）英國圖書資訊學教育的專業評鑑與研究評鑑制度。（7）相關研究報告、計畫與白皮書。（8）資訊科學的興起與資訊科技的發展。（9）英國圖書資訊學學科在大學中孤立漸漸失去地位與認同。

4.3 圖書資訊學教育制度

本節探討英國圖書資訊學教育制度，依據英國圖書館與資訊專業學會（CILIP）公布認可的英國圖書資訊學學院、所、系名單，共14校（CILIP, 2021a），參見表4-2。

英國圖書資訊學學校變化很大，在2005年有18校，至2021年有14校。英國圖書資訊學教育建立了學士班、高級文憑、碩士、哲學碩士與博士等級學程，均為專業教育，其學士學位為第一基本專業資格，其他高級文憑、碩士學位、哲學碩士學位與博士學位為高級專業資格。

學士班主要培育圖書館與資訊工作基層人員，高級文憑不具有學位，主要提供給已獲學士學位並有一年以上的圖書館或資訊工作實務經驗者，經九個月時間修課而獲得文憑，有些學校對於在職學生規定二年修業期限。這種高級文憑提供的課程與碩士學程相似，但少了碩士論文的要求（薛理

桂，1988）。

　　碩士學程多依修習課程取得學位，依研究獲得學位者則稱為研究學位，研究學位分哲學碩士及博士學位兩種，主要由學生自行從事研究，由指導教授協助研究，沒有選課要求，僅憑通過研究論文即可獲得哲學碩士或博士學位，哲學碩士學程的年限一年以上，博士學程三年以上（薛理桂，1995）。以下從一般校況與圖書資訊學系所基本資料分別說明。

4.3.1一般校況

　　一般校況包括英國圖書資訊學系所隸屬大學的一般情形，介紹各大學的所在地、成立年、公立或私立、全校學生人數，參見表4-2。

表4-2　英國圖書資訊學系所及其所在大學校況一覽表

校、所名稱	所在地	成立年	公私立	學生人數	系所成立年	教育學程
1. Aberystwyth Univ. Dept. Information Studies	Aberystwyth, Wales	1867	公立	7,720	1989	BA; MSc, MA/PG Dip, MSc/PG Dip, Distance learning
2. City Univ. London, Dept. of Library and Information Science	London, England	1894	公立	19,975	1961	MSc, MSc/MA, PhD/MPhil
3. Coleg Llandrillo, Library & Information Management	Wales	1965	公立	21,000	N/A	BA
4. Cranfield Univ., Information Capability Management	England	1946	公立	4,825	N/A	MSc/PG Dip

表4-2 英國圖書資訊學系所及其所在大學校況一覽表（續）

校、所名稱	所在地	成立年	公私立	學生人數	系所成立年	教育學程
5. Manchester Metropolitan Univ., Dept. of Journalism, Information and Communications Section	England	1946	公立	33,420	1946	BA (Hons), BSc (Hons), MA
6. Northumbria Univ., Computer & Information Sciences	England	1834	公立	28,325	1947	BSc (Hons), MSc
7. Robert Gordon Univ., Information & Library Studies	Scotland	1750	公立	12,660	1967	BA; PGDiploma; PGCert; MSc, Distance
8. Ulster Univ., Library & Information Management	Northern Ireland	1865	公立	27,680	N/A	MSc/PG Dip, Online Learning
9. Univ. College London, Dept. of Information Studies	England	1826	公立	41,095	1919	BSc, BASc, MA, MSc, PG Diploma, MPhil, PhD
10. Univ. of Edinburgh, Book History and Material Culture	Scotland	1583	公立	35,375	1962	MSc
11. Univ. of Glasgow, School of Humanities, Information Studies	Scotland	1451	公立	32,465	1997	MA, MSc/PG Dip/PG Cert

表4-2　英國圖書資訊學系所及其所在大學校況一覽表（續）

校、所名稱	所在地	成立年	公私立	學生人數	系所成立年	教育學程
12. Univ. of Sheffield, Information School	England	1828	公立	30,055	1963	BA, MA, MSc, Distance, PG Diploma, MPhil, PhD
13. Univ. of Strathclyde, Computer & Information Sciences	Scotland	1796	公立	24,330	1945	PG Diploma, MSc
14. Univ. of the West of England, MSc in Information Management	England	1595	公立	30,680	N/A	MSc

資料來源：Chartered Institute of Library and Information Professional (2021a). *CILIP Accredited Qualifications*. https://www.cilip.org.uk/page/qualifications

4.3.1.1 所在地

　　英國地理區域包括英格蘭、蘇格蘭、威爾斯、北愛爾蘭四區，英國14所圖書資訊學校以倫敦地區最多，計有2校，四區分布如下。

　　英格蘭區7校——City Univ.（簡稱City），Univ. of College London（簡稱UCL），Manchester Metropolitan Univ.（簡稱Manchester），Univ. of Northumbria at Newcastle（簡稱Northumbria），Univ. of Sheffield（簡稱Sheffield），Cranfield Univ.（簡稱Cranfield），Univ. of the West of England（簡稱UWE）。

　　蘇格蘭區4校——Robert Gordon Univ.（簡稱Robert），Univ. of Strathclyde（簡稱Strathclyde），Univ. of Edinburgh（簡稱Edinburgh），The Univ. of Glasgow（簡稱Glasgow）。

威爾斯區2校——Aberystwyth Univ.（簡稱Aberystwyth），Coleg Llandrillo（簡稱Coleg）。

北愛爾蘭區1校——Ulster Univ.（簡稱Ulster）。

4.3.1.2 成立年與公私立學制

英國圖書資訊學系所隸屬大學皆為公立學校。大部分大學是在1801至1900年間創立，自1992年起，有兩所技術學院改制為大學：Manchester Metropolitan Polytechnic與City of London Polytechnics。另外有一所學院改為大學：Robert Gordon College，英國13所圖書資訊學系所均設置於大學，有一所學校——Coleg為繼續教育學院（Further Education College）。

4.3.1.3 全校學生人數

有關英國圖書資訊學系隸屬的大學全校學生人數，參考英國高等教育統計局（Higher Education Statistics Agency，簡稱HESA）的最新資料（2019/20年度）。學生人數最多的大學為UCL的41,095人，其次為Edinburgh的35,375人、Manchester的33,420人與Glasgow的32,465人。各校多在10,000人以上，10,000人以下學生人數的學校有Aberystwyth的7,720人與Cranfield的4,825人（Higher Education Statistics Agency, 2021）。

4.3.2 圖書資訊學系所基本資料

圖書資訊學系所的基本資料包括：系所名稱、系所隸屬學院、系所成立年、教育層級與學程結構、入學資格、畢業要求、教師概況、與學生概況。

4.3.2.1 系所名稱

英國圖書資訊學系所名稱相當分歧，概分為10類，從學校名稱看，以Information Studies最多，其次為Library & Information Management與Computer and Information Sciences。學校名稱提及Library者僅City、Coleg與Ulster三校，其餘名稱分歧，或稱資訊管理、電腦科學、傳播，大多學系名稱與「圖書資訊學」不同，顯示英國圖書資訊學教育發生巨大轉變，參

見表4-3。

表4-3 英國圖書資訊學系所名稱分類表

系所	學校	數量
Information Studies	Aberystwyth, UCL, Glasgow	3
Library & Information Management	Coleg Llandrillo, Ulster	2
Computer and Information Sciences	Northumbria, Strathclyde	2
Information	Sheffield	1
Information Management	West of England	1
Information and Library Studies	Robert Gordon	1
Library and Information Science	City	1
Information Capability Management	Cranfield	1
Journalism, Information and Communications	Manchester	1
Book History and Material Culture	Edinburgh	1

4.3.2.2系所隸屬學院

英國14所圖書資訊學學校，有三校為獨立系所，如：UCL、City與Sheffield。其他系所隸屬學院且性質不一，包括人文學院、社會學院、教育學院、電腦與資訊學院、資訊相關學院、商學院等，其中以設置於人文學院與電腦資訊相關學院最多。

4.3.2.3系所成立年

英國14所圖書資訊學學校，最早為1919年成立之UCL，其後於1945年至1950年間，成立3校：Strathclyde（1945）；Manchester（1946）；Northumbria（1947）。1960年代成立的有3校：City（1961）；Sheffield（1964）；Robert（1967）。其餘7校成立於1970年以後。14校中以UCL成立最早，Glasgow成立最晚。

4.3.2.4 教育層級與學程結構

14校中學士班有8校、高級文憑9校、碩士班11校、博士班4校、以及遠距教育5校。提供博士學位的學校有：Robert，City，UCL，Sheffield 等。提供遠距教育有4校：Aberystwyth，Robert，Ulster，Sheffield等。參與iSchools聯盟成員有7校：Manchester、Northumbria、Robert、UCL、Glasgow、Sheffield、Strathclyde等，參見表4-4。

表4-4 英國圖書資訊學系所學程種類一覽表

學校	學士班	高級文憑	碩士班	博士班	遠距教育	iSchools
Aberystwyth	V	V	V		V	
City			V	V		
Coleg	V					
Cranfield		V	V			
Manchester	V		V			V
Northumbria	V		V		V	V
Robert	V	V	V	V	V	V
Ulster		V	V		V	
UCL	V	V	V	V		V
Edinburgh	V					
Glasgow		V	V			V
Sheffield	V	V	V	V	V	V
Strathclyde		V	V			V
UWE		V				
總計	8	9	11	4	5	7

　　英國圖書資訊學系所學程豐富而多元，包括學士班、高級文憑班
（Diploma）、證書班（Certificate）、碩士班與博士班，與遠距學程（Distance
Learning）。一般將博士班與哲學碩士班當成研究學位。本章分析學程與課
程結構並以碩士學程為對象。英國圖書資訊學學程主題分歧，包括：圖書
館學、資訊科學、資訊管理、檔案管理、出版與其他。以下以聲望良好的
University College London, Department of Information Studies（簡稱UCL
DIS）說明。

　　UCL DIS是英國歷史最悠久的圖書資訊學校，其學系名稱為「資訊研
究」（Information Studies），涵蓋圖書館學、檔案與文書管理、出版學、資
訊科學與數位人文學主題。其研究所學位分為研究型碩士與教學型碩士。
教學型碩士學程授予研究證書（Postgraduate Certificate）、高級文憑
（Postgraduate Diploma）、文學碩士（MA）與理學碩士（MSc）。MA和MSc
修業期限通常為一年，須繳交一萬字以上的論文報告，該論文須經指導教
授及一名校外老師口試通過。研究碩士以寫研究論文為主，一般稱為MPhil
（Master of Philosophy）約需要二年時間，是一種彈性的上課方式，沒有
學科考試，但須繳交報告及一篇四萬字的論文，是研讀博士學位的預備，
在通過MPhil後可進修博士班（黃千芮，2003）。

　　UCL DIS學系教學目標涵蓋：（1）成為圖書館學、檔案與文書管理、
出版學、資訊科學與數位人文學領域的知識創造的國際中心。（2）發展形
塑新興資訊環境所需的知識，闡明與構建資訊環境的歷史發展與脈絡。該
學系碩士教育設置下列六種學程：MA in Library and Information Studies；
MA in Archives and Records Management；MA and MSc in Digital Humanities；
MSc in Knowledge, Information and Data Science；MA in Publishing
（University College London, Department of Information Studies [UCL DIS],
2021a）。各有教學目標與學程結構，以修畢180學分為原則，學程結構為模
組單元（Module），包含必修六個模組共90學分、選修兩個模組共30學分，
以及學位論文60學分。此外，學程要求學生進行二至四週的實習。

4.3.2.5 入學資格

英國圖書資訊學碩士班入學資格包括學位要求、實務經驗、外國語、非英語系國家學生英語要求、推薦信等五個項目。在學士學位方面，英國大學學士學位分為一般學位及榮譽學位兩種，前者修業年限三年，後者修業年限通常約四年。目前英國多數圖書資訊學研究所之入學資格要求須具有榮譽學位；在實務經驗方面，有些學校要求須有六個月至二年以上之圖書館或資訊服務工作經驗，如Sheffield要求約12個月的資訊相關工作經驗。

4.3.2.6 畢業要求

英國圖書資訊學碩士班畢業要求包括學分數、畢業論文、參觀與實習等。在學分數方面，系所課程採用模組方式（Module），即一模組有一主題，並由相關課程組合而成，通常各校模組的學分數不同，如Sheffield 與UCL要求修畢180學分。一般學校對修課要求從6至16模組不等，包含4至7核心模組，以及1至4選修模組。

在畢業論文方面，多數學校要求一篇12,000至20,000字不等之碩士論文，或計畫報告。多數學校無外國語之要求，在學位名稱方面，各校提供的碩士學位名稱包括：MA：Master of Arts；MSc：Master of Science；MPhil：Master of Philosophy。

關於畢業年限，各校對於碩士班學生要求的畢業年限均為一年，修業年限多從九月開始至隔年九月結束，包括撰寫論文的時間，共兩個學期，30週。兼職學生則約二年至五年不等。多數學校在招生時接受學生申請高級文憑或碩士學程，申請高級文憑的學生在修畢九個月課程取得文憑後，得申請轉成碩士學位，再加一篇碩士學位論文而取得碩士學位；在參觀與實習方面，為增加學生的實務經驗，有些學校在學生修業期間安排圖書館與資訊單位參觀與實習活動。

4.3.2.7 教師概況

英國大學教師分為教授（Professor），副教授（Reader），資深助理教

授（Senior Lecturer），與助理教授（Lecturer）四級，另有研究人員與行政人員協助系務與研究工作。此外，英國對於表現優秀的研究人員授與其「榮譽研究員」（Honorary Research Fellow）的頭銜，教師依其任課的數目可分為專任與兼任兩類。各校教員名額不一，如Sheffield約有63位教職員與研究人員，UCL約有30位教職員與研究人員。

4.3.2.8學生概況

英國圖書資訊學系所學生分成全職與兼職二類，依學程又分成大學生、碩士生、博士生、高級文憑、證書學分班、遠距學習學生，學生人口複雜，很難統計。目前各系所網站僅列出博士生資訊，如UCL有29名博士生；Sheffield約78位博士研究生、428位大學生與碩士生（Benson ＆ Willett, 2014）。

4. 4課程設計

4.4.1課程綜述

英國高等教育的課程設計採用模組化制度，係指將學程劃分較小的單元，其具備獨立、非時序與短期等特色。英國圖書資訊學碩士學程的課程設計主要由核心模組與選修模組組成，基本上每一模組皆為15學分，前者包含該學程之核心課程以及學位論文，後者則是系所提供之選修課程，一般可選修1至2個模組。

英國圖書資訊學系所課程設計會參考圖書館與資訊專業學會（簡稱CILIP）的評鑑標準，並且受到資訊科技發展與就業市場改變的影響。英國圖書資訊學就業市場從圖書館擴大到其他領域，出現許多新興市場，如健康服務、財務服務、法律資訊、軟體發展、出版、研究、資訊仲介與資訊諮詢顧問，傳統的學術、公共與政府圖書館也擴大服務方式。近年來圖書館學（Librarianship）主體地位逐漸消退，出現許多領域課程，如資訊系統（Information Systems）、資訊管理（Information Management）、資訊系統

管理（Information Systems Management）、數位人文（Digital Humanities）、資料科學（Data Science）等，融入圖書資訊學系所課程。

　　以Sheffield為例，自2000年起發展新碩士班學程，包括：化學資訊學、健康資訊學，多語言資訊，資訊科學等主題碩士班，並設置數位圖書資訊學學程（Benson & Willett, 2014）

　　在圖書館學課程外，英國圖書資訊學系所提供專科性學程，包括：（1）媒體研究（Media Study），如Aberystwyth與Glasgow提供Digital Information and Media Management以及Digital Media and Information Studies學程。（2）檔案學研究（Archives），如Aberystwyth、UCL提供Archive and Records Management學程。（3）資訊科學、資訊系統與資訊管理（Information Science, Information System and Information Management），如Sheffield、City。（4）健康資訊學（Health Informatics），如Strathclyde提供MSc in Digital Health Systems，Sheffield開設的MSc Health Informatics（Distance Learning）學程。（5）出版學（Publishing），如UCL提供之MA in Publishing（張衍等，2019）。

　　綜上所述，英國圖書資訊學課程發展大致趨向：（1）將資訊科技納入課程設計。（2）專科性課程發展，融合資訊科技、圖書館學、資訊科學、資訊科學、檔案學、出版學相關課程。（3）模組式課程設計：將學程分成若干單元，每單元由個別主題而形成模組，每模組由相關課程依專業技能或內涵而有多個目標。各圖書資訊學系所在圖書館與資訊科學學會課程指南之下，各校仍依各自特色發展課程。英國圖書資訊學課程有幾個重要發展：圖書資訊學課程、數位人文課程、資料科學課程與遠距教學，以下分別探討。

4.4.1.1 圖書資訊學課程

　　有關圖書資訊學課程，UCL DIS的MA/Diploma in Library and Information Studies碩士班以「圖書館與資訊研究」為主題，修畢後提供取得CILIP要求圖書資訊學管理人員的資格證明。該學程提供MA學位及高級文憑，必須修滿六種必修模組課程及二種選修模組課程，碩士學位需要繳交10,000至12,000字的論文報告，必修課程每一模組15學分，包括下列六門

核心課程：（1）編目和分類（Cataloguing and Classification）；（2）館藏管理（Managing Collections）；（3）支援資訊使用者（Supporting Information Users）；（4）圖書館與資訊機構管理（Managing Information Organisations）；（5）圖書館與資訊機構之資訊科技（Using Technology in Information Organisations）；（6）圖書資訊學專業（The Library and Information Professional）。另外要求選修兩門課程，可從下列課程選擇：學術期刊出版（Academic and Journals Publishing）；館藏維護（Collections Care）；資料庫理論與實務（Database Theory and Practice）；人文數位資源（Digital Resources in the Humanities）；圖形資料庫與語意網技術（Graph Databases and Semantic Technologies）；書目歷史（Historical Bibliography）；資訊素養（Information Literacy）；資訊治理（Information Governance）；個人化研究（Individual Approved Study）；手稿研究（Manuscript Studies）；知識組織（Knowledge Organisation）；健康圖書館學（Health Librarianship）（University College London, Department of Information Studies, 2021b）。

4.4.1.2 數位人文課程

近年英國圖書資訊學系所開設數位人文（Digital Humanities）課程，係指借助數位科技藉由人文學家進行研究之領域，數位人文學程以碩士班與證書班為主（Sula et al., 2017），UCL開設數位人文碩士班（MA/MSc in Digital Humanities），提供文學碩士與理學碩士兩種數位人文學程，兩者有共同的必修核心課程與不同的選修課程。核心課程包括：人文學中的數位資源（Digital Resources in the Humanities）；網路科技（Internet Technologies）；程式設計導論（Introduction to Programming and Scripting）；全球數位人文學（Global Digital Humanities）；XML；資料視覺化與GIS（Data Visualization and GIS）（MSc）／數位人文學專題研討（Advanced topics in the Digital Humanities）（MA）。

UCL數位人文碩士班選修課程包括：（1）MSc數位人文碩士班：數位人文學專論（Advanced Topics in Digital Humanities）；資料庫理論與實務（Database Theory and Practice）；機器學習概論（Foundations of Machine

Learning）；資訊科學概論（Fundamentals of Information Science）；圖形資料庫和語意技術（Graph Databases and Semantic Technologies）；數位化導論（Introduction to Digitisation）；邏輯與知識表徵（Logic and Knowledge Representation）；系統管理（Systems Management）；情意互動（Affective Interaction）；未來介面（Future Interfaces）；統計方法（Statistical Methods）；發展中的動態網頁應用程式開發（Developing Dynamic Web Applications）。（2）MA數位人文碩士班：資料視覺化與GIS（Data Visualization and GIS）；數位庋用（Digital Curation）；電子出版（Electronic Publishing）；歷史書目（Historical Bibliography）；數位化導論（Introduction to Digitisation）；手稿研究（Manuscript Studies）；檔案與書籍保存技巧（Unstitching the Early Modern: Archival and Book Skills）；文化遺產，全球化與發展（Cultural Heritage, Globalisation and Development）；考古學與人類學中的GIS（GIS in Archaeology and History）；近代資訊文化（Early Modern Information Culture）（UCL DIS, 2021c; 2021d）。

4.4.1.3資料科學課程

　　大數據風行之後出現資料科學（Data Science），係一跨科系的學科領域，強調從大量的資料當中萃取出有用的型樣（Patterns），資料科學家使用大量的資料，並透過科學方法來理解資料所代表的意義。資料科學涉及電腦科學、統計學、社會科學，以及資訊科學。其與電腦科學家及統計學家有所不同，後者尋求發展演算法與軟體工具有效地處理資料，以發現有用的資訊並呈現之（Hagen, 2020）。英國的資料科學學程大多由電腦科學相關的學院開設，CILIP唯一認證的資料科學學程為Sheffield Information School的MSc in Data Science。其核心課程包括：資料視覺化、資料科學導論、資料分析、資料與社會、資料探勘、資料庫設計；選修課程包含：商業智慧、資訊治理與倫理、社群媒體研究、大數據分析、使用者設計與人機互動（University of Sheffield Information School, 2021a）。

4.4.1.4遠距教育

　　遠距教育在英國有長久的歷史，一開始以函授課程來提供學術、商業

資格學習，直至1971年英國成立空中大學（Open University）開始普及，遠距教育是來自開放學習觀念的倡導。英國圖書資訊學遠距教育始自英國圖書館學會、ASLIB學會的函授課程，有近百年歷史（Stoker, 1997a）。

1985年，英國University of Wales College of Librarianship（現為Aberystwyth University, Department of Information Studies）提供第一個遠距教育碩士學位，1992年，該校推出學士班遠距教育。1985年，University of Wales遠距學習碩士班，招生15位學生，以三年時間完成遠距學習，其目標是培養圖書館與資訊服務管理者所需的符合資格與實務經驗的知識與技能，主要是為有工作經驗的學生（Stoker, 1997b）。目前有五校提供遠距課程並被CILIP認可，包括：Robert Gordon、Aberystwyth University、Ulster University、University of Sheffield、Northumbria University。

以University of Sheffield Information School提供之MA/Diploma Library and Information Services Management（Distance Learning）為例，它是Sheffield 資訊學院開設唯一遠距碩士學程。該學程分為兩年班與三年班，要求入學生取得二級榮譽學位以及約12個月的資訊相關實務工作經驗，未有前述學位的資深專業人員可先拿到證書或文憑，之後再取得碩士學位。核心課程包含：個人與專業發展、資訊組織、資訊與知識管理、領導，策略與變革、資訊素養、圖書館，資訊與社會。選修課程包含：學術與專門圖書館的資訊與知識服務、資料庫設計與資料管理、資訊治理與倫理（University of Sheffield Information School, 2021b）。

4.5 圖書資訊學教育的評鑑

評鑑可以保證教育的品質，英國圖書資訊學教育有三種評鑑，一是由圖書館與資訊專業學會（CILIP）對於圖書資訊學系所課程認可，二是學術研究評鑑，係高等教育部門品質保證委員會的學術評鑑制度（QAA），三是大學研究評鑑的研究卓越框架（REF）評鑑。CILIP作為專業學會負責學程的專業資格認可，QAA代表政府審核學校的認可制度，REF是大學學術

研究評鑑，以下分別探討。

4.5.1 CILIP專業資格認可制度

4.5.1.1 認可的意義與功能

英國圖書資訊學教育「專業資格認可」（Accredited Qualification）與美國不同，係藉由專業學會對各校學程進行專業資格認可，俾使學生獲得圖書館與資訊服務的專業資格。目前英國圖書館與資訊專業學會（CILIP）認可14所學校、英國國防部，以及國外大學9校的學程。提供修業完成的學生獲得圖書館員（Register of Chartered Members）註冊資格。

4.5.1.2 認可制度發展歷史

英國圖書館員專業認可制度的起源要追溯至1966年起，英國圖書館學會授權各圖書館學校舉行考試，但授權之學校須經學會評估。學會之評鑑工作由評鑑委員會（Board of Assessor）負責。1964年，制訂〈圖書館學校最低標準〉（Minimum Standards for Schools of Librarianship）。1967年，University of Strathclyde為第一所課程獲得認可並且自行檢定學生的學校。1974年，全部圖書館學校的課程均已獲得認可，1982年起，學會訂定五年訪視圖書資訊學學校計畫並開始評鑑學校（王梅玲，2005）。

4.5.1.3 評鑑標準

CILIP最新評鑑標準是〈專業知識與技能基石〉（Professional Knowledge and Skills Base，簡稱PKSB），係英國圖書資訊學學士班與研究所課程評鑑的依據，同時提供圖書館員與資訊專業人員的自我評量工具。此標準以倫理與價值為中心，環繞專業知識（Professional Expertise）與通用技能（Generic Skills）二部分。專業技能包括：知識與資訊之認識、知識與資訊管理、知識與資訊使用與運用之研究技能、資訊治理與法規、檔案與文書管理、館藏發展與管理、素養與學習。通用技能包括：領導力與倡議、策略規劃與管理、顧客導向的服務設計與行銷、資訊科技與傳播。該標準最外的兩層為廣泛的圖書資訊與知識背景以及機構與環境背景，參見圖4-2

（CILIP, 2021b）。

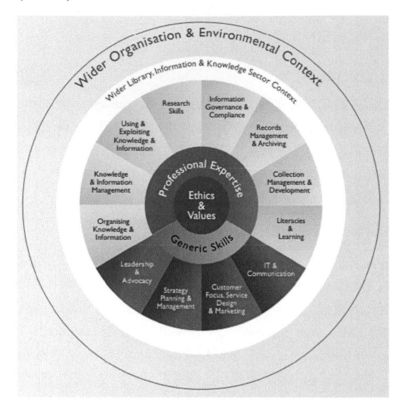

圖4-2　英國CILIP之PKSB圖示

資料來源：CILIP (2021b). *The Professional Knowledge and Skills Base.* https://www.cilip.
org.uk/page/PKSB

4.5.1.4 認可程序

　　CILIP認可程序包括：（1）申請前之準備。（2）繳交相關文件。（3）審
查小組進行初步評估。（4）申請者收到審查小組之回饋並準備參訪事宜。
（5）審查小組學校參訪，最後確定認證結果。從提出申請到確認結果的過
程大約為八週。以下詳細說明認可程序（CILIP, 2015）。

1. 申請前準備

　　申請者可以先與CILIP會員服務部門取得連繫，進行討論並獲得建議與工

具，雙方協議並安排認證時程。

2. 繳交相關文件

申請者將認可評鑑所需的文件上傳CILIP網站。CILIP課程評鑑主要依據五項評估準則，包括：（1）學程與PKSB標準之相關性。（2）學程為學生提供高品質的學習經驗。（3）教職員與雇主圖書館界合作，以確保學程與圖書館相關。（4）教師具備最新的專業知識與技能。（5）鼓勵學生參與CILIP事務。申請者必須按照五項準則繳交文件。

3. 審查小組進行初步評估

申請相關資料透過網站提供給審查員，學會組成審查小組，針對申請者提供之所有文件進行初步評估。

4. 申請者收到審查小組之回饋並準備參訪相關事宜

在進行初步的審查和評估之後，CILIP人員會將審查小組所希望參訪期間探究之細節與評估之回饋，傳達給申請者，讓他們可以準備詳細資訊與證據文件。CILIP負責確認最終的參訪行程，並做好旅行與住宿等安排。

5. 審查小組參訪學校，確定認可結果

審查小組參訪學校，進行下列活動：（1）與教職員見面。（2）討論有關在初步審查階段所認定的問題。（3）與院長等高階教職員見面。（4）參觀系所與設施。（5）與學生見面。在參訪結束之後，CILIP會通知認可的結果，若認證成功，CILIP寄送最終認可報告與確認文件，包含學程的資訊與CILIP的條款與細則以及認可的到期時間，認可的有效期限為五年。CILIP最後將該校及其認可學程資訊公布在官網。

4.5.1.5 認可的學校與課程

CILIP認可的圖書資訊學學校有23所，包括英國14校與國外9校。國外包括中國4校，阿拉伯3校，泰國1校，德國1校。認可的學程達60餘種，範圍包含學士班、碩士班、高級文憑、遠距學習，並包含英國國防部的知識管理課程。CILIP認可學程，也認可遠距學程，共有Robert Gordon，Aberystwyth，Ulster，Sheffield，Northumbria五校獲得認可（CILIP, 2021a），參見表4-5。

表4-5　英國CILIP認可的學程一覽表

	學校或機構	認可的學程
英國	Aberystwyth Univ.	BA Cultural Heritage Full Time BSc Information and Library Studies Distance Learning BA Information Studies and History/Media Studies Full Time MA/PG Dip Archives and Records Management Full Time MA/PG Dip Archives and Records Management Distance Learning MA/PG Dip Information and Library Studies Full Time MA/PG Dip Information and Library Studies Distance Learning MSc/PG Dip Digital Information and Media Management Full Time MSc/PG Dip Digital Information and Media Management Distance Learning
	City, Univ. of London	MSc/Postgraduate Diploma Information Science. Full-time and part-time MA/MSc/Postgraduate Diploma Library Science. Full-time and part-time
	Coleg Llandrillo	FdA Library and Information Management Part-time BA (Hons) Library and Information Management Part-time
	Cranfield Univ.	MSc/PG Dip Information Capability Management Full-time and part-time MSc/PG Dip Cyber Defence & Information Assurance Full-time and part-time
	Manchester Metropolitan Univ.	MA/PG Dip Library and Information Management. Full-time and part-time MSc/PG Dip Information and Data Management. Full-time and part-time
	Ministry of Defence	Level 3 Knowledge Management

表4-5 英國CILIP認可的學程一覽表（續）

	學校或機構	認可的學程
英國	Northumbria Univ.	MSc Information Science (Library Management, Records Management, Data Analytics Specialisms) Full-time and distance learning
	Robert Gordon Univ.	MSc/Postgraduate Diploma Information and Library Studies. Full-time and part-time online
	Ulster Univ.	MSc/PG Dip Library and Information Science. Online learning
	Univ. College London	MA/Postgraduate Diploma Library and Information Studies. Full-time and part-time
	Univ. of Edinburgh	MSc Book History and Material Culture Full-time and part-time
	Univ. of Glasgow	MA Digital Media and Information Studies MSc/PG Dip Information Management and Preservation MSc/PG Dip Museum Studies
	Univ. of Sheffield	MSc/PG Diploma Data Science. Full-time and part-time. MSc/PG Diploma Information Management. Full-time and part-time. MSc/PG Diploma Information Systems. Full-time and part-time. MA/PG Diploma Librarianship. Full-time and part-time. MA/PG Diploma Library & Information Services Management. Part-time by distance learning.
	Univ. of Strathclyde	MSc/Postgraduate Diploma Information and Library Studies MSc/Postgraduate Diploma Digital Health Systems MSc/Postgraduate Diploma Information Management MSc/Postgraduate Diploma Information Management with Industrial Placement

表4-5　英國CILIP認可的學程一覽表（續）

	學校或機構	認可的學程
國外	Chulalongkorn Univ.	BA Information Science Full-time (in Thai) MA Information Science Full-time (in English)
	PAAET Basic Education College	BA Information and Library Science Full-time (in Arabic)
	Middle East College	BSc Archives and Records Management. Full-time and part-time (in Arabic)
	Nanjing Agricultural Univ.	BSc Information Management and Information Systems Full-time (in Mandarin)
	Nanjing Univ. of Information Science & Technology	BSc Information Management and Information Systems Full-time (in Mandarin)
	Sultan Qaboos Univ.	MA Library and Information Science Full-time and part-time (in Arabic and English) BA Information Studies-Management of Archives specialism Full-time (in Arabic and English) BA Information Studies-Management of Information Institutions specialism Full-time (in Arabic and English)
	Sun Yat-Sen Univ.	BA Library Science Full-time (in Mandarin) BA Archival Science Full time course (in Mandarin) BSc Information Management and Information Systems Full-time (in Mandarin) MSc Library Science Full-time (in Mandarin) MSc Archival Science Full-time (in Mandarin) MSc Information Science Full-time (in Mandarin)

表4-5 英國CILIP認可的學程一覽表（續）

	學校或機構	認可的學程
國外	Technische Hochschule Köln	Postgraduate Diploma / Master in Library and Information Science Part-time and distance learning (in German)
		BA Library Science Full-time (in German)
		B.Sc. Information Management and Business Administration Full-time (few English speaking lectures)
	The Univ. of Hong Kong	MSc Library and Information Management
		BSc Information Management

資料來源：CILIP (2021a). *CILIP Accredited Qualifications*. https://www.cilip.org.uk/page/qualifications

4.5.2 QAA學術評鑑

1997年，英國成立高等教育品質保證委員會（Quality Assurance Agency，簡稱QAA），係與高等教育品質委員會（Higher Education Quality Council，簡稱HEQC）、英格蘭與威爾斯高等教育撥款委員會（Education Funding Councils for England and Wales）整合。QAA主要任務是評鑑英國大專院校辦學績效，包括學術管理、教育學習的品質以及訂定標準。

QAA品質守則（Quality Code）是QAA評鑑大專院校的標準，最新版本為2018年出版之〈英國高等教育品質守則修訂版〉（The Revised UK Quality Code for Higher Education）。該標準主要有三大架構：（1）期望，係指透過設立與維持標準，以清晰與簡潔地表達學校應達到的成果。（2）實務，代表教育工作的有效方式，其支持前述期望之實踐，並為學生帶來正面的成果，包含核心實務與普通實務。（3）建議與指引，協助大學發展並維持有效的品質保證實務（Quality Assurance Agency [QAA], 2018）。

QAA訂定70多種學科標準（Subject Benchmark Statements），目的在於：（1）使學生瞭解學科的涵義並選擇合乎自身職涯發展的學程與課程。（2）使雇主與其他利益關係人理解該學門之畢業生所具備的知識與技能。（3）高等教育機構用以設計、發展與批准該學科領域與相關學位中的新課

133

程。（4）課程提供者希望發展與修訂其課程。QAA在圖書資訊學門制訂〈圖書館學、資訊、知識、文書和檔案管理學科標準〉（Subject Benchmark Statement: Librarianship, Information, Knowledge, Records and Archives Management (undergraduate and postgraduate)）（QAA, 2019）。

〈圖書館學、資訊、知識、文書和檔案管理學科標準〉主要陳述本學科性質、內涵、專業知識與技能、教學與學習，課程評量，以及學習資源與實務環境的標準。包括學生理解知識與專業知識二方面。有關學生必須理解知識包括：（1）知識、資訊與紀錄對於個人、組織、團體與社會的價值。（2）資訊專業工作的廣泛環境。（3）所有媒介格式之知識、資訊的建立、獲取、管理、組織、散布、庋藏、儲存與檢索相關的流程、機構與基礎建設。（4）所有形式的單一與集成資訊物件之使用與管理相關的理論。（5）可用於符合目的與可持續性的資訊、文書與檔案之服務與系統的理論與框架。（6）隱性與顯性知識之獲取、管理與共享相關的理論與實務。（7）資訊治理與法規，包含倫理、著作權、危機管理與問責。（8）辨別與滿足個人、社群與組織在學習方面的實際與潛在的需求。（9）閱讀與讀者發展、資訊素養，與其他有關終身學習的需求。（10）支持資訊、文書與檔案服務或系統設計的相關科技。（11）進行研究、評鑑、服務審核與如何評估此類研究的證據。（12）透過不同質化與量化的研究方法與技術所能達成的目標及其合適的使用時機。有關學生專業知識則依據CILIP的PKSB標準（QAA, 2019）。

4.5.3 RAE、REF研究評鑑

英國高等教育學術研究評鑑最重要的機制是「研究卓越框架」（Research Excellence Framework，簡稱REF）評鑑，此對英國圖書資訊學校研究評鑑影響很大（Marcella, Lockerbies & Bloice, 2016）。其前身是1992年開始的「研究評鑑作業」（Research Assessment Exercise，簡稱RAE），其後1996年、2001年、2008年持續進行，2014年改名為REF（Benson & Willett, 2014）。其後，又進行2021年REF評鑑。

REF評鑑是以英國大學的研究評鑑為重點，2014年分成96組，2021年

有34組，圖書資訊學研究評鑑列在D34-Communication, Cultural and Media Studies, Library and Information Management類下，在Library and Information Management主題。REF研究的重點是評鑑大學與系所研究的影響力，由非學術使用者，大學系所及外部機構合作評估（Benson & Willett, 2014）。

RAE、REF對英國以學術研究導向的圖書資訊學系所較有利，如Sheffield的School of Information，與2008年獲得優良名次的Loughborough University與City University。但是Loughborough University卻未在CILIP認可的系所名單之上。RAE、REF對圖書資訊學系所也可能產生衰退的負面影響（Muddiman, 2015; Marcella et al., 2016）。

4.6教育變革與發展趨向

4.6.1教育特色

英國圖書資訊學教育受到英國圖書館學會很大的影響，該學會為全國圖書館員專業資格檢定考試與合格圖書館員註冊的執行機構，在過去一百年間，主導英國圖書館員資格的取得與圖書館學教育。二次世界大戰以後，英國高等教育改革，推動了英國正規圖書館學教育。1964年，雪菲爾大學（University of Sheffield）成立了第一所圖書館學研究所之後，才步向大學與專業教育合一之路，英國圖書資訊學專業教育開始發展。

英國圖書館與資訊專業學會主導圖書館員專業資格認可，其普通會士會員資格成為圖書館員專業資格。現今圖書館員取得專業資格途徑係藉由取得圖書資訊學相關系所學士、高級文憑、碩士或博士學位，這些學程通過英國圖書館與資訊專業學會認可。認可學程的畢業生到圖書館工作一、二年後，向CILIP申請成為普通會士。

英國圖書資訊學校名稱分歧，CILIP合併原圖書館學會與資訊科學家學會成立，代表圖書館與資訊服務均是應用場域。英國圖書資訊學教育呈現了幾個特質：（1）專業教育。由專業學會認可圖書資訊學系所學程的畢業

生工作後可申請成為學會普通會士，取得專業館員資格。（2）圖書館學與資訊科學融合。從圖書館學會與資訊科學家學會的結合，顯示兩者的結合是發展的方向。（3）市場與實務的導向發展。受到英國高等教育朝向市場與消費者導向概念，英國圖書資訊學系所發展許多新課程主題，如：資訊系統、健康資訊學、檔案學、出版學、數位人文相關課程與學程，以個人、團體的資訊管理與應用為主。（4）RAE、REF研究評鑑對圖書資訊學校發展發生影響（王梅玲，2005）。

4.6.2 教育變革

英國圖書資訊學教育近代變革中以CILIP改名、RAE/REF研究評鑑最具影響。CILIP改名的原因是科技發展引起圖書館與資訊服務內容改變，不再區隔圖書館員與資訊專家（Owen, 2009）。CILIP的任務是促進最佳資訊與知識資源的創造、管理、探索與分享，建立、維護、監督；以及建立繁榮經濟、民主、文化與文明，而支持所有公平與取用資訊、觀念、與創意作品的原則。CILIP研擬整合的專業資格架構，引導會員專業發展，重新建立專業的標準、價值、倫理、以幫助社會、文化、研究與經濟成長。

2000年以後，英國圖書資訊學校遭遇許多變革，如：學校關門、併入他系、系所改名等。英國成立科技大學，但圖書館學校人員減少，而併入資訊科技或商學系所，或關閉圖書資訊學學校，如：Queen's University of Belfas、Birmingham City University、University of Connecticut England、Brighton Univ.與Loughborough。有些系所併入其他學校，如Northumbria University、Strathclyde，與Robert Gordon University。只有三校維持獨立系所地位，如Sheffield University、City University與UCL。

然而，Sheffield University圖書資訊學學校不斷改變名稱，1963年，成立時稱為Postgraduate School of Librarianship，後來改名Postgraduate School of Librarianship and Information Science，再改名Department of Information Studie，目前名為Information School（Benson & Willett, 2014）。從圖書館學到圖書館學與資訊科學、資訊研究，到今日資訊學院，顯示英國圖書資訊學名稱不斷改變，追求新認同與身份。

4.6.3 遭遇問題

　　Marcella與Oppenheim（2020）探討英國圖書資訊學教育，從訪談研究發現學校數量減少，圖書資訊學系所在大學失去地位，能見度低，並缺乏大學的支持。他們引用受訪者的話：「這個學門太弱小了，正在掙扎中，缺少參與REF評鑑的研究委員會，沒有單獨的評估單元位置。受到政府政策導向影響，學校市場縮小並缺乏經營，使得圖書資訊學校變得更小了」。Marcella與Oppenheim歸納英國圖書資訊學教育遭遇的問題為：（1）圖書資訊學學士班，圖書資訊學教授，以及圖書資訊學博士人才減少。（2）系所的課程教學與研究發展多與「資訊」主題相關。（3）未受到大學的重視，以及資金與預算的缺乏。（4）圖書資訊學被其他系所吸收，或是研究主題被「劫持」。（5）收入減少，僅依賴碩士生與國際生來源。（6）成為冷門科系具有脆弱性。（7）招生不力，學費收入減少。（8）教學、研究與實務之間的落差越來越大。（9）系所規模變小產生負面影響。（10）對於圖書資訊學未來定位缺乏明確的論述。

4.6.4 發展趨向

　　Marcella與Oppenheim（2020）歸納英國圖書資訊學教育未來發展的機會在於：（1）各校必須與變動的世界保持連結。（2）數位時代的議題與研究課題（如數位創新、數位素養、數位包容，與數位倫理）是圖書資訊學教育的機會。（3）資訊素養、鏈結資料與數據分析被認為是對機構、組織、政府、社會重要的關鍵領域。（4）建議發展數位與媒體管理、數據分析，以及文書管理的相關學程與課程。（5）積極參加iSchools聯盟運作與發展。（6）持續發展與經營遠距教育學程。

　　從英國圖書資訊學專業教育的發展史來看，英國圖書館與資訊專業學會扮演重要角色，早期負責對圖書館從業人員舉行考試，以檢定專業資格。隨著高等教育蓬勃發展，在大學開設專業學校成為專業教育主流，於是英國圖書館學會取消了考試制度，並改名圖書館與資訊專業學會，擔負對圖書館學校學程專業資格認可，以保證專業教育品質。學會改名開啟了圖書館與資訊研究新時代，另一方面，資訊科技與REF研究評鑑，對英國圖書

資訊學學校帶來改變與負面影響，正面臨重大挑戰。英國圖書資訊學教育未來的發展，將面臨在高等教育研究評鑑與CILIP專業資格認可制度之間取得平衡。英國圖書資訊學教育期待持續發展，但是依賴的不僅是研究與教學品質，還需要英國圖書館與資訊專業社群的韌性與永續發展。

參考文獻

王梅玲（2005）。**英美與亞太地區圖書資訊學教育**。臺北：文華。

沈姍姍（2000）。**國際比較教育學**。臺北：正中。

林素甘（2012年10月）。英國圖書館與資訊專業學會，在胡述兆（主編），**圖書館學與資訊科學大辭典**，https://terms.naer.edu.tw/detail/1678841/。

張衍、賈詩威、姜碧玉（2019）。英國謝菲爾德大學的健康資訊學教育設置。**圖書館論壇，2019**（9），148-155。

黃千芮（2003）。英國倫敦大學學院—圖書資訊學院介紹。**中華圖書資訊學教育學會會訊，21**，40-43。

楊乃樺（1995）。英國的圖書館。在胡述兆（主編），**圖書館學與資訊科學大辭典**。https://terms.naer.edu.tw/detail/1681943/

薛理桂（1988）。英國的圖書館教育。**國立中央圖書館館刊，21**（1），113-125。

薛理桂（1995）。**中英圖書館事業比較研究**。臺北：文華。

BAILER (2004). *The British Association for Information and Library Education and Research.* http://epip.lut.ac.uk//bailer/bailerb.htm

Benson, M. T., & Willett, P. (2014). The Information School at the University of Sheffield, 1963-2013. *Journal of Documentation, 70*(6), 1141-1158.

Bramley, G. (1975). *World Trends in Library Education.* Hamden, CO: Linnet Books.

Bramley, G. (1981). *A History of Library Education in the United Kingdom.* London: Bingley.

Briggs, A., Atkins, R. C., Gilbert B. B., Whitelock, D., Morrill, J. S., Joyce, P., Frere, S. S., Prestwich, M. C., Spencer, U. M., Hastings, M., Smith, L. B., Barr, N. A., Kishlansky, M. A., Ravenhill, W., Chaney, W. A., Josephson, P. R., Colley, L. J., & Kellner, P. (2021, March 28). *United Kingdom. Encyclopedia Britannica.* https://www.britannica.com/place/United-Kingdom

British Library (2021). *Facts and figures of the British Library.* https://www.bl.uk/about-us/our-story/facts-and-figures-of-the-british-library

Cambridge University Library (2021). *Collections.* https://www.lib.cam.ac.uk/collections

Chartered Institute of Library and Information Professionals (2015). Accreditation *for Learning Providers.* https://web.archive.org/web/20151016002617/http://www.cilip.org.uk/cilip/products-and-services/accreditation-learning-providers/applying-accreditation

Chartered Institute of Library and Information Professionals (2016a). *CILIP Action Plan 2016-2020.* https://cdn.ymaws.com/www.cilip.org.uk/resource/resmgr/cilip/research/Equalities/cilip_action_plan_2016_2020.pdf

Chartered Institute of Library and Information Professionals (2016b). *The Professional Knowledge and Skills Base for Health.* https://cdn.ymaws.com/www.cilip.org.uk/resource/resmgr/cilip_new_website/careers_hub/pksb_for_health_self_assessm.pdf

Chartered Institute of Library and Information Professionals (2021a). *CILIP accredited qualifications.* https://www.cilip.org.uk/page/qualifications

Chartered Institute of Library and Information Professionals (2021b). *The Professional Knowledge and Skills Base.* https://www.cilip.org.uk/page/PKSB

Chartered Institute of Public Finance & Accountancy (2020). *Spend on British libraries drops by nearly £20m.* https://www.cipfa.org/about-cipfa/press-office/latest-press-releases/spend-on-british-libraries-drops-by-nearly-20m

GOV.UK (2021). *Check if your university or college can award a degree.* https://www.gov.uk/check-university-award-degree/recognised-bodies

Hagen, L. (2020). Teaching undergraduate data science for information schools. *Education for Information, 36*, 109-117.

Harrison, J. C. (1963). Education for Librarianship Abroad: United Kingdom. *Library Trends, 12*, 123-142.

Higher Education Statistics Agency (2021). *Where do HE students study?* https://www.hesa.ac.uk/data-and-analysis/students/where-study

iSchools Organization (2021). *Directory.* https://ischools.org/Directory

Jain, T. C. (1971). *Professional Associations and Development of Librarianship: Case Studies of the Library Association and the American Library Association.* Delhi, India: Metropolitan Book.

Jones, D. (1988). Education and Training, In D. W. Bromley & A. M. Allott (Eds). *British Librarianship and Information Work 1981-1985.* London: Library Association.

Library Association (1964a). Statement on Policy of Education for Librarianship. *Library Association Record, 66*, 358-359.

Library Association (1964b). Internal and External Examining: Report of the LA Sub-Committee. *Library Association Record, 66*, 117-118.

Library Association (1977). Working Party on the Future of Professional Qualification: Recommendations and Implementation. *Library Association*

Record, 77.

Library Association (1987a). Annual Report of the Library Association 1986. *Library Association Record, 89.*

Library Association (1987b). *Procedures for the Approval of Courses.* London: Library Association.

Library Association (1995). *Procedures for the Accreditation of Courses.* London: Library Association.

Library and Information Statistics Unit (2015). *Trends in UK library and publishing statistics.* https://www.lboro.ac.uk/microsites/infosci/lisu/lisu-statistics/lisu-statistics-trends.html

MacDougall, J., & Britain, J. M. (1993). Library and Information Science Education in the United Kingdom. *Annual Review of Information Science and Technology, 28,* 361-390.

Marcella, R., & Oppenheim, C. (2020). Does education in library and information studies in the United Kingdom have a future? *Education for information, 36*(4), 411-440.

Marcella, R., Lockerbie, H., & Bloice, L. (2016). Beyond REF 2014: The impact of impact assessment on the future of information research. *Journal of Information Science, 42*(3), 369-385.

Muddiman, David J. (2015). *United Kingdom: Libraries and Librarianship. Encyclopedia of Library and Information Sciences*, Fourth Edition.

Owen, T. (2009). Chartered Institutes of Library and Information Professionals, In M. J. Bates, & M. N. Maack (Eds). *Encyclopedia of Library and Information Sciences.* New York: Taylor & Francis.

Prideaux, W. R. B. (1906). Professional Education and Registration: Some Suggestions. *Library Association Record, 8,* 1-6.

Quality Assurance Agency (2018). *The Revised UK Quality Code for Higher Education.*https://www.qaa.ac.uk/docs/qaa/quality-code/revised-uk-quality-code-for-higher-education.pdf?sfvrsn=4c19f781_8

Quality Assurance Agency (2019). *Subject Benchmark Statement: Librarianship, Information, Knowledge, Records and Archives Management (Undergraduate and Postgraduate).* https://www.qaa.ac.uk/docs/qaa/subject-benchmark-statements/subject-benchmark-statement-librarianship-information-knowledge-records-and-archives-management-(undergraduate-and-postgraduate).pdf?sfvrsn=56e2cb81_5

Sche, J. Y. C. (1983). *Education Systems for Librarianship in The Federal Republic of Germany, The United Kingdom and The United States of America: A Comparative Study* (Order No. 8329427). https://login.autorpa.lib.nccu.edu.tw/login?url=https://www-proquest-com.autorpa.lib.nccu.edu.tw/dissertations-theses/education-systems-librarianship-federal-republic/docview/303151144/se-2?accountid=10067

Schur, H., & Saunders, W. L. (1968). *Education and Training for Scientific and Technical Library and Information Work.* London: Her Majesty's Stationery Office.

Seadle, M. (2016). The European iSchools. *Bulletin of the Association for Information Science and Technology, 42*(4), 26-30. https://doi.org/10.1002/bul2.2016.1720420408

Stoker, D. (1997a). Distance and Open Learning Courses in Library and Information Studies, In *The Education of Library and Information Professionals in the United Kingdom* (pp. 175-198). London: Mansell.

Stoker, D. (1997b). Undergraduate Library and Information Science Education Aberystwyth. *Education for Information, 15*, 125-135.

Sula, C. A., Hackney, S. E., & Cunningham, P. (2017). A Survey of Digital Humanities Programs. *The Journal of Interactive Technology & Pedagogy, 11*. https://jitp.commons.gc.cuny.edu/a-survey-of-digital-humanities-programs/

University College London, Department of Information Studies (2021a). *Postgraduate Study.* https://www.ucl.ac.uk/information-studies/study/postgraduate-study

University College London, Department of Information Studies (2021b). *MA in Library and Information Studies.* https://www.ucl.ac.uk/information-studies/study/postgraduate-study/ma-library-and-information-studies

University College London, Department of Information Studies (2021c). *MA in Digital Humanities.* https://www.ucl.ac.uk/information-studies/study/postgraduate-study/ma-digital-humanities

University College London, Department of Information Studies (2021d). *MSc in Digital Humanities.* https://www.ucl.ac.uk/information-studies/study/postgraduate-study/msc-digital-humanities

University of Oxford Libraries (2021). *Facts and figures.* https://www.ox.ac.uk/about/facts-and-figures

University of Sheffield Information School (2021a). *MSc in Data Science.* https://www.sheffield.ac.uk/postgraduate/taught/courses/2021/data-science-msc

University of Sheffield Information School (2021b). *MA/PG Certificate/PG Diploma in Library and Information Services Management (Distance Learning).* https://www.sheffield.ac.uk/postgraduate/taught/courses/2021/library-and-information-services-managementdistance-learning-ma-pg-certificate-pg-diploma

Wood, K. (1997). Professional Education: Historical Overview, In *The Education of Library and Information Professional in the United Kingdom* (pp. 1-30). London: Mansell.

第5章
德國圖書資訊學教育

王梅玲、黃鈺婷

　　德國（Germany），正式名稱為德意志聯邦共和國（德語：Bundesrepublik Deutschland），位處中西歐，北部臨北海與波羅的海、南部有阿爾卑斯山橫越，為丹麥、荷蘭、比利時、盧森堡、法國、瑞士、奧地利、捷克、波蘭等國環繞，與挪威、瑞典、芬蘭隔北海相望，為北、西、東歐地區交會的心臟地帶。國土面積為357,020平方公里，人口83,990,541人（Statistisches Bundesamt, 2021），官方語言為德語，由16個邦（Länder）組成，首都為柏林（Berlin），地理分布參見圖5-1。

　　德國來自日耳曼文明，直到1871年，德意志帝國成立後，才建立成單一民族國家。歷經兩次世界大戰和東西德分裂直至統一後，德國憑藉其強大的社經與科技實力成為領導歐洲地區事務國家之一，然而德國各邦文教發展始終存有差異（張炳煌，2018；教育部，2021；Bibliothek & Information Deutschland e.V. [BID], 2017）。

　　1949年，東西德分裂；1970年代，西德進行第一次教育改革，許多科技大學（Fachhochschule）成立；但1998年以前，德國高等教育之學制仍以碩士與博士學位為主，未設置學士學位或僅設有認可文憑（張炳煌，2018；教育部，2021）。1990年，東西德統一，進行全國教育改革，原東德許多理工中學陸續升格為科技大學，目前德國有423所大學（教育部，2021；Statistisches Bundesamt, 2021）。德國聯邦政府雖設有聯邦教育與研究部（Bundesministerium für Bildung und Forschung）做為全國教育事務監督和協調機關，但教育力量仍來自各邦發展政策，主導教育發展的政策實體為

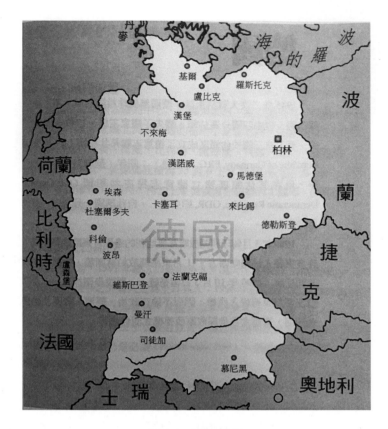

圖5-1　德國地圖

資料來源：沈姍姍（2000）。**國際比較教育學**，頁141。臺北：正中書局。

1949年成立之德意志聯邦共和國各邦教育和文化事務部長常設會議（Ständige Konferenz der Kultusminister der Länder in der Bundesrepublik Deutschland，簡稱Kultusministerkonferenz各邦文教部長常設會議）（教育部，2021；Kultusministerkonferenz, 2020）。

　　德國專業學會對於圖書館與資訊科學（以下簡稱圖書資訊學）教育影響不大，然而德國圖書資訊學教育因深受職業訓練、地方自治傳統影響，而呈現多元且重視實務的特性。本章探討德國圖書資訊學教育分別從：（1）圖書館事業概述，（2）圖書資訊學教育發展簡史，（3）圖書資訊學教育制度，（4）課程設計，（5）圖書資訊學教育的評鑑，（6）教育變革與未來趨向六方面研究。

5.1圖書館事業概述

　　有關德國圖書館事業，根據德國圖書館統計（Deutsche Bibliotheksstatistik）全國圖書館共約有11,767所（含國家圖書館），若包含未登記於資料庫者在內，全國圖書館應有約12,000所（Deutsche Bibliotheksstatistik, 2021；Bibliotheksportal.de, 2021）。德國各類圖書館事業統計參見表5-1。

表5-1　德國圖書館事業統計

類型	數量
國家級圖書館	3
聯邦專門圖書館	3
公共圖書館	8,564
大學圖書館	688
中小學圖書館	44
專門圖書館	2,465
總計	11,767

資料來源：Deutsche Bibliotheksstatistik (2020). *BibS - Die Suchmaschine für Bibliotheken*. https://www.bibliotheksstatistik.de/bibsFilter?ini=start

　　德國國家圖書館系統包括：德國國家圖書館（Deutsche National bibliothek），含法蘭克福總館、萊比錫分館、德國音樂檔案館與柏林國立圖書館（Staatsbibliothek zu Berlin）、巴伐利亞國立圖書館（Bayerische Staatsbibliothek）。此外，另有三所支援國家圖書館之聯邦專門圖書館：萊布尼茲科技與自然科學資訊中心暨大學圖書館（Leibniz-Information szentrum Technik und Naturwissenschaften und Universitätsbibliothek）、德國中央醫學圖書館（Deutsche Zentralbibliothek für Medizin）、與德國中央經濟圖書館（Deutsche Zentralbibliothek für Wirtschaftswissenschaften）。雖然德

國國家圖書館有出版品呈繳、控管國際標準書號和版權等權限，但並非該國圖書館事業的主管機關（Bibliotheksportal.de, 2017b）。

德國圖書館事業發展歷史分為三階段：中古時期、東西德分治時期（1949—1989年）與東西德合併時期（1990年—迄今）。德國地區圖書館最早追溯自西元七世紀時教會圖書館，後至西元十世紀神聖羅馬帝國時期於各地陸續建設皇室圖書館。德國最早的學術圖書館為1386年，成立之海德堡大學（Ruprecht-Karls-Universität Heidelberg）圖書館。直到十八世紀，日耳曼諸邦國整併時學術圖書館方有長足發展。1455年，Johannes Gutenberg發明鉛製活字印刷術革新出版技術，至十六世紀各邦皆已設置專屬貴族之國立圖書館（BID, 2017；Lux, 2018）。

1828年，德國地區第一所公共圖書館在薩克森王國（Königreich Sachsen）成立，但未符公眾需求（Lux, 2018）。1893年，德國國家圖書館員Constantin Nörrenberg赴美國考察，引進美國公共圖書館和專業學會體制，建立現代化公共圖書館。1900年，德國第一個圖書館專業學會——德國圖書館員學會（Verein Deutscher Bibliothekarinnen und Bibliothekare，簡稱VDB）成立（王美鴻，1997；Lux, 2018；Deutsche Nationalbibliothek, 2020）。

1949年，在東西德分治的圖書館時期，柏林國立圖書館（原普魯士王家圖書館）成為東德之國家圖書館，並積極建立公共圖書館及大型研究圖書館。西德則受英、美、法三國駐軍影響，吸收現代圖書館的經營模式，1969年，西德通過〈德國圖書館法〉（Gesetz über die Deutsche Bibliothek），賦予德國國家圖書館之依據，該法經數度修改成為2015年最新版本，沿用至今（陳素娥，1997；Deutsche Nationalbibliothek, 2019, 2020）。

1963年，西德成立德國圖書館會議（Deutsche Bibliothekskonferenz），為全國圖書館系統協調機關，並訂定圖書館服務四級制度，同年，德國圖書館學會（Deutsche Bibliotheksverband e.V.，簡稱DBV）成立。德國圖書館服務的四級制度，分為第一級、第二級、第三級、第四級。第一級、最初階的資訊需求，由鄉鎮的中小型公共圖書館或行動圖書館提供服務。第二級、隨著資訊需求增加，需由城市圖書館提供服務。第三級、專業或特定資訊需求，由邦／市立圖書館、專門圖書館、大學圖書館合作提供服務。

第四級、高度專業化需求，由國家圖書館系統與全國專門圖書館、大學圖書館合作提供服務（鄭寶梅，2012；Lux, 2018）。

1973年，德國圖書館會議提出〈德國圖書館計畫〉（Bibliotheksplans 1973: Entwurf eines umfassenden Bibliotheksnetzes fur die Bundesrepublik Deutschland），倡議圖書館界應合作促進資訊化及資訊取用的便利性，為圖書館事業發展的里程碑。1989年，德國圖書館學會聯盟（Bundesvereiningung Deutscher Bibliotheksverbande e.V.）成立，於1993年提出〈德國圖書館1993年：任務、結構和地位聲明〉（Bibliotheken'93: Strukturen, Aufgaben, Positionen），訂定圖書館十大原則和各級圖書館職責（鄭寶梅，2012）。

1990年，東西德合併，進入德國統一圖書館時期。2004年，德國圖書館學會聯盟改組為德國圖書館與資訊學會（Bibliothek und Information Deutschland，簡稱BID）。2017年，BID公布〈通往過去與未來的入口：德國圖書館〉（Portale zu Vergangenheit und Zukunft-Bibliotheken in Deutschland），報告德國圖書館事業、專業教育發展現況，並提出未來發展趨勢（BID, 2017）。

德國未訂定全國性圖書館法，也沒有主管機關。2005年起，各邦產生地區性圖書館法。2008年，圖林根邦（Freistaat Thüringen）頒布德國第一個邦行政區級公共圖書館法。各地區公共圖書館分別由邦、市政府維護，導致公共圖書館品質良莠不齊。目前德國國家圖書館設置「國家公共圖書館部門」（Landesfachstelle für das öffentliche Bibliothekswesen），協助各地區建立和營運公共圖書館，全國12,000餘所圖書館中，只有3,168所圖書館由全職館員管理（Bibliotheksportal.de, 2017a, 2017b, 2021）。

德國圖書館員為公職，皆需通過各邦或聯邦專業認證或國家考試，依據德國〈聯邦公務員法〉（Bundesbeamtengesetz）和子法〈聯邦公務人員職系辦法〉（BundesLaufbahnVerordnung - BLV）規範，圖書館員分成四種職等，對應圖書館服務四級制度需求，所需學歷及相應之公職考試類型，與各職等條件分述如下（蔡宗珍，2017；BID, 2017；Bundesministerium für Wirtschaft und Energie [BMW], 2021）：

1. 初級職務（Einfacher Dienst）——基層圖書館員：為類專業人員，具10年級以上高中文憑者，受2-3年職業訓練，且通過州立認證考試後可任職，無法擔任管理職位，漸為「媒體與資訊服務專家」取代。

2. 中級職務（Mittlerer Dienst）——媒體與資訊服務專家（Fachangestellte/r für Medien-und Informationsdienste，簡稱FAMI），又稱圖書館助理（Bibliotheksassistenten）：負責一般館務。具10年級以上高中文憑者，可於職業培訓學校（Berufsschulen）接受為期3年之職業訓練，從5種領域（檔案、圖書館、資訊與文獻、影像典藏機構、醫療資訊學）選一種專攻及實習，並通過州立中等職務考試或專業認證考試後任職，僅能在第二級以下之公立資訊服務機構或私人機構服務。最低學歷需求，已有從10年級以上逐漸提升至需具備高中學歷（13年級）以上趨勢。

3. 中高級職務（Gehobener Dienst）——全職專業圖書館員：具學士學歷者通過中高級職務國家考試（Staatsexamen）或同等級州立考試，再通過2-3年預備服務（Vorbereitungsdienst）階段考核合格後任職。

4. 高級職務（Höherer Dienst）——全職高級圖書館員：碩士學歷以上、通過高級職務國家考試及1-2年職業訓練與預備服務階段且考核合格者；或是以學士學歷之預備公務員身份參加兩年圖書資訊學專業培訓，取得碩士文憑（Diplom）再經1-2年預備服務、通過高級職務國家考試者，可擔任學術／專門圖書館高階館員，提供專業參考服務或進行分類編目、管理職業務。具博士學歷者可免除職業訓練與預備服務要求。

　　近十年，資訊和通訊技術的快速發展導致了德國專業領域變化，催生全新的就業領域，如電子出版、多媒體、文化產業和媒體設計。德國資訊、文獻和媒體領域各種專業都獲得發展，除了傳統的圖書館員（Bibliothekar），也發展新職業：如資訊科學師（Dokumentar）、資訊管理員（Informationswirt）、檔案管理員（Archivar）、媒體與資訊服務專家與資訊經紀人（Lux, 2018）。

　　有關專業學會，1989年，成立德國圖書館學會聯盟，2004年，改組為德國圖書館與資訊學會（BID），該聯盟包括重要學會：德國圖書館學會

（DBV）、德國圖書館員學會（VBD）、德國資訊圖書館學會（Berufsverband Information Bibliothek，2000年成立）、歌德學院（Goethe-Institut，1951年成立）與EKZ圖書館服務公司（EKZ Bibliotheksservice，1947年成立）。該聯盟作為增進各學會合作的組織，其組織宗旨為「做為圖書館部門和聯邦機構、圖書館員協會的統籌組織，旨在促進德國文化並代表會員在聯邦、歐洲及國際機構中的整體利益」（BID, 2017, 2021a, 2021b）。

5.2圖書資訊學教育發展簡史

德國圖書館學教育始於1914年，萊比錫公共圖書館協會中央辦公室（Vereins Zentralstelle für volkstümliches Büchereiwesen zu Leipzig）創立之圖書館技術與管理技術學校（Fachschule für Bibliothekstechnik und -verwaltung）。目前德國在大學設置13所圖書資訊學系所（BID, 2017；Hochschule für Technik, Wirtschaft und Kultur Leipzig [HTWK Leipzig], 2020；Verein Deutscher Bibliothekare [VDB], 2021）。本節將德國圖書資訊學教育發展分為三階段說明：（1）圖書館學教育發展期（十九世紀—1945年）；（2）東西德分治的圖書館學教育時期（1946—1989年）；（3）德國統一的圖書資訊學教育時期（1990年—迄今）。

5.2.1圖書館學教育發展期（十九世紀—1945年）

十九世紀以前日耳曼地區圖書館員多是由神學家、文史領域學者兼任，館員培育主要依附於歷史文化研究相關科系或類似學徒制的職業訓練，不被認為專業工作且缺乏正規教育。1880年代以前大學圖書館員通常由教授兼任，偏向於提供參考服務而非管理館務，因此大學圖書館規模有限且較為封閉（Sche, 1983；王美鴻，1997；BID, 2017）。

1808年，慕尼黑地區圖書館員Martin Schrettinger在其著作《實驗性圖書館學教科書》（Versuch eines vollständigen Lehrbuchs der Bibliothek-Wissenschaft）提出德語「圖書館學」（Bibliothekswissenschaft）一詞。1820

年，Friedrich Adolf Ebert於《圖書館員的教育》（Die Bildung des Bibliothekars）一書中，提倡大學圖書館員應具備語言學、外語、歷史學、文學、目錄學與百科全書式的專業知識，並主張編目是最主要的工作，對於日後德國圖書館員專業認定產生影響。1829年，巴伐利亞王國—慕尼黑國家圖書館（Königreich Bayern-State Library of München）館長Philipp Lichtenthaller提出建立專業學校，進行實務訓練和設置圖書館員「試用期」的建議，並於1833年起，教授實習圖書館員古文字學、印刷史、外語等實務課程。1854年，波恩大學（Rheinische Friedrich-Wilhelms-Universität Bonn）圖書館員Friedrich Wilhelm Ritschl採用大學畢業生做為大學圖書館助理，為日耳曼地區圖書館學發展影響深遠。

1871年，Petzholdt在其著作《圖書館學教理問答》（Katechismus der Bibliotheken Lehre）中，提倡應設置專門的圖書館學學校，以培育圖書館員具備通透知識系統的知能。1874年，Friedrich Rullmann提議將圖書館員訓練置於大學課程，但因缺乏教學成果評量機制遭到反對（Sche, 1983；王美鴻，1997；Vodosek, 2002）。

直至1880年代，德意志帝國普魯士王國研訂學術圖書館員任用標準，圖書館員開始被認可為專業工作。1886年，哥廷根大學（Georg-August-Universität Göttingen）圖書館員Karl Dziatzko設立圖書館學講座，以學程方式授課和考試，因此不僅1880年代以後德國學術圖書館有長足發展，此一從實務工作衍生專業教育課程及認證制度的模式，對於日後歐美地區圖書館學教育帶來影響（Sche, 1983；王美鴻，1997；Minter, 2018；HTWK Leipzig, 2020）。

十九世紀末期，德國開始對圖書館員培訓。1888年，普魯士王國教育部成立圖書館委員會，建議將大學圖書館員納入公職體系。1893年，通過公職圖書館員教育法令，明令對學術圖書館員專業培訓，並規定：具備博士學歷、通曉德法英三國語言且通過國家考試者，可參與為期二年之圖書館員預備課程，具大學授課資格者則可免除國家考試。預備課程包含一年理論課程與一年實習，考試科目包括圖書館管理、圖書館史、文學史、目錄學等，從此公職考試成為德國專業圖書館員的主要認證依據，但此時圖

書館學課程仍被定位為副專業。1909年，德意志帝國通過中階圖書館員文
憑考試法令，高中畢業者經過為期二年的理論課程和一年學術／公共圖書
館實習後，可參加口試與筆試之職業文憑考試成為中階圖書館員，任職公
共圖書館，學術圖書館員則提升為高階館員。此時期的圖書館員培育仰賴
圖書館訓練（王美鴻，1997；Lux, 2018）。

　　1914年，在萊比錫（Leipzig）成立第一個圖書館學校，德意志帝國-
薩克森王國萊比錫公共圖書館學會中央辦公室主任Walter Hofmann創立
「萊比錫圖書館協會中央辦公室圖書館技術與管理技術學校」，培育公共
圖書館員並提供職業訓練課程，成為德國圖書館學教育的開端。其後，1921
年，改名為德國公共圖書館學校（Deutsche Volksbücherei Schule）。1915年，
德國圖書館員與博物館公務員學校設立（ Deutschen Bibliothekar-und
Museumsbeamten-Schule），以培育學術圖書館員和博物館員，1917年，改
名為德國萊比錫圖書館學校（Deutsche Bibliothekarschule, Leipzig）（王美
鴻，1997；HTWK Leipzig, 2020）。

　　1921年，哥廷根大學圖書館學講座轉移至佛里德里希-威廉大學
（Friedrich-Wilhelms-Universität），即今日柏林洪堡大學（Humboldt-
Universität zu Berlin）。其後，該大學於1928年，設立「柏林圖書館學校」
（Institute of Library Science），培養高階與中階圖書館員，自此圖書館學教
育從職業訓練轉變成正規教育，學位授予仍以文憑為主（王美鴻，1997；
陳素娥，1997；HTWK Leipzig, 2020）。1920年代開始，隨著公共圖書館數
量與規模增加，產生中階圖書館員需求，然而未受過大學教育的中階館員
常被拒絕擔任高階主管，因此出現整合中、高階館員教育或准許中階館員
擔任管理職的倡議，但當時未進一步制定分級培訓館員制度（Sche, 1983）；
1928年，科隆（Köln）成立西德圖書館學校（Westdeutschen Büchereischule），
以培育公共圖書館員和提供職業訓練。

　　1929年，培育中階圖書館員之圖書館學校增加，至1933—1945年，納
粹德國（Nationalsozialistische Deutschland）政權影響原有教育發展。1934
年，柏林圖書館學校關閉；1938年，聯邦政府頒布全國性高階圖書館員教
育行政命令，規定高階（學術）圖書館員資格為：具備高中以上學歷，並

且通過高等師範專業學科國家認證考試或取得經濟、農業學等新興大學科系文憑者，需進行一年職業訓練和一年在柏林或慕尼黑公共圖書館之理論教育，最後再通過公職考試，具博士學位者則可免除考試，課程內容係根據考試項目設計，如：圖書館行政管理、目錄學、圖書館史、語文學及文學史等（Sche, 1983；王美鴻，1997）。1940年，萊比錫圖書館學校停止提供學術圖書館員教育，出版與寫作博物館實習培訓也被停止。1942年，斯圖加特圖書館學校成立，以中階圖書館員培訓為主；然而至1945年，萊比錫圖書館學校亦暫時關閉，各邦圖書館學校不符「優等民族」定義之專業師資多被驅逐、禁錮或殺害，此時期圖書館學專業發展暫時停止（HTWK Leipzig, 2020）。

5.2.2東西德分治圖書館學教育時期（1946—1989年）

二次世界大戰後（1945年—），德國由美國、英國、法國和蘇聯分為四區佔領，各邦陸續重整圖書館學校，如1945年，漢堡市（Hamburg）公共圖書館開始提供訓練課程；1948年，設置公職圖書館員學校。1946年，於漢堡市舉行之德國四個佔領區圖書館員會議，提出整合兩種職級館員教育的構想，且建議教育年限不得低於3年、館員應至少具備高中學歷，同時也提倡新增圖書館助理職位，部分地區如漢堡市、北萊茵-西伐利亞邦遂開始實施圖書館助理培訓制度，只要具備小學或國中以上學歷、再經過2年職業訓練即可擔任（Sche, 1983；王美鴻，1997）。1947年，蘇聯於其佔領區頒布〈蘇聯佔領區大學圖書館服務暫行考試條例〉（Vorläufige Prüfungsordnung für den wissenschaftlichen Bibliotheksdienst in der sowjetischen Besatzungszone），做為學術圖書館員認證考試標準，美、英、法佔領區則續行1938年行政命令，同年慕尼黑公共圖書館恢復職業訓練課程。（Sche, 1983；王美鴻，1997；HTWK Leipzig, 2020）。

1949年，德國圖書館學會成立提出課程整合計畫，促使圖書館學校教學能量提升。同年科隆市成立圖書館學校，同時提供中、高級資訊服務學術圖書館員與公共圖書館員文憑學程，成為以資訊服務等級培訓館員的開端。同年，東西德分治後，柏林洪堡大學劃歸於東德，柏林圖書館學校於

1955年，重新開課，西德地區則由各邦獨立發展圖書館學校，如1965年，下薩克森邦成立下薩克森圖書館學校（Niedersachsen Schule des Bibliothekswesens）（王美鴻，1997；Sche, 1983）。1951年，各邦文教部長常設會議公布圖書館學校教育指南，建議理論教育和實習應各佔三學期。1963年，圖書館會議確立圖書館四級服務制度後，增加館員分級培訓、尤其是基層館員（圖書館助理）需求，而專業館員的學歷要求多已提升為大學文憑以上，使得公共圖書館中高級以上資訊服務館員缺乏相應教育課程問題浮上檯面（Sche, 1983；王美鴻，1997）。

1965年，各邦文教部長常設會議修改1938年行政命令，只要具備博士學位或曾通過任一國家認證考試者，再經過兩年理論暨職業訓練，即可擔任學術圖書館員。同時，亦修正圖書館學教育指南，改為理論訓練應至少佔六學期、而實習只需4個月且要在假期間進行（Sche, 1983）。1966年，位於東德之柏林圖書館學校更名為圖書館學與學術資訊研究所（Institut für Bibliothekswissenschaft und wissenschaftliche Information），設立德國地區首個圖書資訊學博士學位學程，畢業時授予哲學博士學位（Ph.D）；1969年、1976年，又分別設置兩個兩年制研究生（Postgraduate）遠距學程：資訊與文獻科學（Informations-und Dokumentationswissenschaft）以及圖書館學，完成前者課程將授予「資訊專家」（Fachinformator）資格，後者則稱之為「專業圖書館員」（Fachbibliothekar）（Berlin Institut für Bibliotheks-und Informationswissenschaf [Berlin IBI], 2022）。1966年，柏林自由大學（Freie Universität Berlin）設立傳播科學學院（Fakultät für Kommunikationswissenschaft），提供公共與學術圖書館員培訓課程。

1971年，各邦文教部長常設會議發布圖書館助理教育指引；1975年，西德教育與科學部正式公布圖書館助理的培訓原則，並納入初級公務員職等，具10年級以上中學學歷者受三年職業訓練，並經考核後可成為圖書館助理，且得任職於各類型圖書館（Sche, 1983；王美鴻，1997；陳素娥，1997）。

1970年代，西德施行第一次教育改革，各邦學術圖書館員培訓學校移入高等專科學校或應用科技大學，並開始將資訊學、媒體研究、使用者教

育加入圖書館學課程，使課程結構專業化。有鑑於此，各邦文教部長常設會議於1972年，建議公共圖書館高級資訊服務館員之教育制度，應比照學術圖書館高級資訊服務館員教育設計，亦即圖書館員教育和就業制度將以資訊服務需求為主、而非以圖書館類型區分。1973年，德國圖書館學會教育委員會提出學術圖書館高級資訊服務館員教育計畫，建議應在大學開設為期5年之完整圖書館學學程以連結其他學科。1976年，各邦文教部常設會議正式將修畢大學開設之圖書館學課程者認可為「文憑圖書館員」（Diplombibliothekar）（Sche, 1983；王美鴻，1997）。

1977年，科隆大學哲學系（Philosophische Fakultät, Universität zu Köln）開設圖書館學專業學程，4年課程中可將圖書館學作為主／副修專業，畢業時將授予文學碩士學位（M.A.），成為德國地區第一個圖書館學碩士學位學程，並可進一步攻讀主／副修圖書館學之博士學位，畢業授予哲學博士學位（Sche, 1983）。1980年，西德修訂〈公務員框架法〉（Beamtenrechtsrahmengesetz），規定高級職等公務員培訓課程需由科技大學開設（Fischer, 2003）；1980年代，各校陸續將圖書館學校改制為授予主修專業學位之學院（系所），或將州立圖書館學校升格為圖書館學應用科技大學（Fachhochschule für Biblibtheksewesen），以整合性課程取代學術／公共圖書館員分別教育的傳統，取得學位者可任職於各類圖書館，同時公共圖書館也開始接受資訊專業人員加入服務（Sche, 1983；王美鴻，1997；Homann, 2003）。

除資訊專業人員外，圖書館業界另創新興職位：資訊科學家（Documentalist），任職於專門圖書館提供參考服務資料，分為基層、中階、高階館員職級，需先具備資訊學或教學專業方可參與培訓課程。1980年代，圖書館學系所開始和資訊科學研究所（Lehrinstitut fuer Dokumentation）合作開課，資訊科學家併入圖書館學課程內容，呈現圖書館學與資訊學融合的趨勢。1981年，法蘭克福-美茵茲河畔圖書館學校升格為圖書館學應用科技大學（Bezeichnung Bibliotheksschule in FranMvrt am Main - Fachhochschule für Biblibtheksewesen），開設授予大學文憑之圖書館學學程，資格相當於學士文憑，為德國地區第一個圖書館學學士學位學程（陳素娥，1997；Fischer, 2003）。

5.2.3 德國統一的圖書資訊學教育時期（1990年—迄今）

1990年，東西德合併，東德地區與各邦高等專科學校陸續升格為科技大學，多數地區圖書館學校轉入大學系統中。1990年，柏林洪堡大學圖書館學與學術資訊研究所設立第一個以「圖書館學與資訊科學」為名之碩士學位學程。1998年，德國高等教育改革，德國大學重新設置學士、碩士學位，使圖書館員職等和學歷產生變化，各大學圖書館學系所陸續將文憑課程改為學士、碩士學位學程，或於2000年後，增設學士班。1999年，「媒體與資訊服務專家（FAMI）」新職位出現，取代圖書館助理，圖書館學專業教育趨向高等教育化。同時隨著認證委員會基金會（Stiftung Akkreditierungsrat）成立，同年，德國加入歐洲高等教育區推行全國高等教育品質保證制度，促使圖書資訊學系所提升教育品質（BID, 2017；Berlin IBI, 2019；Ren, 2017；教育部，2021）。

德國圖書館館員的學歷與公務四級職等有關，學士學歷以上之圖書資訊學系所畢業生若要成為公共圖書館層級以上機構之「全職專業館員」，必須通過中高級或高級職務之聯邦國家考試或各邦設置之公務人員專業考試，通常包含口試與筆試。未經公務人員考試者，僅能擔任兼職、約聘人員或任職私人機構，各邦所訂定之公務人員職等基本上與聯邦規定相仿（蔡宗珍，2017；BID, 2017）。

德國學術圖書館與公共圖書館館員分為前節所述的四種職級，並依此敘薪：第一級、高級職務，獲得大學以上教育（Höherer Dienst／碩士學位）的學術圖書館員，第二級、中高級職務，經過認證的圖書館員或具有專業圖書館員資格的合格資訊管理人員或科技大學的資訊管理文憑，第三級、中級職務，媒體與資訊服務專家（FAMI），第四級，初級職務，圖書館助理（Bibliotheksassistenten）是初級公務人員類圖書館人員。

德國「學術圖書館員」（Wissenschaftlicher Dienst）大多具備學士學位，通常在第一個學位後完成圖書館學專業研究生課程，包括四個學期的研究生課程或為期兩年的培訓計畫。前者是傳統的或在職的學士課程，參與者有學生身份，而後者是傳統的政府預備培訓部分，具有試用身份，實習培訓有關經認證的學術培訓圖書館實習，理論部分包括在大學高等教育機構

進行正規教學。在為期兩年的培訓計畫結束時，候選人需要參加高級公職國家考試（Staatsexamen）。2007年以前，選擇四學期研究生課程的學生獲得「學術圖書館員」（Wissenschaftlicher Bibliothekar）或「文學碩士」（MA）的資格；自2007/2008年以後，多數完成圖書資訊學課程的人獲得「圖書資訊學碩士」（MLIS/MALIS）或「文學碩士」學位，依其畢業於科技大學或柏林洪堡大學（BID, 2017）。

2000年以後，邁入資訊社會，圖書館學系所紛紛改名為圖書館學與資訊科學、圖書館學與媒體研究系所等名稱，或與資訊科學研究所合併，州立圖書館學應用科技大學亦陸續併入綜合型科技大學；公共圖書館之圖書資訊學專業人員資格認定，提升至學士學歷以上，課程與職業訓練設計則進行模組化與整合化、國際化、跨領域和資訊化（Fischer, 2003；Steierwald, 2006）。2006年，柏林洪堡大學柏林圖書館學研究所轉型為柏林圖書資訊學研究所（Institut für Bibliotheks-und Informationswissenschaf），並加入iSchools聯盟，為德國第一個iSchools會員之學校，該校也是德國唯一同時有學士班、碩士班、博士班的圖書資訊學學校（Lux, 2018；Berlin IBI, 2019）。

早期德國圖書館學教育偏重於職業訓練和文化研究，第二次世界大戰及冷戰時期東西德分裂影響，專業教育歷經1970年，西德教育改革、1990年，德國統一全國教育改革、1998年，高等教育學制改變，方有長足發展，並於1990年代，陸續進行高等教育化。2000年以後，因應資訊科學發展趨勢，各圖書館學系所發展為圖書館學與資訊學或兼容媒體傳播學等跨學科課程。2011年，「教育4.0」趨勢興起後，促使專業教育走向資訊科學與資訊管理技能培養，成為圖書資訊學教育未來發展和轉型的挑戰（教育部，2021）。

德國部分圖書資訊學科系轉型偏重資訊科學課程，甚至改為資訊學專業，圖書資訊學核心課程定義更複雜與模糊化。至今圖書館學校較少，初級職務館員的人數和培訓機構也減少，德國圖書資訊學教育走向培養高級專業科技人才，既是時勢所趨，也為學科專業帶來挑戰（Wilson, 2013；BID, 2017；VDB, 2021）。

5.3圖書資訊學教育制度

德國的高等教育分為：公私立之綜合大學、科技大學、藝術、電影和音樂學院。綜合大學（Universität：University），係完整的專業學科領域的研究，適合計畫就讀學士、碩士或博士的學生就讀。依專業學科分類還區分為：理工大學或醫學大學等。科技大學（Fachhochschule: University of Applied Sciences），係實務知識的訓練，獲得符合職業具備需求的專業知識。藝術、電影和音樂學院（Kunst-, Film-und Musikhochschulen：Art, Film and Music Colleges），係藝術領域的專業學習，學校開設繪畫、設計、器樂演奏等專業科系（教育部，2021）。

德國圖書資訊學教育制度包括：學士學位、碩士學位、博士學位，其中學士學位為基本專業資格，碩士、博士學位為高級專業資格。部分邦設有職業培訓學校（Berufsschulen），提供具高中文憑者（10年級以上）3年職業訓練課程、通過認證考試後成為媒體與資訊服務專家（FAMI）之培訓課程，但無法擔任專業館員（BMW, 2021）。德國圖書資訊學教育訓練機構分為以下三類：（1）職業培訓學校（Berufsschulen），為圖書館專業的FAMI提供中等公職等級培訓課程。（2）圖書資訊學系（Fachbereiche für Bibliotheks-und Informationswesen）或資訊與傳播科學系（Informations-und Kommunikationswissenschaft），係在公立高等教育機構或行政學院。（3）大學圖書館學學位課程（universitäre Studiengänge der Bibliothekswissenschaft），唯一學校是德國洪堡大學柏林圖書資訊學研究所（Institut für Bibliothekswissenschaft），提供學士學位、研究所與遠距學習課程（BID, 2017）。

德國圖書資訊學系所通過認證委員會基金會評鑑，且受到圖書館與資訊業界認可共13所學校（Stiftung Akkreditierungsrat, 2021a），本章以通過認證委員會基金會評鑑的德國13所圖書資訊學系所為研究對象，主要參考柏林Stöckel與Wimmer（2014）德國圖書資訊學教育簡報（Library and Information Science Education in Germany）、德國圖書資訊學會的〈通往過去與未來的入口：德國圖書館〉專業教育機構列表（BID, 2017）、德國圖

書館員學會的德國圖書資訊學碩士教育列表（VDB-Informationen zu Ausbildung und Berufseinstieg als wissenschaftliche Bibliothekarin / wissenschaftlicher Bibliothekar）（VDB, 2021），以及13校網站資料。此外，本章參考至2021年，各校學校概況，並酌引德國聯邦統計局（Statistisches Bundesamt）各校人數統計、認證委員會基金會之各校課程認證、與iSchools 聯盟等資訊（iSchools Organization, 2021；Statistisches Bundesamt, 2021；Stiftung Akkreditierungsrat, 2021）。以下分別從一般校況與圖書資訊學系所基本資料二方面說明。

5.3.1 一般校況

　　一般校況包括德國圖書資訊學系所隸屬大學的一般情形，介紹各大學的所在地、成立年、公立或私立、全校學生人數，參見表5-2。

表5-2　德國圖書資訊學系所及其所在大學校況一覽表

校／所名稱	所在地	學校成立年	學生人數	公私立	系所成立年	教育學程
1. Fachhochschule Potsdam, Fachbereich Informationswissenschafte (Faculty of Information Sciences)	Potsdam	1991	3,648	公立	1992	學士／碩士
2. Hochschule für Angewandte Wissenschaften Hamburg, Fakultät Design, Medien und Information (Faculty of Design, Media &Information) —Dept. Information	Hamburg	1970	17,125	公立	1948	學士／碩士
3. Hochschule für den öffentlichen Dienst in Bayern, Fachbereiches Archiv-und Bibliothekswesen (Dept. of Archives and Libraries)	München	1974	5,490	公立	1975	碩士

表5-2 德國圖書資訊學系所及其所在大學校況一覽表（續）

校／所名稱	所在地	學校成立年	學生人數	公私立	系所成立年	教育學程
4. Humboldt-Universität zu Berlin Institut für Bibliotheks-und Informationswissenschaft (Berlin School of Library and Information Science)	Berlin	1809	35,475	公立	1924	學士／碩士／博士
5. Hochschule für Technik, Wirtschaft und Kultur Leipzig Faculty of Computer Science and Media-Bibliotheks-und Informationswissenschaft (Library and Information Science)	Leipzig	1992	6,452	公立	1914	學士／碩士
6. Hochschule der Medien Stuttgart, Informationswissenschafte (Information Sciences) - Bibliotheks-, Kultur-und Bildungsmanagement (B.A., Library, Culture and Education Management) Or Bibliotheks-und Informationsmanagement (MA, Library and Information Management)	Stuttgart	1903	5,146	公立	1942	學士／碩士
7. Hochschule Darmstadt, Information Science und Informatik (Information Science and Computer Science)	Darmstadt	1876	16,500	公立	1985	學士／碩士
8. Technische Hochschule Köln - Technology, Arts, Sciences, Studiengänge aus dem Bereich Information und Kommunikation (Information Science and Communication Studies) -Institut für Informationswissenschaft (The Institute of Information Science)	Köln	1971	26,529	公立	1981	學士／碩士

表5-2 德國圖書資訊學系所及其所在大學校況一覽表（續）

校／所名稱	所在地	學校成立年	學生人數	公私立	系所成立年	教育學程
9. Technische Hochschule Wildau Wildau Institute of Technology-Master of Science in Bibliotheksinformatik (Master of Library and Information Science)	Wildau	1991	3,696	公立	2015	碩士
10. Universität Erfurt Philosophische (Sprache-Wissen-Handlung) Fakultät-Sammlungsbezogene Wissens-und Kulturgeschichte (Collection-related Knowledge and Cultural History)	Erfurt	1379	5,928	公立	NA	碩士
11. Universität Hildesheim Informationsmanagement und Informationstechnologie (Information Management and Information Technology)	Hildesheim	1946	8,575	公立	NA	學士／碩士
12. Universität Konstanz Mathematisch-Naturwissenschaftliche Sektion-Fachbereich Informatik und Informationswissenschaft (Dept. of Computer and Information Science)	Konstanz	1966	11,230	公立	NA	學士／碩士
13. Universität Regensburg Institut für Information und Medien, Sprache und Kultur-Informationswissenschaft (Information Science)	Regensburg	1962	21,207	公立	1974	學士／碩士

5.3.1.1 所在地

　　德國行政區劃共有16邦，包含13個邦行政區（Bundesland）與3個城邦行政區（City state）：Berlin、Hamburg、Bremen。1990年後，常將德國劃分為前東德區（克倫堡-前波莫瑞邦、布蘭登堡邦、薩克森邦、薩克森-安哈特邦、圖林根邦與大柏林地區東半部）和前西德區。德國13所圖書資訊學系所位於前東德區的大學有6校：Fachhochschule Potsdam（簡稱Potsdam）、Humboldt-Universität zu Berlin（簡稱HU Berlin）、Hochschule für Technik, Wirtschaft und Kultur Leipzig（簡稱Leipzig）、Technische Hochschule Wildau（簡稱Wildau）、Universität Erfurt（簡稱Erfurt）、Universität Hildesheim（簡稱Hildesheim）；位於前西德區有7校：Hochschule für Angewandte Wissenschaften Hamburg（簡稱Hamburg）、Hochschule für den öffentlichen Dienst in Bayern（簡稱Bayern）、Hochschule der Medien Stuttgart（簡稱Stuttgart）、Hochschule Darmstadt（簡稱Darmstadt）、Technische Hochschule Köln - Technology, Arts, Sciences（簡稱Köln）、Universität Konstanz（簡稱Konstanz）、Universität Regensburg（簡稱Regensburg），學校地理分布平均。

5.3.1.2 學校成立年與學制

　　德國13所圖書資訊學系所隸屬大學全為公立學校，包括5所綜合大學與8所科技大學。除3所學校成立於1900年以前，有7所學校成立於1900-1990年之間，而有3所學校則成立於1990年以後。自2000年起，有4所職業學校或高等專科學校改制為科技大學：Bayern、Darmstadt、Leipzig、Köln，因1970年以後屬職業學校體系之圖書館學校陸續移轉至高等專科學校和大學中，目前德國13所圖書資訊學校皆設於大學，且以科技大學數量為多；其中Bayern原為巴伐利亞州立預備公務人員高等專科學校，後於2016年升格為科技大學。五所綜合大學為：HU Berlin、Erfurt、Hildesheim、Konstanz、Regensburg；其餘8校為科技大學。

5.3.1.3 全校學生人數

　　全校學生最多者為HU Berlin 35,475人，其次為Köln 26,529人、Regensburg 21,207人，計有6所學校人數在10,000人以上，其餘7所學校人數

約在3,500-8,500人之間。

5.3.2圖書資訊學系所基本資料

　　德國圖書資訊學系所基本資料包括：系所名稱、系所隸屬學院、系所成立年、教育層級與學程結構、入學資格、畢業要求、教師概況、與學生概況。

5.3.2.1系所名稱

　　德國圖書資訊學系所名稱多元，分為下列6類（採中文和德文對照）。從名稱來看，以資訊科學、電腦科學命名者最多計有7校；其次，圖書館學與資訊科學，計有3校，其餘名稱與資訊管理、館藏知識與文化歷史有關。其中名稱與圖書館學相關有5校，其餘8校系所名稱無圖書館學。

1. 圖書館學與資訊科學（Bibliotheks-und Informationswissenschaft）3校：HU Berlin、Leipzig、Wildau

2. 圖書館學與資訊管理（Bibliotheks-und Informationsmanagement）1校：Stuttgart

3. 檔案學與圖書館學（Archiv-und Bibliothekswesen）1校：Bayern

4. 資訊、資訊科學與電腦科學（Informationswissenschaft, Information Science und Informatik, Informatik und Informationswissenschaft）7校：Potsdam、HdM Stuttgart、Köln、Regensburg、Hamburg、Darmstadt、Konstanz

5. 資訊管理與資訊科技（Informationsmanagement und Informationstechnologie）1校：Hildesheim

6. 館藏知識與文化歷史（Sammlungsbezogene Wissens-und Kulturgeschichte）1校：Erfurt

5.3.2.2系所隸屬學院

　　13個圖書資訊學系所中有3校為獨立學院：Potsdam、HU Berlin、Erfurt，另4校為獨立系所：Bayern、Darmstadt、Hildesheim、Konstanz，其中Konstanz

將圖書資訊學系所歸類於「數學與自然科學學門」（Mathematisch-Naturwissenschaftliche Sektion），其餘各校則分別隸屬於資訊科學、科技、資訊與傳播學、媒體（設計）與資訊學院或資訊與媒體文化研究所等。隸屬資訊科學和媒體（設計）學院、資訊學院者數量相仿，呈現德國圖書資訊學發展的二元性。

5.3.2.3 系所成立年

13校中最早設立者為Leipzig（1914），而後成立於1945年以前者有HU Berlin（1924）、Stuttgart（1942）；1946-1990年成立者有Regensburg（1974）、Bayern（1975）、Köln（1981）、Darmstadt（1985）；成立於1990年以後者為Potsdam（1992）、Wildau（2015）。

5.3.3 教育層級與學程結構

德國圖書資訊學學程包括：學士班、碩士班、博士班、碩士文憑、遠距學程。德國學士學位主要培育圖書館或文化典藏機構之中高級職務館員，需藉由修畢模組課程至指定學分來確立畢業後的發展方向，且需通過模組考試、實習與撰寫論文。此外，跨修師培學程者畢業前需另通過教師資格國家考試（教育部，2021）。碩士學位亦皆需透過修習模組課程與通過資格考、實習和撰寫學位論文取得學位，博士學位則主要由指導教授協助學生從事研究、並無選課要求，僅憑通過學位論文即可取得學位，但入學之申請、畢業前研究產能等要求則有嚴格規定，博士學位學程至少需修習3年以上。

13校中提供學士學位者有11校，碩士學位者13校，碩士文憑（Diplom）者1校（Bayern），博士學位僅1校提供（HU Berlin）。以遠距教育提供碩士班有3校：Potsdam、HU Berlin、Stuttgart。加入iSchools聯盟者2校：HU Berlin與Regensburg。以上統計中顯示，德國圖書資訊學學士與碩士教育發展平均，參見表5-3。

表5-3 德國圖書資訊學系所學程種類一覽表

	學士班	碩士班	碩士文憑	博士班	遠距學程	iSchools
Potsdam	V	V			V	
Hamburg	V	V				
Bayern	V	V	V			
HU Berlin	V	V		V	V	V
Leipzig	V	V				
Stuttgart	V	V			V	
Darmstadt	V	V				
Köln	V	V				
Wildau		V				
Erfurt		V				
Hildesheim	V	V				
Konstanz	V	V				
Regensburg	V	V				V
總計	11	13	1	1	3	2

5.3.4 入學資格

德國圖書資訊學碩士學程入學資格包括：學位要求、專業學分（ECTS）要求、實務經驗、德語能力要求等。學位要求部分，各校皆於碩士學程介紹中說明希望具備圖書資訊學、文獻學／檔案學、媒體傳播學等相關領域之學士學位（BA/BSc）或碩士文憑（Diplom），如Leipzig規定必須具備圖書資訊學等相關領域學士，Bayern要求具備預備公務員資格。專業學分要求部分，Potsdam要求需具備圖書資訊學或其他相關領域學程至少30 ECTS方可申請。實務經驗方面，Köln則要求具備至少12個月以上之實習或工作經驗，包括至少10個月之原學士專業相關領域實務經驗，以及在圖書館相

關資訊服務機構實習經驗2個月。此外，因多數課程係以德語授課，非德國籍或不具德語區國家學歷之學生需事先通過德語鑑定測驗，或高等學校入學德語考試取得特定德語程度證明（教育部，2021）。

5.3.5畢業要求

各校圖書資訊學碩士學位學程畢業要求包括：學分數、畢業論文、實習、其他學術活動之參與等。學分數方面，德國圖書資訊學系所課程採模組化設計，將相關課程聚合為一主題模組，便於依照所需專業能力修課，各校要求之畢業學分數（含論文或其他學術參與表現）則因修業年限差異而有90-180 ECTS不等，如HU Berlin要求修畢180 ECTS（修業年限4學期）、Leipzig則為修畢90 ECTS（修業年限3學期）；其中各校規定之修課要求通常為4-8種模組課程，包含4到5種必修模組與1至3種選修模組，和至少1種跨學科選修模組，修習每一模組皆需通過模組考試。

在畢業年限方面，各校規定之修業年限有3至4學期不等，分為夏季學期與冬季學期，每學期課程通常為15到17週。學位論文方面，通常要求撰寫至少10萬字以上之學位論文，包含口試及公開發表論文，其中Bayern之文憑學程不需撰寫論文、而是藉由通過中高職等公務人員考試取得文憑。

5.3.6教師概況

德國大學教師分為正教授（Ordertliche Professor）、副教授（Au Berordentlicher Professor）、初級教授（Junior-Professor）、高級講師或稱科學顧問／助教等（Wissenschaftsrat）四級，以及額外的榮譽教授（Professor Emeritus）。正教授與副教授為終身職且常為專任教師，初級教授與高級講師則為約聘職，前者為專任而後者則專兼任不等，另有行政人員協助院系所行政業務。各校教職員員額不一，如HU Berlin有5位專職正教授、20位兼任學術人員、70位講師、6位行政人員等；Potsdam則有34名教師、21位行政或兼任工作人員等。

5.3.7 學生概況

　　各校圖書資訊學系所學生來源有學士生、碩士生、博士生、遠距學習生、繼續教育生等，組成複雜、難以統計，部分學校未說明該系所的學生數量，如Hambur有3,051位學生，Regensburg則有3,000位學生。

5.4 課程設計

　　德國圖書資訊學系所課程，主要受到職業訓練及公職考試、國家發展政策與國際學術趨勢影響。自2000年，德國圖書館學教育已逐步融入資訊學科，並依照〈高等教育基準法〉和認證委員會基金會評鑑標準設計模組化及跨學科課程。2010年，受到歐盟公布之〈歐洲戰略規畫2020〉（Europe 2020 Strategy）中「數位歐洲計畫」（Digital Agenda for Europe 2020）影響，使圖書資訊學系所設置許多新興課程，如資訊管理、資訊素養教育等，研究則轉向數位圖書館（Digital Library）發展，並結合檔案學、媒體傳播學等相關學科設計跨專業課程（Myburgh & Tammaro, 2012）。

　　綜觀德國各圖書資訊學系所提供之課程後，可發現明顯差異，主要因素為各邦自治規劃中對於教育、文化建設和公職考試內容不一致，使得各校課程需因應各邦政策和公職考試設計。德國圖書資訊學課程發展有下列三項要點：（1）融入資訊學領域課程設計。（2）重視資訊素養教育。（3）主題化模組課程設計，依照該模組所涵蓋的專業能力設定教學目標和就業方向，並兼容跨專業課程。各校依據聯邦文化政策、業界趨向和國際圖書資訊學教育專業標準，各自發展其特色課程。各校圖書資訊學核心課程大致包括：圖書館與資訊科學概論、通訊技術、編目／後設資料（Metadata）、系統／資料庫管理、資訊組織、資訊檢索與策略規劃、知識／資訊生產與管理、媒體傳播學、資訊社會、AI或IT設計應用、資訊經濟學、商業管理、專題研究、專案管理等。

　　德國圖書資訊學系所提供模組化學程豐富而多元，大致分為圖書館學、資訊科學、資訊管理、檔案學、媒體研究5類學程。本章以圖書資

訊學專業教育之碩士學程為對象，並以頗負聲望之柏林洪堡大學圖書資訊學研究所（Humboldt-Universität zu Berlin, Institut für Bibliotheks-und Informationswissenschaft，簡稱Berlin IBI）說明。

5.4.1 圖書資訊學課程

HU Berlin圖書資訊學系是德國歷史悠久且唯一提供博士學位之圖書資訊學校，其碩士學位為文學碩士（Master of Arts），包括獨立碩士學程（MA）、雙聯學位（MA／與丹麥哥本哈根之皇家圖書館與資訊科學學院合作）、碩士學位遠距學程（MA／繼續教育）和碩士學位聯合遠距學程（MA／與Potsdam合開繼續教育課程）等四種學程。四種碩士學程的修業年限通常為兩年（四學期），皆需繳交約一篇12萬字、60頁之碩士論文，並經過口試活動，碩士論文撰寫為30 ECTS。此外，獨立碩士學程、雙聯學位、遠距學程需完成約720小時（約18週；1週40小時）的實習，並另外要求達成17項工作成果（Übersicht spezieller Arbeitsleistungen），從中選取至少一個成果做為畢業門檻，如完成10至20分鐘之小型個人演講等（Berlin IBI, 2019）。

Berlin IBI之教育願景為「通過探究和分析的傳統來調和圖書館、資訊、科技與人之間的連結，從而獲得卓越的學術、研究及教學能力」。該研究所提供4種碩士學程，其教學目標各著學程的不同，每一學程包含4-7個必修模組、最多11個選修模組及1個跨學科選修模組，皆以修畢120 ECTS為原則；每一必修與選修模組各為10 ECTS、跨學科選修模組為20 ECTS，碩士論文佔30 ECTS，總計畢業學分需達至少180 ECTS，每修習一個模組皆需通過一次模組考試。

以Berlin IBI之MA/Information Science學程為例，該學程以「圖書館與資訊科學研究」為主，但課程內容相對偏重資訊科學，同時兼容文獻／檔案學、媒體傳播學等，曾獲美國圖書館學會（American Library Association，簡稱ALA）認證。該學程需修滿4種必修模組、從11種選修模組中選擇3種模組修習、1種跨學科選修模組與1個不計學分之專題研究模組，且需通過各個模組考試、滿足720小時實習時數、至少1項特殊工作表現和撰寫學位

論文。必修課程包含以下模組：（1）Information Economy, Information Markets；（2）Digital Libraries；（3）Project Module；（4）Internship。選修模組課程包括：（1）Bibliometrics, Informetrics, Scientometrics；（2）Information Behavior & Information；（3）Information Law；（4）Information Retrieval；（5）Digital Information Services；（6）Knowledge Discovery in Databases；（7）Digital Information Infrastructures；（8）Digital Curation；（9）Web Science；（10）Information Governance and Information Ethics；（11）Management。

5.4.2 主題化模組設計

　　2000年以後，德國各校圖書資訊學系所皆已將課程模組化；另一方面，為配合多元課程的融入就業市場對特定專業人才需求，模組課程亦呈現專科化的趨向，學生可透過選修學程的組合來規劃其生涯發展（Virkus, 2008）。除資訊科學外，各校提供之跨專業課程主要有：（1）媒體傳播學，此處媒體所指為資訊傳播媒介和性質，如Hamburg提供資訊與媒體產業數位轉型碩士學位（Digitale Transformation der Informations-und Medienwirtschaft）。（2）文書與檔案學課程，如Potsdam提供檔案學學士學位（BA/Bachelor Archiv）。（3）歷史文化研究，如Erfurt將圖書資訊學課程定義為知識學兼容歷史文化研究，開設MA／Collection-related knowledge and cultural history。（4）商業管理／行銷學，如Hildesheim提供商業資訊管理課程。（5）教育學，如Stuttgart開設BA/Bibliotheks, Kultur-und Bildungsmanagement（Library, Culture and Education Management）。（6）其他複合式課程活動，如策略規劃、專案管理等課程，或要求學生選修其他其他系所學程。

　　以Hamburg之資訊與媒體產業數位轉型碩士學程（MA）為例，該學程共有七大模組，分別為：（1）數位化／轉型管理（資訊與媒體傳播理論、管理學）；（2）專案管理；（3）數位轉型分析；（4）專案分析（研究方法）；（5）數位轉型設計（資訊與媒體產業之生產、傳播流程和技術操作）；（6）專案設計（資訊與媒體傳播產品之設計與評估）；（7）碩士論文。課程設計

針對國際資訊與媒體產業轉型的數位化趨勢、法律與社會議題、專業實務、商業管理學、專案開發管理等主題，設計模組課程內容，未來畢業生不僅有進入圖書資訊學、大眾（媒體）傳播、出版產業界等多元就業途徑，亦有專案管理、創新服務等工作能力（Hamburg, 2021）。

5.4.3遠距教育

德國高等教育並未規範遠距教育（德文：Fernstudium）相關政策，主要交由各邦和大學自由發展。1959年，德國第一所空中大學——AKAD University成立，以提供商業管理、電腦科學、機械工程專業等繼續教育函授課程為主。1970年代開始，各大學引入遠距教學，主要應用於繼續教育。1960年，Erich Weinert圖書館學技術學校（今日之萊比錫應用科技大學圖書資訊學系）推出第一個圖書館學遠距繼續教育課程。1973年，「德國圖書館計畫」推動圖書館資訊化和網路化，同時亦將遠距教育納入館員專業發展；2002年起，HU Berlin提供第一個圖書資訊學碩士遠距教育學程，目前已有3所圖書資訊學系所之碩士遠距學程獲得認證：Potsdam、HU Berlin、Stuttgart（BID, 2017；HTWK Leipzig, 2020；Stiftung Akkreditierungsrat, 2021a）。

5.5圖書資訊學教育的評鑑

德國圖書資訊學教育評鑑主要由高等教育評鑑組織「認證委員會基金會」（Accreditation Agencies）執行，各校雖可自行申請國際專業學會認證，但無法取代認證委員會基金會之評鑑機制，以下概介認證委員會基金會之評鑑意義、歷史、標準、程序、認證學校與學程。

5.5.1評鑑的意義與功能

德國圖書資訊學教育評鑑係由國家高等教育統一評鑑體系執行，針對學程、校院系所機構之教育品質保證措施進行認證，並可在歐洲高等教育

區（EHEA）進行學歷和專業資格跨國轉移，學生於德國圖書資訊學系所畢業後即被認可具有專業能力。但要取得「專業圖書館員」資格，則需通過國家或各邦專業公務人員考試，不同於英國、美國由專業學會進行學程與課程及專業人員資格認證（BID, 2017；Ren, 2017）。

自1988年起，「認證委員會基金會」被授權專責德國高等教育機構與學程認證，並且可與歐洲各國進行專業移動，因此該基金會象徵著國際級的品質保證系統。雖然認證委員會基金會採用單一評鑑標準，進行所有學科學程和系所認證，但認證籌組之專家審查小組納入相關業界人士，且需經德國大學校長會議決議，因此具有專業參與性質（Stiftung Akkreditierungsrat, 2021）。

5.5.2 評鑑制度發展歷史

德國因教育權屬各邦自治範圍，而使得教育和研究機構評鑑呈現多元發展，為求教育品質的一致性，並能和歐洲高等教育進行接軌，而發展評鑑制度。各邦文教部長常設會議於1998年，授權成立認證委員會基金會，負責處理全國高等教育課程和機構認證工作。2003年，德國聯邦政府與各邦要求德國科學與人文委員會參考世界大學排名機制，德國高等教育機構設計有別於傳統認證制度的評比方式。2004年，提出「學術系統排名建議」（Empfehlungen zu Rankings im Wissenschaftssystem），納入高等教育機構評鑑選項之一，然而因排名評比部分涉及主觀性，不在本章討論。本章探討以認證委員會基金會的評鑑制度為主（教育部，2021）。

5.5.3 評鑑委員會基金會組織

認證委員會基金會設有認證委員會（Accreditation Council），其職責為：（1）根據每個認證申請案組成外部專家審查小組。（2）複審專家審查小組之調查報告做出最終決策。（3）複審各校採替代認證程序所撰寫之自我評鑑報告和替代認證資格授權。（4）確認評鑑內容符合國際標準。（5）授權外部專業機構代行認證業務等。認證委員會基金會的主要目標為通過確保其認證決定的一致性和連貫性，支持聯邦政府發展德國品質管理體系，

從而為實現歐洲共同之高等教育品質做出貢獻（Stiftung Akkreditierungsrat, 2021）。

認證委員會基金會負責德國所有高等教育機構、研究機構和其專業課程之評鑑，包含學士班、研究所之全職或兼職學程、遠距教育學程、繼續教育學程、實習課程等。認證委員會成員包括大學教授代表、大學校長會議代表、聯邦州代表、實務界代表、學生代表、國際代表與機構顧問。在進行各校機構與學程評鑑時，將另組外部專家審查小組，進行文件審核與實地訪查。委員會與審查小組成員係由基金會與德國大學校長會議合議推派，其中外籍國際代表為最重要的必備成員。鑑於各學科的複雜性和國際化需求，各校可尋求認證委員會基金會委託授權之外部機構進行專業系所學程之評鑑，評鑑結果通過認證委員會複審後同樣具有歐洲國際專業資格轉換效力（Stiftung Akkreditierungsrat, 2021）。

5.5.4 評鑑標準

德國認證委員會基金會與授權機構之評鑑標準，主要根據各國同意之2018年〈德國大學學習與教學品質保證聯合認證系統聯邦公約〉（Staatsvertrag über die Organisation eines gemeinsamen Akkreditierungssystems zur Qualitätssicherung in Studium und Lehre an deutschen Hochschulen），簡稱〈學習認證聯邦公約〉（Studienakkreditierungsstaatsvertrag）與2015年〈歐洲高等教育領域品質標準與指引〉（Standards and Guidelines for Quality Assurance in the European Higher Education Area）的規定（Stiftung Akkreditierungsrat, 2018）。

關於執行認證工作的標準細節認定，德國聯邦政府另根據〈學習認證聯邦公約〉第4條第14款制定詳細的行政命令，簡稱〈示範條例〉（Musterrechtsverordnung），規定包含學士與碩士學制規定、修業年限、模組課程設計、學分轉換和計算系統、和外部機構合作標準等原則性規範（Stiftung Akkreditierungsrat, 2018）。

5.5.5評鑑程序

認證委員會基金會依照學程和機構的認證，將認證制度分成：（1）學程認證（Programmakkreditierung）：學程內容與執行成效認證；（2）系統認證（Systemakkreditierung）：大學院校系所營運／教育／研究成效認證；（3）替代認證（Alternative Verfahren）：授權大學進行自我評鑑後由認證委員會複審。以下簡述學程認證與系統認證的評鑑程序。

5.5.5.1學程認證

各校進行學程認證時需先提交下列文件：該校（系所）教育願景及品質保證目標說明、〈學習認證聯邦公約〉規範之認證項目說明、詳細課程模組內容清單、課程施行計畫等初步自我評鑑報告文件。自我評鑑報告包含：（1）正式標準：學程簡介與架構、專業資格認定、課程模組設計、品質保證程序等學程說明性資料。（2）技術與內容相關標準：專業學位資格目標與依據、課程設計依據、跨機構合作、教育平等措施等。（3）課程實際統計資料：課程質化與量化調查說明（Akkreditierungs-, Certifizierungs-und Qualitätssicherungs-Institut [ACQI], 2020；Stiftung Akkreditierungsrat, 2021）。

書面審查通過後，認證理事會將組成外部專家審查小組進行實地訪查，小組成員為至少兩位相關學科領域之大學教授（含外籍人士）與一位學生代表、業界專業人士、機構顧問等，小組成員需與大學校長會議共同決定。一般實地訪視程序包含：（1）與院長或系所／學程主任晤談。（2）參觀教學設施。（3）分別和教師、學生晤談。（4）與系所／學程主任進行審查後不公開晤談及確認自評報告內容。（5）小組撰寫審查報告交予認證理事會複審。認證委員會就審查報告作出決議後，最終認證結果與審查報告皆會公開發表於認證委員會基金會資料庫。每次學程認證效期為8年，再次進行學程認證可委託與前次認證不同之授權認證機構進行審查（Stiftung Akkreditierungsrat, 2021）。

5.5.5.2系統認證

德國圖書資訊學系所申請進行系統認證前，該校院必須通過全校性的學程認證至少一次、系所則需通過至少一次學程認證。系統認證強調校院

機構的內部控制與品質保證體系，同樣需繳交包含內部控制與品質保證執行措施、結構說明、校院概況說明在內的自我評鑑報告文件，文件內容包括：（1）品質保證系統架構；（2）學程通過品質保證依據；（3）學程認證依據；（4）品質保證系統規範（ACQI, 2020；Stiftung Akkreditierungsrat, 2021）。

　　系統認證如同學程認證，經過書面審查後認證委員會將組成外部專家審查小組，包含至少三位具教學領域與品質保證體系相關經驗之大學教授、一位學生代表、專業實務代表等成員，並可視情況加入機構顧問，小組成員亦需和大學校長會議共同推派。實地訪視程序包含：（1）與受評大學代表晤談。（2）參觀教學設施。（3）進行將品質保證體系措施應用於學程品質內部控制的實際抽檢。（4）小組撰寫審查報告交予認證委員會複審。進行審查報告複審後，若認證委員會的決議與訪視小組意見不同，認證委員會可提供受評機構公開發表評論的機會，最終審查決議和審查報告書同樣將公開於認證委員會基金會資料庫及受評各校，每次認證效期為8年，通過一次系統認證之學校即可申請替代認證資格（Stiftung Akkreditierungsrat, 2021）。

5.5.6 認證結果

　　目前經認證委員會基金會認可之德國圖書資訊學系所共13校，33種學程，包含學士和碩士／碩士文憑、博士學位學程、遠距學程、繼續教育學程等，參見表5-4。

表5-4　德國認可的圖書資訊學系所與學位學程名單

學校	學位學程名稱
Potsdam	1. B.A./ Bachelor Archiv 檔案學學士
	2. B.A./ Bachelor Bibliothekswissenschaft 圖書館學學士
	3. B.A./ Informations-und Datenmanagement 資訊與資料管理學士
	4. M.A./ Master Archivwissenschaft（berufsbegleitend）檔案學碩士
	5. M.A./ Informationswissenschaften 資訊科學碩士

表5-4 德國認可的圖書資訊學系所與學位學程名單（續）

學校	學位學程名稱
Hamburg	1. B.A./ Bibliotheks-und Informationsmanagement 圖書館學與資訊管理學士 2. M.A./ Information, Medien, Bibliothek 資訊、媒體、圖書館學碩士
Bayern	1. B.A./ Bachelor Bibliotheks-und Informationsmanagement 圖書館學與資訊管理學士 2. Diplom/Diplom-Archivarin / Diplom-Archivar（FH）檔案管理人員碩士文憑/檔案管理人員碩士文憑（科技大學型）
HU Berlin	1. B.A./ Bachelor Bibliotheks-und Informationswissenschaft 圖書資訊學學士 2. B.A./ Informationsmanagement & Informationstechnologie 資訊管理與資訊技術學士 3. M.A./ Information Science 資訊科學碩士 4. M.A./ Bibliotheks-und Informationswissenschaft 圖書資訊學碩士 5. Ph.D./ Bibliotheks-und Informationswissenschaft 圖書資訊學博士
Leipzig	1. B.A./ Bibliotheks-und Informationswissenschaft 圖書資訊學學士 2. B.A./ Buch-und Medienwirtschaft 圖書與媒體產業學士 3. B.Sc./ Medieninformatik - Studienrichtung Bibliotheksinformatik 媒體資訊學—圖書資訊學專業學士 4. MLIS/ Bibliotheks-und Informationswissenschaft 圖書資訊學碩士
Stuttgart	1. B.A./ Bibliotheks, Kulturund Bildungsmanagement 圖書文化管理學士 2. M.A./ Bibliotheks und Informationsmanagement 圖書館學與資訊管理碩士
Darmstadt	1. B.Sc./ Information Science 資訊科學專業學士 2. M.Sc./ Information Science 資訊科學專業碩士
Köln	1. B.A./ Bibliothek und digitale Kommunikation 圖書與數位資訊學士 2. B.Sc./ Data and Information Science 資料資訊科學學士 3. MLIS/ Bibliotheks-und Informationswissenschaft 圖書資訊學碩士

表5-4 德國認可的圖書資訊學系所與學位學程名單（續）

學校	學位學程名稱
Wildau	1. M.Sc./ Bibliotheksinformatik 圖書資訊學專業碩士
Erfurt	1. M.A./ Sammlungsbezogene Wissens-und Kulturgeschichte 知識典藏歷史碩士
Hildesheim	1. B.Sc./ Informationsmanagement und Informationstechnologie 資訊管理學士 2. M.Sc./ Informationsmanagement und Informationstechnologie 資訊管理碩士
Konstanz	1. B.Sc./ Bachelor of Science Informatik 電腦科學學士 2. M.Sc./ Master of Science in Computer and Information Science 電腦與資訊科學碩士
Regensburg	1. B.A./ Informationswissenschaft 資訊科學學士 2. M.A./ Informationswissenschaft 資訊科學碩士

註：B.A.代表Bachelor學士，M.A.代表Master碩士。

資料來源：Stiftung Akkreditierungsrat (2021). *Akkreditierte Studiengänge & Hochschulen.* https://www.akkreditierungsrat.de/index.php/de/akkreditierte-studiengaenge-hochschulen/akkreditierte-studiengaenge-hochschulen

5.6教育變革與發展趨向

5.6.1教育特色

　　德國圖書資訊學教育主要受各邦文化政策、職業訓練和公職考試文化產生的實務導向影響，從學徒制起，圖書館員培育走向正規教育。1998年，高等教育學制改革後確立學士、碩士二階段制度的培育，促使德國圖書資訊學教育高等教育化和品質保證制度確立。德國圖書館館員資格分四級，成為專業圖書館員的途徑，必須依序取得圖書資訊學系所之學士、碩士以上學位，並經過聯邦／州立專業類別公職考試，通過預備服務考核獲得正式公務人員資格，僅具備專業學位者亦可被認定具有專業能力擔任私人機

構圖書館員。圖書資訊學系所課程認證係採認證基金會委員會之國家統一評鑑制度，並可自行申請國際專業學會認證（Ren, 2017）。

德國圖書資訊學教育有雙軌制：一方面，重視理論與實務；另一方面，「資訊科學」（Information Science）與「圖書資訊學」（Library and Information Science）兩學科兼容，呈現以下四種特質：（1）專業教育化，比起其他歐美國家相對重視實務訓練傳統。（2）專業資格認定主要透過公務人員考試及公職培訓系統，專業課程認證則透過國家統一評鑑機制，專業學會較無直接影響力。（3）專業課程同時受到文化研究／媒體研究傳統與市場趨勢影響，兼容資訊科學、資訊管理、媒體傳播課程，呈現跨學科發展，但較偏重資訊科學專業的趨勢。（4）高等教育化與追求品質保證化，歐洲高等教育區的推動使專業教育品質趨向一致、提升圖書資訊學專業人員學歷要求至學士以上，產生新興專業職位，如媒體與資訊服務專家，類館員逐漸淘汰。

5.6.2 教育變革

1970年，西德教育改革增加大學數量與大學圖書館員人才培育需求。1990年，全國教育改革提升高等教育機構數量和資源，促使圖書館學校轉入大學體系進而高等教育化。1998年，〈高等教育基準法〉修法將原本的大學兩階段制度從碩士、博士改為學士、碩士，幫助圖書資訊學從副專業轉為授予獨立學位之專業學科，繼而於1999年，加入歐洲高等教育區後，融入全國高等教育評鑑和品質保證體系，增強圖書資訊學系所教育品質及專業流動，但也降低業界對專業課程的影響力。

德國圖書館學會聯盟於2004年轉型為德國圖書資訊學會，是德國圖書館業界融合科技發展趨勢及資訊專業的結果，致力於改變圖書館服務目標及認定的專業能力，以及採納資訊專業人員成為館員（BID, 2017）。業界導向影響專業教育轉型，圖書館學系所自1990年代以來，陸續於名稱中加入資訊科學、資訊管理、媒體學，並增加專業課程中的跨學科專業和工作技能培養，如專案管理、教學能力等，以能滿足業界需求，同時拓展圖書資訊學就業市場，課程設計轉為多元性的學科組合。初級職務的圖書館基

層人員被中級職務之媒體與資訊服務專家取代。未來德國圖書資訊學業界
將以中級職務以上專業人員為主，圖書資訊學專業人才培育走向高專業和
特定技能化。

5.6.3 遭遇問題

　　德國圖書資訊學教育主要面臨三項問題：其一，因德國圖書資訊學教
育係由國家採用統一的課程和機構品質保證機制評鑑、而非以圖書資訊學
專業考量，業界亦未訂定專業課程設計參考之相關標準，因此各校核心課
程內容分歧，整體專業教育亦缺乏系統化發展。

　　其二，圖書資訊學業界對於專業課程的影響力不大，但業界發展趨勢
仍是專業課程設計指標之一。近年來德國圖書資訊學業界所需的館員專業
能力要求日趨複雜，包括資訊管理、教學能力、創新服務、公關行銷、風
險管理、專案管理、社會服務、跨文化知能等。學程經營和學習難度提升，
加以各學科不斷進行整併或改變課程內容以能爭取更多學生、畢業後可就
職產業多元化。在資訊和跨域能力取向的產業競爭環境下，圖書資訊學系
所課程逐漸偏向以資訊科學及專科性課程為重，部分專業能力亦需仰賴預
備公務員培訓而非透過專業教育培養。核心專業課程的內容則需不斷調整、
各校學程模組趨向專科化和範圍分歧，更難以凝聚圖書資訊學業界和學界
對專業教育的共識（Mittrowann, 2016）。

　　其三，德國技職教育對高等教育產生影響。根據2015年聯合國教科文
組織終身學習研究所（UNESCO Institute for Lifelong Learning，簡稱UIL）
對各國遠距教學現況調查，德國受高等教育成年人口比率低於經濟合作暨
發展組織（Organisation for Economic Cooperation and Development，簡稱
OECD）調查總數之平均水準，其分析原因有職業訓練與技職教育制度完
善、失業率偏低、大學畢業門檻高且學習時數長等，降低青年族群就讀或
完成大學教育意願（UNESCO Institute for Lifelong Learning, 2015）。加上前
述學程學習難度提升、圖書館不再是主要就業途徑，近四分之三圖書館不
願聘用專任館員，不佳的產業前景可能將造成人才外流、進而使中高級職
務以上圖書館員培育產生斷層（Bibliotheksportal.de, 2021）。

5.6.4 發展趨向

德國圖書資訊學專業教育的發展，受到實務導向的學科研究、課程設計、職業訓練系統的影響。長期以來由各邦自治教育及文化事務、高等教育及品質保證制度近代變革、資訊科學專業導向的產業競爭，使圖書資訊學教育繼高等教育化後朝向學科多元化、特定學程主題發展。同時，面臨專業核心課程內容缺乏學界共識和系統化發展、學程經營與學習難度提高、相對依賴職業訓練制度和潛在人才斷層問題（Mittrowann, 2016）。

德國圖書資訊學會指出知識社會發展使圖書館趨向數位圖書館轉變，但快速的技術革新、讀者資訊需求轉變、難民問題與社會服務使命、資訊爆炸和資訊提供者多元化等問題，將衝擊圖書館的定位與服務目標，尤其機構營運必須轉向成本效益和市場經營的新模式。因而圖書館等文化機構對專業館員經營多元服務能力的要求成為專業教育一大挑戰（BID, 2017）。

德國圖書資訊學會預測圖書館與資訊產業未來趨勢如下：（1）二十一世紀下半葉，教育將成為社會未來發展方向的關鍵因素。（2）未來數十年，資訊檢索不再是主要問題，人們關注資訊品質而非資料檢索獲得筆數。（3）圖書館作為聚會場所的概念重新思考，促使人們進行實際的接觸，辦公桌和電腦螢幕作為「網路地球村」之窗的想法不再合適。（4）明日的圖書館必須具有實體空間兼有社會生活與文化的要素，現今圖書館確定成為「第三場域」的定位；如果沒有了圖書館建築空間，城市將失去靈魂，且公民將迷失於網路的虛擬迷宮（BID, 2017）。

德國圖書資訊學教育未來將追求與其他跨學科教育的平衡，以確保資訊導向的市場思維中，繼續維持圖書資訊學專業的價值。此外，與專業學會合作，尋求專業學科課程標準與定義，建立專業教育核心課程，並避免依賴職業訓練，解決各校專業課程不一、學生培養專業能力落差問題。另一方面，德國圖書資訊學專業領域需正視潛在的中高級職務（學士學歷）以上專業館員培育斷層問題，其與圖書館是否能轉型和社會定位有關，並期望與圖書館界合作持續創新服務，吸引人才進入圖書館與資訊事業，德國圖書資訊學教育才能邁向繁榮的未來。

參考文獻

王美鴻（1997）。**德國的圖書館教育**。未出版之研究報告，國立臺灣大學圖書館學研究所圖書館教育課程報告。

沈姍姍（2000）。**國際比較教育學**，頁141。臺北：正中書局。

教育部（2021）。**教育部外國大學參考名冊—各國學制手冊—歐洲地區（Europe）**。https://ws.moe.edu.tw/001/Upload/7/relfile/8317/78030/3b9ffa6e-bb67-4df4-be83-ccbed9e2c702.pdf

張炳煌（2018）。德國二軌並立學校制度之發展與評析。**當代教育研究季刊，26**（1），1-43。

陳素娥（1997）。德國圖書館學與資訊科學教育之探討。**國立中央圖書館臺灣分館館刊，3**（4），46-65。

蔡宗珍（2017）。**德國公務人員考選制度、法律考試與醫藥考試制度考察報告**。考選部出國考察報告，臺北市：考試院考選部。

鄭寶梅(2012)。從德國圖書館發展戰略談未來的圖書館。**佛教圖書館館刊，54**，35-55。

Akkreditierungs-, Certifizierungs-und Qualitätssicherungs-Institut. (2020). *Programmakkreditierung*. https://www.acquin.org/programmakkreditierung/

Bibliothek & Information Deutschland e.V. (2017). *Portals to the Past and to the Future: Libraries in Germany.* https://www.bideutschland.de/de_DE/publikationen-download#informationskompetenz

Bibliothek & Information Deutschland e.V. (2021a). *Profil*. https://www.bideutschland.de/de_DE/ueber-uns

Bibliothek & Information Deutschland e.V. (2021b). *Mitglieder*. https://www.bideutschland.de/de_DE/mitgliederbibliotheken-mit-nationaler-bedeutung/

Bibliotheksportal.de (2017a). *Bibliotheken mit nationaler Bedeutung.* https://bibliotheksportal.de/informationen/bibliothekslandschaft/

Bibliotheksportal.de (2017b). *Information on Libraries in Germany.* https://bibliothesportal.de/english/libraries-in-germany/

Bibliotheksportal.de (2021). *Bibliotheken in Zahlen-Daten 2019.* https://bibliotheksportal.de/informationen/daten-fakten/daten-2019/

Bundesministerium für Wirtschaft und Energie (2021). *Fachangestellte/r für Medien-und Informationsdienste.* https://www.bmwi.de/Redaktion/DE/Artikel/Berufsbilder/fachangestellter-fuer-medien-und-informationsdienst.html

Deutsche Bibliotheksstatistik (2020). *BibS - Die Suchmaschine für Bibliotheken.* https://www.bibliotheksstatistik.de/bibsFilter?ini=start

Deutsche Bibliotheksstatistik (2021). *Ziele und Aufgaben.* https://www.bibliotheksverband.de/dbv/ueber-uns/ziele-und-aufgaben.html#c13491

Deutsche Nationalbibliothek (2019). *Rechtliches und Grundlagen.* https://www.dnb.de/DE/Service/Rechtliches/rechtlichesGrundlagen.html?nn=57854

Deutsche Nationalbibliothek (2020). *Geschichte.* https://www.dnb.de/DE/Ueber-uns/Geschichte/geschichte_node.html;jsessionid=3DFBAEF99AC40473AF6802D9752FB708.intranet232

Fischer, Franz (2003). *Chronik der Bibliotheksschule in Frankfurt am Main Fachhochschule für Bibliothekswesen.* Frankfurt am Main.

Hamburg (2021). *Fakultät Design, Medien und Information.* https://www.haw-hamburg.de/hochschule/design-medien-und-information/

Hochschule für Technik, Wirtschaft und Kultur Leipzig (2020). *Geschichte-Ein Studiengang mit Tradition (und Zukunft).* https://fim.htwk-leipzig.de/de/studium/bachelorstudiengaenge/bibliotheks-und-informationswissenschaft/geschichte/

Hochschule für Technik, Wirtschaft und Kultur Leipzig (2021). *Bibliotheks-und Informationswissenschaft*. https://www.htwk-leipzig.de/en/studieren/studiengaenge/masterstudiengaenge/bibliotheks-und-informationswissenschaft/

Homann, Benno (2003). German libraries at the starting line for the new task of teaching information literacy. *Library Review, 52*(7), 310-318.

Institut für Bibliotheks-und Informationswissenschaft (2019). *Leitbild für Forschung und Lehre am Institut für Bibliotheks-und Information swissenschaft*. https://www.ibi.hu-berlin.de/de/ueber-uns/copy_of_leitbild?set_language=de

iSchools Organization (2021). *European Directory*. https://ischools.org/European-Directory

Kultusministerkonferenz (2020). *Grundstruktur des Bildungswesens in der Bundesrepublik Deutschland (Diagramm)*. https://www.kmk.org/doku mentation-statistik/informationen-zum-deutschen-bildungssystem.html

Lux, Claudia (2018). Germany: Libraries, Archives and Museums. In McDonald, John D. & Levine-Clark, Michael (Eds.), *Encyclopedia of library and information science (Fourth Edition)* (p. 1693-1709). New York: Taylor & Francis.

Minter, Catherine J. (2018). Munich to Manhattan: German Bibliothekswissenschaft and the Beginnings of North American Library Science Education. *Library & Information History*, *34*(4), 197-216.

Mittrowann, Andreas (2016). Germany: With Our Libraries into a Better Future. *Public Library Quarterly*, *35*(4), 366-375.

Myburgh, Sue & Tammaro, Anna Maria (2012). Education for Digital Librarians: Some European Observations. In Spink, Amanda & Heinström, Jannica (Eds.), *Library and Information Science Trends and Research:*

Europe.Library and Information Science, 6, 217-245. Bingley: Emerald Group Publishing Limited.

Ren, Xiaoai (2017). A directory to international LIS education accreditation processes: Part II. *International Journal of Librarianship*, *2*(2), 104-108.

Sche, Joshephine Yu Chen (1983). *Education System for Librarianship in the Federal Repoblic of Germany, The United Kingdom and The United States of America: A Comparative Study* [Unpublished doctoral dissertation]. The Florida State University.

Statistisches Bundesamt (2021). *Bildung, Forschung und Kultur.* https://www. destatis.de/DE/Themen/Gesellschaft-Umwelt/Bildung-Forschung-Kultur/_ inhalt.html

Steierwald, Ulrike (2006). Five aspects of current trends in German library science. *Education for Information, 56*(3), 193-200.

Stiftung Akkreditierungsrat (2018). *Studienakkreditierungsstaatsvertrag.* https:// www.akkreditierungsrat.de/de/media/25

Stiftung Akkreditierungsrat (2021). *Akkreditierte Studiengänge & Hochschulen.* https://www.akkreditierungsrat.de/index.php/de/akkreditierte-studiengaen ge-hochschulen/akkreditierte-studiengaenge-hochschulen

Stöckel, Ulrike & Wimmer, Ulla (2014). *Library ad Information Science Education in Germany.* https://www.slideshare.net/VVBAD/lis-education-germanyend

UNESCO Institute for Lifelong Learning (2015). *Websites.* https://www. uil.unesco.org/en

Verein Deutscher Bibliothekare (2021). *Informationen zu Ausbildung und Berufseinstieg als wissenschaftliche Bibliothekarin / wissenschaftlicher Bibliothekar.* https://www.vdb-online.org/kommissionen/qualifikation/ ausbildungsinfo/master.php

Virkus, Sirje (2008). LIS Education in Europe: Challenges and Opprtunities. *Vereinigung Österreichischer Bibliothekarinnen und Bibliothekare, 5*, 191-204.

Vodosek, Peter (2002). Die bibliothekarische Ausbildung in Deutschland von ihren Anfängen bis 1970. *Lifelong education and libraries, 2*, 1-28.

Wilson, Tom (2013). World List of schools and departments of information science, information management and related disciplines. *American Library Association*, http://www.ala.org/educationcareers/employment/foreigncredentialing/worldlist

第6章
法國圖書資訊學教育

王梅玲、汪楚筠

　　法國（France），正式名稱為法蘭西共和國（République Française），位於西歐，並具有海外大區及領地，本土面積553,486平方公里，含海外大區及領地643,801平方公里。為歐盟及西歐國土面積最遼闊的國家，歐洲面積第三大國家。法國本土由地中海一直延伸至英吉利海峽及北海，並由萊茵河一直延伸至大西洋，整體呈六角狀，是與西班牙、摩洛哥為同時擁有地中海及大西洋海岸線的三國之一，海外領土包括南美洲的法屬蓋亞那及分布於大西洋、太平洋和印度洋的諸島嶼。全國共分為18個大區，其中5區位於海外，首都為歐洲最大的文化與金融中心巴黎，人口約有67,788,000人（ResearchGate, 2021）。地理分布參見圖6-1。

　　法國在全球的政治、外交、軍事與經濟上為舉足輕重的大國之一，1958年，建立第五共和國後經濟有很大的發展，政局穩定，國家體制實行半總統制，經由普選產生總統、由其委任的總理與相關內閣共同執政。1958年10月4日，由公投通過的國家憲法保障了國民的民主權及宗教自由。法國的建國理念基於在十八世紀法國大革命中所制定的〈人權和公民權宣言〉（Déclaration des Droits de l'Homme et du Citoye），並對推動歐洲與全球的民主與自由產生很大影響。法國最早的圖書館出現在中世紀的修道院，十三世紀時，多所大學成立圖書館，十八世紀末葉時，公共圖書館興起。二次世界大戰後，法國政府致力圖書館學教育，從1950年起，頒發高級圖書館學文憑（Diplome Superieur de Bibliothecaire），1963年，成立了國立高級圖書館學院（Ecole Nationale Superieure de Bibliothecaires）（吳光偉，1995年12月）。另一方面，資訊科學（Information Science）、資訊與傳播學

圖6-1　法國地圖

資料來源：沈姍姍（2000）。**國際比較教育學**，頁161。臺北：正中書局。

（Information and Communication Sciences）也蓬勃發展，與圖書館學並存，法國至今發展出14所圖書資訊學系所（American Library Association, 2022）。

　　本章將陳述法國圖書資訊學教育發展歷史與教育制度，期望從歷史發展找出影響教育發展的要素。在教育制度探討，找出法國圖書資訊學教育模式後，資訊科學在圖書資訊學門的定位，以期歸納未來發展趨向。由於法國圖書資訊學教育未有專業評鑑，本章探討法國圖書資訊學教育將分別從：（1）圖書館事業概述，（2）圖書資訊學教育發展簡史，（3）圖書資訊學教育制度，（4）課程設計，（5）教育變革與未來趨向五方面研究。

6.1圖書館事業概述

　　法國圖書館事業現今發展成六類圖書館：國家圖書館、公共圖書館、政府圖書館、學術圖書館、學校圖書館與專門圖書館。依據2021年國際圖書館協會聯盟（International Federation of Library Associations and Institutions，簡稱IFLA）統計，全國有34,551所圖書館，1所國家圖書館；16,500所公共圖書館，97所政府圖書館，125所學術圖書館，7,828所學校圖書館及10,000餘所專門圖書館，參見表6-1（International Federation of Library Associations and Institutions [IFLA], 2021）。

表6-1　法國圖書館事業統計

類型	數量
國家圖書館	1
公共圖書館	16,500
政府圖書館	97
學術圖書館	125
學校圖書館	7,828
專門圖書館	10,000
總計	34,551

資料來源：International Federation of Library Associations and Institutions [IFLA] (2021). *Library Map of the World.* https://librarymap.ifla.org/map/Metric/Full-Time-Staff/LibraryType/National-Libraries,Academic-Libraries,Public-Libraries,Community-Libraries,School-Libraries,Other-Libraries/Country/France/Weight/Totals-by-Country

　　法國圖書館源自於中古世紀神學院的手稿保存工作，十三世紀時，多所大學成立圖書館，索邦（Sorbonne）是當時規模最大者，但館藏不過1,077冊；同一時期，王親貴族風行設置私人圖書館，圖書館數量增加迅速。1483年，皇家開始建立皇室館藏，1560年，Chateau of Blios建立Louvre皇宮圖

書館，並發明第一個圖書館分類法。1789年法國大革命之後，十八世紀末葉，大多數的貴族與教會圖書館改為政府財產，此即公共圖書館之源起，至此圖書館不再是少數人閱讀的地方，而是全民共享之場所（丁友貞，1995年12月）。

法國創造許多圖書館制度，1521年，法蘭西斯一世（François I）實施圖書呈繳制度，開創世界圖書館呈繳制度先河，規定出版社要向國家圖書館呈繳當代出版品以永久保存。1694年，法國皇家圖書館首開用複本與英國、德國交換圖書，創立交換圖書的先例（王梅玲，2015）。自拿破崙（Napoléon）時代之後，法國走向中央集權制，圖書館事業受到影響，全國各省借閱圖書館（Provincial Lending Libraries）、法國國家圖書館與公共圖書館，均由文化部（Ministry of Culture）管理；教育部（Ministry of Education）統籌大學圖書館與政府機構圖書館事務。

法國國家圖書館（Bibliothèque nationale de France，簡稱BnF），其歷史可上溯至查理五世（Karl V, 1364-1380年）為收藏歷代王室藏書建立的國王圖書館。後經弗朗索瓦一世（François I, 1515-1547年）在楓丹白露（Fontainebleau）重建，稱皇家圖書館。1792年，更名為國家圖書館。該館歷經多位皇帝的努力，使得館藏成長迅速。總館目前擁有數個館址，主要位於巴黎十三區的密特朗館址。1981年，密特朗總統（François Mitterrand，1916—1996年）提出建設「世界第一圖書館」構想。他要求：「這座全新的圖書館將涵蓋人類知識的各個學科領域，供所有的人使用，應用國際上最先進的資訊傳遞技術，能提供遠端查閱和檢索服務，並與歐洲其它諸國建立網絡關係」。1990年末，館址奠基，在希拉克總統（Jacques René Chirac）的主持下，於1996年12月20日，正式開館，命名為密特朗圖書館（Bibliothèque François-Mitterrand），由四座像巨大圖書展開的建築群組成，館藏三千萬冊件以及2,700位館員提供服務（王梅玲，2015）。

1970年，法國政府明訂大學必須為具有文、法、科學及醫學四大學院者，否則稱為專科學院。1991年，全國共有67所大學院校圖書館，其中以索邦圖書館（Sorbonne Library）、巴黎大學醫學圖書館（Medical Library of the University of Paris）規模最大，其館藏量超過百萬冊。公共圖書館分為

兩類，一為市立圖書館（Municipal Libraries），大都依據1803年的法令自行建立，目前以巴黎市、第戎（Dijon）、土魯斯（Toulouse）、特爾瓦（Troyes）、格勒諾勃（Grenoble）及里昂（Lyons）等地之市立圖書館規模較大。另一種即所謂的各省借閱圖書館（Provincial Lending Libraries），由於法國許多小鎮無法負擔圖書館所需之經費，1945年，法國政府決定在每一省設立借閱圖書館，定期巡迴各鄉鎮進行借閱服務，並提供簡單的讀者服務。專門圖書館之性質多偏向於科技圖書館，且大多隸屬於政府部門，但亦有私人興建或與政府合作設立者，若圖書館附設於私人公司機構之下，則多命名為文獻中心（Documentation Centers）（丁友貞，1995年12月）。

　　法國在任用制度上，重視圖書館員的專業，圖書館員需要具備圖書資訊學系修業資格，並考取國家考試接受分發任用。法國圖書資訊專業人員分為公務員（Civil Servant）與資訊管理師（Documentalist）兩系統。資訊管理師在私立的資訊中心工作，透過機構應聘即可錄用。公立的圖書館員需從圖書資訊學科系修業後，通過考試，由圖書館管理局核准後獲得圖書管理員高級文憑（Diplôme Supérieurde Bibliothécaire，簡稱DSB），才具備圖書館員資格。法國圖書館員分為專業圖書館員、圖書館員、與圖書館助理三類：（1）專業圖書館館員（Conservaterus）。係在Ecole Natiomale Superieure des Sciences de l'Information et les Bibliotheques（簡稱ENSSIB），或Institut National des Techniques de la Documentation（簡稱INTD）二校接受教育，通過國家考試後分發至國立或中央機關的圖書館服務的人員。（2）圖書館員（Bibliothecaires）。係其他圖書資訊學學校畢業生，通過國家考試後分發到地方機構任用人員。（3）圖書館助理（Bibliothecaires Adjoints）。係技術大學圖書資訊學科系畢業生，通過國家考試後應徵圖書館的助理職缺，應徵通過後需強制實習，實習期滿一年後由機構決定是否聘用為圖書館助理（邱子恒，2003）。

　　法國重要的圖書館專業學會包括：1901年，成立的法國國際圖書館學聯盟委員會（Le Comité Français IFLA）；1906年，成立的法國圖書館員學會（Association of French Librarians）；1936年，成立的學校圖書與文獻管理人員協會（Association des diplômés de l'École de bibliothécaires-

documentalistes，簡稱ADEBD）；1963年，成立的資訊與文獻管理專業學會
（Association des Professionnels de L'Information et de la Documentation，
ADBS）；1971年，成立的大學圖書館館長學會（Association of Directors of
University Libraries）；1985年，成立的法國圖書館、圖書和文獻貿易合作
聯盟（La Fédération française pour la coopération des bibliothèques）（丁友
貞，1995年12月）。

　　法國圖書館事業自二十一世紀以來經歷許多改變，如圖書館館藏成長，
科技革命，圖書館作業成本提高，全球化效應，使用者數量與類型成長，
並向社會大眾開放。

6.2圖書資訊學教育發展簡史

　　歐洲的圖書館教育發跡於1864年的奧地利，其次為法國，起初僅是鬆
散與隨機開設課程。十九世紀初的法國不需要擁有圖書館學士學位就可以
成為圖書館管理員，當時對於圖書館員的專業培育不甚重視，圖書館員一
職常由圖書愛好者擔任。一直到二十世紀初，才由法國圖書館員學會
（Association des Bibliothécaires Francis，簡稱ABF）推動基層圖書館人員
的培訓課程，開啟圖書館教育。但是法國近代圖書資訊學教育，與一般國
家不同，其常指稱為「資訊科學」（Information Science）或「資訊與傳播
學」（Information and Communication Sciences）。本章參考Ibekwe-SanJuan
（2012）、（2019）的文獻，將法國圖書資訊學教育發展分為三個階段：早
期圖書館教育（1821—1930年）、文獻學教育到資訊科學教育（1931—1975
年）、以及資訊與傳播學教育（1976年—迄今）。

6.2.1早期圖書館教育（1821—1930年）

　　早在十九世紀，法國的圖書館學觀念領先各國，並早於美國杜威設立
第一所圖書館學校之前。最早的圖書館相關圖書，為法國學者Gabriel Naude
在1627年，著作的《圖書館建設的建言》（Advis pour clresser une

bibliotheque），他是有名的目錄學家與歷史學家，並被紅衣主教任命在巴黎建立Bibliotheque Mazarine圖書館。自此，法國的圖書館教育採用師徒制與個人實務學習方式。

1821年，法國巴黎的檔案管理學院（Ecole Nationale de Chartre），於歷史研究中提供第一個圖書館課程，其成立目的是研究法國大革命（1789-1799年）期間的舊手稿和憲章，訓練歷史學家、檔案管理員和古畫家以維護法國歷史文化，培養畢業生獲得檔案學文憑，成為圖書館員與檔案館員（Ibekwe-SanJuan, 2019）。檔案管理學院最初並非為圖書館員設計。1850年，法國國家圖書館館長僱用了許多檔案管理學院畢業生到圖書館工作，主要從事編目工作，促使檔案管理學院重視圖書館，並提供圖書館課程。Leopold Delisle館長強調「圖書館專業訓練具有技術特質」，而師徒制是圖書館的重要管理與領導方法，他看重目錄學與圖書館學是科學，需要時常精進。1887年，他編製《Catalogue geneal des impremes de la bibliotheque》國家書目，成為全世界最重要早期的書目。

1822年，法國成立圖書館管理局（Inspection générale des bibliothèques），協助建立法國圖書館專業人員的證照考試制度。1879年，建立圖書館管理專業證書制度，頒布圖書館管理專業證書（Certificat d'aptitude aux fonctions de bibliothécaire，簡稱CAFB）。1932年，圖書館管理局建立圖書館員技術文憑（Diplômetechnique debibliothécaire，簡稱DTB）制度，法國檔案學校開始提供圖書館員培訓課程（Ibekwe-SanJuan, 2019）。

法國正規的圖書館教育最早是在美國圖書館學會（American Library Association）與美國國會圖書館（Library of Congress）協助下，1923年，設立第一所圖書館學校——巴黎圖書館學校（Paris School of Library），培育了一批熟悉美國圖書館管理方式的館員，但在1929年關門。

6.2.2 文獻學教育到資訊科學教育（1931—1975年）

1963年，法國開啟圖書館學正規教育，以當年的巴黎圖書館學校為藍圖，在巴黎建立了圖書館管理高等學校（Ecole Nationale Supérieure de Bibliothécaires，簡稱ENSB）。1974年，ENSB從巴黎轉移到里昂，是圖書

館學首次在非巴黎地區設校。其後改名為Ecole Nationale Superieure des Science de I' Information et des Bibliotheque（簡稱ENSSIB），提供為期1年學制（Ibekwe-SanJuan, 2019）。

　　另一方面，文獻學（Documentation）在法國開始發展，其後演變成為資訊科學（Information Science）。由於法國政府政策的引導而改變圖書館學教育方向。1955年，法國政府訂定科學與技術資訊公共政策，將「資訊科學」視作提升國力的策略工具。1974年，法國將資訊科學納入資訊與傳播學（Information and Communication Sciences，簡稱ICS）領域。

　　布里特（Suzamne, Briet, 1894—1989）是推動法國文獻學發展的重要人物，在法國國家圖書館任職30年，負責國家圖書館的「目錄和書目室」（Salle des catalogs et de bibliographie）。布里特在1931年，創立法國文獻組織聯盟（Union Française des Organismes de Documentation，UFOD），引進文獻學（Documentation）觀念，並提出建立文獻學學校計畫。1945年，開設第一門文獻學課程；1950年，巴黎國立藝術與工藝學院（Conservatoire national des arts et métiers，簡稱CNAM）成立「國家文獻技術研究所」（Institut National des TechniquesDocumentaires，簡稱INTD）。INTD提供兩年制學程：第一年學程為圖書館與文獻學技術，主要介紹文獻獲取、編目、索引、傳播和複製的理論。第二年學程為文獻學專業主題的知識。INTD至今仍然設置於國立藝術與工藝學院中，與ENSSIB同被認為是資訊科學與文獻學高等教育的專業機構。INTD也被認為是法國第一個iSchools類型的機構，因此布里特被稱為「法國i-School運動的創始人」（Ibekwe-SanJuan, 2019）。

　　回顧法國資訊科學教育演變，第一個資訊科學碩士學位提供計算機科學與文學文獻學碩士證照（Certificat de maɪtrise d'informatique et document litte´raire），分別在1970年，在格勒諾布爾大學（Grenoble University），與1971年，波爾多大學（Bordeaux University）設置。波爾多是少數提供資訊與傳播學的大學，從學士班、碩士班到博士班提供完整學程。

　　法國資訊科學學程主要提供資訊科學高級文憑，是在大學接受2年技術教育後提供學位，第一個資訊科學學位是由Institute of Technology（IUT）提供二年大學學程，第一個碩士學位是在1970年由IUT提供；博士學位是

在1974年，由四所大學提供博士學位，稱為EHESS（Ecole des Hantes Etudes en Sciences Sociales），四所大學包括：Pierre Mendes France University of Grenoble 2, Bordeaux University, Universities of Lyon，與Universite Lumiere, Jean Moulin & Claude Bernard（Ibekwe-SanJuan, 2012）。

6.2.3 資訊與傳播學教育（1976年—迄今）

1972年，梅里亞特（Jean, Meyriat）主持「資訊與傳播學委員會」（Information and Communication Sciences Committee），與日後的資訊與傳播學學會（Socie'te' Franc&Aise des Sciences de l'Information et de la Communication，簡稱SFSIC），為彰顯出學術團體跨學科，ICS委員會與SFSIC委員會二者並存。1974年，法國教育部將資訊科學納入資訊與傳播學（Information and Communication Sciences，簡稱ICS）領域。時至今日，法國較常稱資訊科學，而少談圖書館學或圖書資訊學。

1992年，是法國圖書資訊學教育最具影響的一年。在國家考試制度上，圖書館員技術文憑（DTB）被圖書管理員高級文憑（Diplôme Supérieur deBibliothécaire，簡稱DSB）取代。同年，圖書館管理局規劃圖書館館長文憑（Diplômede conservateur des bibliothèques，簡稱DCB），這是公部門圖書館專業人員的最高證照（Ibekwe-SanJuan, 2019）。在教育方面，圖書館管理高等學校（Ecole Nationale Supérieure des Sciences de l'Information et des Bibliothèques，簡稱ENSSIB）被賦予了更高的教育地位，由專門學校轉變為圖書資訊學高等大學（邱子恒，2003）。

法國目前在大專院校設置圖書資訊學系所，涵蓋學士班、碩士班、與博士班等學程。其中國立工藝美術學院文獻技術研究所（INTD）提供從學士、碩士、到博士學位的完整教育體系（American Library Association, 2022）。

6.3 圖書資訊學教育制度

法國高等教育有關大學科系稱為Unité de Formation et de Recherche,

通稱UFR（教學研究單位），現有80餘所大學、300多所專業大學與研究中心。法國大學學制為學碩博制（LMD），即學士、碩士、博士三級，學士修業三年，頒發學士學位（Licence）；碩士修業二年，頒發碩士學位（Master）；博士修業三至五年，頒發博士學位（Doctorat）。法國自2002年，起推行此學制，目的是與歐盟等國際學制接軌，為銜接舊制，其中碩士階段又分為碩士第一階段（Master 1）與碩士第二階段（Master 2），以取代從前的Maîtrise與DEA/DESS學程。除文學、藝術、人文科學、自然科學、法律、經濟等學士文憑課程外，尚有大學職業學士文憑（Licence professionnelle），招收具有二年制高級技師文憑（BTS）、大學技術學院文憑（DUT）者，經修業一年取得文憑（駐法國代表處教育組，2021；臺灣法國教育中心，2021）。

法國圖書資訊專業教育是由高等教育的短期教育機構（如技術學院）與長期教育機構（如專門大學或一般大學）提供。技術學院學士（DUT）為高等教育提供的技術學院短期教育，屬於大學教育的基礎訓練，修業年限為二年，技術學院的教育兼具理論與實務，一般需要實習才能畢業。本章主要針對大學提供的學位制度，但為因應技術學院的圖書資訊學教育，也涵蓋技術學院（DUT）文憑教育。

法國在大專院校設置的圖書資訊學系所有14校，係參考American Library Association（2021）的〈世界資訊科學、資訊管理相關學科的世界系所名錄〉（World List of Schools and Departments of Information Science, Information Management and Related Disciplines）網站與法國圖書資訊學系所網站，獲得法國圖書資訊學系所基本資料，參見表6-2。以下分別從一般校況、圖書資訊學系所名稱、學程與課程結構、遠距教育等析述。

6.3.1一般校況

一般校況包括法國圖書資訊學系所隸屬的14所大學的一般情形，介紹各大學的所在地、成立年、公立或私立、全校學生人數，參見表6-2。

表6-2 法國圖書資訊系所及其所在大學校況一覽表

校、所名稱	所在地	學校成立年	公私立	學生人數	系所成立年	教育學程
1. Conservatoire National des Arts et Métiers, Institut National des Techniques de la Documentation (INTD）	Paris III	1794	公立	69,000	1970	Licence, Master, PhD
2. École nationale des chartes (ENC) National School of Charters (ENC)	Paris II	1821	公立	20,000	1821	Master, PhD
3. CRRM, Marseille - Faculté des Sciences et Techniques de St Jerome CRRM, Marseille - Faculty of Sciences and Techniques of St Jerome (CRRM)	Marseille	1409	公立	9,300	NA	Licence, Master
4. Ecole Nationale Supérieure des Sciences de l'Information et des Bibliothèques National School of Information Sciences and Libraries (ENSSIB)	Lyon	1963	公立	NA	1963	Licence, Master
5. LInstitut Universitaire de Technologie Grenoble 2 Département Information - Communication Grenoble 2 University Institute of Technology Information - Communication Department (IUT 2)	Grenoble	1333	公立	NA	1966	Licence, DUT

表6-2 法國圖書資訊系所及其所在大學校況一覽表（續）

校、所名稱	所在地	學校成立年	公私立	學生人數	系所成立年	教育學程
6. Unités régionales de formation l'information scientifique et techniqueRegional scientific and technical information training units (Unites)	Lyon	1976	公立	11,000	1976	PhD
7. Université Charles-de-Gaulle - Lille 3 social sciences and Information Charles-de-Gaulle University - Lille 3 social sciences and Information (Lille)	Villeneuve d'Ascq	1974	公立	18,000	1974	PhD
8. Université Michel de Montaigne Bordeaux 3 Institut des sciences de l'information et de la communication Michel de Montaigne University Bordeaux 3 Institute of Information and Communication Sciences (ISIC)	Bordeaux	1971	公立	16,000	NA	Licence, Master
9. Université Michel de Montaigne Bordeaux 3 IUT Michel de Montaigne Michel de Montaigne University Bordeaux 3 IUT Michel de Montaigne (IUT3)	Bordeaux	1971	公立	16,000	NA	Licence, Master, DUT
10. Université Paris 8 - Vincennes - St-Denis Spécialité professionnelle 'Gestion de l'information et du document University Paris 8 - Vincennes - St-Denis Professional specialty 'Information and document management (Paris 8)	Paris VIII	1969	公立	12,000	NA	Licence, Master, DUT

表6-2 法國圖書資訊系所及其所在大學校況一覽表（續）

校、所名稱	所在地	學校成立年	公私立	學生人數	系所成立年	教育學程
11. IMT Atlantique, Département logique des usages, des sciences sociales et de l'information (LUSSI) IMT Atlantique Logic of uses, social sciences and Information (LUSSI)	Plouzané	2017	公立	2,300	NA	Master, PhD
12. Université René Descartes Paris V Licence professionnelle Métiers de l'édition, spécialité métiers des bibliothèques, de l'édition et du commerce du livre René Descartes University Paris V Professional license Publishing professions, specializing in library, publishing and book trade (Rene)	Paris V	1971	公立	32,000	NA	Licence
13. L'Université de Toulouse II Le Mirail Département Archives et Médiathèque et Édition University of Toulouse II Le Mirail Archives and Media Library and Publishing Department (Mirail)	Toulouse	1229	公立	30,000	NA	Licence, Master, DUT
14. Université de Tours Licence professionnelle Management de l'information University of Tours Professional license, Information management (Tours)	Tours	1969	公立	NA	NA	DUT

6.3.1.1 所在地

法國圖書資訊學系隸屬的14所大學大多集中在巴黎，共有4所，其次為波爾多、里昂各2所，其餘馬賽、圖爾、格勒諾布爾、布雷斯特、圖盧茲、阿斯克新城各有1所。

6.3.1.2 大學成立年

法國14所圖書資訊學系所隸屬的大學，最早成立的是1229年的L'Université de Toulouse II Le Mirail Département Archives et Médiathèque et Édition（簡稱Mirail），在1900年代以前成立的學校有5所：Institut National des Techniques de la Documentation（簡稱INTD）、École nationale des chartes（簡稱ENC）、CRRM, Marseille - Faculté des Sciences et Techniques de St Jerome（簡稱CRRM）、LInstitut Universitaire de Technologie Grenoble 2 Département Information - Communication（簡稱IUT 2）。

1900年代後，法國圖書資訊學系所大量成長，共有9所，分別為：Ecole Nationale Supérieure des Sciences de l'Information et des Bibliothèques（簡稱ENSSIB）、Unités régionales de formation l'information scientifique et technique（簡稱Unités）、Université Charles-de-Gaulle - Lille 3 social sciences and Information（簡稱Lille）、Université Michel de Montaigne Bordeaux 3 Institut des sciences de l'information et de la communication（簡稱ISIC）、Université Michel de Montaigne Bordeaux 3 IUT Michel de Montaigne（簡稱IUT3）、Université Paris 8 - Vincennes - St-Denis Spécialité professionnelle 'Gestion de l'information et du document（簡稱Paris 8）、IMT Atlantique, Département logique des usages, des sciences sociales et de l'information（簡稱LUSSI）、Université René Descartes Paris V Licence professionnelle Métiers de l'édition, spécialité métiers des bibliothèques, de l' édition et du commerce du livre（簡稱Rene）、Université de Tours Licence professionnelle Management de l'information（簡稱Tours）。其中LUSSI成立時間為2017年，為最晚成立的學校，該圖書資訊學系所加入iSchools聯盟。

6.3.1.3 公立或私立

法國14所圖書資訊學系所隸屬大專院校，全部為公立學校，有5所技術學院，9所大學。

6.3.1.4 全校學生人數

法國圖書資訊學系隸屬的大專院校，全校學生人數最多者為INTD，69,000人；最少者為LUSSI，2,300人。二萬人以上有3校，Rene、Mirail、ENC。其餘9校的學生人數在2萬人以下。

6.3.2 圖書資訊學系所基本資料

法國圖書資訊學系所基本資料包括：系所名稱、系所隸屬學院、系所成立年、教育層級與學程結構、入學資格、畢業要求。

6.3.2.1 系所名稱

法國圖書資訊學系所名稱多元，大致分為下列5類，以「科學與資訊」Sciences and Information佔最大宗，有5校；其次為「圖書館」Libraries，3校；「文獻學」Documentation、「資訊與傳播」Information and Communication各有2校，其他為檔案管理有Chartes與IUT3。

Sciences and Information（5校）	CRRM，Unités，Lille，IMT，Tours
Libraries（3校）	René，Mirail，ENSSIB
Documentation（2校）	INTD，Paris 8
Information and Communication（2校）	IUT 2，ISIC
其他（2校）	IUT3，ENC

6.3.2.2 系所成立年

法國圖書資訊學系所最早成立為1821年設立的ENC，有5校於1960-1970年代成立，包括：ENSSIB（1963年）、IUT 2（1966年）、INTD（1970年）、Lille（1974年）、Unites（1976年），其餘8校未知。

6.3.2.3 教育層級與學程結構

法國14所圖書資訊學系所提供的學程，涵蓋：技術學院學士、學士學位、碩士學位、博士學位等。技術學院學士（DUT）有5所，學士學位9所，碩士學位9所，博士學位5所。INTD提供學士、碩士、博士三級完整的教育體系。ENSSIB為法國在職館員提供培訓課程與證照的學校。只有一校參加iSchools聯盟：LUSSI。一校提供遠距教育：ENSSIB，參見表6-3。

表6-3　法國圖書資訊學系所學程種類一覽表

學校	技術學院學士	學士學位	碩士學位	博士學位	iSchools	遠距教育
1. INTD		V	V	V		
2. ENC			V	V		
3. CRRM		V	V			
4. ENSSIB		V	V			V
5. IUT 2	V	V				
6. Unites 2				V		
7. Lille				V		
8. ISIC		V	V			
9. IUT 3	V	V	V			
10. Paris 8	V	V	V			
11. LUSSI			V	V	V	
12. Rene		V				
13. Mirail	V	V	V			
14. Tours	V					
總計	5	9	9	5	1	1

6.3.2.4 入學資格

有關法國圖書資訊學系所的入學資格，依序從學士學位、碩士學位、博士學位說明如後。有關圖書資訊學學士文憑入學資格，以Ecole Nationale Supérieure des Sciences de l'Information et des Bibliothèques（ENSSIB）為例，申請人需要具有高級中學文憑，畢業證書、成績單、簡歷、求學信等資料，由該校招生委員審查通過後使得入學，外國學生另需準備法語TCF 4級知識測試或同等文憑（DELF B2）及簽證。

有關法國圖書資訊學碩士班入學資格，以ENSSIB的歷史、文明與遺產碩士學位錄取與畢業要求為例，除了同學士班需要準備畢業證書、成績單、簡歷、求學信等基本資料之外，在學歷上的要求必須取得歷史、藝術史或CPGE學士學位、具有拉丁語能力，成績單的總平均需大於或等於12分（滿分20分），有圖書館或檔案館有經驗或實習為佳，資料審核通過者需通過面試驗證法語和專業領域的語言水平。

有關法國圖書資訊學博士班入學資格，以École nationale des chartes（ENC）的數位策展博士班錄取與畢業要求為例，其申請方式採用導師核准制，申請人需要詳細的履歷、研究背景摘要、著作以及未來研究摘要，連繫該系所相關研究的老師審閱後，撰寫推薦信同意成為指導師生關係即可錄取。

6.3.2.5 畢業要求

有關法國圖書資訊學系所學士學位畢業條件，以ENSSIB為例，需要六個學期修得120個ETC學分，且學分總平均大於或等於12分（滿分20分）即可取得。針對ENSSIB碩士文憑，其畢業條件需要修畢120個ETC學分，學分總平均大於或等於12分（滿分20分），並符合下列條件：專業知識課程修畢，以及完成論文並通過口試，畢業生可取得碩士學位（Ecole Nationale Supérieure des Sciences de l'Information et des Bibliothèques [ENSSIB], 2021）。有關法國圖書資訊學系所博士學位畢業條件，博士生在修完課程要求後，與指導教授合作撰寫畢業論文，口試通過後取得博士學位（École Nationale des Chartes [ENC], 2021）。

6.4課程設計

　　課程設計對於圖書資訊學教育十分重要，以下探討法國圖書資訊學學士班、碩士班課程設計、與遠距教育，以ENSSIB為案例說明。該校創立於1963年，為法國著名的圖書資訊學學校，以培訓圖書館員、館長與圖書館管理人為目標，提供學士班與四類碩士班：資訊科學與圖書館碩士班（Information Science and Library），文字與形象文化碩士班（Culture of Script and the Image），數位人文學碩士班（Digital Humanities），與資訊傳播碩士班（Information Communication）。以下針對學程課程概述，並說明遠距教育。

6.4.1學士班

　　ENSSIB學士班提供圖書資訊學學士文憑（Le Diplôme Universitaire en Sciences de l'Information et des Bibliothèques，簡稱DUSIB），該文憑是國際合作的大學學位，可透過遠距修課取得。DUSIB是理論與實務課程並重的一年制文憑，是與亞歷山大・桑戈爾大學（Senghor University）共同認可的學士學位，由10個模組（60個學分）組成，其中有8個模組透過線上修課取得學分，1個實習模組需要在公共圖書館或法國國家圖書館，或由系上認定核可的圖書館進行實習，並且撰寫學術報告。ENSSIB學士班蓋五個主題：館藏管理政策（Collections et Politique Documentaire）、讀者服務（Service Public）、數位資源（Ressources Numériques）、財務管理（Gestion du Patrimoine）、協調與文化工程（Médiation et Ingénierie Culturelle）。課程內容參見表6-4。

6.4.2專業圖書館員高級文憑

　　ENSID針對法國省級圖書館專業館員與館長（Curator），提供創新教育，在2016至2020年間設置圖書館專業圖書館員高級文憑學程（Diplôme de Conservateur d'Etat de Bibliothèques，簡稱DCB），修業一年半，修業要求

表6-4 ENSSIB圖書資訊學學士班課程架構

科目	課程內容	學分數（ECTS）
研討會	校內研討會	
U1讀者服務	讀者服務的設計與實施	5
U2館藏管理	館藏管理政策	5
U3管理	專案管理	10
	組織管理	0
U4數位資源	數位資源管理	5
U5行政管理	行政法律	2
U6使用者行為	資訊搜尋與使用者行為	5
U7分類編目	目錄索引	3
U8組織文化	組織文化與活動交流	2
U9資訊取用	使用者教育	3
U10數位典藏與資源維護	數位資源維護	
	數位典藏	10
U11專業實習	專業實習	10
總時數		60ECTS

資料來源：Ecole Nationale Supérieure des Sciences de l'Information et des Bibliothèques (2021). *Ecole Nationale Supérieure des Sciences de l'Information et des Bibliothèques*. https://www.enssib.fr/

包括：（1）專業、圖書館、行政和管理知識。（2）三個實習，每個實習為期14週，並提交實習報告；鼓勵見習館長到國外實習。（3）小組專案計畫管理，每個小組從事個人撰寫的實證計畫。（4）社區專業問題的論文並通過口試。論文建議發表在ENSSIB的數位圖書館學刊（Marcerou-Raml, 2019）。本學程涵蓋三個領域，課程如下。

管理	專業培訓	橫向模塊
道義論	圖書館問題	英語
行政組織	文件政策	計算機和數位知識
圖書館機構管理	服務政策	
團隊管理	資訊檢索	
預算管理	圖書館文化典藏	
專案計畫管理	溝通	
管理工具箱	資訊素養	
	編目、參考書目和規範	
	數據和開放科學	
	法律和圖書館	

6.4.3碩士班

　　ENSSIB提供下列碩士班：資訊科學與圖書館學碩士班（Master en Science de L'information et des Bibliothéques）；歷史、文明與遺產碩士班（Master en Histoire, Civilisations et Patrimoine，簡稱HCP），數位人文學碩士班（Master en Humanités numériques，簡稱HN）。資訊科學與圖書館學碩士班之下分置四組：數位檔案組（Archives numériques，簡稱ARN）、資訊科學與技術組（Information scientifique et technique，簡稱SIBIST）、圖書館與文獻政策組（Politique des bibliothèques et de la documentation，簡稱PBD）與數位出版組（Publication numérique，簡稱PUN）。

　　資訊科學與圖書館學碩士班在入學第一年，所有學生需接受共同課程，第二年分組上課。第一年基礎課程包含：文化檔案、資訊技術實務、資訊組織與建構、檔案資訊研究、現代語言、研究發展、專案管理，另外開放一門基礎課程，讓學生選修瞭解未來的分組意願，以下分別介紹各組課程。

1. 數位檔案組（Archives numériques）

　　ENSSIB數位檔案組與法國國家圖書館合作開設課程與實習，並獲得法國檔案館的支持，課程目標在於瞭解檔案的生產、生命週期以及徵集實務，為學生進行數據和檔案價值的分析，專案管理以及電子歸檔系統，以滿足機構的文書與管理營運需求。其課程架構參見表6-5。

表6-5 數位檔案組課程架構

第三學期	第四學期
1. 數位檔案及其挑戰（42h-6 ECTS）	1. 實習（21 ECTS）
2. 文書管理（42h-6 ECTS）	2. 論文（9 ECTS）
3. 數位典藏（42h-6 ECTS）	3. 電子歸檔管理（6 ECTS）
4. 歸檔研究（42h-6ECTS）	
5. 研究概述（24h-3 ECTS）	
6. 英語（24h-3 ECTS）	

資料來源：Ecole Nationale Supérieure des Sciences de l'Information et des Bibliothèques (2021). *the Websites.* https://www.enssib.fr/

2. 資訊科學與技術組（Information scientifique et technique）

ENSSIB資訊科學與技術組基於管理資訊流和資訊量為主流，理解資訊的研究、使用和交流是當今工作實務的重要知能，其目標在於使學生能夠應用管理、處理和利用專業資訊的系統。其課程架構參見表6-6：

表6-6 ENSSIB資訊科學與技術組課程架構

第三學期	第四學期
1. 管理和資訊系統紀錄（50h-6 ECTS）	1. 實習（21 ECTS）
2. 數據處理方法和工具（50h-6 ECTS）	2. 論文（9 ECTS）
3. 企業檔案（50h-6ECTS）	
4. 傳播學與社會組織（50h-6 ECTS）	
5. 研究概述（24h-3 ECTS）	
6. 英語（24h-3 ECTS）	

資料來源：Ecole Nationale Supérieure des Sciences de l'Information et des Bibliothèques (2021). *the Websites.* https://www.enssib.fr/

3. 圖書館與文獻政策組（Politique des bibliothèques et de la documentation）

ENSSIB圖書館與文獻政策組主要培育學生如何對資訊機構的人員，進行管理、服務、變革與協調，畢業生將進入私營利部門或公共部門的基金會、協會機構或圖書館就業。其課程架構參見表6-7。

表6-7　ENSSIB圖書館與文獻政策組課程架構

第三學期	第四學期
1. 政策實施（45h-6 ECTS）	1. 實習（21 ECTS）
2. 政策設計（45h-6 ECTS）	2. 論文（9 ECTS）
3. 政策實施紀錄管理（45h-6 ECTS）	
4. 數位圖書館管理（45h-6ECTS）	
5. 研究概述（3 ECTS）	
6. 英語（24h-3 ECTS）	

資料來源：Ecole Nationale Supérieure des Sciences de l'Information et des Bibliothèques (2021). *the Websites.* https://www.enssib.fr/

4. 數位出版組（Publication numérique）

ENSSIB數位出版組因應數位化轉型在出版、文學、學術和科學的轉變而設立，其課程目標在於培育學生數位編輯作品、電子書製造、數位活動和設計編輯策略，使其具有整合、理解與分析數位作品的能力。其課程架構參見表6-8：

表6-8　ENSSIB數位出版組課程架構

第三學期	第四學期
1. 編輯策略與實務（36h-6 ECTS）	1. 實習（21 ECTS）
2. 數位出版技術（45h-6 ECTS）	2. 論文（9 ECTS）
3. 編輯設計與專案（36h-6 ECTS）	
4. 出版，交易、歷史及相關技術（36h-6ECTS）	
5. 個別研究（24h-3 ECTS）	
6. 國際開放（24h-3 ECTS）	

資料來源：Ecole Nationale Supérieure des Sciences de l'Information et des Bibliothèques (2021). *Ecole Nationale Supérieure des Sciences de l'Information et des Bibliothèques.* https://www.enssib.fr/

6.4.4 課程特色

綜合上述，歸納法國圖書資訊學系所課程特色如下：

1. 以館藏管理、讀者服務與機構管理為核心。法國圖書資訊學課程核心主要包括：（1）館藏管理：除了實體資源的管理及其分類編目教學之外，並開設數位資源、數位典藏與資源維護課程。法國圖書資訊學教育為了因應新興資料形式的出現，開設課程訓練未來的圖書館與資訊機構從業人員管理資訊。（2）讀者服務：讀者服務相關課程培養學生協助讀者資訊取用的能力之外，並加入使用者行為課程，以利其學生在讀者分析與服務上應用。（3）機構管理：重視學生與業界接軌的能力，除了培養學生技術服務與讀者服務上的實務工作，並加強培養管理的能力，特別開設機構管理、行政管理及組織文化的課程。

2. 重視與業界接軌。學士班的共同授課課程、分組課程，或者是碩士班，ENSSIB都要求學生參與校內研討會與實習，透過研討會與實習，更加瞭解圖書資訊學領育趨勢以及業界實務，如學士班實習課程的總時數長達140小時，大量的實習時數使學生在就業前瞭解業界環境。

3. 開創數位人文跨領域知識。ENSSIB的數位人文碩士班提供與其他碩士學位雙主修的機會，鼓勵碩士班學生在現有專業，並應用與開發數位工具，進行資料分析與詮釋的能力，顯示ENSSIB重視培養學生應用新興資料分析的能力。

重視與學界及業界跨域合作。ENSSIB強化教學，與法國檔案館合作實習，也與Université Lumière Lyon-II、Université Jean-Monnet-Saint-Étienne合作開課，提供大學系所的專業知識課程，使學生在專業的師資指導下獲得豐富的知識。

6.4.5 遠距教育

法國的地理廣大、要求學生修習跨校課程有其困難，ENSSIB為了支援與Université Lumière Lyon-II、Université Jean-Monnet-Saint-Étienne二校，合作開設歷史、文明與遺產碩士學程，以遠距學習模式，提供修讀學位的

學生修習外校課程時可以遠距方式學習。

6.5教育變革與發展趨向

6.5.1教育特色

　　法國圖書資訊就業市場包括二種體系，一為公立圖書館員，一為私立資訊管理師。法國圖書資訊學教育與美國、英國不同，圖書館學（Bibliothéconomie）與資訊及傳播學（Information Communication Science；法文Sciences de la Communication de l'information），二個學門並存，圖書館學以培養圖書館員為主軸（Ibekwe-SanJuan, 2012）。法國可能是現今唯一設置國家級圖書館員培訓ENSSIB的國家。此外，法國訂定圖書館員任用制度，分為專業圖書館館員、圖書館員、與圖書館助理，均由ENSSIB與相關國立學院培育，再接受考試成為公務館員。法國重視圖書館專業人員的職能，ENSSIB圖書資訊學教育依據提供實務相關課程，專門培育專業館員與館長。

6.5.2教育變革

　　法國圖書資訊學系所名稱分歧，多數學校以文獻學、資訊科學、資訊傳播學命名，偏向資訊與傳播學跨學門發展。緣此，法國圖書資訊學校課程設置，以文獻學、資訊科學、與資訊與傳播學為導向，使圖書資訊學教育面臨課程變革。Ibekwe-SanJuan（2012，2019）提到，法國圖書資訊學領域自1980年代初期和1990年早期的教學主要來自科學領域，研究專長多以人工智慧（AI）和自然語言處理為主，過去的研究主題（如系統設計、自動索引、OPAC 設計、資訊檢索的使用者研究）正在消失。另一方面，圖書資訊學領域受到詮釋學、社會建構主義和系統理論的影響，使法國的圖書資訊學研究傾向人文學研究，徘徊在技術導向學科與人文學研究之間，尚未連貫整合，未來的圖書資訊學可能將走向資訊技術與人文學結合的教育模式，促使技術系統的設計朝向使用者需求導向發展。

6.5.3 遭遇問題

法國圖書館事業先驅莫雷（Morel, Eugène）對國立檔案管理學院（Ecole des Chartes）課程提出質疑，認為其圖書館學程內涵不足。其後，Ducolomb 評論法國圖書資訊學教育仍然存在上述問題。法國的圖書資訊學高等教育機構多元，專門大學、一般大學及技術學院分別提供圖書館學相關課程。各系所發展方向逐漸以資訊與傳播學為主，使得圖書資訊學課程參差不齊，影響教育品質（Ibekwe-SanJuan, 2019）。

法國的資訊科學教育發展與美國不同，Ibekwe-SanJuan（2019）提到法國資訊科學從開始就與傳播和媒體研究合併，與傳播和媒體研究共存，所以使資訊科學很難在法國學術領域有清楚地位與認同。圖書資訊學和傳播研究之間的結合在其他國家也有個案，如美國羅格斯大學的資訊與傳播學院設有三系：傳播、新聞與媒體研究、圖書館與資訊科學；新加坡南洋理工大學傳播學學院成立資訊科學系，2006年，更名為傳播與資訊學院；法國的資訊科學與傳播科學融合為一學科，需要共同的學術歷史，未來的法國圖書資訊學科需要考量與資訊科學領域如何融合發展（Ibekwe-SanJuan, 2019）。

6.5.4 發展趨向

綜上所述，法國圖書資訊學教育未來發展有四方面：其一、是圖書館學與資訊科學及傳播學並存。其二、法國的高等教育與歐盟和國際接軌的影響。法國實施「學士、碩士、博士」（License, Master, Doctor，簡稱LMD）學制，以利與國際學校交流（臺灣法國教育中心，2021）。ENSSIB Université Lyon II及Université de Saint-Etienne共同開設碩士學位課程、學士班，以鼓勵外國學生申請入學。未來法國圖書資訊學教育為了滿足學生全球就業市場將不斷改變，並提升教學與研究品質達到國際標準，將更重視與持續朝向國際化合作發展。其三、從教育制度、課程設計與圖書館專業人員任用制度，顯示法國圖書館事業與圖書資訊學教育緊密連結，其教育重視訓練圖書館的專業人員。其四、法國正在改革圖書館員新教育，推動四年期的改造計畫，以改善圖書專業館員與館長培訓，國立圖書館管理高等學院

（ENSSIB），進行專業館員高級文憑學程，啟動圖書館管理人員教育新計畫，以培養未來圖書館專業人才（Marcerou-Raml, 2019）。

參考文獻

丁友貞（1995年12月）。法國的圖書館，在胡述兆（主編），**圖書館學與資訊科學大辭典**。https://terms.naer.edu.tw/detail/1682385/

王梅玲（2015）。**薄紗之下的法國圖書館與圖書資訊學教育。一個國際圖資客**。https://meilingw.pixnet.net/blog/post/110973202

吳光偉（1995年12月）。法國的圖書館與資訊科學教育。在胡述兆（主編），**圖書館學與資訊科學大辭典**。https://terms.naer.edu.tw/detail/1682384/

沈姍姍（2000）。**國際比較教育學**，頁161。臺北：正中書局。

邱子恒（2003）。法國圖書資訊學專業教育概況。**國立中央圖書館分館館刊**，**9**（2），28-36。

臺灣法國教育中心（2021）。**法國高等教育體系簡介**。臺灣法國教育中心。https://www.taiwan.campusfrance.org/faguogaodengjiaoyutixijianjie

駐法國代表處教育組（2021）。**法國學制簡介**。http://edutaiwan-france.org/ch/index.php?tp=page&tt=%E6%B3%95%E5%9C%8B%E5%AD%B8%E5%88%B6%E7%B0%A1%E4%BB%8B

American Library Association (2022). *World List of schools and departments of information science, information management and related disciplines.* http://www.ala.org/educationcareers/employment/foreigncredentialing/worldlist

Bordeaux Montaigne (2021). *de Montaigne Bordeaux 3 Institut des sciences de l'information et de la communication (ISIC).* https://www.u-bordeaux-montaigne.fr/fr/index.html

Conservatoire National des Arts et Métiers (2021). *Institut National des Techniques de la Documentation (INTD).* https://intd.cnam.fr/presentation-de-l-intd-275011.kjsp

CRRM, Marseille - Faculté des Sciences et Techniques de St Jerome (2021). *Faculté des Sciences et Techniques de St Jerome.* https://sciences.univ-amu.fr/sites-geographiques/st-jerome

École Nationale des Chartes (2021). *The School.* http://www.chartes.psl.eu/

Ecole Nationale Supérieure des Sciences de l'Information et des Bibliothèques (2021). *the Websites.* https://www.enssib.fr/

Enssib, l'Université de Lyon (2021). *Ecole Nationale Supérieure des Sciences de l'Information et des Bibliothèques.* http://www.enssib.fr/

Ibekwe-SanJuan, Fidelia (2012). Information Science in France. Emergence, Evolution and Perspectives. In Spink, A., & Heinström, J. (Ed.), *Library and information science trends and research Europe (1st ed.).* Emerald Group Pub.

Ibekwe-SanJuan, Fidelia (2019). Emergence of LIS in France: A Tale of Academic Cohabitation and of Memory Loss. *In European Origins of Library and Information Scienc*e, *13,* 11-58.

International Federation of Library Associations and Institutions (2021). *Library Map of the World.* https://librarymap.ifla.org/map/Metric/Full-Time-Staff/LibraryType/National-Libraries,Academic-Libraries,Public-Libraries,Community-Libraries,School-Libraries,Other-Libraries/Country/France/Weight/Totals-by-Country

IMT Atlantique, Département logique des usages, des sciences sociales et de l'information (2021). *Département logique des usages, des sciences sociales et de l'information (LUSSI).* https://www.imt-atlantique.fr/fr/l-ecole/departements-d-enseignement-recherche/lussi

LInstitut Universitaire de Technologie Grenoble 2 Département Information – Communication (2021). *INSTITUT UNIVERSITAIRE DE TECHNOLOGIE 2.Information-Communication (Infocom).* https://iut2.univ-grenoble-alpes. fr/formations/les-departements-de-l-iut2/information-communication-info com--149089.kjsp

Université Charles-de-Gaulle-Lille 3 social sciences and Information (2021). *Comprendre notre organisation.* https://www.univ-lille.fr/universite/ organisation

LInstitut Universitaire de Technologie Grenoble 2 Département Information – Communication Département Information – Communication (2021). *LInstitut Universitaire de Technologie Grenoble 2 (IUT 2) Département Information – Communication.* https://iut2.univ-grenoble-alpes.fr/

L'Université de Toulouse II Le (2021). Mirail *Département Archives et Médiathèque et Édition.* https://ddame.univ-tlse2.fr/

Marcerou-Raml, Nathalie (2019). Initial Training of Librarians and Curators in France: A National Mission.Dies ist ein Preprint. *der Zeitschrift BIBLIOTHEK – Forschung und Praxis,* AR 3308.https://www.degruyter. com/view/j/bfup

Michel de Montaigne Bordeaux (2022). *3 IUT Michel de Montaigne.* https://www.u-bordeaux-montaigne.fr/fr/moteur-de-recherche.html

Université Paris 8 - Vincennes - St-Denis Spécialité professionnelle 'Gestion de l'information et du document (2022). *VIVRE SUR LE CAMPUS.* https://www.univ-paris8.fr/-Etudes-diplomes-

ResearchGate (2021). *Anatomical preservation of silicified Corylites J.S.Gardner leaves from the Paleocene maar lake of Menat (Puy-de-Dôme, France).* https://www.researchgate.net/figure/Map-of-France-showing-the-geographic-position-of-Menat-Source_fig1_345673530

Université de Tours Licence professionnelle Management de l'information (2021). *LP Data management.*https://iut.univ-tours.fr/version-francaise/departement-information-communication/lp-data-information

第7章
澳洲圖書資訊學教育

王梅玲、張梓妤

　　澳洲（Australia），正式國名為澳大利亞聯邦（Commonwealth of Australia），本章以澳洲稱之。其位於南半球印度洋和太平洋之間，西北與印度尼西亞之間隔著帝汶海與阿拉弗拉（Arafura）海；東北隔托列斯海峽（Torres Strait）與巴布亞新幾內亞相望，又隔著大堡礁與珊瑚海群島領地相對；東南與紐西蘭間有塔斯曼海（Tasman Sea）；南臨印度洋。國土面積約為7,700,000餘平方公里，其大陸面積排名世界第六位。澳洲人口約為25,693,059人（Australian Bureau of Statistics, 2021），人口多分布東南沿岸各大城市，官方語言為英語，地理分布參見圖7-1（沈姍姍，2000）。

　　澳洲本土由六個州（State）、二個領地（Territory）組成，分別為新南威爾斯（New South Wales，簡稱NSW）、維多利亞（Victoria，簡稱VIC）、昆士蘭（Queensland，簡稱QLD）、南澳（South Australia，簡稱SA）、西澳（Western Australia，簡稱WA）、塔斯馬尼亞（Tasmania，簡稱TAS）等六個州，以及澳洲首都領地（Australia Capital Territory，簡稱ACT）、北領地（Northern Territory，簡稱NT）兩個領地。澳洲首都設於坎培拉（Canberra），位於新南威爾斯的雪梨為澳洲第一大城。經濟主要產業為服務業，佔國內生產毛額的七成，傳統農產品與礦產也是澳洲大宗出口商品，近年來工業製品出口、財務金融、管理與旅遊觀光業發展快速。

　　澳洲原住民最初來自東南亞地區，1788年，英國建立新南威爾斯，澳洲正式成為英國的領土。1891年，澳洲通過憲法草案，並定國名為澳大利亞聯邦，自1901年1月1日起聯邦正式誕生。澳洲人口組成複雜，本地居民

圖7-1　澳洲地圖

資料來源：沈姍姍（2000）。**國際比較教育學**，頁247。臺北：正中。

約佔全國人口之80%，外國移民約有15%，原住民約為2.8%。二次世界大
戰前主要移民來自英國與愛爾蘭；1945年，二次大戰之後則有大批來自歐
洲大陸與亞太地區的移民（林素甘，2001）。

　　澳洲學校教育制度早期受到英國影響，但自二次世界大戰之後，由於
製造業的發展與社會的快速變遷，使得源自英國的教育制度發生了改變。
1901年，澳洲聯邦憲法規定，聯邦各州可以發展自己的教育制度，因此各
州不盡相同。澳洲教育體制分為：學前教育（學前班／幼稚園）、初等教育
（小學）、中學（國中和高中）和高等教育（大學和技職教育／專科教育）。
澳洲法律規定，在一定年齡之前必須接受國民義務教育（6-15歲，塔斯馬
尼亞州至16歲）。欲進修高等教育以上的學校者，必須完成十二年級教育。
澳洲高等教育包括兩種系統，一為高等教育制度（Higher Education），另一
為職業教育與訓練制度（Vocational Education and Training，簡稱VET）。澳

洲在1988年，進行教育改革，有40所公立大學、3所私立大學及其他高等教育機構。

澳洲圖書資訊學正規教育自1960年代，開始發展，早期圖書館教育是在大型圖書館開設圖書館學校，其後澳洲圖書館學會仿造英國模式，由學會舉行館員資格考試，現已取消考試，改由澳洲圖書館與資訊學會對圖書資訊學校課程認可，凡該校的學程畢業生，可申請學會會員獲取專業館員資格，澳洲圖書資訊學教育模式深受英國影響（王梅玲，2005）。

本章探討澳洲圖書資訊學教育將分別從：（1）圖書館事業概述，（2）圖書資訊學教育發展簡史，（3）圖書資訊學教育制度，（4）課程設計，（5）圖書資訊學教育的評鑑，（6）教育變革與未來趨向六方面研究。

7.1 圖書館事業概述

澳洲圖書館事業從1826年開始，發展成四類：國家圖書館、公共圖書館、學術圖書館與學校圖書館。澳洲有1所國家圖書館，為澳洲國家圖書館（National Library of Australia），其館藏量約1,050,425冊，職責為「維護並發展國家的圖書資料收藏，包括關於澳洲和澳洲人的全部圖書資料收藏」（National Library of Australia, 2021）。在公共圖書館方面，根據澳洲國家圖書館與州立圖書館（National and State Libraries Australia，簡稱NSLA）（2021）年度統計調查，全國有1,407所公共圖書館，工作人員約7,852位，館藏量約37,505,552冊（National and State Libraries Australia [NSLA], 2021）。在學術圖書館方面，根據澳洲大學圖書館員學會（Council of Australian University Librarians，簡稱CAUL）（2021）的統計，全國約273所學術圖書館，工作人員約5,177位，館藏量約30,857,840冊，依據澳大利亞國際教育協會（Australian Association of International Education）（2019）統計，共有9,444所中小學，以每校設置圖書館，推論有9,444所學校圖書館，參見表7-1（澳大利亞國際教育協會，2019）。

表7-1　澳洲圖書館事業統計

類型	圖書館數量	人員數量	館藏數量
國家圖書館	1	NA	1,050,425
公共圖書館	1,407	7,852	37,505,552
學術圖書館	273	5,177	30,857,840
學校圖書館	9,444	NA	NA

　　澳洲圖書館事業發展最早源自1826年，雪梨收費圖書館的建立；1853年後，各州陸續成立州立圖書館。當時圖書館受到州政府的影響，由州政府、州與地方政府共同向公眾提供圖書館服務，直到1960年代起，聯邦政府提供較多財務援助，高等教育圖書館與其他類型圖書館才陸續發展（王梅玲，2005）。

　　澳洲國家圖書館成立於1960年，前身為1902年，成立的聯邦議會圖書館（The Commonwealth Parliamentary Library），館藏包括亞洲文學作品和文件、罕見書籍和手稿、照片、地圖、繪畫、音樂和影片，是澳洲館藏規模最大的圖書館。該館是澳洲的法定送存收藏機構，妥善蒐集、組織、保存和維護各種形式澳大利亞及非澳大利亞的資料，持續為澳洲的多元文化和歷史遺產做出貢獻。

　　有關澳洲公共圖書館發展，聯邦政府建立以前，各州政府均建立州圖書館，在二十世紀中期以前成為重要圖書館，及至國家圖書館與大專院校圖書館成立，州立圖書館才逐漸式微。澳洲現有六州二領地，各州均有一個州立圖書館，包括：新南威爾斯州圖書館（State Library of New South Wales）成立於1869年；維多利亞州圖書館（State Library of Victoria）成立於1953年；南澳大利亞州圖書館（State Library of South Australia）成立於1940年；昆士蘭州圖書館（State Library of Queensland）成立於1945年；西澳大利亞州圖書館（State Reference Library of Western Australia）成立於1886年；塔斯馬尼亞州圖書館（State Library of Tasmania）成立於1943年；北部領地圖書館（Northern Territory Library Service）；坎培拉公共圖書館

（Canberra Public Library Service）。各州立圖書館除負責該州圖書資料的購置、圖書目錄的編製與參考資料提供外，並有輔導地方公共圖書館之責，共建立了千餘所地方公共圖書館（王梅玲，2005）。

1957年，澳洲政府開始重視高等教育，大量撥款興建大學、學院與技術推廣學校，也推動學術圖書館。目前澳洲有43所大學，100多所學院及專科學校，均設置圖書館，並有八所聲譽卓著的大學圖書館，稱為澳洲八大名校聯盟（The Group of Eight），這八所學校包括：澳洲國立大學（Australian National University）、墨爾本大學（University of Melbourne）、昆士蘭大學（University of Queensland）、雪梨大學（University of Sydney）、西澳大學（University of Western Australia）、阿德雷得大學（University of Adelaide）、新南威爾斯大學（University of New South Wales）、蒙納許大學（Monash University）（The Group of Eight, 2021）。

澳洲學校圖書館成立始於1969年，到1990年代發展約10,000所圖書館規模，約65,000,000冊館藏。1966年，澳洲圖書館學會提出〈學校圖書館的標準與目標〉（Standards and Objectives for School Libraries），各州依此標準舉辦短期訓練，培養在職老師兼管圖書館，並利用聯邦撥款建立圖書館館舍，購置圖書。在過去10多年中，幾乎每校有一圖書館，雖然設備與圖書在程度上或有差異，但均可供學生團體活動之用（林巧敏，1995年12月）。1980年代，澳洲重視培養學生成為資訊素養人，於是促成教師圖書館員（Teacher Librarians）之培育。

澳洲圖書館與資訊學會（Australian Library and Information Association，簡稱ALIA）成立於1937年，當時名為「澳洲圖書館員學會」（Australian Institute of Librarians），1949年，改名為「澳洲圖書館學會」（The Library Association of Australia）。該學會體認到擴大圖書館專業領域範圍的必要性，與澳洲圖書館與資訊服務委員會（Australian Council of Libraries and Information Services，簡稱ACLIS）合併，於1998年改為現名。目前有5,000位會員，成為代表澳洲圖書館與資訊機構的專業性組織。該學會是一個全國性組織，總部設於澳洲首都坎培拉，負責圖書館學課程與技術員課程認可，與圖書資訊學教育關係密切。澳洲圖書館與資訊學會主要負責澳洲圖

書館員專業認證，包括圖書館員與資訊師（Librarians and Information Specialists）、圖書館技術助理（Library Technicians）、教師館員（Teacher Librarians）、圖書館助理（Library Assistants），均要經過該學會專業認證。

澳洲圖書館與資訊學會的目標為：（1）促進所有澳洲人的興趣與資訊構想的自由流動，以及壯大該國文化、經濟與民主。（2）推廣圖書館和資訊機構所提供的服務。（3）確保圖書資訊專業人員資訊提供高水準專業服務，並激勵他們的專業興趣與熱情。（4）對政府、其他組織和社團爭取學會會員的利益。（5）鼓勵人們對學會的支持和加入，以對圖書資訊服務的改善有所貢獻。（6）支持聯合國〈世界人權宣言〉與聯合國2030永續發展目標，以應對未來面臨的挑戰（Australian Library and Information Association [ALIA], 2021a）。學會組織包括理事會與委員會，委員會下設小組委員會、諮詢委員會與外部委員會等單位，其中諮詢委員會共設12個委員會。

7.2 圖書資訊學教育發展簡史

澳洲圖書資訊學教育發展是從十九世紀圖書館非正式學徒制開始，1930年代，許多圖書館開設課程；1944年，澳洲圖書館學會推動考試與認證體系，1960年代開始在大學設置圖書館學系，而逐漸發展形成。澳洲圖書館事業與專業教育源自英國及美國的影響，最後發展出澳洲特色的教育體系（Maxine, 1997）。

澳洲圖書資訊學教育起初受到英國考試制度的影響，直至1981年，取消考試，專業教育才發展出兩種途徑，由大學設立圖書館學校以及技術與推廣教育機構提供圖書館技術員課程，澳洲圖書資訊學教育發展近百年，本章以澳洲圖書館學會1937年成立，與1959年，在新威爾斯大學設置第一所圖書館學校，將澳洲圖書資訊學教育分成三階段：（1）圖書館在職訓練時期（1937年以前），（2）圖書館學會資格考試時期（1937—1958年），（3）圖書資訊學教育時期（1959年—迄今），以下分別探討。

7.2.1圖書館在職訓練時期（1937年以前）

十九世紀末期，圖書館員工作知識與技能的獲取大都來自工作訓練、到海外修讀相關課程，或是參加英國圖書館學會提供的函授課程後參加資格考試。在此時期，學徒制度式的學習方式，與工作中學習是圖書館工作人員獲取圖書館技能的主要管道。1898年，新南威爾斯公共圖書館（Public Library of New South Wales）的館長H. C. L. Anderson為館內同仁舉辦英國文學（English Literature）與編目的課程，開啟圖書館學教育的先端。該課程原只開放給館內同仁修讀，第二年開始提供館外人士。Anderson在1905年離開該館後，此項課程也就停止了。1915年，澳洲開始實行館員錄用考試，但由於當時尚無正規的專業教育，不少圖書館員進修英國圖書館學會舉辦的函授課程或到美國圖書館學校進修（王梅玲，2005）。

1930年代，澳洲許多圖書館員獲得旅行獎助（Travel Grants）至國外，如英國、美國與歐洲等地觀摩與學習，帶回新的圖書館學觀念，促成「圖書館學是專業」，以及設立專業教育的想法。John Metcalfe在1934到1935年國外之旅返回後撰寫報告，建議新南威爾斯公共圖書館的課程不該只供給州政府圖書館的雇員，也應提供給有志成為圖書館員的人。此外，他還建議圖書館應與圖書館學會合作，共同為學會考試與公共圖書館的館員訓練提供課程。這個建議為澳洲圖書館員教育埋下種子（王梅玲，2005）。

7.2.2圖書館學會資格考試時期（1937—1958年）

澳洲第一個圖書館專業學會是在1937年成立，是為澳洲圖書館員學會（Australian Institute of Librarians，簡稱AIL），旨在建立圖書館事業的標準及提高圖書館專業地位，會員僅限於館員及學生助理。1938年，AIL在雪梨舉行第一次年會，會議的主題為「圖書館員和圖書館訓練的標準」，促成日後該學會成立圖書館員標準與訓練委員會（Committee on Standards and Training）（National Library of Australia, 2021）。

1940年，澳洲圖書館員學會標準與訓練委員會建議將該學會的「資格證書」（Qualifying Certificate）列為專業會員的必要條件；另外也建議考試

的形式與內容，設立二種資格考試：初級考試（Preliminary Examination）頒與初級證書（Preliminary Certificate）；資格考試（Qualifying Examination）頒與資格證書（Qualifying Certificate）；同時也建議將圖書館處理與服務的技術科目列為考試範圍。

1941年，AIL成立考試與證書常設委員會（Board of Examination and Certification），後改名為教育委員會（Board of Education），負責學會的教育活動，訂定學會專業會員條件，規劃辦理資格與註冊證書（Qualifying and Registration Certificates）考試（王梅玲，2005）。AIL於1944年，建立一個全國性的圖書館員考試和認證體系，並於6月舉辦第一次資格考試，是當時檢定圖書館員具備相關知能的重要制度，資格考試與英國圖書館模式相同，將考試分為初級考試、資格考試與文憑考試等三個等級。

新南威爾斯公共圖書館（Public Library of New South Wales）、維多利亞公共圖書館（Public Library of Victoria），與聯邦國家圖書館（Commonwealth National Library）體認到專業教育的需要，相繼開設圖書館學課程與辦理資格考試。新南威爾斯公共圖書館設立「新南威爾斯公共圖書館學校」（Public Library of New South Wales Library School），其目標在於鼓勵州內學校圖書館的發展。1938年1月，該館開辦暑期學校，招募40位教師，是教師圖書館員課程的起源。1939年4月，開設一般性圖書館學課程訓練公共圖書館工作人員（王梅玲，2005）。

維多利亞公共圖書館也在1939年1月，為學校圖書館的教師和服務兒童的公共圖書館人員開辦暑期學校，該課程由維多利亞教育部與維多利亞公共圖書館共同負責。1930年代的課程都只為該圖書館內的工作人員而開設，並不開放給外界人士，直到1948年，「維多利亞公共圖書館訓練學校」（Public Library of Victoria Library Training School）成立後，開始培訓公共圖書館館員。國家圖書館則在1938年，開設初級編目、進階編目與書目等課程，開啟圖書館員教育的工作。1946年，正式設立國家圖書館訓練學校（Commonwealth National Library Training School），培訓國家圖書館與部門圖書館工作人員（王梅玲，2005）。

1949年，AIL改名為澳洲圖書館學會（Library Association of Australia，

簡稱LAA），並將會員資格開放給對圖書館感興趣的公民、圖書館員，以及圖書館學生。該學會參考英國圖書館學會模式，訂立新的資格考試制度，將考試分為初級考試與資格考試兩種。1955年，改成登記考試與證書考試。1961年，LAA要求新聘請的圖書館員必須具備大學畢業文憑，新的會員必須具備大學文憑與一年以上的專業工作經驗，從此LAA的專業資格考試逐漸式微。

1951年，澳洲圖書館學會第七次會議上，國家圖書館訓練學校主任伊莉莎白（Elizabeth S. Hall）與新南威爾斯公共圖書館訓練學校的主任威廉（William Radford）評論英國、美國與澳洲的圖書館學教育，建議澳洲圖書館學學校應設置在大學之中，同時建議由於圖書館學為專業，需要成立專業教育機構，為不同層級的工作人員提供教育課程。專業與非專業的工作人員應有不同的教育與課程設計，以符合不同層級工作的需求。這建議影響澳洲專業圖書館員與圖書館技術員雙軌教育模式（王梅玲，2005）。

為因應圖書館學專業教育設於正式教育機構之提議，1955年，第一個設在中學後教育機構的圖書館員課程在墨爾本教師學院（Melbourne Teachers' College）設立，授予「教師圖書館員證書」（Trained Teacher Librarian's Certificate）一年學程，旨在培訓維多利亞州的學校圖書館員（王梅玲，2005）。

7.2.3 圖書資訊學教育時期（1959年—迄今）

1959年，澳洲圖書館學教育開始設置於高等教育中，澳洲高等教育包括：大學（Universities）、學院或機構（College or Institutes）、與教師培訓（Teacher Training Facilities）（Wilson et al., 2012）。1959年，新南威爾斯大學（University of New South Wales）第一個成立圖書館學學校。1960年，該校提供研究所文憑（Graduate Diploma）一年專業課程；1964年，提供碩士班。新南威爾斯大學（University of New South Wales）與蒙納許大學（Monash University）同在1985年授予第一個博士學位。1963年，墨爾本皇家工業大學（Royal Melbourne Institute of Technology）也開設圖書館學專業課程（Maxine, 1997）。

　　1960年代，澳洲政府接受〈馬丁報告書〉（Martin Report）的建議，擴大發展高等教育，除了既有大學外，開始設立進修教育學院（Colleges of Advanced Education，簡稱CAEs），澳洲高等教育進入雙軌體制（Binary System）的時期。澳洲圖書館學學程因此受惠，紛紛在CAEs開設，例如Queensland in Kelvin Grove於1970年，成立School of Library Science；South Australia Institute of Technology於1971年，建立 School of Librarianship；Tasmania College of Advanced Education於1972年，設立圖書館學學士後文憑學程。1978年，澳洲圖書館學教育進入全盛時期，有19個圖書館學學程，2個學程設在大學，17個學程設在CAEs（Wilson et al., 2012）。

　　1970年代，澳洲由於地理廣闊發展圖書館學遠距教育。1975年，Adelaide College of Advanced Education設立Department of School Librarianship提供遠距教育。1978年，Northern Territory提供遠距課程。同年，澳洲圖書館學會開始認可圖書館學函授課程。1979年，里佛賴納高級教育學院（Riverina College of Advanced Education）開設函授課程，並於1980年舉辦了全國圖書館學函授教育研討會（王梅玲，2005）。

　　1981年，澳洲圖書館員認證改變，取消考試制度，改為圖書館學課程認證。澳洲圖書館學會擔負起澳洲圖書館員專業認證工作。1998年，學會改名為澳洲圖書館與資訊學會（Australian Library & Information Association，簡稱ALIA）針對三級四種圖書館學專業資格認可，包括圖書館員（Librarians）、教師館員（Teacher Librarians）、資訊師（Information Specialists）、圖書館技術員（Library Technicians）。澳洲圖書館與資訊學會認可的學程（Accredited Courses）涵蓋：文憑學程（Diploma）、學士班（Bachelor）、研究所文憑學程（Graduate Diploma）、與碩士學程（Master's Education Programs）。ALIA學會的改名，在圖書館名詞加入資訊，也帶動澳洲圖書館學教育改為圖書資訊學教育。

　　澳洲在1990年代進入「重新定義年代」（Age of Redefinition）。1988年，澳洲教育部長John Dawkins進行教育改革，認定大學為國家教育系統給予聯邦經費補助，針對大學規模小的學術單位要求合併與關閉。這引發澳洲圖書資訊學校，進行組織變革、合併與關門。1990年代最多發展至16校，

有9校為學院（Willard et al., 2001）。Wilson等（2012）回顧1959至2008年澳洲50年的圖書資訊學教育發展歷程，從專業學會引領的實務走向學術發展。澳洲圖書資訊學校在1959到2008年間發生巨大變化，從1959年，在大學開始設置圖書館學校，1970年代，迅速增加，隨後經歷1988年關門、合併和改變。澳洲政府的政策影響了圖書資訊學教育發展，1960年代〈馬丁報告〉（Martin Report）教育改革，促進澳洲高等教育與高級學院CAEs的成長與擴大。1988年，〈達文報告〉（Dawkins Report）的教育改革導致小規模學校與系所的合併、學院改置、關閉。這些使得圖書資訊學系所從1978年興盛時期的19所學校，逐漸減少，到2008年只有10校。

在重新定義的年代中，澳洲社會發生變遷，包括女性角色與地位改變，科技影響，多元文化主義瀰漫；高等學位失業增加以及中階者逐漸萎縮。這些改變也影響資訊中心出現，以及圖書資訊學教育發展（Maxine, 1997）。1990年代之後，澳洲圖書館技術員、檔案人員的教育開始普及，副文憑（Associate Diploma）的圖書館技術員資格修業二年，而由技術與推廣（TAFE）機構提供，並經由澳洲圖書館與資訊學會認可（王梅玲，2005）。

ALIA（2019a）提出《圖書資訊學教育、技能與就業趨勢報告》（LIS Education, Skills and Employment Trend Reports），這是學會第六年提出教育與就業趨勢，目的為學生、教育工作者、員工和雇主提供全國圖書資訊學教育現況，給圖書資訊專業機構參考。這報告運用聯邦教育部與就業、技能、企業最新數據，還包含其他相關機構人員的資料，如美術館與博物館技術人員、檔案管理員、策展和文書管理員。2020-2021年，澳洲圖書館與資訊學會提出《澳洲圖書館與資訊科學未來教育報告》（The Future of Library and Information Science Education in Australia Discussion Papers），探討澳洲圖書資訊學教育現況，圖書資訊學教育需求，圖書資訊學未來專業人員，圖書資訊學專業範圍，就業市場，專業認證架構，與教育基礎建設。該報告發現澳洲圖書資訊學市場擴大，專業從圖書資訊學擴大至教育機構、圖書館博物館檔案館一體、檔案與文書管理、行銷與專案管理、企業與設施管理、資訊科技。澳洲圖書館與資訊學會反思未來專業認證架構需要，建議檢討調整教育基礎建設（ALIA, 2020-2021）。

　　Willard與Wilson（2016）探討澳洲圖書資訊學校的現況，再次提出學校問題，學校數量減少，學生人數與相關學術人員也減少，資訊技術的發展以及高等教育資金改變，使圖書資訊學領域處於動蕩不安。圖書資訊學校回應，建議增加學程的結構靈活性，並提升學術人員研究出版與學術產出。澳洲圖書館與資訊學會，鼓勵更多成員參與認證，並對未來前進充滿希望。本章觀察澳洲圖書資訊學教育必須以多元市場的利基重新思考教育的方向，且需回應不同的工作環境，才是澳洲圖書資訊學教育生存的關鍵因素。

　　澳洲圖書資訊學教育的發展，歷經圖書館在職訓練時期、圖書館學會的資格考試時期、與圖書資訊學教育時期，而發展成澳洲模式。第一階段是圖書館在職訓練，1937年，澳洲圖書館員學會成立，圖書館專業意識抬頭，才開始引進英國圖書館學會資格考試模式，並從1944年實施至1981年取消，改採圖書館考試確保圖書館員的專業資格。1959年，澳洲在大學設立圖書館學系所，澳洲圖書資訊學教育開始發展。澳洲圖書資訊學教育經過60年的發展，學校數量逐漸減少至現今7所圖書資訊學系所與13所技術與推廣學程。

　　綜上所述，歸納澳洲圖書資訊學教育的影響因素包括：（1）英國模式的影響：英國學會的資格考試與學會認可模式影響澳洲圖書館學教育發展。（2）圖書館員專業形成：由於澳洲肯定圖書館學是專業，並且將專業分級：包括圖書資訊專業人員課程、圖書館技術員課程與教師圖書館員課程，來培育專業與類專業人才。（3）專業學會的領導：澳洲圖書資訊學課程受到澳洲圖書館與資訊學會的認可制度影響。（4）澳洲專業認證架構影響圖書館員專業資格與專業能力。（5）澳洲政府教育政策影響圖書資訊學校的設置與發展。（6）科技影響澳洲圖書資訊學教育，並推動遠距教育。

7.3圖書資訊學教育制度

　　澳洲圖書資訊學教育具有多元性，此與其高等教育制度及技職教育制

度相關。澳洲學生在完成十二年級學業並通過高中畢業會考後，即具備申請進入大學或職業訓練學院及科技大學的資格。澳洲高中後的教育制度分為二種，一為高等教育（Higher Education），二為職業教育與訓練制度（Vocational Education and Training，簡稱VET）。澳洲資歷架構（Australian Qualifications Framework，簡稱AQF）是規定澳洲教育資格標準，其將澳洲高等教育學位分為學士學位（Bachelor Degree）、碩士學位（Master Degree）、博士學位（Doctor Degree）（Australian Qualifications Framework [AQF], 2021）。

有關技職教育，澳洲將技術暨推廣教育（Technical and Further Education，簡稱TAFE），稱為職業教育與訓練（Vocational Education and Training，簡稱VET）。VET提供澳洲各系友學習專業技術或進階教育的機會，其課程設計以市場導向，著重技能訓練，期望增加畢業就業機會（教育部，2020）。TAFE授予專科文憑（Diploma）、專科進階文憑（Advanced Diploma）、和1至4級證書（Certificate）三種（AQF, 2021）。

澳洲圖書資訊學學校有些設在大學，有些在TAFE開設圖書館技術員學程。澳洲圖書資訊學學校由澳洲圖書館與資訊學會認可，分為四類：圖書館員（Librarian）、圖書館技術員（Library Technician）、教師館員（Teacher Librarian）、與圖書館助理（Library Assistant）。澳洲圖書館與資訊學會認可的圖書館員學程，有7校，提供15種認可的學程（ALIA, 2021c；2021f）。圖書館技術員（Library Technician）目前認可的13種學程由13所大學和TAFE機構提供，多為圖書資訊服務文憑課程。這些課程以培育類專業人員為目的，授予文憑資格（ALIA, 2021d）。本章以澳洲圖書館與資訊學會認可設置在大學的圖書館員學程為研究範圍。

澳洲圖書資訊學專業教育分為學士班與研究所二個階段，以培育圖書館與資訊服務專業人員，授予學士學位（Bachelor Degree）、學士後文憑（Graduate Diploma）、學士後證書（Graduate Certificate）、碩士學位（Master Degree）、與博士學位（Doctor of Philosophy）。本節以學士班、學士後文憑、碩士班、博士班為研究對象。

本章調查2021年澳洲大專院校設立的圖書資訊學學院、所、系現況，

主要依據澳洲圖書館與資訊學會認可的圖書資訊學課程與資格（Accredited Courses and Qualifications）名單，包括下列7校：Charles Sturt University（簡稱Charles Sturt）、Curtin University of Technology（簡稱Curtin）、Monash University（簡稱Monash）、Open Universities Australia（簡稱OUA）、Queensland University of Technology（簡稱QUT）、Royal Melbourne Institute of Technology（簡稱RMIT）、University of South Australia（簡稱South Australia）。另有2校：Charles Darwin University（簡稱Charles Darwin）、與 University of New South Wales（簡稱UNSW），未獲認可學校，不在本節研究範圍之列（ALIA, 2021b）。以下分別從一般校況、圖書資訊學系所名稱、學程與課程結構、遠距教育等析述。

7.3.1 一般校況

本章以澳洲圖書館與資訊學會認可的7個圖書資訊學系所為研究對象（ALIA, 2021b），蒐集澳洲圖書資訊學會網站與7學校網站資料，包括澳洲圖書資訊學系所隸屬的7所大學的一般情形，介紹各大學的所在地、成立年、公立或私立、全校學生人數，參見表7-2。

表7-2 澳洲圖書資訊學系所及其所在大學校況一覽表

校、所名稱	所在地	學校成立年	公私立	學生人數	系所成立年	教育學程
1. Charles Sturt Univ., School of Information and Communication Studies	New South Wales	1989	公立	43,679	1974	學士、碩士、博士、全面遠距
2. Curtin Univ., Faculty of Humanities, School of Media, Creative Arts and Social Inquiry	Perth, Western Australia	1986	公立	59,683	2000	學士、學士後文憑、碩士、博士、遠距混成

表7-2 澳洲圖書資訊學系所及其所在大學校況一覽表（續）

校、所名稱	所在地	學校成立年	公私立	學生人數	系所成立年	教育學程
3. Monash Univ., Faculty of Information Technology	Caulfield, East Victoria	1958	公立	86,753	1975	學士、學士後文憑、碩士、博士、遠距混成
4. Open Univ. Australia	online	1993	公立	N/A	N/A	學士、學士後文憑、碩士、全面遠距
5. Queensland Univ. of Technology, School of Information Systems	Queensland	1849	公立	52,510	1973	學士、碩士、博士、遠距混成
6. Royal Melbourne Institute of Technology, School of Information technology	Melbourne, Victoria	1887	公立	94,933	1963	學士、學士後文憑、碩士、博士、遠距混成
7. Univ. of South Australia, School of Information Management	South Australia	1865	公立	35,330	1971	學士後文憑、碩士、博士、遠距混成

資料來源：Australian Library and Information Association (2021b). *Accredited Courses and Qualifications*. https://www.alia.org.au/librarians-and-information-specialists

7.3.1.1 所在地

澳洲有六州：新南威爾斯（New South Wales）、維多利亞（Victoria）、塔斯馬尼亞（Tasmania）、南澳（South Australia）、西澳（Western Australia）、昆士蘭（Queensland）六州，以及北領地（Northern Territory）和澳洲首都領地（Australia Capital Territory）。澳洲圖書資訊學系所7校，分布在全國五州，1校為空中大學聯盟（OUA），如下所列：

新南威爾斯（New South Wales）1校：Charles Sturt

維多利亞（Victoria）2校：Monash與RMIT

南澳（South Australia）1校：South Australia

西澳（Western Australia）1校：Curtin

昆士蘭（Queensland）1校：QUT

線上1校：OUA

7.3.1.2成立年

澳洲學會認可的圖書資訊學系所在十九世紀成立學校有3校：QUT，RMIT, South Australia，其餘4校都是在二十世紀成立的大學。

7.3.1.3公立或私立

澳洲學會認可的圖書資訊學系所全部為公立學校。

7.3.1.4全校學生人數

澳洲圖書資訊學校的全校學生人數差距很大，全校學生人數最多的大學為RMIT的94,933人，其次依序為Monash University（86,753人）、South Australia（62,509人），以及Curtin（59,683人）。各校多在30,000人以上。

7.3.2圖書資訊學系所基本資料

澳洲圖書資訊學系所基本資料包括：系所名稱、系所隸屬學院、系所成立年、教育層級與學程結構、入學資格、畢業要求、教師概況與學生概況。

7.3.2.1系所名稱

澳洲圖書資訊學學校皆為公立學校，並無私立學校。澳洲圖書資訊學系所名稱分歧，多用「資訊」（Information）名稱，已無圖書館（Library）名詞出現，系所名稱以資訊科技2校，其他為資訊科技、資訊管理、資訊研究、資訊系統、媒體與社會科學。

表7-3 澳洲圖書資訊學系所名稱分類表

名稱	學校	數量
Information Technology	Monash; RMIT	2
Information Management	South Australia	1
Information Studies & Communication	Charles Sturt	1
Information System	QUT	1
Media, Creative Arts and Social Inquiry	Curtin	1
其他	OUA	1

7.3.2.2 系所隸屬學院

澳洲圖書資訊學系所只有Curtin是獨立學院，其他隸屬在各學院之下，隸屬學院大多不同，以資訊科技學院為主。隸屬學院主題包括資訊科技3校：Monash、QUT、RMIT；科學1校：Charles Sturt；傳播1校：Curtin；資訊管理1校：South Australia。

7.3.2.3 系所成立年

澳洲圖書資訊學系所共計7校，已知成立年有6校，1校（OUA）未知。6校中最早設立者依序為：RMIT（1963）、South Australia（1971）、QUT（1973）、Charles Sturt（1974）、Monash（1975）、以及Curtin（2000）。

7.3.2.4 教育層級與學程結構

澳洲圖書資訊學系的課程大都採行校園或遠距學習模式，其中Charles Sturt與OUA 2校提供全遠距課程，未有實體課程修習。澳洲圖書資訊學教育制度完整，研究所教育成熟。學士班授與資訊管理、資訊科技、文學、商學、應用科學、圖書資訊學管理等學士學位。研究所授與的學位包括：圖書資訊管理、科學、資訊與圖書館學、資訊管理、資訊研究、教育、知識管理、電子資訊管理等研究文憑，商學、文學、資訊管理與系統、應用科學碩士學位。澳洲圖書資訊學系所提供學程包括：學士班6校、學士後文

憑5校、碩士班4校、博士班6校、遠距教育7校、參與iSchools聯盟2校，參見表7-4。其中Monash、RMIT二校提供學士、碩士、博士三級完整學程。澳洲有2校圖書資訊學系所加入iSchools聯盟，包括Curtin、Monash（iSchools Organization, 2021）。

表7-4 澳洲圖書資訊學系所學程一覽表

學校	學士班	學士後文憑	碩士班	博士班	遠距教育	**iSchools**
Charles Sturt	V		V	V	V	
Curtin	V	V		V	V	V
Monash	V	V	V	V	V	V
OUA	V	V			V	
QUT	V		V	V	V	
RMIT	V	V	V	V	V	
South Australia		V		V	V	
總計	6	5	4	6	7	2

7.3.2.5 入學資格

有關大學入學，澳洲申請入學資格包括：學歷要求、學業成績單、簡歷、推薦函、讀書計畫書等。澳洲圖書資訊學學士班入學要求為高級中學教育證書之三級或四級證書，修業年限為3至4年。學士後證書的入學要求為學士班學位或同等學歷，修業年限為半年至1年。學士後文憑的入學要求為學士班學位或同等學歷，修業年限為1到2年。碩士學位的入學要求為學士班學位或同等學歷，修業年限為1至2年。進修「教師圖書館員」（Teacher Librarianship）碩士學位，另外要求須具備2年教學經驗。圖書資訊學博士學位，入學要求為碩士學位或榮譽學士學位，有些學校要求要有專業經驗，修業年限為3至4年（Department of Education, Skills and Employment, 2015）。

7.3.2.6 畢業要求

有關畢業要求，澳洲教育部以澳洲資歷架構（Australian Qualification Framework，簡稱AQF）為全國架構，作為不同學習路徑（正規、非正規與非正式學習）學分轉換與先前學習認可之機制（教育部，2020）。澳洲圖書資訊學系所開設認證課程總學分數不等，須視各校規定。學士班畢業要求約144學分。碩士班分為以修課為主的碩士，與以研究和撰寫論文為主的哲學碩士（Master of Philosophy，簡稱Mphil），經學院審核後方有資格進入博士班。圖書資訊學博士班以研究為主，除了須撰寫論文，也要視指導教授的要求修習相關課程，完成後可取得哲學博士（Philosophy of Doctor，簡稱Ph.D）（Department of Education, Skills and Employment, 2015）。

學士學位年限3至4年；榮譽學士學位（Bachelor Honors Degree），年限4年，需撰寫論文並通過審核後獲得學位，具有榮譽學士學位者取得修習博士學位之資格。介於學士學位與碩士學位之間的教育，稱為學士後文憑（Graduate Diploma）與學士後證書（Graduate Certificates），此類文憑或證書並非碩士學位證書。碩士學位年限1至2年。此學位的取得有兩種修習方法，一是以修課的方式取得，無須寫論文取得碩士學位；二是以研究的方式取得，無須修課，以撰寫論文為主，並通過外部審核後取得哲學碩士學位。博士學位年限3至4年，以教育領域為例，分為教育博士學位（Doctor of Education）與哲學博士學位（Doctor of Philosophy）兩種。教育博士學位是以修課方式為主取得的學位；而以研究為主取得的學位即為哲學博士學位，以論文撰寫為主，另須視指導教授的要求修習相關課程（教育部，2020；AQF, 2021）。

7.3.2.7 教師概況

澳洲圖書資訊學系所教師資格聘用要求必須擁有博士學位。但長期以來澳洲教育界與圖書館業界存在一些衝突，圖書館界反映教師們過於理論化，無法培育好的新手館員。因此，澳洲圖書資訊學會對教師提出下列要求：（1）必須有學術水準與專業資格以作好教學。（2）要有研究經驗。（3）對圖書資訊學理論與實務有貢獻。（4）可將知識與經驗整合於教學。（5）學校要有適當的師生比率（Maxine K. Rochester, 1997）。

　　澳洲圖書館與資訊學會建議每所圖書資訊學系所教師以10至14位合宜，但澳洲教師數量逐年降低，1978年的19個圖書資訊學系所，約有167名教職人員，到了2008年降為64名，2016年只剩55名教師，顯示澳洲圖書資訊學校之教師人數不足（Willard & Wilson, 2016）。

7.3.2.8學生概況

　　有關學生現況，根據澳洲圖書館與資訊學會發布的〈澳洲圖書館與資訊學會圖書資訊學教育、技能與人員趨勢報告〉，自2011年至2018年期間，學生人數從2011年的962人，至2014年的1,000人，到2018年降至826人。研究所學生人數呈現波動狀態，從2011年的571人，到2018年的567人，但學生人數仍相當接近；學士班之學生人數從2011年的391人到2018年的259人，學生人數明顯下降（ALIA, 2019a）。

7.4課程設計

7.4.1課程綜述

　　澳洲圖書資訊學專業課程的理念受到許多影響，首先是社會需求的多元化，如圖書館員、資訊專業人員、圖書館技術員和教師圖書館員等，所以形成澳洲圖書資訊學校多元化。此外，澳洲圖書館與資訊學會（ALIA）的領導，加上澳洲職業教育、訓練制度、澳洲多元文化社會、與社會變遷形成今日澳洲圖書資訊學課程樣貌。

　　澳洲圖書館與資訊學會負責澳洲圖書資訊學課程的認證，凡申請課程認證的機構必須在TEQSA（Tertiary Education Quality and Standards Agency）或ASQA（Australian Skills Quality Authority）先行註冊，共同促進圖書資訊學課程的開發與改進（ALIA, 2019b）。澳洲圖書館與資訊學會要求圖書資訊學課程須涵蓋下列10大基礎知識領域：資訊環境、資訊服務、資訊管理、資訊素養與學習、數位科技、社區參與、領導與管理、研究、資訊行為技能、專業精神等（ALIA, 2020d）。澳洲圖書館與資訊學會認證制度影

響學校課程，如圖書資訊學課程應涵蓋檔案館與圖書館專業人員所須具備的核心知識、技能和能力，畢業生必須完成至少10天的實習課程（ALIA, 2021e）。

圖書資訊學課程內容除了遵循前述專業的核心知識外，還須具創新性與調適性，以預測和處理影響圖書資訊機構服務未來變化。澳洲圖書館與資訊學會也要求課程中必須為學生提供實習或學習的機會，例如實地考察、專案計畫和校外參訪等。使畢業生能夠應用理論、實踐圖書資訊學知識與具備就業相關技能，表現專業精神和保持終身學習能力，才能獲得卓越成就（ALIA, 2019b）。澳洲有2所圖書資訊學系所加入iSchools聯盟（iSchools, 2021），這也對圖書資訊學課程發生影響，融入資訊相關學門的知識，例如電腦科學、傳播、圖書館學、管理與教育科技，以促進圖書資訊學教育跨領域整合，有助於提升澳洲圖書資訊學教育國際知名度（Willard& Wilson, 2016）。

另一方面，澳洲重視教師圖書館員（Teacher Librarians）教育，在學士班課程，設計將圖書資訊學與教學整合，成為課程的主要部分並符合學會的課程標準。對於具教師資格的老師提供的課程，應提供直接和圖書資訊學與其他相關領域主題的學習，若是設於研究所階段，入學要求包括學生應有的教學資格（Teaching Qualification）（王梅玲，2005）。教師圖書館員學程核心課程包括：閱讀推廣、數位與資訊素養、資訊與傳播科技融合探究式教學法等，以培養具備教學、管理、領導、合作，以及社區參與能力的教師圖書館員（ALIA, 2016）。

7.4.2 圖書資訊學課程例說

本章以Charles Sturt University圖書資訊學系所為例，其名稱為「資訊研究」School of Information Studies，隸屬於科學學院，1974年成立，前身是Riverina College of Advanced Education，全部課程採用遠距教學。該研究所涵蓋七大專業：兒童圖書館學、數據管理、資訊架構、資訊管理學、領導力、圖書館學，以及文書與檔案管理（Charles Sturt University, 2021）。該研究所提供學士班（Bachelor of Information Studies）、碩士班（Master of

Information Studies)、以及教育與教師圖書館員碩士班(Master of Education, Teacher Librarianship),並皆獲得澳洲圖書館與資訊學會認可（ALIA, 2021c, 2021f）。

　　本章以Charles Sturt University資訊研究碩士班課程為例說明課程設計，其以修習課程為主，畢業學分數為96學分，學生至少要修9種必修課程（64學分），以及4種選修課程（32學分），課程列如表7-5。該研究所已有40多年歷史，必修課程以傳統圖書館學為主，但在選修課程中提供了資訊管理和程式設計等新興課程，以滿足二十一世紀市場多元需求。

表7-5　Charles Sturt University碩士班課程一覽表

必修課程	選修課程（下列課程選擇4種課程）
Foundations for Information Studies	Preservation of Audiovisual Materials
Information Sources and Services	Information Literacy
Professional Study Visit	Digital Curation and Preservation
Professional Placement Experience	Research Data Management
Management of Information Agencies	Issues in Bibliographic Access
Metadata for Resource Discovery	Information Services Around the World
The Information Society	Designing and Delivering Programs for User Engagement
Collections	Working with Special and Cultural Collections
Research in Practice	Library Services for Children and Young Adults
	Social Networking for Information Professionals
	Marketing of Libraries and Information Agencies
	Community Histories
	Community Outreach
	Project and Event Management
	Game Based Learning
	Extended Essay in Information Studies

該所另外開設針對教師圖書館學的教育碩士學程（Master of Education, Teacher Librarianship），全職學生修課一年成為合格教師圖書館員，必須修習下列六門課程：教師圖書館事業導論、課程資源、教師圖書館員領導、描述與分析教育資源、實務研究、專業經驗和作品集，與二門選修課，並且完成一篇碩士論文，以取得教師圖書館員的教育碩士學位。

7.4.3 遠距教育

澳洲的遠距教育始於1911年昆士蘭大學（University of Queensland）授予第一個校外的學士學位，1970年代，與電腦科技與網際網路結合，促使遠距教學在澳洲發展，圖書資訊學領域也不落人後。1975年，Adelaide College of Advanced Education設立Department of School Librarianship提供遠距教育。1978年，Northern Territory 提供遠距課程，同年，澳洲圖書館學會開始認可圖書館學函授課程。1979年，Riverina College of Advanced Education開設函授課程，並於1980年舉辦全國圖書館學函授教育研討會（王梅玲，2005）。

澳洲7所圖書資訊學系所全部提供遠距課程，包括二種模式：全面遠距課程與遠距實體混成二類，全面遠距教育有2所學校：Charles Sturt、OUA，其他5校皆是線上與實體混成課程。

表7-6 澳洲圖書資訊學系所遠距課程模式

課程提供方式	學校	數量
全面遠距	Charles Sturt，OUA	2所
遠距與實體混成	Curtin，Monash，QUT，RMIT，South Australia	5所

7.5圖書資訊學教育的評鑑

7.5.1認可的意義與功能

澳洲圖書資訊學教育認證採用學位「課程認可」（Accredited Courses）制度，主要由澳洲圖書館與資訊學會負責認證，範圍包括圖書資訊學學士班與研究所，含學士、研究文憑和碩士學程，以及職業教育與訓練（VET）學程。澳洲圖書資訊學教育評鑑主要由澳洲圖書館與資訊學會進行學校課程認可，包括圖書館與資訊專家、圖書館技術員、教師圖書館員三類專業，並於網站公布通過認證的學校與學程，供大眾參考（ALIA, 2021）。本節從澳洲圖書資訊學會之認可單位與程序、認可標準以及其認可的圖書資訊學課程探討澳洲圖書資訊學教育評鑑。

專業認證旨在確保修習課程的畢業生具備專業資格與能力，澳洲圖書館與資訊學會課程認可之目的：「為澳洲圖書資訊服務部門提供卓越的教育，並確保所學生都獲得高質量的課程，並有效地提供適當資源以支援學習」。澳洲圖書館與資訊學會確保認證過程是透明、公開且嚴謹的，凡是修過澳洲圖書館與資訊學會認可的課程畢業生即獲得申請澳洲圖書館與資訊學會專業會員的資格（ALIA, 2021a）。

澳洲圖書館與資訊學會認可的課程範圍包括學士班學程、學士後文憑學程、碩士學程、教師圖書館員學程，以及技術與推廣教育機構（TAFE）的圖書館技術員培訓學程等提供課程。課程認可制度有下列功能：（1）規定圖書資訊學專業人員職責；（2）與現行教育體系緊密連繫；（3）說明基層工作者晉升機會；（4）確保圖書資訊學課程品質；（5）促進雇主參與圖書資訊學教育（ALIA, 2021e）。

7.5.2認可程序

澳洲圖書資訊學系所課程認可由澳洲圖書館與資訊學會的認證與標準委員會（Accreditation and Standards Committee of the Board）承辦，主要責

任是發展教育政策與實施課程認可，該委員會主要工作是對澳洲圖書資訊學系所課程進行認證，自1990年開始依據學會標準實施認證程序。認證與標準委員會的課程評鑑程序包括：造訪圖書資訊學系所，與老師、學生、行政主管討論，檢視系所文件與母機構的政策與需求等。此外，學會在審查課程時考慮關鍵標準包含：課程設計；課程內容；學生能力評估；人事；資源；品質保證機制；基礎設施。由於課程的提供方式多樣化，例如實體課程和遠距課程，澳洲圖書館與資訊學會致力於不同的教學模式下確保教學品質一致（ALIA, 2013）。

7.5.3 認可標準

澳洲圖書館與資訊學會負責圖書館專業資格認可，分為圖書館員與資訊師（Librarians and Information Specialists）、圖書館技術員（Library Technicians），以及教師圖書館員（Teacher Librarians）三種認證。認證工作內容根據二項標準認可下列三類課程：圖書館員與資訊師課程、圖書館技術員課程與教師圖書館員課程。澳洲圖書資訊學學位課程認可制度，要求申請者需符合下列兩項專業資格標準（Qualification Standards），說明如後：

1. 〈檔案館、圖書館和文書管理資訊專業人員的基礎知識、技能與特質〉（Foundation Knowledge, Skills and Attributes Relevant to Information Professionals Working in Archives, Libraries and Records Management），係由澳洲圖書館與資訊學會（ALIA）、澳洲檔案人員學會（Australian Society of Archivists，簡稱 ASA）以及澳洲文書與資訊管理專業學會（Records and Information Management Professionals Australasia，簡稱 RIMPA）共同發展，2014 年制訂，2015 年、2020 年修訂標準，包括下列基礎知識、技能與特質：資訊環境的廣泛背景知識，資訊架構，組織和取用的目的和特徵，資訊管理的過程與實務，資訊資源、服務與產品，適用技能，專業發展（ALIA, 2020c）。

2. 澳洲圖書館與資訊學會〈初等圖書館與資訊專業人員的基礎知識〉（Foundation Knowledge for Entry-Level Library and Information Professionals），原名為：〈圖書館與資訊機構：核心知識、技能與特質標

準〉（The Library and Information Sector: Core Knowledge, Skills and Attributes），澳洲圖書館與資訊學會於 1998 年發布〈初等圖書資訊專業人員的基礎知識政策〉，並於 2009 年、2012 年、2014 年、2020 年修訂，內容針對圖書資訊專業人員的基礎知識政策詳述其目的、政策目標、原則、聲明及初等圖書資訊專業人員的基礎知識領域，並羅列圖書資訊專業人員所需具備的十類能力：（1）資訊環境；（2）資訊服務；（3）資訊管理；（4）素養和學習；（5）數位技術；（6）社區參與；（7）領導與管理；（8）研究；（9）行為技巧；（10）專業精神。該標準提出圖書館與資訊機構進行專業實務時需要的知識與技能，因而圖書資訊學專家需獲取這些知識，並在就業展現相關的技能，以面對未來在各種環境中的挑戰和變動（ALIA, 2020a）。

綜合上述兩種標準，歸納澳洲圖書資訊學專業核心知識包括：瞭解廣泛的資訊環境，資訊尋求，資訊基礎設施，資訊機構，資訊取用，資訊服務、資源與產品，資訊素養教育，知識產生。並強調軟實力包括：有效的溝通技巧，職業道德標準與社會責任，專案管理技巧，批判性、反思性與創造性思維，解決問題的能力，商業頭腦，建立夥伴關係與聯盟的能力，有效的團隊關係技巧，自我管理能力，終身學習，ICT和技術應用技能，與資訊素養技能（ALIA, 2020c）。

澳洲圖書館與資訊學會課程認證作業要求申請學校具備下列資料：（1）圖書資訊學課程涵蓋檔案館與圖書館管理等專業人員須具備的核心知識與技能，並且教師圖書館學課程應與教師圖書館員政策有關。（2）學校需提交完整的計畫和年度課程申報表，以回應認證小組的建議，認證以五年為週期。（3）每學年至少召開兩次課程／計畫常務委員會會議，並將會議紀錄附在年度課程申報表中。（4）要求即將畢業的學生完成至少10天的實習。（5）提名一位代表參與兩年一度的澳洲圖書館與資訊學會高等教育者論壇或一年一度的澳洲圖書館與資訊學會教育者論壇。（6）在獲得認可的學程中提名一位澳洲圖書館與資訊學會學生獎。（7）繼續保持澳洲圖書館與資訊學會會員資格。（8）澳洲圖書館與資訊學會有權利在特殊情況時重新評估課程（ALIA, 2021e）。

7.5.4 認可結果

　　澳洲圖書館與資訊學會的課程認可對象涵蓋學士班、學士後文憑、碩士班與教師圖書館學碩士班，定期將認可課程公布於學會網站。目前澳洲圖書館與資訊學會認可的學程及課程（Accredited Courses and Qualifications）（ALIA, 2021b），包括7所學校提供的13種認可的學程，參見表7-7：3種學士學程、3種學士後文憑學程、9種碩士學程。有2校提供教師圖書館學學程：Charles Sturt與QUT。

表7-7　澳洲認可的圖書館與資訊專業學程

學校	認可的學程
1. Charles Sturt	1-1Bachelor of Information Studies（with specializations） 1-2Master of Information Studies（with specializations） 1-3Master of Education（Teacher Librarianship）
2. Curtin	2-1Graduate Diploma in Information and Library Studies 2-2Master of Information Management 2-3Bachelor of Arts（Librarianship and Corporate Information Management）（Accredited until 31 December 2022）
3. Monash	3-1Master of Business Information Systems（Accredited until 31 December 2021）
4. OUA	4-1Graduate Diploma in Information and Library Studies 4-2Master of Information Management 4-3Bachelor of Arts（Librarianship and Corporate Information Management）（Accredited until 31 December 2022）
5. QUT	5-1Master of Information Science（Library and Information Practice）（Accredited to November 2021） 5-2Master of Education（Teacher-Librarianship）（Accredited to December 2022）
6. RMIT	6-1Master of Information Management
7. South Australia	7-1Graduate Diploma of Information Management 7-2Master of Information Management

7.6教育變革與發展趨向

本節從教育特色、教育變革、遭遇問題以及發展趨向四方面探討澳洲圖書資訊學教育變革與未來發展。

7.6.1教育特色

澳洲從1959年University of New South Wales 成立第一所圖書館學系所，開始陸續開設相關系所，圖書館員教育納入正規教育體系。因應高等教育的變革與資訊科技的發展，澳洲圖書資訊學校內容豐富，除了圖書館與專業資訊人員教育外，還增加了教師圖書館員與圖書館技術員課程。同時，澳洲圖書館與資訊學會也積極融入各個領域人才成為資訊專業人員，開拓澳洲圖書資訊教育的多元化發展。

澳洲圖書資訊學教育具有以下特色：（1）澳洲圖書資訊學教育評鑑主要由澳洲圖書館與資訊學會進行學程與課程認可，學生修習認可的學程獲取學位後，即可取得專業資格，此認可制度確保澳洲圖書資訊學專業教育的品質。（2）澳洲重視中小學學生資訊能力的養成，而建立了教師圖書館員的教育制度，澳洲圖書館與資訊學會與澳洲學校圖書館學會共同提出了〈教師圖書館員政策規範〉，以培育優質的教師圖書館員。（3）澳洲在技術暨推廣教育機構提供圖書館技術員課程，多為圖書資訊服務文憑課程，以培養多元的資訊人員。（4）澳洲在大學設立圖書資訊學系所，提供圖書資訊專業人員課程，以培育圖書資訊學專業人員。（5）澳洲圖書資訊學學程需先進行TEQSA或ASQA的註冊才能申請澳洲圖書館與資訊學會的課程認證申請。（6）澳洲專業資歷框架（Australian Qualification Framework，簡稱AQF）影響澳洲圖書資訊學教育，圖書資訊學課程須符合不同層級學歷資格之學習成效，也成為圖書資訊專業人員、圖書館技術員和教師圖書館員教育與任用的依據。

7.6.2 教育變革

Martin Report、Dawkins Report、與澳洲專業資歷框架（AQF）對澳洲圖書資訊學教育產生影響。AQF涵蓋中等教育、高等教育、職業教育與訓練機構所頒發的各種資歷，此架構影響了圖書資訊學專業人員的資格，並要求教育機構更改課程的學習內容以符合不同層級學歷資格之學習成效。（Chawner, 2015）。為了確保澳洲圖書資訊學課程的學習成效符合AQF的要求，澳洲圖書館與資訊學會規範了圖書資訊專業人員須具備的基礎知識與技能，藉由描述知識與技能程度，便能知道畢業生具備相關能力的程度（ALIA, 2020d）。

Partridge等（2011）發表〈重新構思與定位二十一世紀的澳洲圖書資訊學教育報告〉（Re-conceptualizing and Re-positioning Australian Library and Information Science Education for the 21st century），由11所圖書資訊學系所和12位專業圖書資訊學教育者合作，針對圖書資訊學學生、就業市場與教育者三個方面研究調查，為制定澳洲資訊專業教育框架（Framework for the Education of the Information Professions in Australia），並提出11個推動圖書資訊學教育的建議，奠定澳洲圖書資訊學教育的未來教育方針。

澳洲圖書館員學會於1949年改名為澳洲圖書館學會，1989年轉型為澳洲圖書館與資訊學會，並採納更多相關的資訊專業人員成為圖書館員或圖書館技術員，該學會成為代表澳洲圖書資訊單位的專業組織。因應社會需求與近年來網際網路及數位技術的快速變遷，圖書館學教育自1990年代開始進入改革，許多圖書資訊學系所相繼更名，在系所名稱中加入資訊名稱，如資訊系統、資訊管理、資訊研究等，已無圖書館名詞出現。圖書資訊學專業課程內容也陸續改變，近年來澳洲圖書資訊學教育中出現了許多新興課程，並增加跨學科領域專業知識和技能，如行銷與專案管理、商業與設備管理、資訊科技、教學等，並重視圖書館資訊專業人才之軟實力的培養，以滿足二十一世紀多元的市場需求（ALIA, 2020b）。

7.6.3 遭遇問題

Willard與Wilson（2016）探討澳洲圖書資訊學教育結構與內容改變，針對七所澳洲圖書資訊學校現況，反映圖書資訊學教育面臨下列問題，包括：（1）澳洲圖書資訊學系所數量太多。（2）圖書資訊學系所的學術研究興起。（3）圖書資訊學學程逐漸減少。（4）圖書資訊學課程缺乏實作培訓。（5）學生數量下降。（6）學術人員不足。（7）缺乏研究成果。

澳洲圖書館與資訊學會也在2019年與2020年報告分析圖書資訊學教育的問題，說明如下：

1. 圖書資訊學教育的永續發展受到阻礙

   2012年，有30所大專院校提供49門圖書資訊學學程，3所大專院校提供教師圖書館員資格學程。2020年20所學校提供28門學程，僅有1校提供教師圖書館員學程，顯示出圖書資訊學大學學者、研究人員和TAFE教師的不穩定性。為了確保收支平衡，各機構減少全職人員的數量，許多圖書資訊學教師以兼職、短期合約的方式被雇用，在這種背景之下，教育者對圖書資訊學課程的未來產生不確定，同時阻礙教師進行創新的機會（ALIA, 2019c）。

2. 雇主參與低落

   獲得澳洲圖書館與資訊學會認可的學校須與圖書館建立良好的關係，以確保課程內容持續反映工作場所的情況，使畢業生的知識和技能與工作相關性和價值。事實上雇主不太尊重圖書資訊學資格，許多人表示缺少職業發展與專業學習的機會、工作人員與新進的專業人員接觸和指導的時間降低、對學術探索和專業問題的關注日益縮減、缺少具有專業技能的人員，這些問題都導致了不具備圖書資訊學專業資格的工作人員進入市場（ALIA, 2019c）。

3. 圖書館就業市場單一

   為了使圖書資訊學從業人員的組成背景多樣化，圖書資訊學教育學費必須是可負擔且容易取得的。然而，澳洲的圖書資訊學教育費用甚高，加上COVID-19對大學與TAFE的預算產生衝擊，人們認為獲得圖書資訊學

資格所付出的費用與機構提供給畢業生的薪水並不平衡（ALIA, 2020b）。

4. COVID-19對圖書資訊學教育帶來挑戰

2020至2021年間COVID-19大流行影響了澳洲的教育系統，導致多數高等機構的關閉。澳洲圖書資訊學教育因應對COVID-19大流行而關閉的學程包括：Curtin University學士學程；Queensland University of Technology之教育碩士學程（教師圖書館員），使得澳洲圖書資訊學教育更艱鉅（ALIA, 2021a）。

7.6.4 發展趨向

澳洲圖書館與資訊學會在2019年〈圖書資訊學教育的未來報告〉（The Future of LIS Education），對於澳洲圖書資訊學教育專業提出10個未來發展趨向，包括：（1）圖書資訊學校的領導者須致力於持續發展圖書資訊專業。（2）保障圖書資訊學教育工作者的職位，並支持他們創新學習。（3）促進教育者、雇主、學生與畢業生間的互動。（4）與雇主一起開發圖書資訊學教育課程。（5）依照學生入學時的特性、興趣，發展多樣性知能，以利未來進入職場。（6）提供不同的途徑以獲得專業資格，並定義專業人員所需的新知識、新技能和新能力。（7）研究必須是可負擔的、靈活的、受到支持與可實現的。（8）提供知識、技能、與專業能力的框架。（9）促進持續專業學習。（10）學術界、研究人員、以及雇主之間應密切交流，以擴大圖書資訊學研究的範圍和影響力（ALIA, 2019c）。

澳洲圖書館與資訊學會在2020年發表的〈澳洲圖書資訊學教育的未來〉（The Future of Library and Information Science Education in Australia）報告與2021年發布的〈澳洲圖書館與資訊學會年度報告〉（ALIA Annual Report）中，預測下列的趨向，綜合說明如下：

1. 圖書館資訊專業人員培育途徑多元化

澳洲未來圖書館的從業人員不一定是具有圖書資訊學專業資格人員，澳洲圖書館與資訊學會歡迎各個國家、各種背景、或是從事法律、醫學、工程或資訊管理等不同行業的人們都加入學會會員（ALIA, 2020b）。

2. 擴大圖書資訊學專業範圍

圖書館與資訊服務雖屬於圖書館員和資訊專業人員的核心業務範圍，但雇主開始尋找其他學科領域的專業人員，例如：資訊技術和商業管理人員。因此圖書館員的核心知識與技能引起討論，未來必須重新定義圖書資訊學專業範圍，並擴大其他資訊專業人員進入圖書館的管道（ALIA, 2020b）。

3. 澳洲圖書館與資訊學會專業發展

澳洲圖書館與資訊學會支援會員的繼續學習與專業培養，在2014年，發布了非專業圖書館員認證的新途徑，主要對象為圖書館助理人員和在其他領域（如教育、文化管理）成員，學會為這些有認證的人員建立核心圖書館知識，也鼓勵會員們能在圖書館發揮他們的技能與經驗（ALIA, 2021a, 2020b）。

4. 澳洲圖書館與資訊學會加強培訓管道

澳洲圖書館與資訊學會提供培訓課程與工作坊，邀請會員或非會員參與此培訓課程（ALIA, 2021h）。2020年，澳洲圖書館與資訊學會提供18門課程與活動，主題包括：讀者諮詢、STEM學程、詮釋資料、數位化、採購、資訊搜尋、基礎編目、版權、資訊素養、行銷、RDA等。澳洲圖書館與資訊學會未來會提供更多線上培訓課程，使參與者能夠藉COVID-19疫情期間以提高他們的專業知識與技能（ALIA, 2021a）。

隨著網路科技和人工智慧的發展，學習不再受限於時間和空間，為了因應COVID-19帶來的挑戰，澳洲圖書資訊學教育開始轉變。七所圖書資訊學系所提供更多線上課程，遠距教育帶來彈性修課模式，未來澳洲圖書資訊學數位教學與數位學程將積極發展。

參考文獻

王梅玲（2005）。英美與亞太地區圖書資訊學教育。臺北市：文華。

沈姍姍（2000）。國際比較教育學，頁247。臺北：正中。

林巧敏（1995年12月）。澳大利亞的圖書館。在胡述兆（主編），**圖書館學與資訊科學大辭典**。https://terms.naer.edu.tw/detail/1679909/?index=1

林素甘（2001）。澳洲圖書資訊學教育，**圖書與資訊學刊**，**37**，79-94。

教育部（2020）。澳大利亞（Australia）學制手冊。**教育部外國大學參考名冊**，臺北市：教育部國際及兩岸教育司。

澳大利亞國際教育協會（2019）。**官方權威數據解析2019澳洲中小學教育發展趨勢**。https://kknews.cc/education/pl9j9p8.html

Australian Bureau of Statistics (2021). *Australia Population*. https://www.abs.gov.au/

Australian Library and Information Association (2013). *Course Accreditation Review 2013.* file:///D:/USER/Downloads/alia_course_accredition_review_2013.pdf

Australian Library and Information Association (2016). *ALIA-ASLA statement on teacher librarians in Australia.* https://read.alia.org.au/alia-asla-statement-teacher-librarians-australia

Australian Library and Information Association (2019a). *ALIA LIS Education, Skills and Employment Trend Reports.* https://www.alia.org.au/employment-and-careers/alia-lis-education-skills-and-employment-trend-report

Australian Library and Information Association (2019b). *Courses in library and information science.* https://read.alia.org.au/courses-library-and-information-science

Australian Library and Information Association (2019c). *The future of LIS education.* http://read.alia.org.au/future-lis-education

Australian Library and Information Association (2020a). *ALIA LIS education, skills and employment trend report 2019.* https://read.alia.org.au/alia-lis-education-skills-and-employment-trend-report-2019

Australian Library and Information Association (2020b). *The future of library and information science education in Australia: discussion paper.* http://read.alia.org.au/future-library-and-information-science-education-a ustralia-discussion-paper

Australian Library and Information Association (2020c). *Foundation Knowledge, Skills and Attributes relevant to Information Professionals working in Archives, Libraries and Records Management.* https://www. alia.org.au/open-access-resources/policies-standards-and-guidelines/found ation-knowledge-skills-and-attributes-relevant-information-professionals- working-archives

Australian Library and Information Association (2020d). *Foundation knowledge for entry-level library and information professionals.* https://www.alia.org.au/about-alia/policies-standards-and-guidelines/librar y-and-information-sector-core-knowledge-skills-and-attributes

Australian Library and Information Association (2020-2021). *The Future of Library and Information Science Education in Australia Discussion papers.* https://read.alia.org.au/future-library-and-information-science- education-australia-discussion-paper

Australian Library and Information Association (2021a). *2020ALIA Annual Report.* https://read.alia.org.au/australian-library-and-information-association- annual-report-2020

Australian Library and Information Association (2021b). *Accredited courses and qualifications.* https://www.alia.org.au/lis-careers/accredited-courses- and-qualifications

Australian Library and Information Association (2021c). *Librarians and information specialists.* https://www.alia.org.au/librarians-and-information- specialists

Australian Library and Information Association (2021d). *Library Technicians*. https://www.alia.org.au/library-technicians

Australian Library and Information Association (2021e). *LIS Educators*. https://www.alia.org.au/lis-educators

Australian Library and Information Association (2021f). *Teacher Librarians*. https://www.alia.org.au/teacher-librarians

Australian Qualifications Framework (2021). *Australian Qualifications Framework*. https://www.aqf.edu.au/

Charles Sturt University (2021). *School of Information Studies*. Retrieved from https://arts-ed.csu.edu.au/schools/sis/home

Chawner, B. (2015). Library and information studies education in New Zealand and Australia: Background, issues, and challenges. *Journal of Education for Library and Information Science, 56*(1), 17-26.

Council of Australian University Librarians (2021). *Statistics Services*. https://statistics.caul.edu.au/

Curtin University (2021). *School Websites*. https://humanities.curtin.edu.au/schools/media-arts-social-inquiry/

Department of Education, Skills and Employment (2015). *Country Education Profiles*. https://internationaleducation.gov.au/Documents/ED15-0091_INT_Australia_Country_Education_Profile_2015_ACC.pdf

iSchools Organization (2021). *Directory*. https://ischools.org/Directory?&tab=1

Monash University (2021). *School Websites*. https://www.monash.edu/it

National and State Libraries Australia (2021). *Australian Public Library Statistics 2019-20*. https://www.nsla.org.au/sites/default/files/documents/nsla-publibstats-2019-20.pdf

National Library of Australia (2021). *Records of the Australian Library and Information Association, 1931-2007.* https://catalogue.nla.gov.au/Record/2067340

Open Universities Australia (2021). *School Websites.* https://www.open.edu.au/study-online/humanities-social-science

Partridge, H., Carroll, M., Combes, B., Hider, P., Reynolds, S., Genoni, P., Henniger, M., Yates, C., Tanner, K., Burford, S., Ellis, L. (2011). *Re-conceptualizing and re-positioning Australian library and information science education for the 21st century [Final Report 2011].* Australian Learning and Teaching Council, Sydney, NSW.

Queensland University of Technology (2021). *School Websites.* https://www.qut.edu.au/science-engineering-old/schools/information-systems

Rochester Maxine K. (1997). Education in Academic Institutions (Eds.), *Education for Librarianship in Australia* (pp. 57-93). London: Cassell.

Royal Melbourne Institute of Technology (2021). *School Websites.* https://www.rmit.edu.au/study-with-us/information-technology

The Group of Eight (2021). *Study@Go8.* https://go8.edu.au/

University of South Australia (2021). *School Websites.* https://study.unisa.edu.au/information-management/

Willard, P., Wilson, C. S.; &Christine P. (December, 2001). Australian Professional Library and Information Education: Structural Changes in the 1990s. Australian *Academic and Research Libraries, 32*(4), 294-307

Willard, P., & Wilson, C. S. (2016). Reflection on: "Australian Professional Library and Information Studies Education Programs: Changing Structure and Content". *Australian Academic & Research Libraries, 47*(4), 261-269.

Wilson. S.; Kennan, M.A.; Boell, S. K.; Willard, P. (2012). From Practice to Academia: 50 Years of LIS Education in Australia. In Spink, A. & Singh, D. (Ed.), *Library and Information Science Trends and Research: Asia-Oceania* (pp. 15-56). Emerald.

第8章
紐西蘭圖書資訊學教育

王梅玲、李宗叡

紐西蘭（New Zealand）位於大洋洲，為太平洋西南方海域上的島國，鄰近澳洲，國土總面積約為27萬平方公里，主要由北島（North Island）與南島（South Island）及數個小島組成，南北島全長約為1,600公里，中間隔著庫克海峽（Cook Strait）。首都為位於北島的威靈頓（Wellington），第一大城市為奧克蘭市（Auckland），南島的第一大城市則為基督城（Christchurch）。官方語言為英語及毛利語，人口數約4,699,755人，70%為歐洲移民，最早定居於紐西蘭的毛利人僅佔總人口數的16.5%，其餘人口以亞洲、中東、拉丁美洲、非洲及南太平洋其他島國的人民居多（Stats NZ Tauranga Aotearoa, 2018）。該國以農林漁業為主，被籲為歐洲的一個海上農場，專門出口羊毛和乳製加工品（Sinclair, 2021），其地理分布參見圖8-1（沈姍姍，2000）。

1840年，紐西蘭成為英國殖民地，因此政府、司法體制、宗教、社會生活與教育制度上，均受到英國制度與文化相當的影響。1852年，英國國會通過紐西蘭的〈憲法〉（Constitution Act）確立了該國的自治。1907年，自殖民地轉為英屬自治領地，憲政上完全自主，直至1947年，通過了〈威斯敏斯特法規〉（Statute of Westminster），紐西蘭才正式地由殖民地轉變為獨立的國家。目前與澳洲同為大英國協之會員國，並以英國國王為國家最高虛位行政首長，由人民票選內閣總理負責管理國家事務（林素甘，2001）。

圖8-1　紐西蘭地圖

資料來源：沈姍姍（2000）。**國際比較教育學**，頁233，臺北：正中。

　　紐西蘭圖書館事業起源自1840年，英國殖民地時代，1841年，在首都威靈頓誕生第一座圖書館；1965年，成立紐西蘭國家圖書館（National Library of New Zealand）；1980年，在維多利亞大學（University of Victoria at Wellington，簡稱 UVW）創立第一個圖書館學系（Department of Librarianship），目前有三所圖書資訊學系所。紐西蘭圖書館事業與專業教育發展深受紐西蘭圖書館與資訊學會（Library and Information Association of New Zealand Aotearoa，簡稱LIANZA）影響。本章探討紐西蘭圖書資訊學教育將分別從：（1）圖書館事業概述，（2）圖書資訊學教育發展簡史，（3）圖書資訊學教育制度，（4）課程設計，（5）圖書資訊學教育的評鑑，（6）教育變革與未來趨向六方面研究。

8.1圖書館事業概述

　　紐西蘭圖書館事業共有3,099所圖書館。包括：1所國家圖書館——紐西蘭國家圖書館（National Library of New Zealand）；公共圖書館314所（National Library of New Zealand, 2021；Public Libraries of New Zealand, 2021）；根據紐西蘭政府文化與遺產部的描述，還有3所研究圖書館及2,500所的學校圖書館。學術圖書館有68所，含大學圖書館29所、理工學院圖書館20所、私立培訓機構圖書館14所、毛利人教育研究機構圖書館5所。另有專門圖書館213所（Millen, 2014），參見表8-1。依據紐西蘭統計局最新的人口普查資料，全國有4,038名的圖書資訊管理人員（Statistics New Zealand, 2018）。

表8-1　紐西蘭圖書館事業統計

類型	數量
國家圖書館	1
公共圖書館	314
研究圖書館	3
學術圖書館	68
學校圖書館	2,500
專門圖書館	213
總計	3,099

　　1841年，紐西蘭首都威靈頓（Wellington）誕生了第一所圖書館，文化與圖書的保存及傳播概念逐漸受到重視（張永寬，1972）。1966年，紐西蘭國家圖書館成立，由下列機構合併而成：（1）紐西蘭教育部1938年的，鄉鎮圖書館服務機構（Country Library Service），（2）1945年，成立的學校圖書館服務機構（School Library Service，簡稱SLS），（3）1946年，成立的國

家圖書館中心（National Library Centre），（4）1858年，建立的國會圖書館（General Assembly Library），（5）亞歷山大杜恩布圖書館（Alexander Turnbull Library）。這些機構在1965年經由紐西蘭圖書館學會（New Zealand Library Association，簡稱NZLA）促成的紐西蘭〈國家圖書館法〉（National Library Act）通過後，1966年，依法整合而成紐西蘭國家圖書館（黃翠嫩，1995）。1985年國會圖書館又從國家圖書館分離出去。

　　紐西蘭國家圖書館設在首都威靈頓，於1985年，新館興建完成。1990年，國家電影圖書館（National Film Library）加入至國家圖書館。2011年，紐西蘭國家圖書館隸屬於內政部資訊與知識部門，負責蒐集、保存與維護與紐西蘭有關的檔案，同時領導該國圖書館事業，為學校提供服務，亦與其他機構合作（Millen, 2014；National Library of New Zealand [NLNZ], 2021a；NLNZ, 2021b）。

　　紐西蘭公共圖書館始於1840年，起初採行使用者付費的政策，利用者在使用上有所限制。1842年起，奧克蘭（Auckland）等地陸續開設使用者付費的圖書館（Black, 2019），1852年起，紐西蘭議會與政府資助公共圖書館的營運，促進圖書館發展（Millen, 2014）。1869年，〈公共圖書館法案〉（Public Library Act）明文規定地方政府必須以稅收支持圖書館運作，並可向使用者索取每一年至少5先令的預付費稅金，以健全圖書館服務，至今許多圖書館都採不收費或部分收費方式，亦即教育和文化方面的資料不收費，但小說讀物則收費，收取的費用將運用於採購更多圖書。促進紐西蘭公共圖書館發展的重要關鍵是國家圖書館鄉鎮圖書館服務部（Country Library Service），現改稱為推廣服務部（Extension Service），提供顧問服務及購書貸款，對公共圖書館的發展功不可沒。1879年，奧克蘭免費公共圖書館（Auckland Free Public Library）成立。1926年，紐西蘭有435所公共圖書館（Lamond, 2017），至今發展成為314所公共圖書館。

　　紐西蘭現有8所國立大學，8校中有5校創始於十九世紀，但大學圖書館的成長卻非常緩慢。主要原因是各校大部分設立大學部，在傳統上研究所教育多半是在海外完成，尤其是前往英國深造。近30年來，漸有轉變，大學不但擴展自己的研究設備，也積極充實圖書館的館藏。目前發展成學術

圖書館有68所。

　　紐西蘭圖書館學會於1910年成立，後改名為紐西蘭圖書館與資訊學會
（Library and Information Association of New Zealand Aotearoa，簡稱
LIANZA）（Millen, 2014）。學會會員遍及各個圖書館，包括公共、大專院
校、商業、衛生和醫療、法律、中央政府、衛生、學校和神學各類圖書館
（Library and Information Association of New Zealand Aotearoa [LIANZA],
2014），以「加強成員的創新能力，並回應對未來的資訊需求」為任務，「透
過資訊連結起人們與社區」為願景，致力於加強紐西蘭的圖書館和資訊專
業（LIANZA, 2020a）。

　　LIANZA在紐西蘭圖書資訊學教育有許多的貢獻，如協助圖書館學系
成立、促進圖書館標準的發展、舉辦圖書館考試與頒發證照，以及提供專
業註冊制度（Professional Registration）。其編訂紐西蘭圖書館教育課程大
綱及舉辦考試，並且以函授方式授課。1946年，圖書館學研究課程的設置
通過後，便被視為該國圖書館服務的一部分，開始有了圖書館教育訓練課
程（黃國正，無年代）。經過多年探討提高圖書館作為專業地位的必要性，
2007年，LIANZA推出「專業註冊制度」（Professional Registration Scheme），
是一個開放、自願的制度，為繼續專業發展便與紐西蘭認證提供了一個框
架。其旨在將圖書館和資訊管理定位為研究所專業，因為註冊人必須持有
認可的圖書館學研究所學位。其與英國圖書館與資訊專業學會（Chartered
Institute of Library and Information Professionals，簡稱CILIP）認可課程相似。
專業註冊制度要求註冊圖書館員，通過後每三年提交一份發展和學習的反
思紀錄重新認證；經由不斷提高技能的動力，使圖書館員、圖書管理者和
公眾受益。LIANZA的專業註冊制度與CILIP相互承認，註冊的紐西蘭圖書
館員等同於英國的專業圖書館員地位（Lamond, 2017）。

　　紐西蘭其他相關學會，如公共圖書館管理者學會（Association of Public
Library Managers，簡稱 APLM），2007年成立，專門促進公共圖書館與使
用者的利益。紐西蘭學校圖書館學會（School Library Association of New
Zealand Aotearoa，簡稱SLANZA），2000年成立，旨在加強和促進學校圖書
館的作用，以使所有學校都具備資訊素養的能力。國家毛利文化、資訊與

圖書學會（Te Rōpū Whakahau），1996年成立，為集結紐西蘭毛利族的圖書館員及資訊領域專家的組織，旨在教學、強化與集結各地的圖書館相關人士，並倡導調整其相關的管理制度。國際音樂圖書館、檔案館與文獻中心學會紐西蘭分會（New Zealand Branch of the International Association of Music Libraries, Archives and Documentation Centres，簡稱IAMLNZ），1982年成立，旨在促進音樂圖書館、檔案館和文獻中心的活動，以支持和促進國家與國際的音樂書目、音樂文獻和音樂圖書館以及資訊科學計畫。紐西蘭法律圖書館員學會（New Zealand Law Librarians' Association，簡稱NZLLA），為支持和促進紐西蘭法律資訊專業人士的利益。這些相關學會的設立促進紐西蘭圖書館事業的發展（LIANZA, 2014）。

8.2圖書資訊學教育發展簡史

　　1940年以前，紐西蘭未設立圖書館員訓練課程，國內所有合格館員僅可海外留學修讀圖書館學相關課程，以及選擇英國圖書館學會所提供之函授課程並通過學會的專業人員檢定考試，才得以獲取圖書館學的專業技能與知識（林素甘，2001）。1980年，開始成立第一所圖書館學系，本章探討紐西蘭的圖書資訊學教育發展歷史，分為三個階段：（1）圖書館教育初期（1931—1979年），（2）圖書館學教育發展時期（1980—1990年），（3）圖書資訊學教育時期（1991年—迄今）。

8.2.1圖書館教育初期（1931—1979年）

　　紐西蘭設立圖書館學專業課程的想法很早便開始萌芽，1931年至1935年間，由美國紐約的卡內基基金會（Carnegie Corporation of New York）資助，選送部分紐西蘭的大學圖書館員至美國及英國接受專業的圖書館教育（張永寬，1972），開啟紐西蘭重視圖書館教育的思想。

　　1935年，紐西蘭圖書館學會（New Zealand Library Association，簡稱NZLA），在年會進行〈Munn-Barr報告〉（Munn-Barr Report），建議於奧克蘭、威靈頓及基督城三城市開設圖書館專業教育的短期訓練課程。1937

年，紐西蘭圖書館學會成立了訓練委員會（Training Committee），並由該委員會於年會上發表建議報告，希望在奧克蘭、威靈頓、基督城以及但尼丁（Dunedin）四座城市內，開設圖書館學課程並增加實務經驗訓練，包括分類、編目、圖書館例行性工作及書目選擇。該年11月，委員會改名為圖書館訓練常設委員會（Standing Committee on Library Training）。並將最後一份報告送交於紐西蘭圖書館學會，該報告指出雖然紐西蘭圖書館缺少就業機會以成立圖書館學校，但仍希望保留四座城市設置班級計畫與短期課程的建議。自1937年起，這四座城市內陸續開設圖書館員的短期訓練課程，提供公共圖書館館員進修。1941年，Dorothy Neal開設「兒童圖書館課程」（A Three-Part Children's Librarianship Course），最後因通過該門課程資格的人太少，且註冊人數不多，於1944年停辦（林素甘，2001）。

1941年，圖書館界於年會上討論圖書館學課程大綱，並於6月正式出版，當中內容將課程分為一般證書（General Certificate）與文憑（Diploma）二類：（1）一般證書的課程大綱包含圖書、行政與初級的編目與分類。（2）文憑的課程大綱為組織、圖書保存、進階編目與分類，以及紐西蘭圖書館工作的社會背景，將紐西蘭情況與發展融入了圖書館教育中（林素甘，2001）。1942年，紐西蘭圖書館學會為回應國內圖書館員訓練的需要，發展出3年內完成修業並取得圖書館職務的相關課程，並持續對圖書館館員進行專業訓練（黃國正，無年代）。

1945年，紐西蘭圖書館學校（New Zealand Library School）設立，並提供圖書館學非學位證書（Non-Graduate Certificate）和學士後文憑（Postgraduate Diploma）課程，開啟紐西蘭的圖書館教育，但該學校並非設置於正規的教育體系中，而是由國家圖書館服務機構（National Library Service，簡稱NLS，後改名National Library of New Zealand）負責運作（林素甘，2012）。當時在威靈頓有3所國立圖書館與維多利亞大學圖書館，這些圖書館皆可提供學生們實習，以獲取圖書館實務經驗。紐西蘭圖書館學校起初由紐西蘭圖書館學會協助，後因該校所畢業的學生並不足以供應國內圖書館員職缺，為使學校發展更為快速，於是校方自1965年起，將每年招收30名學生的規定額度增為40名（張永寬，1972）。

1969年，紐西蘭提出影響圖書館學教育重大的〈格雷姆報告〉（Graham Report），教育部指派Lindsay Graham領導工作小組，針對紐西蘭圖書館學未來教育的進行研究，建議於新的國家圖書館內設立紐西蘭圖書館學學院（New Zealand College of Librarianship），以提供學士後與中級課程，同時建議設立其他學程配合，但因協商討論無法達成共識而使建議落空。1970年代，紐西蘭圖書館學校希望將這些課程移交給維多利亞大學（Victoria University of Wellington，簡稱VUW），但該校不願意開設非學位證書課程（林素甘，2001；2012）。

8.2.2 圖書館學教育發展時期（1980—1990年）

在此時期，紐西蘭圖書館學校的編制屬於紐西蘭國家圖書館，故教師聘請、待遇、工作時間等，與一般大學不同，業界人士開始不斷地建議政府將圖書館學校納入維多利亞大學的教育體制當中，藉此提高圖書館學的重要性，同時能夠讓學生獲得更高的學位。直到1980年代，才正式由維多利亞大學（VUW）負責學士後文憑課程，而證書課程則交給威靈頓教育學院（Wellington College of Education）負責。1980年，維多利亞大學創立了圖書館學系（Department of Librarianship），成為第一所圖書館學學校，期望能向學生介紹圖書館與資訊研究的知識整體，以精進專業的技巧和能力，提供圖書館專業人才。1985年，VUW圖書館學系提供博士學程，學生於5年內完成課程修業與博士論文即可畢業取得學位（林素甘，2001）。

1987年，紐西蘭提出有關圖書館學教育之「桑德斯報告」（Saunders Report），係由當時的威靈頓教育學院的圖書館學研究系以及維多利亞大學圖書館學系為了課程能夠符合圖書館學的發展與期待，便於學習課程，並瞭解其是否符合需求。因此，委託英國雪菲爾大學（University of Sheffield）的退休名譽教授Wilfred L. Saunders，對紐西蘭圖書館教育進行評鑑。最終報告建議二校應該合併於大學成立獨立圖書館學教育機構。另由於文憑課程結構缺乏彈性，建議用模組（Modular）的方式改變課程結構（林素甘，2001）。但這兩所圖書館學校在開辦的前幾年都沒有重視毛利人，直至1980年代，紐西蘭對毛利人社會和雙文化主義的態度轉變，維多利亞大學的學

士後文憑學程亦因此受到影響並經歷了審查，才使得紐西蘭開始制定能夠包容毛利人的相關主題課程（Lilley, 2014）。

8.2.3圖書資訊學教育時期（1991年—迄今）

　　為迎合資訊時代的趨勢，維多利亞大學於1991年，將系名更改為圖書館與資訊研究學系（Department of Library and Information Studies），是為圖書資訊學教育的開始（黃國正，無年代）。1992年，該校提供遠距教育學程（Distance Education Program）；1996年，將文憑課程改為專業碩士課程，授予「圖書館與資訊研究碩士」（Master in Library and Information Studies, MLIS），成為紐西蘭唯一有專業碩士資格的教育機構。1996年，維多利亞大學圖書館與資訊研究學系將大學部移至紐澤西理工學院（Open Polytechnic of New Zealand）（Lamond, 2017）。

　　1991年至1999年間，其他大學亦設立圖書館學相關系所，如奧克蘭教育學院（Auckland College of Education）（1991—2006年）、威靈頓理工學院（Wellington Institute of Technology）（1981—1998年）等，但都陸續停招（LIANZA, 2021）。

　　2012年，維多利亞大學由外部評審委員會審查，根據審查小組的建議進行課程修改，新增了兩門必修課，一為資訊專業，側重於紐西蘭圖書資訊學研究的性質，並要求學生跟隨資訊專業人員工作，以瞭解資訊工作的多樣性；另一門課則側重於不同情境下的個人資訊行為及資訊檢索。選修課程則增加有關於檔案保管及檔案管理課程，以加強維多利亞大學研究生學歷的範疇，於2015年修訂課程（Chawner, 2015）。

　　2014年，紐西蘭資格管理局（New Zealand Qualifications Authority，簡稱NZQA）對紐西蘭所有圖書館副學位的資格進行審查，為了回應對職業資格的明確性和相關性，成立了一個由業界代表所組成的審查小組，並與紐西蘭資訊界人士協商，討論圖書館、檔案館和檔案中心基層工作人員的類型與級別的資格。結論包括以下五項：（1）頒布新的紐西蘭圖書館執業證照：主要針對圖書館助理。（2）頒布新的紐西蘭文化遺產資訊證書：主要針對專門從事處理各歷史背景文化遺產相關資訊的工作者。（3）更新紐

西蘭空中技術學院的兒童及青少年圖書資訊服務證書為6級。(4)更新紐西蘭空中技術學院圖書資訊研究文憑為5級。(5)更新紐西蘭空中技術學院檔案與資訊管理文憑為6級。這些新修訂的資格證書為紐西蘭國家資格證書，經由紐西蘭品質保證局進行審查准予後，便可作為國家資格。至2015年，除空中技術學院外，並無機構提供這些新的資格（Chawner, 2015）。

近年，紐西蘭圖書資訊學教育發展，維多利亞大學將系名從圖書館與資訊研究學系改名為資訊管理（Information Management），碩士學位將圖書館從名稱中去除，改為「資訊研究碩士」（Master of Information Studies），但仍是紐西蘭唯一的圖書資訊專業研究碩士學位，系所課程安排學生往圖書館與檔案管理機構就業（Victoria University of Wellington, 2021a）。

8.3圖書資訊學教育制度

有關紐西蘭教育制度，到現在其仍保持英國教育體制，除了採用英語外，學校制度與英國類似。從五歲一年級到十七歲十三年級，都在義務教育的範圍。其中小學六年，中學階段前半部包括七、八年級，可叫初中（Intermediate School）。中學後，包括九年級到十三年級，稱做高中（Colleges）。大學通常是十八歲到二十歲，一般為三年，榮譽課程為四年，畢業後可接讀碩士班與博士班。紐西蘭的教育以公立學校為主，境內8所大學全部是公立大學，也有數十所技術學院。若為一般大學學士學位可於3年完成修業，碩士學位則為1至2年，榮譽學士學位則需花費4年時間，因此榮譽學位等同於研究所資格（張永寬，1972）。而就學位而言，紐西蘭圖書資訊學學程分為三類：三年大學部學士學位、碩士學位與博士學位。

紐西蘭大專院校設立的圖書資訊學學系所，經由紐西蘭圖書館與資訊學會（LIANZA）認證的學校有3所（LIANZA, 2020a），其中加入iSchools聯盟的學校有1所，即維多利亞大學（Victoria University of Wellington）。紐西蘭的圖書資訊學教育共有3校：(1)維多利亞大學；(2)紐西蘭空中技術學院（Open Polytechnic of New Zealand）提供一系列的資訊服務的大學學程，包括兒童及青少年圖書資訊服務證書（6級）、圖書資訊研究文憑（5

級）、檔案與資訊管理文憑（6級）、圖書資訊研究學士學位。這兩所學校皆提供檔案學及檔案管理的選修課程，但由於學生人數過少，無法在學士或碩士學制當中單獨設立學位。此外，紐西蘭空中技術學院的大學課程提供遠距教學，維多利亞大學的研究生課程兼具實體課程與遠距課程。由於參與這兩所大學圖書資訊課程的學生多為在圖書館或資訊機構工作的在職人員，故遠距教學相當受到歡迎。(3)紐西蘭勞卡哇毛利大學（Te Wananga o Raukawa），提供資訊管理學士學程。以下分從一般校況與圖書資訊學系所基本資料二方面說明。

8.3.1 一般校況

　　一般校況包括紐西蘭圖書資訊學系所隸屬大學的一般情形，介紹各大學的所在地、成立年、公立或私立、全校學生人數，參見表8-2。

表8-2　紐西蘭圖書資訊學系所及其所在大學校況一覽表

校、所名稱	所在地	學校成立年	公私立	學生人數	系所成立年	教育學程
1. Victoria University of Wellington, Faculty of Business and Government, School of Information Management	Kelburn, Wellington	1897	公立	21,202	1980	Diploma MIS PhD Distance
2. Open Polytechnic of New Zealand, Library and Information Studies	Lower Hutt, Wellington	1946	公立	30,000	1999	BSc Diploma Distance （紐西蘭資格局認可）
3. Te Wananga o Raukawa, Puna Maumahara (Information Management)	Ōtaki, Wellington	1981	公立	NA	NA	BSc Diploma Distance

8.3.1.1所在地

3所學校皆位於紐西蘭北島的威靈頓地區，Open Polytechnic of New Zealand（簡稱OPNZ）；Victoria Univ. of Wellington（簡稱VUW）；Te Wananga o Raukawa（簡稱TWOR）。

8.3.1.2成立年

依圖書資訊學系的所隸屬大學成立的時間，最早創立的學校為1897年的VUW，其次為1946年的OPNZ最晚創立的為1981年的TWOR。

8.3.1.3公私立

3所圖書資訊學校全為公立學校。

8.3.1.4全校學生人數

有關紐西蘭圖書資訊學系所隸屬大學全校學生數，人數最多的為OPNZ（30,000人），其次為VUW（21,202人），TWOR資料不詳。

8.3.2圖書資訊學系所名稱

圖書資訊學系所的基本資料包括：系所名稱、系所隸屬學院、系所成立年、教育層級與學程結構、入學資格、畢業要求、教師概況。

8.3.2.1系所名稱

3校名稱分二類：OPNZ系名為「圖書館與資訊研究」（Library and Information Studies）；VUW、TWOR二系名為「資訊管理」（Information Management）。

8.3.2.2系所隸屬學院

紐西蘭圖書資訊學學校僅OPNZ為獨立系所，另外2校隸屬於其他學院：VUW隸屬於商學與政府學院（Wellington School of Business and Government）；TWOR隸屬於領導學院（Whare Kōkiri）。

8.3.2.3 系所成立年

有關圖書資訊學系所成立時間，分別為：VUW（1980年），OPNZ（1999年），TWOR資料不詳。

8.3.2.4 教育層級與學程結構

紐西蘭3所圖書資訊學系所學程包括：2所學士班、2所高級文憑班、1所碩士班與1所博士班、3所遠距教育、1所參加iSchools聯盟，參見表8-3。

表8-3　紐西蘭圖書資訊學學程一覽表

學校	學士班	高級文憑	碩士班	博士班	遠距教育	iSchools
VUW		V	V	V	V	V
TOPNZ	V	V			V	
TWOR	V				V	
總計	2	2	1	1	3	1

紐西蘭各大學學制不同，有些學校一年有兩學期再加上暑期班，有些學校則一年有三個學期。以實體課程的圖書資訊學學校——維多利亞大學為例，該大學為一年三個學期的學制，通常第一學期為2月底至5月底；第二學期為6月初至10月初；第三學期則為11月初至2月中（Victoria University of Wellington [VUW], 2021a）。其餘二校，即空中技術學院與勞卡哇毛利大學因皆為遠距線上授課，由學生依照自我步調學習，因此不受學期制影響。

紐西蘭圖書資訊學碩士班的學校僅有維多利亞大學一所，本節以維多利亞大學資訊研究碩士班為例（VUW, 2021b），說明其入學資格與畢業要求。

8.3.2.5 入學資格

有關學生申請紐西蘭圖書資訊學碩士班入學要求，須具有紐西蘭學士學位或碩士學位或同等學歷。另外對於已完成紐西蘭學士學位或同等學

歷，並具有適當實務、專業或學術經驗的人，學院副院長可直接決定錄取該學生，或是該學程負責人認為有能力進行課程學習研究者，得以錄取。

8.3.2.6 畢業要求

以維多利亞大學資訊研究碩士班為例，畢業要求需完成180學分的課程（每門15學分），11門課，含7門必修課與4門選修課。

8.3.2.7 教師概況

有關維多利亞大學資訊學管理學院師資，資訊研究碩士班有4位教師，分別為3位博士與1位教授，研究專長涵蓋：數位館藏使用及評估資料庫發展、圖書館學、文化遺產的保存與取用、數位文化遺產、數位保存、社會文化資訊學、資訊服務與社會研究、使用者及影響（VUW, 2021c）。

8.4 課程設計

8.4.1 課程綜述

課程反映圖書資訊學教育重要的學習內容，紐西蘭圖書館與資訊學會訂定圖書資訊專業標準，紐西蘭的〈知識體系〉（Bodies of Knowledge，簡稱BoK）涵蓋範圍有6類，類別再細分為11個領域，以確保紐西蘭圖書館與資訊專業人員擁有專業技能。紐西蘭圖書館與資訊學會負責評鑑圖書資訊學校的課程須結合知識體系，亦即保證每個認證學程都能支持畢業生註冊成為專業圖書資訊人員需具備知識。故各圖書資訊學學程皆會標示其課程獲得紐西蘭圖書館與資訊學會的認可，畢業生也符合其所認定的資格。故LIANZA所訂定的標準與〈知識體系〉（BoK）除作為審查實務工作者，亦為評鑑圖書資訊學系所課程之標準（林素甘，2020）。雖然LIANZA未如美國圖書館學會（American Library Association，簡稱ALA）對圖書資訊學系所進行專業認可制，但LIANZA會要求外界評審登記制度中所要求的專業知識，是否呈現在所有圖書資訊學學程的核心科目中。因而各校課程提供

都符合LIANZA在登記制度中所提及的專業知識（林素甘，2012）。

　　紐西蘭圖書館與資訊學會的知識體系，主要參考國際圖書館協會聯盟（International Federation of Library Associations and Institutions，簡稱IFLA）教育與培訓部門的〈圖書館與資訊教育學程專業指南〉（Guidelines for Professional Library/ Information Educational Programs）核心要素，也是紐西蘭圖書資訊學系所課程的指南，LIANZA專業知識體系參見表8-4。

表8-4　紐西蘭圖書館與資訊學會專業知識體系表

類別	領域	涵蓋範圍
資訊環境	資訊環境、資訊政策與倫理	圖書館廣泛的專業背景。 （1）資訊領域的歷史及沿革 （2）資訊相關法律、政策、經濟、倫理議題 （3）懷唐伊條約（Treaty of Waitangi） （4）專業行為倫理守則的目的與內容
資訊需求、產生與傳播	資訊的產生、傳播與利用	鼓勵人們積極地創建資訊。 （1）瞭解資訊產生、呈現、傳播與利用 （2）識別不斷變化的出版環境所帶來的機會與影響 （3）瞭解資訊組織於產生及傳播過程中的作用
	資訊需求與設計	介紹各種資訊獲取方式，並將不同方式提供給不同使用者。 （1）識別與評估使用者需求 （2）設計與提供資訊服務
	資訊獲取過程	協助不同使用者使用不同的資訊獲取管道。 （1）瞭解人們如何檢索資訊 （2）發展文獻知識以獲取和使用資訊 （3）學習使用參考技能與研究技能 （4）促進閱讀與終身學習

表8-4　紐西蘭圖書館與資訊學會專業知識體系表（續）

類別	領域	涵蓋範圍
資訊資源與 知識管理	組織、檢索與 保存典藏	瞭解資訊實際應用面。 （1）學習描述、分類與保存資訊 （2）瞭解資訊的保存與保護原則 （3）設計資訊保存、描述與檢索系統
	資訊研究方法	注重資訊的蒐集、分析、實施與研究過程。 （1）瞭解研究的性質、方法與實踐 （2）評估研究的品質和相關性 （3）透過蒐集和分析數據，將研究結果應用於日常 的專業實踐，並進行相關研究
資訊與 傳播技術	資訊與傳播技術 的應用	涵蓋圖書館環境中不斷增長的技術應用。 （1）瞭解傳播技術不斷變化的性質與應用 （2）識別與評估資訊傳播技術
資訊組織 與管理	資訊資源與知識 管理	瞭解資訊與知識管理的實用性與哲學性。 （1）館藏發展與內容管理原則 （2）知識管理的定義、概念與框架 （3）應用知識共享策略
	資訊組織管理	涵蓋擬定圖書館服務的管理與計畫。 （1）擬定營運與業務的計畫策略 （2）人力資源與財務管理 （3）治理框架與利益關係人的關係
	服務評鑑	闡明以服務為中心工作環境的成效。 （1）評估服務的品質與效能 （2）圖書館服務與營運評鑑 （3）圖書館資訊設備評鑑 （4）成效評估結果分析

表8-4 紐西蘭圖書館與資訊學會專業知識體系表（續）

類別	領域	涵蓋範圍
毛利人的知識規範	毛利人知識規範的意識	瞭解毛利人資訊環境與西方世界的差異。 （1）瞭解毛利人知識的重要性、多樣性與結構。 （2）瞭解毛利哲學、語言對於毛利人知識框架的內在影響。 （3）瞭解毛利人研究方法，並幫助使用者滿足其資訊需求。

8.4.2 圖書資訊學課程例說

本節以維多利亞大學資訊管理研究所課程為案例，該所提供下列四種學位：資訊研究碩士班（Master of Information Studies，簡稱MIS）、學士後資訊研究文憑班（Postgraduate Diploma of Information Studies）、學士後資訊研究證書班（Postgraduate Certificate of Information Studies）、博士班（Philosophy of Doctor Degree）（Victoria University of Wellington, 2021a）。

有關維多利亞大學資訊研究碩士班課程，學生需完成180學分的課程（每門15學分），包含11門課，分別為7門課為必修課與4門選修課。於完成上述課程獲得學位後，可再選擇：（1）檔案系統（Archival Systems）、（2）現行文書管理（Managing Current Records）兩門課程，以取得檔案管理專業。亦可選擇：（1）資訊專業人員數位技術（Digital Technologies for Information Professionals）、（2）圖書館服務管理（Management of Library Services）兩門課程，以取得圖書館學專業知識。維多利亞大學資訊研究碩士班課程參見表8-5。

表8-5 維多利亞大學資訊研究碩士班課程一覽表

課程名稱
必修課（7門） 1. 資訊專業（The Information Professions） 2. 資訊服務管理（Management in Information Services） 3. 資訊政策的概念、問題與流程（Information Policy Concepts, Issues and Processes） 4. 資訊取用（Information Access and Use） 5. 後設資料創建與管理（Creating and Managing Metadata） 6. 資訊管理環境的研究方法（Research Methods for Information Management Environments） 7. 研究專題（Research Project）
選修課（任選4門） 1. 資訊專業人員數位技術（Digital Technologies for Information Professionals） 2. 毛利人資訊資源（Maori Information Sources） 3. 紐西蘭資訊資源、工具與議題（Aotearoa New Zealand: Information Resources, Tools, Issues） 4. 特定讀者群服務（Services to Specific Groups） 5. 檔案系統（Archival Systems） 6. 現行文書管理（Managing Current Records） 7. 圖書與資訊社會（Books and the Information Society） 8. 資訊文化（Information Culture） 9. 實習（Practicum） 10. 檔案館與圖書館：取用、倡議及推廣（Archives and Libraries: Access, Advocacy and Outreach） 11. 圖書館與檔案館的保存管理（Preservation Management in Libraries and Archives） 12. 圖書館服務管理（Management of Library Services） 13. 數位庋用（Digital Curation）

表8-5　維多利亞大學資訊研究碩士班課程一覽表（續）

課程名稱
選修課　14. 線上資訊檢索（Online Searching） （任選4門）15. 資訊管理者的進階資訊技術（Advanced Information Technology for Information Managers） 16. 資訊描述與探索（Resource Description and Discovery） 17. 數位館藏管理（Managing Digital Collections） 18. 資訊專業人員數位包容專題（Special Topic: Digital Inclusion for Information Professionals） 19. 網路內容管理專題（Special Topic: Web and Intranet Content Management） 20. 認可課程（Approved Course of Study）

8.4.3 遠距教育

　　紐西蘭許多大專院校都提供遠程教育，許多理工學院和其他培訓機構也會提供此類課程，數位學習優勢在於學生能夠依照自己的步調地學習，甚至有學生能夠比平常更快速地完成修業，而獲得相關的資格與文憑，且無論身處何處都能夠學習，甚至在國際間也能使用，並不只限於紐西蘭當地。遠距學習課程在紐西蘭會獲得紐西蘭資格認證局（New Zealand Qualifications Authority，簡稱NZQA）的認可，如紐西蘭空中技術學院與梅西大學（Massey University）等提供遠距學習的學校，均獲得NZQA的認可。但並非所有的學程都被認可，因此學生入學前會建議先檢查該校是否獲得紐西蘭資格局的認證（New Zealand Immigration, 2021）。

　　紐西蘭3所圖書資訊學校皆開設遠距課程，紐西蘭空中技術學院與勞卡哇毛利大學的學程為完全遠距線上課程，並無實體課程。維多利亞大學兼具實體課程與線上課程。三校的遠距線上課程僅空中技術學院獲得紐西蘭資格認證局NZQA的認可。

　　紐西蘭空中技術學院採用遠距線上課程的學校，每年約有30,000名學

生，所有課程皆遠距教學，長達70餘年歷史，而84%學生認為遠距教學導師的授課方式良好，77%的學生認為課程是清晰明瞭且有幫助的。校方以名為iQualify的教學平臺授課，目的便是為了能夠讓學生隨時隨地學習，透過手機與筆電就能充分地獲得學習資源，也讓學生節省成本，因此多數學生無須再購買其他的教科書或學習材料，使得學生認為遠距線上課程物超所值（Open Polytechnic of New Zealand [OPNZ], 2021）。

8.5圖書資訊學教育的評鑑

8.5.1雙軌制評鑑

紐西蘭圖書資訊學教育認證主要由政府的大學學術學程委員會（Committee on University Academic Programmes，簡稱CUAP）主責，紐西蘭圖書館與資訊學會（Library and Information Association of New Zealand Aotearoa，簡稱LIANZA）對圖書資訊學校認證的影響不大，其主要角色為發展和維護專業標準。LIANZA並未負責正式的圖書資訊學學程認證，而是透過專業註冊（Professional Registration）制度，認可紐西蘭3所圖書資訊學系所畢業生的資格。因此，LIANZA網站並未提供通過認證的學程名單，而是在其所屬之Libraries Aotearoa列出提供圖書資訊學教育的學校與其開設之學程（林素甘，2020）。所以紐西蘭圖書資訊學教育評鑑採用雙軌制度，由大學學術學程委員會（CUAP）主責高等教育學術評鑑，由紐西蘭圖書館與資訊學會（LIANZA）負責圖書資訊學專業認證，認可紐西蘭圖書資訊學系所畢業生的專業資格。

在Universities New Zealand的授權下，大學學術學程委員會（CUAP）成為負責大學教育品質保證事務之機構。當大學的圖書資訊學教育有新設課程或既有課程發生重大改變時，均需取得CUAP的核准。此外，非大學教育機構，如理工學院（Polytechnics）或wānanga提供的圖書資訊學教育則由紐西蘭資格認證局（New Zealand Qualifications Authority，簡稱NZQA）監管，其任務為確保國內外將這些視為可靠的資格（Committee on

University Academic Programmes, 2019；林素甘，2020）。

8.5.2 LIANZA圖書資訊專業認證

紐西蘭圖書館與資訊學會主要領導實務工作者的專業發展，而不負責圖書資訊學的教育認證。故其成立專業註冊委員會（Professional Registration Board），目的在於認證專業人員的知識技能，並提供專業人員持續專業發展計畫的相關意見。此外，委員會制定〈知識體系〉（Bodies of Knowledge，簡稱BoK），為評鑑實務工作者專業知識的標準，希望藉由專業人員認可機制保證實務工作者的專業知能。紐西蘭大學學術學程委員會與紐西蘭資格認證局負責確保圖書資訊學系所學程的品質，而紐西蘭圖書館與資訊學會負責的是保證圖書資訊學系所課程涵蓋的知識體系，亦即保證每個認證學程都能滿足畢業生要註冊成為專業圖書資訊人員時所需的知識體系，故各圖書資訊學教育學程皆會標示其課程獲得紐西蘭圖書館與資訊學會的認可，畢業生也符合其所認定的資格。此外，由於紐西蘭圖書館與資訊學會為專業人員認可的機構，故其所訂定的標準與〈知識體系〉（BoK）除作為實務工作者的審核，亦為評鑑圖書資訊學教育課程之基礎（林素甘，2020）。

〈知識體系〉（BoK），主要是用來界定圖書資訊專業能力，說明圖書資訊專業人員應具備該領域的知識和技能。包括以下6大群，11個項目：（1）瞭解資訊環境：資訊環境、資訊政策與倫理。（2）瞭解資訊需求、產生與傳播：產生、傳播和使用資訊、資訊需求和設計、資訊取用過程。（3）瞭解資訊資源和知識管理：資訊的組織、檢索、保存和維護、資訊資源管理和知識管理。（4）瞭解資訊和傳播技術：資訊與傳播科技的應用。（5）瞭解資訊組織的管理：研究、分析和詮釋資訊、資訊機構管理、評鑑服務效能。（6）瞭解毛利知識規範：對原住民知識典範的意識，參見上節表8-4（LIANZA, 2020b）。

8.5.3 CUAP與NZQA高等教育學術評鑑

在紐西蘭資格架構（New Zealand Qualification Framework，簡稱NZQF）

的〈學程批准與認證規則2018〉（Programme Approval and Accreditation Rules 2018）規範下，CUAP（2019）與NZQA（2020b）批准新設課程與認證課程的評估準則十分類似。新設學程申請批准的衡量準則包括：（1）要達到的資格層級；（2）名稱、目標、學習成果和連貫性；（3）教學方式；（4）在學界、業界、專業領域的接受度；（5）相關規定，如入學許可、要求學分和課程架構實務要求等；（6）學習成果評量方式（NZQA）；（7）評估與審核（CUAP）／自評與外部審核（NZQA）；（8）學位與研究所資格的研究（CUAP）／其他可能需要的特殊要求（NZQA）。若已獲批准的學程要申請認證，其評估準則包括：（1）學習成果的評量（CUAP）／對政策和過程的評估與審核（NZQA）；（2）維持學程運作的資源，如教師、職員、實體資源和支援的服務；（3）對未獲批准學程的支持與評估（CUAP）／自評與外部審核（NZQA）；（4）傳遞學位及研究所資格所需的研究（CUAP）／其他可能需要的特殊要求。

8.5.4 評鑑程序

有關紐西蘭資格局新設學程批准與課程認證，依據〈學程批准與認證規則2021〉，其程序包括：（1）申請者填具申請表。（2）若需要進一步細節，紐西蘭資格局會通知申請者。（3）紐西蘭資格局成立一個小組審核申請案件。（4）紐西蘭資格局可能對申請者進行實地訪視。（5）若紐西蘭資格局對相關申請細節感到滿意，其會通知申請者，批准該學程設立或授予該學程認證。（6）若不滿意，紐西蘭資格局將駁回申請，並通知申請者。（7）紐西蘭資格局會於網站公布已批准及認證學程之詳細資訊（New Zealand Qualifications Authority [NZQA], 2021）。根據認可公布結果，顯示紐西蘭OPNZ、VUW、TWOR三校均通過評鑑。

8.6教育變革與發展趨向

8.6.1教育特色

　　紐西蘭圖書資訊學教育規模小，只有三所學校，並受到英國圖書資訊學專業教育的影響。紐西蘭圖書館與資訊學會施行專業註冊制度，確保登記的圖書資訊專業人員具備專業工作要求的知識和倫理。對想要到國外工作的紐西蘭圖書資訊專業人員而言，該項登記制度提供他們合乎國際化專業圖書資訊人員的資格認定。LIANZA認為在登記制度中所強調的專業知識，必須在圖書資訊學教育體系中的研究所修讀。雖然LIANZA未如美國圖書館學會，對圖書資訊學系所專業認證，但各校課程上都符合LIANZA註冊制度中所提及的知識和專業倫理發展。

　　此外，OPNZ 和 VUW二校課程已將毛利文內容融入學生論文中，呈現紐西蘭與毛利的雙文化整合現象：通過與紐西蘭雙文化相關的特定課程，以及在適當的教學課程中解決雙文化問題。於課程結束時學生應該要對毛利文化、口述傳統的意義有基本的瞭解，且能夠以毛利語使用者可接受的方式發音毛利人的人名和地名，還要對圖書館、檔案館和博物館中的資訊有一些認識與瞭解，並對毛利人有所理解（Lilley, 2014）。這些形成現今紐西蘭雙文化的教育環境。

8.6.2教育變革

　　由於網路與資訊科技變革，使得紐西蘭圖書資訊學系所除了圖書館學外，亦加入資訊科學有關的課程，圖書資訊學學校也因而更名，如維多利亞大學將圖書館學系（Department of Librarianship）更名為資訊管理研究所（School of Information Management），並提供「資訊研究碩士學位」（Master of Information Studies），讓學生們對於未來有更多元的發展及規劃。但系所中仍保有圖書資訊與檔案學的課程，可以讓學生選擇修習，以利他們在圖書資訊學專業發展機會。

8.6.3 遭遇問題

紐西蘭因地理位置偏遠且規模較小，不僅限制了紐西蘭文獻研究的產能，亦使得其圖書資訊學教育於國際上的知名度低，從招聘工作人員填補職缺這點最為明顯，同時也很難吸引高素質或經驗豐富的講者。此外，紐西蘭圖書館教育工作者較為孤立，導致紐西蘭的圖書資訊學課程缺乏一個基準，每個課程都是獨立的，沒有相同的課程可以比較，因此要確保課程內容和結構的一致性是一項挑戰，亦使得遠距課程學生的參與度變得難以維持，學生人數減少威脅到學校的競爭力（Chawner, 2015）。

8.6.4 發展趨向

紐西蘭圖書資訊學教育未來發展將面臨二議題：雙文化主義（Biculturalism）與數位鴻溝。雙文化主義是指紐西蘭文化與毛利文化二種文化並存。例如，國家圖書館的「雙文化實施計畫」（Bicultural Implementation Plan）顯示巨大的潛力。為了滿足毛利人的需求，圖書館需考慮的不僅是毛利人的服務，還有保存毛利人的資訊和知識。雙文化主義將融入在未來紐西蘭圖書資訊學教育中（Chawner & Oliver, 2012；Lamond, 2017）。

紐西蘭有數位鴻溝（Digital Divide）問題，是機遇也是挑戰。圖書館可以幫助弭平鴻溝，同時圖書館將使用者資訊與數位素養技能作為日常工作，將有助於消除數位鴻溝。越多的資訊在網上創建並在網際網路上共享，越需要解決保存數位紐西蘭知識和資訊以供將來使用和研究。許多機構維護本地研究和論文的數位典藏庫，以及本地故事、圖像和媒體運動。這些將納入在未來紐西蘭圖書資訊學教育中（Lamond, 2017）。

參考文獻

沈姍姍（2000）。國際比較教育學，頁233。臺北：正中。

林素甘（2001）。紐西蘭圖書資訊學教育。圖書資訊學刊，**39**，65-77。

林素甘（2012）。紐西蘭的圖書館與資訊科學教育。在胡述兆（主編），**圖書館學與資訊科學大辭典**。https://terms.naer.edu.tw/detail/1678838/

林素甘（2020）。歐美國家圖書資訊學教育認證制度。**圖書資訊學研究回顧與前瞻2.0**（頁670-702）。臺北：元華文創。

張永寬（1972）。紐西蘭圖書館學校簡介。**圖書館學刊**，116-120。https://jlis.lis.ntu.edu.tw/files/journal/j2-7.pdf

黃國正（無年代）。**紐西蘭的圖書館學教育**。https://www.nlpi.edu.tw/JournalDetailC003313.aspx?Cond=624638a9-6ea6-4869-8910-71462c6cd246

黃翠嫩（1995）。**紐西蘭國家圖書館**。https://terms.naer.edu.tw/detail/1681550/

Black, E. (2019). *How New Zealand libraries are adapting to the 21st century.* https://www.stuff.co.nz/entertainment/books/113926856/how-new-zealand-libraries-are-adapting-to-the-21st-century

Chawner, B.& Oliver, Gillian (2012). Keeping Current: The Evolution Postgraduate Library and Information Studies Education in New Zealand. In Spink, A. & Singh, D. (Ed.), *Library and Information Science Trends and Research: Asia-Oceania* (pp. 47-66). Emerald.

Chawner, B. (2015). Library and Information Studies Education in New Zealand and Australia: Background, Issues, and Challenges. *Journal of Education for Library and Information Science, 56*, 17-26. doi:10.12783/issn.2328-2967/56/S1/4

Committee on University Academic Programmes (2019). *CUAP handbook.* https://www.universitiesnz.ac.nz/sites/default/files/uni-nz/documents/CUAP%20Handbook%202021%20FINAL.pdf

Lamond, Heather M. (2017). New Zealand Aotearoa: Libraries.In Taylor & Francis (Ed.), *Encyclopedia of Library and Information Sciences*, Fourth Edition DOI: 10.1081/E-ELIS4-120044984.

Library and Information Association of New Zealand Aotearoa (2014). *Libraries In Aotearoa New Zealand 2014.* https://lianza.org.nz/wp-content/uploads/2019/06/Libraries-in-Aotearoa-2014.pdf

Library and Information Association of New Zealand Aotearoa (2020a). *Registration Board.* https://lianza.org.nz/professional-development/professional-registration/registration-board/

Library and Information Association of New Zealand Aotearoa (2020b). *Bodies of Knowledge (BOK).* https://lianza.org.nz/professional-development/professional-registration/bodies-of-knowledge-bok/

Library and Information Association of New Zealand Aotearoa (2021). *About Lianza.* https://lianza.org.nz/about/

Lilley, S. (2014). Kia whai taki: Implementing Indigenous Knowledge in the Aotearoa New Zealand Library and Information Management Curriculum. *Australian Academic & Research Libraries, 45*(2), 139-146. DOI: 10.1080/00048623.2014.908498

Millen, J. (2014). *Libraries.* http://www.TeAra.govt.nz/en/libraries

National Library of New Zealand (2021a). *Home.* https://natlib.govt.nz/

National Library of New Zealand (2021b). *Structure of the Library.* https://natlib.govt.nz/about-us/structure-of-the-library

New Zealand Immigration (2021). *Distance learning.* https://www.newzealandnow.govt.nz/resources/distance-learning

New Zealand Qualifications Authority (2021). *NZQF Programme Approval and Accreditation Rules 2021.* https://www.nzqa.govt.nz/about-us/our-role/legislation/nzqa-rules/nzqf-related-rules/Programme-Approval-and-Accreditation/granting-of-programme-approval-and-accreditation/8/

Open Polytechnic of New Zealand (2021). *Our distance learning difference.* https://www.openpolytechnic.ac.nz/study-with-us/distance-learning-with-us/our-distance-learning-difference/?utm_source=promobutton&utm_med ium=distancedifference&utm_campaign=homepagetracking

Public Libraries of New Zealand (2021). *Find a Library.* https://publiclibraries. org.nz/find-a-library

Sinclair, K. (2021). *New Zealand.* https://www.britannica.com/place/New- Zealand/Relief

Statistics New Zealand (2018). *2018 Census totals by topic.* https://www.stats. govt.nz/assets/Uploads/2018-Census-totals-by-topic-national-highlights-u pdate-30-04-20.xlsx

Stats NZ Tauranga Aotearoa (2018). *New Zealand.* https://www.stats.govt.nz/ tools/2018-census-place-summaries/new-zealand

Victoria University of Wellington (2021a). *Master of Information Studies – MIS.* https://www.wgtn.ac.nz/explore/postgraduate-programmes/master-of- information-stdies/requirements?programme=master-of-information-studies

Victoria University of Wellington (2021b). *2021 Wall Calendar.* https://www. wgtn.ac.nz/__data/assets/pdf_file/0005/1798727/wall-calendar.pdf

Victoria University of Wellington (2021c). *People.* https://www.wgtn.ac.nz/ explore/postgraduate-programmes/master-of-information-studies/people

第9章
印度圖書資訊學教育

王梅玲、李育浚

　　印度（India），正式名稱為印度共和國（Republic of India），全國領土面積3,287,263平方公里，人口約為1,378,100,000人，官方語言為印地語以及英語。印度是一個聯邦共和國，採會議制，國土劃分為28個邦（States），8個聯邦屬地（Union Territories），首都為新德里。西北部相鄰有巴基斯坦與阿富汗，北部有中國、不丹和尼泊爾，東部為緬甸、孟加拉國。印度南面有斯里蘭卡、馬爾地夫等島國（Kumar et al., 2017），地理分布參見圖9-1（Google, 2021）。

　　印度是世界第二人口多的國家，也是世界第五大經濟體。印度的歷史最早源於西元前三千年的哈拉帕（Harappa）文化，西元前1500年，雅利安（Aryan）族群入侵印度西北部的印度河流域而定居，並與當地人融合，誕生了吠陀（Vedas）文化。日後孔雀王朝（Maurya Dynasty）的阿育王（King Ashoka）統一印度，佛教與許多宗教在印度發展。西元八世紀，阿拉伯帝國入侵印度，引進了伊斯蘭文化，巴布爾（Babur）在1526年，攻下印度德里蘇丹國（Delhi Sultanates）的王朝，建立了蒙兀兒帝國（Mughal Empire），日後衰退。1849年，英國東印度公司（British East India Company）掌握印度統治權。1857年，轉由英國統治，成立印度政府，成為英國殖民地。第二次世界大戰之後，英國實力衰落，允許印度獨立，分裂為印度和巴基斯坦兩個國家。1947年，印度與巴基斯坦分治後獨立，在1950年1月26日，印度宣布成立印度共和國（Kumar et al., 2017）。

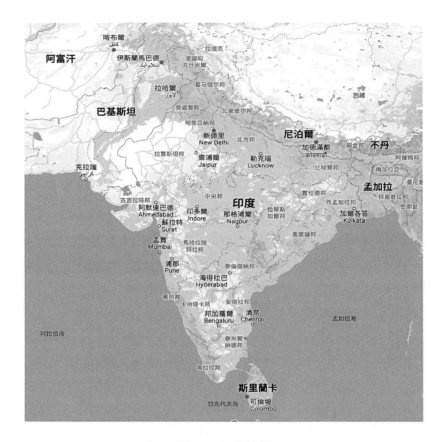

圖9-1　印度地圖

資料來源：Google（2021）。**印度地圖**。https://www.google.com.tw/maps/@21.2134951,
79.8700318,5z?hl=zh-TW

　　印度圖書資訊學教育制度包括學士學程、碩士學程與博士學程。本章
探討印度圖書資訊學教育分別從：（1）圖書館事業概述，（2）圖書資訊學
教育發展簡史，（3）圖書資訊學教育制度，（4）課程設計，（5）圖書資訊
學教育的評鑑，（6）教育變革與未來趨向六方面研究。

9.1 圖書館事業概述

　　有關印度圖書館事業，全國有1,488,737所圖書館，涵蓋7所國家圖書館，

146,173所公共圖書館，42,238所學術圖書館，1,300,000所學校圖書館等，印度圖書館事業統計參見表9-1（International Federation of Library Associations and Institutions [IFLA], 2021）。加爾各答國家圖書館（National Library, Kolkata）是印度最大的圖書館，還有兩個國家圖書館：新德里國家科學圖書館（Central Reference Library, New Delhi）與新德里國家醫學圖書館（National Medical Library, New Delhi）。印度有許多學術圖書館、研究圖書館、公共圖書館與專門圖書館，採取現代化圖書館經營，以滿足使用者的需求（Kumar et al., 2017）。

表9-1 印度圖書館事業統計

圖書館類型	數量
國家圖書館	7
公共圖書館	146,173
學術圖書館	42,238
學校圖書館	1,300,000
其他	319
總計	1,488,737

資料來源：International Federation of Library Associations and Institutions (2021). *Library Map of The World: India.* https://librarymap.ifla.org/map/Metric/Number-of-libraries/LibraryType/National-Libraries,Academic-Libraries,Public-Libraries,Community-Libraries,School-Libraries,Other-Libraries/Country/India/Weight/Totals-by-Country

　　印度圖書館的發展可追溯至西元前二世紀的宗教碑文，代表印度文字書寫文化。那爛陀寺（Nalanda Vihāra）是古代印度最古老的寺廟與教育機構，源於西元前五世紀，其建築設有圖書館，稱為Dharamganj。圖書館建築由Ratnasagar、Ratnaranjoka和Ratnodadhi的三座建築物組成，典藏吠陀經的宗教藏書。到了笈多王朝，佛教與印度教寺廟中擔任典藏與教育的工作者，同時也擔當圖書館管理的工作（Bhatt & Kandhasamy, 2020）。

　　中世紀的印度，圖書館的發展並不均衡，西元八至十二世紀主要集中

在近蒙兀爾帝國的北部和南部地區,並對圖書館的文學,科學和醫學的館藏日益增長帶來轉變。印度中世紀時期的圖書館可分為四類:宗教類,公共類,私人類和學術類圖書館。到了印度蒙兀爾帝國時期,帝國圖書館廣蒐並翻譯印度各地區及周遭的書籍與手稿,奠定印度帝國圖書館的豐富館藏(胡述兆,1995;Bhatt & Kandhasamy, 2020)。

1784年,正值英國東印度公司殖民時期,Asiatic Society of Bengal是印度第一個現代的圖書館。1857年,印度由英國統治。十九世紀,於Bombay、Calcutta、Madras三地建設公共圖書館,英國在印度建設許多的公共圖書館。在圖書館法部分,印度獨立前圖書館法的第一個里程碑,是孟買於1808年5月成立〈出版物的交付和登記法〉(Delivery and Registration of Publications Act of Bombay),1902年1月31日〈皇家圖書館法〉(Imperial Library Act)通過。在加爾各答圖書館立法的歷史中,1945年的〈可哈普公共圖書館法〉(Kolhapur Public Libraries Act)是英國統治時期的第一個圖書館法,現已廢止(Kumar et al., 2017;Bhatt & Kandhasamy, 2020)。

1947年,印度獨立後,皇家圖書館更名為國家圖書館。1954年,〈圖書、報紙公共圖書館送存法〉(The Delivery of Books and Newspapers Act Public Libraries)通過,此法規針對加爾各答國家圖書館與其他三個公共圖書館,分別是Delhi Public Library, Delhi, Connemara Public Library, Chennai, State Central Library, Mumbai規定法定送存作業。1948年,〈馬德拉斯公共圖書館法〉(Madras Public Libraries Act)通過,這是印度獨立後的第一個圖書館法(Kumar et al., 2017)。至今印度的28邦有18邦設立公共圖書館法。

印度的國家圖書館最早為加爾各答公共圖書館(Public Library, Kolkata),獨立後政府將皇家圖書館改名為國家圖書館(National Library, Kolkata),並於1953年開放民眾使用。該館是印度最大的圖書館,也是印度送存的圖書館之一,擁有豐富的人文、英國和歐洲文物收藏以及印度的歷史與文學館藏,圖書資料館藏超過2,400,000冊(Kumar et al., 2017)。

除了印度國家圖書館,還包括新德里國家科學圖書館(National Science Library, New Delhi)、國家醫學圖書館(National Medical Library, New Delhi)兩所。前者成立於1964年,目標是收藏印度所有重要的科學技術出版物,

並收購外國期刊以提供國內相關科學研究的資源。後者提供廣泛而豐富的圖書館資訊服務給印度健康科學專業人士，是醫學主題的圖書館，擁有360,000餘冊圖書館藏（Kumar et al., 2017）。

印度有42,238所學術圖書館，包括140餘所大學圖書館，以加爾各答大學（University of Calcutta）、孟買大學（University of Bombay）、德里大學（University of Delhi）、馬德拉斯大學（University of Madras）較有名。公共圖書館始於十九世紀，1947年獨立後大量成長，時至今日，在全國28邦，8聯邦屬地的主要城鎮與鄉村均設有公共圖書館。為支援公共圖書館發展並建立全國圖書館系統，印度於1972年，設立了圖書館基金會（Raja Rammohun Roy Library Foundation）。

印度設立圖書館相關組織多元，各邦都有自己的圖書館學會，以印度圖書館學會（Indian Library Association，簡稱ILA）、印度圖書館與資訊科學教師學會（Indian Association of Teachers of Library and Information Science，簡稱IATLIS）、印度專門圖書館與資訊中心學會（Indian Association of Special Libraries and Information Centres，簡稱IASLIC）三者最重要。印度圖書館學會創立於1933年，為促進印度圖書館事業，透過圖書館員培訓以改善圖書館員的地位，與圖書館學研究及合作，並提供論壇與認可圖書資訊學教育和培訓的機構，促進與訂定圖書館資訊系統與服務管理標準規範（Verma & Singh, 2010 December）。印度圖書館與資訊科學教師學會創立於1969年，為促進圖書館學教育思想的交流、圖書館學教育研究、出版有關圖書館學教育的書籍和期刊，舉辦會議、研討會和座談會以發展和傳播圖書館學教育理念，提供圖書館學教育諮詢服務，促進對印度圖書館學教師的培訓，提升印度圖書館學教師的福利（Verma & Singh, 2010 December）。

9.2 圖書資訊學教育發展簡史

印度自1911年，設立圖書館員訓練班。第一個在大學設置圖書館學系所，是1948年，德里大學開設圖書館學位學程。本節依據Kumar等（2017）探討印度圖書館學教育歷史發展，大致分為三階段：圖書館學教育萌芽期

（1911—1959年）、圖書資訊學教育成長期（1960—1989年）、圖書資訊學教育現代化期（1990年—迄今）。

9.2.1 圖書館學教育萌芽期（1911—1959年）

　　印度圖書館培訓首次出現在二十世紀初期，巴羅達州的統治者兼國家圖書館部首任主任Maharaja Sayaji Rao Gaekwad II邀請杜威（Melvil Dewey）的學生，博登（William Alanson Borden）到印度巴羅達州籌辦州圖書館部門。1911年，設立第一個圖書館員訓練班，啟發印度圖書館學教育的思想。Asa Don Dickinson於1915年，於旁遮普大學（University of Punjab）開設了圖書館員的培育中心提供訓練課程；1919年，頒發「現代圖書館方法」（Modern Library Methods）的證書，第一屆有三十位學生，課程包括十進位分類、編目和圖書館寫作、書目選擇和採訪、圖書館管理。Dickinson開設的課程於1928年，改為研究生課程（白朝琴，1997）。

　　1929年，阮甘納桑（S. R. Ranganathan）接受馬德拉斯圖書館學會（Madras Library Association，簡稱MALA）贊助，開設為期三個月的圖書館學證書課程，包含圖書館分類與圖書編目、圖書選擇、圖書採訪、圖書館管理、圖書館組織等課程。1937 年，馬德拉斯大學（University of Madras）設置一年制的研究生文憑課程，這是印度開設的第一門全日制課程，也是大學開設的第一門文憑課程。1942年，巴納拉斯印度教大學（Banaras Hindu University，簡稱BHU）成為印度第二所開設全日制研究生文憑的大學（Yadav & Gohain, 2015）。

　　1947年，德里大學圖書館學系（Department of Library Science at the University of Delhi）開課，1948年，德里大學成為印度第一所設置圖書館學學士學位的大學。1949年，第一批學生完成為期兩年的學程，獲得圖書館學學士學位（B.Lib.Sc）。同年，設置兩年制圖書館學碩士學位學程（M.Lib.Sc），取代圖書館學學士學程，德里大學成為印度第一個設置圖書館學碩士學程（M.Lib.Sc.）的大學。1951年，設置博士班（Kumar et al., 2017）。德里大學成為印度第一個設置圖書館碩士學程（M.Lib.Sc.）與博士學程（Ph.D）的大學（Kumar & Sharma, 2010）。

1947年，印度獨立，有五所大學開設圖書館學文憑課程：University Madras、Punjab University、Banaras Hindu University、Bombay University、Calcutta University。Aligar穆斯林大學圖書館學系成立於1950—1951年，提供「圖書館學證書課程」（Certificate Course in Library Science）（Yadav & Gohain, 2015）。在圖書館學教育萌芽期，印度大學開始設置圖書館學系所，提供碩士、博士學位學程、文憑學程與證書學程。

9.2.2圖書資訊學教育成長期（1960—1989年）

印度圖書館學教育的成長始於1960年代初期，設置許多圖書館學校。如1960年，有五所大學開設圖書館學學程：Hyderabad University、Osmania University、Panjab University、Poona University與Rajasthan University（Kumar & Sharma, 2010；Kumar et al., 2017）。

1961年，印度大學撥款委員會（University Grants Commission，簡稱UGC）鑑於許多圖書館學校成立，圖書館學門教學大綱、考試、教師資格等需要標準化，邀請阮甘納桑博士進行研究。1965年，阮甘納桑博士對於圖書館學教育提出下列建議：（1）提供專任的教師。（2）減少圖書館學學士班，加強發展碩士班。（3）避免圖書館員擔任兼職教師。（4）修習圖書館學學程學生應該在認可的圖書館實習六個月。（5）學士班的師生比建議1：10，碩士班是1：5（Kumar & Sharma, 2010），前述報告建議成立審查委員會（Review Committee），負責訂定圖書館學學士班與碩士班教學標準、教師最低資格、考試和其他相關領域標準、博士學位和圖書館學校的課程，圖書資訊學各級課程，並決定學生的入學資格。審查委員提供考試的指導方針，並訂定考試的最低標準。印度大學撥款委員會接受審查委員對於圖書館學校審查意見，提供圖書館學校實施（Yadav & Gohain, 2015）。1977年7月，成立印度大學撥款委員會圖書館學專責小組（UGC Panel on Library Science），目的是改進圖書館學教學與研究的標準和設施，以及開發跨學科和多學科計畫，提供委員會建議。

1962年，阮甘納桑建議成立文獻研究與訓練中心，強調文獻服務專業訓練的重要。1964年，印度國家科學文獻中心（Indian National Scientific

Documentation Centre，簡稱INSDOC）成立，即現在的科學傳播與資訊資
源國家研究所（National Institute of Science Communication and Information
Resources，簡稱NISCAIR），提供短期的圖書館員訓練以符合圖書館專業的
繼續教育需求，1962到1964年間，開啟文獻學服務的圖書館員訓練（Yadav
& Gohain, 2015）。1969年，印度圖書館與資訊科學教師學會（Indian
Association of Teachers of Library and Information Science，簡稱IATLIS）成
立，首次正式出現「圖書館與資訊科學」名詞，簡稱「圖書資訊學」。其對
於圖書館學教育影響很大，並舉辦許多圖書資訊學教育研討會（Kumar et
al., 2017）。

　　「資訊」概念在1970年代開始，受到印度重視，資訊科學在1970-80年
間，受到重視加入了圖書館學教育，許多圖書館學系改名為圖書資訊學系，
圖書資訊學教育體系顯示學程結構和內容的擴展。1978年，德里大學進行
碩士課程的改革，包括系統分析和統計方法，以及資訊儲存和維護，並對
某些課程進行了修訂，如：資訊系統。德里大學同時設置圖書資訊學的哲
學碩士（M.Phil）學位。印度大學撥款委員會在1982年，提議將資訊
（Information）加入學位名稱，基於資訊的重要，圖書資訊學學士學程課
綱改變，包含檔案與資訊的內容，幫助學生獲得資訊相關的工作（Kumar &
Sharma, 2010）。

　　1981年，馬德拉斯大學（University of Madras）開啟遠距教育。1982
年，海得拉巴的空中大學（Open University, Hyderabad），以及英迪拉·甘
地國立空中大學（Indira Gandhi National Open University）於1989年，開設
學士班，並於1996年，開設了圖書資訊學碩士班。隨後開設了許多函授課
程／遠距教育，後來擴展到研究生課程。印度獨立後大學教育品質提高，
由於圖書館在各機構、研究中心和政府的重要性，對圖書館員的需求也隨
之增加，於是促進印度圖書資訊學教育發展。

　　1980年代，圖書館出現電腦應用（Computer Application），面臨資訊及
傳播科技（Information and Communication Technology，簡稱ICT）的衝擊。
因此，圖書資訊學校開始在教學大綱加入電腦應用的課程，如學士班加入
資訊管理的相關課程，碩士班加入了圖書館自動化、資訊、讀者服務等課

程。馬德拉斯大學是印度最早提供遠距教育大學，1980年代後期，Kashmir University 與 Punjabi University 也開始提供證書（Certificate）或文憑（Diploma）的遠距學習，之後安貝德拉博士空中大學（Dr B.R. Ambedkar Open University）開始用遠距學習方式提供圖書資訊學學位，英迪拉‧甘地國立空中大學（Indira Gandhi National Open University）於1989年，推出學士班的函授課程，之後推出碩士班、博士班和研究文憑的函授課程，成為印度圖書資訊學遠距課程先鋒（Kumar & Sharma, 2010）。

9.2.3 圖書資訊學教育現代化期（1990年—迄今）

　　印度圖書資訊學教育現代化始於1990年代初期。圖書資訊學校開始改革課程，加入計算機應用課程，並且包括大量的資訊科學概念。圖書資訊學系所建立計算機實驗室，為學生提供動手實踐的經驗。此時，Information and Library Network（簡稱INFLIBNET）、Developing Library Network（簡稱DELNET）、Calcutta Library Network（簡稱CALIBNET）等圖書館資訊網路出現（Kumar & Sharma, 2010）。

　　印度大學撥款委員會在2001年課程報告列出印度圖書資訊學教育證書（Certificate）與六級學位學程，包括：文憑（Diploma）、圖書資訊學學士（Bachelor of Library & Information Science）、研究文憑（PG Diploma）（含Postgraduate Diploma in Information Technology，PGDIT；Postgraduate Diploma in Accounting，PGDA；Postgraduate Diploma in Library Automation and Networking，PGDLAN）、圖書資訊學碩士（Masters of library & Information Science）、哲學碩士（M.Phil）、博士（PhD）等（Seethalakshmi, 2013 July）。

　　1997年，印度大學撥款委員會提出印度圖書資訊學的教育方針建議，由C.R. Karisiddappa教授擔任召集人，彙整圖書資訊學教育現況與課程模組，建議將圖書資訊學學士班與碩士班整合成兩年制的碩士學程，教授自動化和資訊科技等新的圖書資訊學知識。此外，提出新教學大綱，包括下列七個模組：圖書資訊學基礎，知識組織、資訊處理和檢索、資訊資源、產品與服務，圖書館和資訊管理中心／機構管理、資訊科技，以及選修課

程。有關圖書資訊學領域跨學科的研究以及新的資訊系統，建議圖書資訊學學生需具備更多專業知識和技能，此報告對印度的現代圖書資訊學教育影響深遠（Karisiddappa, 2004；Yadav & Gohain, 2015）。

2006年，印度國家知識委員會（National Knowledge Commission，簡稱NKC）探討圖書資訊學教育改革，提出十二點建議，包括：（1）應先訂定為期三年的圖書館國家任務，並設立常設的委員會。（2）改善圖書資訊學的教育、培訓和研究設施。提議圖書館相關委員會須評估該地區的圖書資訊學市場人力需求，並滿足全國的圖書資訊學教育和培訓要求。（3）圖書資訊學系所要與時俱進，應給予鼓勵與評估及研究。（4）建立設備完善並與時俱進的圖書資訊學訓練並且針對圖書資訊學與服務深入研究。（5）應建立制度促進教學與研究人員以及圖書館員之間的合作。（6）降低學士班人力配置並加強碩士班人力。（7）師生比例應為1:10。（8）學士班一堂課人數不要超過50人，碩士班不要超過20人。（9）圖書資訊學教育的所有系所都應設置電腦中心和有適當的教學工具、設備齊全的系所圖書館。（10）提供圖書資訊學學院適當的實體設施。（11）使用電子學習教材、器材與人員。（12）應建立教師應用圖書館現代技術完善的資訊科技審查機制（Kumar & Sharma, 2010）。

有關印度圖書資訊學教育規模，Yadav與Gohain（2015）探討2015年的印度圖書資訊學教育現況，研究發現主要由大學提供，遠距教育由遠距大學、學院和自治機構提供，印度大學重視圖書資訊學教育，積極成長。以開設課程的學士班與碩士班或兩年綜合碩士班為主。印度有158 所大專院校提供學士班，160個碩士班，48所哲學碩士班，96個博士班。59所大學院校提供圖書資訊學遠距教育，175所大學院校提供一般模式。Kumar等（2017）研究印度167所大學提供圖書資訊學的相關學程，41所大學提供遠距課程，129所學士班，118所碩士班，22所哲學碩士班，72所博士班。

印度圖書資訊學教育經歷圖書館學教育萌芽期，圖書資訊學教育成長期、圖書資訊學教育現代化期三階段，歸納印度圖書資訊學教育的發展有三個重要因素，包括：各邦圖書館法規的設立、印度大學撥款委員會支持大學，大學圖書館發展學術圖書館系統與文獻學服務的發展，提升圖書館

專業。這三因素不僅提升了圖書館專業地位，也增加了公共圖書館、學術和專門圖書館專業人員就業機會。這些影響也反映在印度圖書資訊學教育的發展，資訊科學引入使得傳統的圖書館學發展至圖書資訊學新的領域，並重視圖書資訊學人才的培育（Karisiddappa, 2004；Yadav & Gohain, 2015）。

9.3 圖書資訊學教育制度

印度中小學教育制度採取12年一貫制教育，由5年的初級小學、3年的高級小學、2年的初中、2年的高中組成。印度的高等教育共8年，包括3年的學士學程、2年的碩士學程（M.phil、Master）、與3年的博士學程（PhD）（Kumar et al., 2017）。還有各類職業技術教育、成人教育等非正規教育。印度全國現有254所綜合性大學，著名的有印度理工學院、德里大學、尼赫魯大學、加爾各答大學等。印度高等教育的管理機構是大學撥款委員會（University Grant Committee，簡稱UGC），負責管理高等教育與訂定標準、為政府提供建議與幫助協調中央和地方間的關係。印度高等教育的認證與評鑑由大學撥款委員會主責。

本節參考印度圖書館學會（Indian Library Association）（2021）圖書資訊學教育（LIS Education）網站，與美國圖書館學會（American Library Association）（2021）維護的「資訊科學系所世界名錄」（World List of Schools and Departments of Information Science）網站，從學士、碩士、哲學碩士、博士、研究文憑、遠距教育等六個學程分析印度的圖書資訊學教育制度。印度目前有125所大學設置圖書資訊學系所，參見9-2、9-3。分為三層級：18校屬於政府中央，70校屬於州立，37校屬於私立機構。依學程，包括學士班89校，碩士班109校，博士班69校。以下分從一般校況與圖書資訊學系所基本資料二方面說明。（Indian Library Association, 2021；American Library Association, 2021）。

9.3.1 一般校況

一般校況包括印度圖書資訊學系所隸屬大學的概況，介紹各大學的所

在地、成立年、公立或私立、全校學生人數，參見表9-2。

表9-2　印度圖書資訊學系所及其所在大學校況一覽表

一、中央政府

大學	系所名稱	所在地	系所成立年	學士	碩士	碩哲	博士	遠距
1. Aligarh Muslim Univ.	Dept. of Library & Information Science	Uttar Pradesh	1950	V	V		V	
2. Assam Univ.	Dept. of Library & Information Science	Assam	2009		V	V	V	
3. Babasaheb Bhimrao Ambedkar Univ.	Dept. of Library & Information Science	Uttar Pradesh	1997		V			
4. Banaras Hindu Univ.	Dept. of Library & Information Science	Uttar Pradesh	1941		V		V	
5. Central Univ. of Gujrat	School of Library and Information Sciences	Gujarat	-		V		V	V
6. Central Univ. of Haryana	Dept. of Library & Information Science	Haryana	-		V			
7. Central Univ. of Himachal Pradesh	Dept. of Library & Information Science	Himachal Pradesh	-		V			
8. Delhi Univ.	Dept. of Library & Information Science	New Delhi	1946	V	V	V	V	
9. Dr Harisingh Gour Vishwavidyalaya	Dept. of Library & Information Science	Madhya Pradesh	1962	V	V		V	
10. Guru Ghasidas Vishwavidyalaya	Dept. of Library & Information Science	Chhattisgarh	1985	V	V		V	

表9-2 印度圖書資訊學系所及其所在大學校況一覽表（續）

大學	系所名稱	所在地	系所成立年	學士	碩士	碩哲	博士	遠距
11. Indian Statistical Institute (Documentation Research and Training Centre) i-school	Documentation Research and Training Centre Associateship in Documentation and Information Science	Karnataka			V			
12. Indira Gandhi National Open Univ.	School of Social Sciences	New Delhi	1989	V	V		V	V
13. Mahatma Gandhi Central Univ.	Dept. of Library & Information Science	Bihar	-	V	V	V		
14. Manipur Univ.	Dept. of Library & Information Science	Manipur	1986		V		V	
15. Mizoram Univ.	Dept. of Library & Information Science	Mizoram	2002		V	V	V	
16. North Eastern Hill Univ.	Dept. of Library & Information Science	Meghalaya	1985		V		V	
17. Pondicherry Univ.	Dept. of Library & Information Science	Kalapet	2007		V		V	
18. Tripura Univ.	Dept. of Library & Information Science	Tripura	2016	V	V		V	
總計				7	18	4	13	2

表9-2 印度圖書資訊學系所及其所在大學校況一覽表（續）

二、州立

大學	系所名稱	所在地	系所年	學士	碩士	碩哲	博士	遠距
1. Alagappa Univ.	Dept. of Library & Information Science	Tamil Nadu	2006	V	V	V	V	
2. Andhra Univ.	Dept. of Library & Information Science	Andhra Pradesh	1935		V	V	V	
3. Assam Women's Univ.	Dept. of Library & Information Science	Assam	2015		V			
4. Awadesh Pratap Singh Univ.	Library and Information Science Colleges	Madhya Pradesh	-		V	V		
5. B.R. Ambedkar Univ.	Dept. of Library & Information Science	Andhra Pradesh	1985	V	V			
6. Babasaheb Bhimrao Ambedkar Bihar Univ.	Dept. of Library & Information Science	Bihar	1997	V				
7. Bangalore Univ.	Dept. of Library & Information Science	Karnataka	1973		V			
8. Barkatullah Univ.	Dept. of Library & Information Science	Madhya Pradesh	-		V			
9. Bundelkhand Univ.	Instute of Library and Information Sciences	Uttar Pradesh	1986	V	V	V	V	
10. Burdwan Univ.	Dept. of Library & Information Science	West Bengal	-		V	V	V	
11. Calcutta Univ.	Dept. of Library & Information Science	West Bengal	1945	V	V	V	V	

表9-2 印度圖書資訊學系所及其所在大學校況一覽表（續）

大學	系所名稱	所在地	系所年	學士	碩士	碩哲	博士	遠距
12. Calicut Univ.	Dept. of Library & Information Science	Kerala	1985		V	V	V	
13. Devi Ahilya Vishwavidyalaya	Univ. Library School of Library and Information Science	Madhya Pradesh	1993	V	V	V		
14. Dibrugarh Univ.	Centre for Library and Information Science Studies	Assam	2005	V	V			
15. Dr. Babasaheb Ambedkar Marathwada Univ.	Dept. of Library & Information Science	Maharashtra	1969		V	V	V	
16. Dr B.R. Ambedkar Open Univ., Hyderabad	Dept. of Library & Information Sciences	Telangana	-		V	V		V
17. Dravidian Univ.	Dept. of Library & Information Science	Andhra Pradesh	2010		V	V	V	
18. Gauhati Univ.	Dept. of Library & Information Science	Assam	1964		V			
19. Gulbarga Univ.	Dept. of Library & Information Science	Karnataka	-		V	V	V	
20. Guru Nanak Dev Univ.	Dept. of Library & Information Science	Punjab	-	V	V			
21. Hemchandracharya North Gujarat Univ.	Dept. of Library & Information Science	Gujarat	-	V	V			

表9-2 印度圖書資訊學系所及其所在大學校況一覽表（續）

大學	系所名稱	所在地	系所年	學士	碩士	碩哲	博士	遠距
22. Jadavpur Univ.	Dept. of Library & Information Science	West Bengal	1964	V	V	V	V	
23. Jai Prakash Univ.	Dept. of Library & Information Science	Bihar	-	V				
24. Jammu Univ.	Dept. of Library & Information Science	Jammu and Kashmir	1971	V	V		V	
25. Jiwaji Univ.	School of Studies in Library and Information Science	Madhya Pradesh	1984	V	V		V	
26. Kakatiya Univ.	Dept. of Library & Information Science	Telangana	2004		V			V
27. Kalyani Univ.	Dept. of Library & Information Science	West Bengal	1992		V		V	
28. Karnataka State Women's Univ.	Dept. of Library & Information Science	Karnataka	-		V	V	V	
29. Karnataka Univ.	Dept. of Library & Information Science	Karnataka	1962		V	V	V	
30. Kashmir Univ.	Dept. of Library & Information Science	Jammu and Kashmir	1970		V	V	V	
31. Kerala Univ.	Dept. of Library & Information Science	Kerala	1961	V	V	V	V	
32. Krishna Kanta Handique State Open Univ.	Dept. of Library & Information Science	Assam	-				V	
33. Kurukshetra Univ.	Dept. of Library & Information Science	Haryana	1969	V	V	V	V	V

表9-2 印度圖書資訊學系所及其所在大學校況一覽表（續）

大學	系所名稱	所在地	系所年	學士	碩士	碩哲	博士	遠距
34. Kuvempu Univ.	Dept. of Library & Information Science	Karnataka	1993	V	V	V	V	V
35. Lucknow Univ.	Dept. of Library & Information Science	Uttar Pradesh	1972	V	V		V	
36. Madras Univ.	Dept. of Library & Information Science	Tamil Nadu	1960		V		V	
37. Madurai Kamaraj Univ.	Dept. of Library & Information Science	Tamil Nadu	1972	V	V			V
38. Maharaja Krishnakumarsinji Bhavnagar Univ.	Dept. of Library & Information Science	Gujarat	-		V	V	V	
39. Maharaja Sayajirao Univ. of Baroda	Dept. of Library & Information Science	Gujarat	1956	V	V		V	
40. Maharishi Dayanand Saraswati Univ.	Dept. of Library & Information Science	Rajasthan	2006		V			
41. Mahatma Gandhi Chitrakoot Gramoday Vishwavidyalaya	Library & Information Science	Madhya Pradesh	-		V	V	V	
42. Mahatma Gandhi Kashi Vidyapeeth	Dept. of Library & Information Science	Uttar Pradesh	-		V			
43. Makhanlal Chaturvedi National Univ. of Journalism & Communication	Dept. of Library & Information Science	Madhya Pradesh	1993	V				

表9-2 印度圖書資訊學系所及其所在大學校況一覽表（續）

大學	系所名稱	所在地	系所年	學士	碩士	碩哲	博士	遠距
44. Mangalore Univ.	Dept. of Library & Information Science	Karnataka	-		V		V	
45. Mohanlal Sukhadia Univ.	Dept. of Library & Information Sciences	Rajasthan	1975	V	V			V
46. Mumbai Univ.	Dept. of Library Science	Maharashtra	1964	V	V		V	
47. Mysore Univ.	Dept. of Library & Information Science	Karnataka	1965		V	V	V	
	International School of Information Management		2005					
48. Nalanda Open Univ.	School of Library and Information Science	Bihar	-		V	V		V
49. North Maharashtra Univ.	Dept. of Library & Information Sciences	Maharashtra	-		V			
50. Osmania Univ.	Dept. of Library & Information Science	Telangana	-		V	V		
51. Punjabi Univ.	Dept. of Library & Information Science	Punjab	1962	V	V			V
52. Rabindra Bharati Univ.	Dept. of Library & Information Science	West Bengal	1985	V	V		V	
53. Rajasthan Univ.	Dept. of Library and Inf. Sc.	Rajasthan	-		V	V	V	
54. Rani Durgavati Vishwavidyalaya	Dept. of Library & Information Science	Madhya Pradesh	1998	V	V			

表9-2 印度圖書資訊學系所及其所在大學校況一覽表（續）

大學	系所名稱	所在地	系所年	學士	碩士	碩哲	博士	遠距
55. Sambalpur Univ.	Dept. of Library & Information Science	Orrisa	1976		V	V	V	
56. Sampurnanand Sanskrit Vishwavidyalaya	DEPT. OF LIBRARY SCIENCE	Uttar Pradesh	-		V			
57. Sant Gadge Baba Amravati Univ.	Dept. of Library & Information Science	Maharashtra	1987		V	V		
58. Sardar Patel Univ.	Dept. of Library & Information Science	Gujarat	-		V	V	V	V
59. Saurashtra Univ.	Dept. of Library & Information Science	Gujarat	1976		V	V		V
60. Savitribai Phule Pune Univ.	Dept. of Library & Information Science	Maharashtra	1978		V	V	V	
61. Shivaji Univ.	epartment of Library and Information Science	Maharashtra	1965		V	V		V
62. Smt. Nathibai Damodar Thackersey Women's Univ.	School Of Library Science	Maharashtra	1961		V		V	
63. Sri Krishnadevaraya Univ.	Dept. of Library & Information Science	Andhra Pradesh	1982		V	V	V	
64. Sri Venkateswara Univ.	Dept. of Library & Information Science	Andhra Pradesh	1974		V	V	V	V
65. Rashtrasant Tukadoji Maharaj Nagpur Univ.	Dept. of Library & Information Science	Maharashtra	1956		V	V		

表9-2 印度圖書資訊學系所及其所在大學校況一覽表（續）

大學	系所名稱	所在地	系所年	學士	碩士	碩哲	博士	遠距
66. Tilka Manjhi Bhagalpur Univ.	Dept. of Library & Information Science	Bihar	1971	V	V			
67. Utkal Univ.	Dept. of Library & Information Science	Orrisa	1981		V		V	
68. Veer Narmad South Gujarat Univ.	Dept. of Library & Information Science	Gujarat	-	V	V			
69. Vidyasagar Univ.	Dept. of Library & Information Science	West Bengal	1985	V	V		V	
70. Vikram Univ.	School of Studies in Library and Information Science	Madhya Pradesh	-	V	V	V	V	
總計				46	63	24	40	9

三、私立

大學	系所名稱	所在地	系所年	學士	碩士	碩哲	博士	遠距
1. Adesh Univ.	Dept. of Library & Information Science	Punjab	-	V	V		V	
2. Amity Univ.	Faculty in Library and Information Science.	Uttar Pradesh	-	V				
3. Arunachal Univ.of Studies	Courses of Library and Information Science	Arunachal Pradesh	-	V	V		V	
4. Baba Mast Nath Univ.	Programs of Library and Information Science	Haryana	-	V				

表9-2 印度圖書資訊學系所及其所在大學校況一覽表（續）

大學	系所名稱	所在地	系所年	學士	碩士	碩哲	博士	遠距
5. C.U. Shah Univ.	Library and Information Science.	Gujarat	-	V	V	V		
6. Career Point Univ.	Dept. of Library & Information Science	Himachal Pradesh	-	V	V			
7. Career Point Univ.	Dept. of Library & Information Science	Rajasthan	-	V	V			
8. Desh Bhagat Univ.	Library Science	Punjab	-	V	V		V	
9. Dr. C.V. Raman Univ.	Dept. of Library & Information Science	Chhattisgarh	-	V	V		V	
10. G.D. Goenka Univ.	Library and Information Science	Haryana	-	V	V			
11. Galgotias Univ.	Dept. of Library & Information Science	Uttar Pradesh	-	V	V			
12. Guru Kashi Univ.	Dept. of Library & Information Science	Punjab	-	V	V		V	
13. Himalayan Univ.	Dept. of Library & Information Science	Arunachal Pradesh	-	V	V		V	
14. Institute of Chartered Financial Analysts of India	Dept. of Library & Information Science	Tripura	-	V				
15. Integral Univ.	Dept. of Library & Information Science	Uttar Pradesh	-	V			V	
16. Jodhpur National Univ.	Dept. of Library & Information Science	Rajasthan	-	V	V			

表9-2 印度圖書資訊學系所及其所在大學校況一覽表（續）

大學	系所名稱	所在地	系所年	學士	碩士	碩哲	博士	遠距
17. Kalinga Univ.	Dept. of Library and Info Dept. of Library & Information Science rmation Science	Chhattisgarh	-	V	V		V	
18. Lovely Professional Univ.	Dept. of Library & Information Science	Punjab	-	V	V			
19. Madhav Univ.	Dept. of Library & Information Science	Rajasthan	-	V	V			
20. Maharishi Arvind Univ.	Dept. of Library & Information Science	Rajasthan	-	V	V			
21. Mangalayatan Univ.	Dept. of Library & Information Science	Uttar Pradesh	-	V	V		V	
22. Monad Univ.	Dept. of Library & Information Science	Uttar Pradesh	2010	V	V	V	V	
23. Navrachana Univ.	Dept. of Library & Information Science	Gujarat	-	V				
24. North East Frontier Technical Univ.	School of Library and Information Science	Arunachal Pradesh	-	V	V	V	V	
25. OPJS Univ.	Dept. of Library & Information Science	Rajasthan	-	V	V			
26. Pratap Univ.	Dept. of Library & Information Science	Rajasthan	-	V			V	
27. Rayat Bahra Univ.	Dept. of Library & Information Science	Punjab	--				V	

表9-2 印度圖書資訊學系所及其所在大學校況一覽表（續）

大學	系所名稱	所在地	系所年	學士	碩士	碩哲	博士	遠距
28. Sant Baba Bhag Singh Univ.	Dept. of Library & Information Science	Punjab	-	V			V	
29. Shobhit Univ.	Dept. of Library & Information Science	Uttar Pradesh	-	V				
30. Singhania Univ.	Dept. of Library & Information Science	Rajasthan	-	V	V			
31. Sri Guru Granth Sahib World Univ.	Dept. of Library & Information Science	Punjab	-	V	V		V	
32. Swami Vivekanand Subharti Univ.	College of Library and Info Science	Uttar Pradesh	-	V	V			
33. Techno Global Univ.	Dept. of Library & Information Science	Meghalaya	-	V	V			
34. Global Open Univ.	Dept. of Library & Information Science	Nagaland	-	V	V			
35. Univ. of Science & Technology	Dept. of Library & Information Science	Meghalaya	-	V	V			
36. Venkateshwara Open Univ.	Dept. of Library & Information Science	Arunachal Pradesh	-	V	V		V	
37. Vinayaka Missions Sikkim Univ.	Dept. of Library & Information Science	Sikkim	-	V	V			
總計				36	28	3	16	0

9.3.1.1 所在地

印度全國劃分為28邦與8聯邦屬地，125所圖書資訊學系所隸屬大學大多分布在Gujarat、Karnataka、Maharashtra、Uttar Pradesh以及West Bengal五邦。作為首都的新德里（New Delhi）也有2所的大學。其他地方較少設立圖書資訊學系所。

9.3.1.2 成立年

有關圖書資訊學系所隸屬大學的成立年，最早設立的五所大學為1935年的Andhra University, Visakhapatnam、1941年的Banaras Hindu University, Uttar Praedsh、1945年的Calcutta University, West Bengal、1946年的Delhi University, Delhi、1950年的Aligarh Muslim University, Uttar Pradesh。

9.3.1.3 公立或私立

印度的大學分為四類：中央大學（Central Universities）、州立大學（State Universities）、私立大學（Private Universities）與同等學歷大學（Deemed University）。中央大學屬於印度教育部，並接受印度大學撥款委員會認可。州立大學的設立基於州法規，由印度大學撥款委員會提供預算計畫並由地方撥款，但基本仍為州政府管理。私立大學是由中央或州法案建立的高等教育機構，需經印度大學撥款委員會批准，可以授予學位。同等學歷大學則是中央根據印度大學撥款委員會建議，將研究領域內的高品質高等教育機構認定為大學（Admin Higher Education System et al., 2020）。本章調查的印度圖書資訊學學系隸屬的大學以中央、州立、私立三種為主，隸屬中央大學18所，州立大學70所與私立大學37所。

9.3.2 圖書資訊學系所基本資料

圖書資訊學系所的基本資料包括：系所名稱、系所隸屬學院、系所成立年、教育層級與學程結構、入學資格、畢業要求、教師概況、與學生概況。

9.3.2.1系所名稱

印度圖書資訊學校的系所名稱多元，125校名稱分類如下：

Library and Information Science 119校：Aligarh Muslim Univ.、Assam Univ.、Babasaheb Bhimrao Ambedkar Univ.、Banaras Hindu Univ. 等
Documentation and Information Science 1校：Indian Statistical Institute
Library and Information Science Studies 1校：Dibrugarh
Documentation Research and Training Centre 1校：Indian Statistical Institute
Information Management 1校：Mysore University
Library Science 1校：Smt. Nathibai Damodar Thackersey Women's Uiversity
Social Sciences 1校：Indira Gandhi National Open Univ.

9.3.2.2系所隸屬學院

印度125所的圖書資訊學系有17所為獨立學院，如Central University of Gujrat、B.R. Ambedkar University等，參見表9-3。其他系多隸屬於文學院、教育學院、社會科學、傳播學院，有部分在科學學院或跨學科學院，例如Delhi University圖書資訊學學系設在文學院。

9.3.2.3系所成立年

印度圖書資訊學系所成立在1960年之前有5校，依序為：Andhra University（1935）、Banaras Hindu University（1941）、Calcutta University（1945）、Delhi University（1946）、Aligarh Muslim University（1950）；1960年代有14所；1970年代有12所；1980年代有14所；1990年代有8所；2000年之後有9所，顯示印度圖書資訊學的系所多於二十世紀成立。

9.3.2.4教育層級與學程結構

印度125所圖書資訊學系所設置於大學，提供學士班、碩士班、哲學碩士班、博士班與研究文憑班多種學程。主要以碩士班為多，達109所；其次是博士班的69所與學士班89所。哲學碩士（M.Phil）係依據UGC建議大學

表9-3 印度圖書資訊學獨立學院的大學名錄

獨立系所的大學名稱
Central University of Gujrat
Dr Harisingh Gour Vishwavidyalaya
B.R. Ambedkar University
Dr Harisingh Gour University
Devi Ahilya Vishwavidyalaya
Dibrugarh University
Karnataka State Open University
Makhanlal Chaturvedi National University of Journalism and Communication
Sambalpur University
Sant Gadge Baba Amravati University
Saurashtra University
Shivaji University
Smt. Nathibai Damodar Thackersey Women's University
Arunachal University of Studies
Madhav University
Rajagiri College of Social Sciences
University of Science & Technology

提供為碩士與博士學位間的研究學位。哲學碩士（M.Phil）學位有31所，研究文憑5所，遠距教育11所，印度尚無學校參加iSchools聯盟（iSchools Organization, 2021）參見表9-4。

表9-4 印度圖書資訊學教育學位統計

學位類型	數量
圖書資訊學學士（BLIS）	82
圖書資訊學碩士（MLIS）	109
哲學碩士（M.Phil）	31
博士（PhD）	69
研究文憑PGDLAN、PGDDIM	5
遠距教育	11

印度大學撥款委員會在2001年，將印度圖書資訊學教育學程分為六級：證書（Certificate）、文憑（Diploma）、圖書資訊學學士（Bachelor of Library & Information Science，簡稱BLIS）、研究文憑（PG Diploma）、圖書資訊學碩士（Masters of library & Information Science，簡稱MLIS）、哲學碩士（M.Phil）、博士（PhD）（Seethalakshmi, 2013）。有關圖書資訊學學士、碩士、哲學碩士、博士以及研究文憑這五種學程入學資格參見表9-5。所有的學位課程都採用一年兩學期的制度，除了博士學程，其他採取一年制為基本，有些學校會再給予更長的年限，同時圖書資訊學學系大多都進行入學考試，有些學校還會要求學生有專業經驗（Kumar et al., 2017）。

9.3.2.5入學資格

有關印度圖書資訊學士學位或碩士學位，最低入學資格是需具備B.A./B.Sc學士學位。圖書館學校除了規定的最低學術資格外，還有要求進行入學考試或面試。一年制碩士學位學程入學要求圖書資訊學學士學位。許多學校都會入學考試。一些學校要求專業經驗。哲學碩士與博士學位基本要求各校而異。博士學位修習，許多大學要求需要在印度居住2至3年。

表9-5 印度圖書資訊學學位學程修業時間與入學資格

學位類型	修業時間與入學資格
圖書資訊學學士（BLIS）	修業時間為一年至兩年（二至四學期），並要求擁有 BA/B.Sc（文學學士、科學學士）的資格，並參加考試通過。
圖書資訊學碩士（MLIS）	修課時間為一年至三年不等，最多為五年（學期制），要求擁有學士學位或BLIS學位，並參加考試通過。
哲學碩士（M.Phil）	兩年制的研究生圖書資訊學課程，要求為擁有碩士學位，並參加考試通過。
博士（PhD）	兩至三年的全日制博士學位學程，要求為擁有碩士或 M.Phil.學位，並參加考試通過。
研究文憑（PG Diploma）	為一年兩個學期的課程，至少要擁有BLIS或其他LIS相關學位才能申請。

9.3.2.6 教師概況

　　印度圖書資訊學系的師資是由專任教授與助理教授組成，各系所的教師人力差距很大，大多有6名左右的教授與助理教授團隊，但有些學校可能只有3-4名的教授（Jain et al., 2007）。以德里大學（University of Delhi）圖書資訊學系為例，該校有5位教授與2位助理教授，另一方面阿薩姆女子大學（Assam Women's University）的圖書資訊學學系僅有3位助理教授，顯見印度圖書資訊學系所師資普遍不足。

9.3.2.7 學生概況

　　有關學生方面，印度的圖書資訊學學系在學士班、碩士班、哲學碩士、博士班各有不同招生人數。學士班的人數大約在40人左右、碩士班在20人左右、哲學碩士與博士依照整體的制度而各校有所不同，從個位數到10多人都有。大學盡可能遵循學士班師生比率1：10、碩士班1：5的原則。

9.4課程設計

　　課程是圖書資訊學教育的核心，以培養圖書館員的專業能力，印度圖書資訊學課程設計受到印度大學撥款委員會（UGC）模式課程引導，以下從印度大學撥款委員會模式課程，與Banaras Hindu University圖書資訊學課程設計探討。

9.4.1印度大學撥款委員會（UGC）模式課程

　　2001年，印度大學撥款委員會提出圖書資訊學模式課程（University Grants Commission Model Curriculum），建議圖書資訊學系課程開設包括下列15個模組：圖書資訊學基礎，知識組織、資訊處理和檢索（理論），知識組織、資訊處理和檢索（實務），資訊技術：基礎（理論與實務），圖書館與資訊中心管理，資訊資源與服務（理論），資訊資源和服務（實務），圖書館與使用者（理論與實務），資訊與通訊，資訊分析、重組和整合，資訊檢索（理論與實務），研究方法和統計，資訊技術應用，資訊技術應用（實務）；選修課：資訊系統（University Grants Commission, 2001）。印度大學撥款委員會模式課程成為印度圖書資訊學系所課程設計的指南。

9.4.2Banaras Hindu University圖書資訊學系課程

　　本章以Banaras Hindu University（BHU）圖書資訊學系（Department of Library and Information Science）碩士班為個案探討課程設計。該系成立於1941年，1942年開設圖書館學文憑（Diploma）學程，為印度圖書資訊學校的先驅之一。1961年，文憑學程改為學士學程後又停辦。該系參考印度大學撥款委員會模式課程與國家知識委員會建議，開設兩年制圖書資訊學碩士班。1980年，再開設博士學程，該系目前提供碩士學位、手稿學文憑與博士學位三種學程（Amu & Amu, 2021；Banaras Hindu University [BHU], 2021）。

9.4.2.1圖書資訊學碩士班課程

Banaras Hindu University（BHU）圖書資訊學碩士班訂定教學目標包括：「讓學生瞭解圖書館工作的基本原則」、「培訓學生處理不同類型資訊與圖書館、資訊中心的專業知識」、「讓學生進行知識管理科技訓練，以保留組職機構的外顯知識」、「讓學生在資訊儲存、處理和檢索中利用資訊科技」、「讓學生熟悉圖書館事業不斷改變的社會、文化、教育與交流框架」。碩士班修業為期兩年（四學期），每屆招生46位學生，採用考試入學，各學期末舉行四次學期考試，期末需要提交碩士論文並接受三次的口試問答（BHU, 2021）。

BHU圖書資訊學碩士班設置必修核心課程，二年四學期課程參見表9-6，包括：圖書資訊學基礎，電腦基礎，分類、知識組織，管理，資訊檢索與資訊科技的實際操作等，兼具理論與實務。該碩士班課程修訂將現代科技納入課程，新課程顯示傳統和現代，及圖書館學與資訊科技之間的平衡（Amu & Amu, 2021；BHU, 2021）。

表9-6 Banaras Hindu University圖書資訊學系碩士班核心課程

核心課程	
第一年第一學期	第一年第二學期
圖書資訊學基礎	圖書館管理 電腦應用（實務）
電腦基礎與應用	資訊來源和服務
知識組織—圖書分類編目理論	知識組織—圖書分類與編目實務II
知識組織—圖書分類與編目實務I	
第二年第一學期	第二年第二學期
知識與研究方法	資訊科學與知識管理
資訊檢索（理論）	資訊使用者需求
資訊檢索（實務）	
資訊技術與系統設計	資訊技術應用（實務）

9.4.2.2 UGC模式課程與BHU圖書資訊學系碩士班課程關係

　　有關BHU圖書資訊學系碩士班核心課程與UGC模式課程關連，參見表9-7，顯示BHU碩士班核心課程涵蓋UGC模式課程的13個模組，說明如下：圖書資訊學基礎模組設有Foundations of Library & Information Science課程。知識組織、資訊處理和檢索模組設有Knowledge Organisation-Library Classification and Cataloguing Theory，Knowledge Organisation-Library Classification and Cataloguing I，II Practice，Information Retrieval（Theory/Practice）五門課程。資訊資源、產品與服務模組設有Information Sources and Services與Information Users and Needs二門課。圖書館與資訊中心／機構管理模組設有Library Management、Information Science and Knowledge Management兩門課程。資訊科技：基礎知識和應用模組有設置Computer Applications（Practical），Information Technology and System Design，Information Technology Applications（Practical）。研究方法和統計模組反映在Universe of Knowledge and Research Methods這門課程。選修課程：資訊系統的模組方面開設Information Technology and System Design（Amu & Amu, 2021）。BHU圖書資訊學碩士班學程大致遵循UGC模式課程，並開設許多資訊相關的課程，參見表9-7。

9.4.3 遠距教育

　　印度的遠距教育始於1980年代，馬德拉斯大學（Madras University）。Ramesha與Babu（2007）探討印度有13所圖書資訊學系所提供遠距教育，也有提供圖書資訊學文憑（Diploma）的遠距教育，如Krishna Kanta Handiqui State Open University、Madras University，圖書資訊學遠距教育多為學士與碩士兩者學位（Ramesha & Babu, 2007）。Indira Gandhi National Open University（IGNOU）是印度主要以遠距教育提供圖書資訊學課程的大學，其提供學士學位（BLISc.）、碩士學位（MLISc.）、圖書館自動化與網路研究文憑學位（Post Graduate Diploma in Library Automation and Networking，簡稱PGDLAN），其中學士學位與碩士學位透過遠距方式進行圖書資訊學教育，其多媒體融入圖書資訊學教育引領風潮。2008年，IGNOU開創線上圖書資訊學碩士學位（Kumar et al., 2017）。

表9-7　UGC模式課程與BHU圖書資訊學碩士班課程對照表

UGC Model Curriculum	BHU圖書資訊學碩士班
1. 圖書資訊學基礎	圖書資訊學基礎
2. 知識組織、資訊處理與檢索（理論）	知識組織-圖書館分類與編目（理論）
3. 知識組織、資訊處理與檢索（實習）	知識分類（實習）
	知識組織-圖書館和編目I、II
4. 資訊技術：基礎（理論與實習）	電腦基礎與應用
5. 圖書館與資訊中心／機構管理	圖書館管理
6. 資訊資源和服務（理論）	資訊資源和服務
7. 資訊資源和服務（實習）	
8. 圖書館與使用者（理論與實習）	資訊使用者與需求
9. 資訊與通訊	資訊科學與知識管理
10. 資訊檢索（理論與實習）	資訊檢索（理論）
	資訊檢索（實習）
	（兩篇論文）
11. 研究方法和統計	知識領域和研究方法
12. 資訊技術應用	資訊技術與系統設計
13. 資訊技術應用（實習）	電腦應用（實習）
	資訊技術應用（實習）

9.5 圖書資訊學教育的評鑑

9.5.1 評鑑的意義與功能

　　美國圖書資訊學教育的認可制度（Accreditation），促進圖書資訊學教育品質保證，評鑑與認證對於學生和公眾都是關鍵，圖書資訊學系所遵守

規範和標準，以提高教育質量和優化資源利用。雖然圖書資訊學教育在印度發展一百餘年，但至今仍未建立圖書資訊系所專業評鑑，因此，新成立學校常缺乏適當的設施、資訊資源或工具以支持學校的發展。

Kumar等（2017）研究發現印度缺乏全國圖書資訊學校認證體系，而是由印度大學撥款委員會、印度大學學會（Association of Indian Universities）、印度人力資源發展部（Ministry of Human Resource Development）主責印度大學學位與外國大學學位同等學力認定，印度大學撥款委員會（UGC）是印度政府法定的管理與維護大學教育標準的機構，1956年成立，負責印度大學學院的教育評鑑，總部位於新德里，還有六個地區分部。印度大學撥款委員會成立國家評鑑與認證委員會（National Assessment and Accreditation Council，簡稱NAAC），負責評鑑印度大學與學院，也涵蓋圖書資訊學系所。但IGNOU開設的遠距學程另由印度空中大學的課程認證委員會評鑑。印度雖在南亞地區有最多的圖書資訊學學校，但未建立圖書資訊學學程認證體系。印度圖書館學會雖然向政府力陳專業教育認證必要，但迄今印度圖書資訊學教育專業評鑑仍然僅是空中樓閣（Abdullahi & Kaur, 2007）。

9.5.2 評鑑委員會

印度國家教育評鑑與認證委員會（NAAC）於1994年成立，作為UGC自治機構主責對印度的大學與學院進行評鑑。NAAC評鑑依對象分為機構認證（Institutional Accreditation）與系所認證（Department Accreditation）。前者的對象為大學（大學的學士班和研究所院系）與學院（任何隸屬、組成或獨立的學院），後者針對大學之任何部門、學院、中心（Department/School/Centre of the University），並組成專家小組負責認證（郭斌、張曉鵬，2008；National Assessment and Accreditation Council [NAAC], 2021），因此大學的學系與研究所均向NAAC申請評鑑。

9.5.3 評鑑標準

NAAC的評鑑標準分為七大項與細則，包括：課程方面，教學評估，

研究，創新和發展，基礎設施和學習資源，學生支持和發展，治理、領導和管理，制度的價值和最佳實踐。NAAC將高等教育機構分為三大類：大學、自治學院與附屬／直屬學院；並根據三類機構的功能和組織重點，給予七大標準有不同權重，進行大學院校評鑑（郭斌、張曉鵬，2008；NAAC, 2021）。

9.5.4評鑑的程序

NAAC評鑑程序包括：（1）意向信件：有意向的高等院校應該首先向NAAC遞交意向信件。根據學院的類型，將應用第一步法（對於大學、自治院校和重點學院）或第二步法（對於附屬學院）進行評鑑與鑑定。（2）院校準備與遞交自評報告：有意向的大學、自治學院，遵循適當的NAAC指南來準備院校自評報告，並把自評報告遞交給NAAC。（3）同儕專家小組實地考察：適當組建的同儕專家小組由NAAC委任，對大學進行實地考察，同儕專家小組通過多種方法進行檢查與蒐集相關的證明材料之後，確認院校自評報告的真實性。（4）評鑑結果：同儕專家小組報告完成實地考察之後，同儕專家小組要準備一份客觀的評鑑報告，稱為同儕專家小組報告（郭斌、張曉鵬，2008）。

9.5.5評鑑結果

機構評鑑結果分為以下四個類別：A、B、C和D，分別表示非常好、良好、滿意與不滿意等級，各類又細分為A+++、A++等，其中D為未通過。機構認證5年後，可進行重新認證。（郭斌、張曉鵬，2008；NAAC, 2021）

印度圖書資訊學教育最大的挑戰是缺少專業認證制度，難以維持圖書資訊學教育水準。缺乏專業認證產生許多問題，如：導致圖書資訊學教育品質低落，圖書資訊學學校經營問題，課程設置不當，基礎設施不足，學校缺乏能見度，師資不足，採用傳統的教學，不符合時代需求等，使得印度圖書資訊學教育雖然學校數量眾多，但是品質未受保障。

9.6教育變革與發展趨向

9.6.1教育特色

有關印度圖書資訊學教育特色，專業館員必須具備圖書資訊學系所學位，大學圖書館助理館員必需經過UGC Net或各邦考試。印度圖書資訊學教育歷史悠久，發展成現今125個系所規模，但也導致圖書館專業人員供過於求現象。圖書資訊學學校持續修訂課程，重視資訊科技的融入發展，印度大學撥款委員會課程發展委員會課程報告具有影響力（University Grants Commission, 1993）。

現今印度的圖書資訊學教育調整方向，為減少學士班而朝向碩士班發展。由於需要解決學士班與碩士班重疊問題，增加電腦和資訊科技課程，以及實習培訓將學校與圖書館連結。因此，印度許多大學將學士班與碩士班改為兩年制的圖書資訊學碩士班（Karisiddappa, 2004）。

印度圖書資訊學教育內容豐富，涵蓋圖書館學、資訊科學、知識管理等領域，同時尋求資訊系統、資訊檢索、資訊管理相關課程與傳統課程維持平衡。印度圖書資訊學教育重視資訊科學，這特色使得圖書資訊學系所畢業生不限在圖書館，而增加資訊科技產業、研發機構、高等教育與研究機構就業機會。（Kumar & Sharma, 2010；Yadav & Gohain, 2015）。

9.6.2教育變革

印度圖書資訊學的教育最重要的轉變是在1970年代，開始將資訊科學概念引入，許多圖書館學系改名為圖書資訊學系。印度大學撥款委員會於1982年，提議將資訊加入圖書館學學位名稱，這項改革使得印度傳統的圖書館學教育走向資訊科學領域。1980年代，面臨資訊及傳播科技的衝擊，圖書館學校加入許多電腦應用的課程（Kumar & Sharma, 2010）。

印度政府接續進行圖書資訊研究學教育問題研究。1992年，印度大學撥款委員會出版〈圖書資訊學課程發展委員會報告〉（Report of the

Curriculum Development Committee on Library and Information Science），提出圖書資訊學學校指南，涵蓋學生錄取政策、標準、入學考試、專業能力、工作經驗，教學媒體和方法，教學工具的使用等議題，並對圖書資訊學教育提出改進的建議（Kumar & Sharma, 2010）。

1997年，UGC再提圖書資訊學的教育方針建議，主張整合學士班與碩士班為兩年制碩士學程，增加自動化和資訊科技在圖書館應用課程。同時提出教學大綱七個模組：圖書資訊學基礎、知識組織、資訊處理和檢索模組、資訊資源、產物和服務模組、圖書館和資訊管理中心／機構、資訊科技：基礎知識和應用模組、研究方法和統計模組、選修課程：資訊系統。以及課程明列要有理論與實務，為面對圖書資訊學領域跨學科的特質與新資訊系統需求，圖書資訊學的學生需具備相關的專業知識和技能（Kumar & Sharma, 2010）。印度大學撥款委員會提出「圖書資訊學模式課程」（University Grants Commission Model Curriculum）建議，成為印度圖書資訊學系所課程設置的指南，所以印度圖書資訊學教育指南主要由印度政府主導。

9.6.3 遭遇問題

綜合學者研究，印度圖書資訊學教育面臨下列的挑戰（Seethalakshmi, 2013 July；Yadav & Gohain, 2015）：

1. 印度圖書資訊學教育缺乏專業認證，故難以保障教育品質。印度圖書資訊學教育缺乏全國專業認證機構負責執行，缺乏完整的圖書資訊學教育國家政策，沒有圖書資訊學教育認證標準以維護教育品質，導致畢業生專業能力不足與各校教育品質有差異。

2. 印度圖書資訊學系所的教師人數不足與不適當。多採用傳統的教學方法，各校落差很大，財務狀況不佳，電腦設備與圖書館設施不足，以致課程設置不當、與能見度不足。鑑於市場和雇主的壓力大。若干學校修改學程，但由於缺乏設施，未經遵循印度大學撥款委員會模式課程，使畢業生缺乏專業能力而就業困難。

3. 圖書資訊學教育面臨培養學生科技能力問題。印度重視新工作與新技術，如網站、部落格設計師、系統管理員、參考圖書館員、資訊經理、資訊系統分析師、文書官員、資訊科學家和資訊官員以及資料庫開發人員。因此，圖書資訊學系所面臨壓力，需要加強基礎設施、更新課程、提供學生動手實作。目前各圖書資訊學學校普遍缺乏配合環境、課程與設備。

4. 印度圖書資訊學課程缺乏共通性。印度大學撥款委員會模式課程未獲落實。印度圖書資訊學模式課程只是模式，沒有強制實施，因為大學都是自行管理，都有自己的研究委員會。

5. 印度圖書資訊學畢業生供過於求超出市場需求。導致失業或就業不良，影響圖書資訊學教育成效與價值。

9.6.4 未來發展

綜合文獻探討，印度圖書資訊學教育未來發展如下：

1. 以市場導向培養學生具有高科技能力，提高圖書資訊學畢業生就業機會。印度圖書資訊學系所在2000年至2010年間驚人成長，建立起125所圖書資訊學系所規模，從學士、碩士到博士多元學程，並授予證書。為了培養學生有足夠的能力迎接挑戰，圖書資訊學學校必須以市場為導向，增長圖書資訊學畢業生在教育、工業和研發各個領域獲得了就業機會，並吸引不同學群背景的高素質人才。圖書資訊學學校與學會應用現代技術以提供教育和培訓，以因應二十一世紀資訊和知識管理的挑戰。

2. 持續審查、修訂設計圖書資訊學課程。為迎合資訊與數位世界發展，印度的圖書資訊學學校必須提供高級課程模組，例如基於網路的資訊檢索、資料庫檢索、資訊組織、資訊素養、創新技術、跨組織資訊系統、數位資訊技術和架構、數位圖書館、網路技術和應用、概念資料庫設計和資料庫內容評估等。

3. 及早建立圖書資訊學專業認證制度。印度圖書資訊學教育規模大，品質良莠不齊，極需要專業認證，由國家認證機構評鑑圖書資訊學學校，並應用標準。同時課程的統一也是印度圖書資訊學界努力的方向。印度的

圖書資訊學學校數量龐雜，各校因為財政、設備、師資人力、地區等因素影響學程品質。專業認證制度將有助於提升圖書資訊學教育的品質以及解決圖書資訊學教育供過於求的問題。因此建立專業認證是未來印度圖書資訊學教育最重要的目標（Kumar & Sharma, 2010；Seethalakshmi, 2013）。

4. 印度圖書資訊學教育將持續重視資訊科學與技術發展。將使印度的圖書資訊學系所畢業生獲得資訊科技產業、研發機構、高等教育與研究機構就業機會，不限於圖書館工作。這一發展因應科技進步將不斷改變學校教學內容，可能是印度圖書資訊學界的未來最大挑戰（Karisiddappa, 2004；Yadav & Gohain, 2015）。

參考文獻

白朝琴（1997）。中印圖書館學與資訊科學教育之比較研究。**大學圖書館**，**1**（1），123-146。

胡述兆（1995）。印度的圖書館。在胡述兆（主編），**圖書館學與資訊科學大辭典**。http://terms.naer.edu.tw/detail/1682837/

郭斌、張曉鵬（2008）。印度高等院校評估與鑑定新方法述評。**比較教育研究**，**30**（10），66-70。

Abdullahi, I. & Kaur, T. (2007). The importance of accreditation and assessment of LIS programs in Asia Pacific region. *Proceedings from A-LIEP 2007: The Asia-Pacific Conference on Library and Information Education Practice.* Taipei.

Admin Higher Education System, NTA UGC NET Examination., & UGC NET Supplements. (2020). *Types of Universities in India.* https://www.ugcnetbooks.com/types-of-universities-in-india/

American Library Association (2021). *World List of schools and departments of information science.* https://www.ala.org/educationcareers/employment/foreigncredentialing/worldlist

Amu, F. & Amu, A. A. (2021). Curriculum framework of library and information science education in the united states, the united kingdom and india. *Library Philosophy and Practice*, 1-29.

Banaras Hindu University (2021). *Master of Library and Information Science.* Retrieved from https://www.bhu.ac.in/arts/lis/mlis.html

Bhatt, R. K. & Kandhasamy, K. (2020). A Study of Public Libraries in India: Pre-Independence Period. *Library Philosophy and Practice*, 1-20.

Google (2021). *Republic of India.* https://www.google.com.tw/maps/@21.2134951,79.8700318,5z?hl=zh-TW

Indian Library Association (2021). *LIS Education.* https://ilaindia.co.in/lis-education

International Federation of Library Associations and Institutions (2021). *Library Map of The World: India.* https://librarymap.ifla.org/map/Metric/Number-of-libraries/LibraryType/National-Libraries,Academic-Libraries,Public-Libraries,Community-Libraries,School-Libraries,Other-Libraries/Country/India/Weight/Totals-by-Country

iSchools Organization (2021). *Directory.* https://ischools.org/Directory?&tab=1

Jain, P.K., Kaur, H. & Babbar, P. (2007, January). *LIS Education in India: Challenges for Students and Professionals in the Digital Age.* International Conference on Library and Information Society, Kuala Lumpur, Malaysia.

Karisiddappa, C.R. (2004). *Library and information science curriculum for the developing countries.* World Library and Information Congress: 70th IFLA General Conference and Council. Symposium conducted at the meeting of IFLA, Buenos Aires, Argentina

Kumar, K. & Sharma, J. (2010). Library and Information Science Education in India: A Historical Perspective. *DESIDOC Journal of Library & Information Technology, 30*(5), 3-8.

Kumar, K. Jeyaraj, J., & Gaur, R.C. (2017). India: Libraries, Archives and Museums, In McDonald, John D. & Levine-Clark, Michael (Eds.)*, Encyclopedia of library and information science* (Fourth Edition) (pp. 1992-2030). New York: Taylor & Francis. https://doi.org/10.1081/ E-ELIS4

National Assessment and Accreditation Council (2021). *Assessment & Accreditation.* http://naac.gov.in/index.php/assessment-accreditation#criteria

Ramesha, R., & Ramesh Babu, B. (2007). Trends, Challenges and Future of Library and Information Science Education in India. *DESIDOC Journal of Library & Information Technology, 27*(5), 17-25. DOI:10.14429/djlit.27. 5.136

Seethalakshmi, T.S. (2013, July). *Problems and prospects of LIS students & professionals in India: an Overview.* [Paper presentation] The 5th International Conference on Asia-Pacific Library and Information Education and Practice "Issues and Challenges of the Information Professions in the Digital Age." Symposium conducted at the meeting of A-LIEP, Khon Kaen City, Thailand.

University Grants Commission (1993). *Report of the Curriculum Development Committee in Library and information science* (Chairman: PN Kaula). UGC: New Delhi, India.

University Grants Commission (2001). *UGC Model Curriculum.* https://www. ugc.ac.in/oldpdf/modelcurriculum/lib_info_science.pdf

Verma, M. K. & Singh, S. N. (2010, December). *Role of Commissions and Committees in Library Education: An Overview.* In Bopapurkar, Prashant (Chair), Innovative and Best Practices in Library and Information Services. Symposium conducted at the meeting of The University Grants Commission, Bhopal, Korba, C.G.

Yadav, A. K. S. & Gohain, R. R. (2015). Growth and development of LIS education in india. *SRELS Journal of Information Management, 52*(6), 403-414. DOI: 10.17821/srels/2015/v52i6/84316

第10章
日本圖書資訊學教育

王梅玲、吳悠

日本（Japan），是亞洲東部太平洋上的一個群島國家。西隔東海、黃海、朝鮮海峽、日本海，與中國、朝鮮、俄羅斯相望，東臨太平洋。領土由本州、北海道、九州、四國四個大島和3,900多個小島組成，面積377,835平方公里。日本首都為東京，全國人口約125,340,000人（日本總務省統計局，2021），官方語文為日語，地理分布如圖10-1（沈姍姍，2000）。

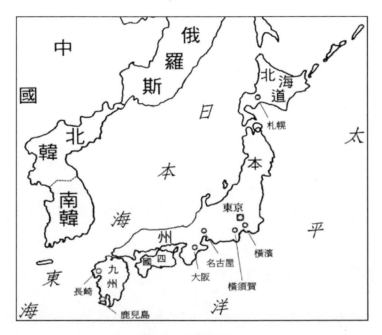

圖10-1　日本地圖

資料來源：沈姍姍（2000）。**國際比較教育學**，頁261。臺北：正中。

　　西元三、四世紀，日本成為統一的國家，西元400年開始有正式歷史記錄。古代日本與中國交往很多。十二世紀末葉，農業發達，絲綢、陶瓷等手工業以及水陸交通運輸發展迅速，並開展了對東南亞各地的海上貿易。1868年，明治維新運動使日本積極發展資本主義，對外侵略，成為一個軍事封建的帝國主義國家。1894年，對中國發動了「甲午戰爭」，侵佔了臺灣和澎湖列島；1904年，進行日俄戰爭；1910年，侵佔朝鮮半島。後來參加第一次世界大戰，攫取了德國在太平洋上的島嶼和在中國的特權。1931年，發動了「九一八事變」，侵佔中國。1941年12月，發動太平洋戰爭。1945年8月15日，接受波茨坦宣言宣布無條件投降。1950至1970年代中期，日本經濟高速發展。1968年以後，國民生產總值超過西歐諸國，躍居世界前列，成為世界經濟強國（王梅玲，2005）。1990年代，日本發生泡沫經濟，造成經濟蕭條，數年後挽回經濟頹勢，日本如今是世界前十名的人口大國，也是聯合國、世界八國集團（G8）與經濟合作發展組織（Organisation for Economic Cooperation and Development，簡稱OECD）的重要成員（Takayama et al., 2017）。

　　日本圖書資訊學正規教育始自1951年，在慶應義塾大學（Keio University）建立第一所圖書館學校，至今已七十餘年，發展成圖書館員培訓、學校圖書館員培訓、學士班、碩士班、博士班五類教育體系，共9所圖書資訊學系所設置於大學之中，以及199所大學與短期大學提供圖書館員培訓課程。本章探討日本圖書資訊學教育的發展史與教育制度，檢視現況並綜述教育變革與展望未來。由於日本未建立圖書資訊學教育評鑑，本章分為：（1）圖書館事業概述，（2）圖書資訊學教育發展簡史，（3）圖書資訊學教育制度，（4）課程設計，以及（5）教育變革與未來趨向五方面探討。

10.1 圖書館事業概述

　　日本國會圖書館（National Diet Library）是日本最大的圖書館，其他學術圖書館、學校圖書館、公共圖書館與專門圖書館，均採取現代化圖書館經營滿足使用者的需求。日本圖書館事業共有142,419所圖書館，包括：

1所國家圖書館，3,360所公共圖書館，519所學術圖書館，137,979所學校圖書館等，560所專門圖書館，各類圖書館統計參見表10-1（International Federation of Library Associations and Institutions [IFLA], 2021）。

表10-1　日本圖書館事業統計

類型	數量
國家圖書館	1
學術圖書館	519
公共圖書館	3,360
學校圖書館	137,979
專門圖書館	560
總計	142,419

資料來源：International Federation of Library Associations and Institutions (2021). *Library Map of The World: Japan.* https://librarymap.ifla.org/map/Metric/Number-of-libraries/LibraryType/National-Libraries,Academic-Libraries,Public-Libraries,Community-Libraries,School-Libraries,Other-Libraries/Country/Japan/Weight/Totals-by-Country

　　日本稱現代圖書館為「Toshokan」，在十九世紀以前稱為「文庫」（Bunko）。日本圖書館的出現受到中國文化很大的影響，但現代圖書館事業則受到西化的啟發，其西化運動肇始於1868年明治維新，所以明治維新是日本現代化源起。

　　日本最早的圖書館為607年，聖德太子（574—622年）建立的私人藏書樓「夢殿」。大寶元年（701年）日本仿照中國隋唐的制度制訂〈大寶律令〉，在中務省設圖書寮，以管理並收藏圖書。平安時期（710—792年），在奈良出現了私人文庫（即私人圖書館）。寶龜年間（771—780年），石上宅嗣建立了私人圖書館「芸亭」，允許有志於學者使用。鎌倉時期（1192—1333年），日本出現了「武家文庫」（即武士的私人圖書館），其中最有名的是北條實時的金津文庫。室町時期（1338—1573年），建立了足利學校藏書。江

戶時期（1603—1867年），第一代將軍德川家康分別在駿府（今靜岡市）和江戶（今東京）建立了駿河文庫和紅葉山文庫，各地的藩主也紛紛建立文庫。此外，還出現了許多神社和佛閣的文庫以及一些私人文庫（林巧敏，1995；陳威博，1993）。

　　1868年，明治維新前後，日本文庫逐漸演變為近代的圖書館，政府曾多次派人赴歐美考察圖書館事業。隨後福津渝吉創辦了慶應義塾大學圖書館和京都集書院。1872年，政府在東京設立了公眾開放的書籍館，1880年，改名為東京圖書館，1897年，又改稱帝國圖書館。1892年，成立了日本文庫協會。1898年，日本政府下令興建各類型圖書館。1899年，頒布〈圖書館令〉，奠定圖書館事業的法律基礎，也是第一個日本圖書館獨立法令。1908年，日本文庫學會改為日本圖書館協會，圖書館事業開始發展。日本走向軍事主義，在第二次世界大戰期間，部分圖書館毀於戰火，日本圖書館學會在大戰的最後一年暫停所有活動。

　　第二次世界大戰期間，日本的圖書館遭到破壞。戰後為了重建圖書館事業，1946年4月，首先恢復圖書館學會的法人地位，一些專業刊物相繼復刊或創刊，各種研究會紛紛成立，6月文部省召開都、道、府、縣中央圖書館館長會議。1948年4月，公布〈國會圖書館法〉，1948年9月，設立圖書館法委員會，1950年4月頒布〈圖書館法〉；同年9月頒布〈圖書館法施行規則及細則〉；1953年，頒布〈學校圖書館法〉。1954年，頒布〈學校圖書館司書教諭講習規程〉。1959年，頒布〈圖書館法施行令〉。這一系統法令的制定和頒布使日本的圖書館事業走上了現代化的道路。1990年代起，日本發生重大改變，從高經濟成長走向泡沫化經濟，並遭遇電腦化、大地震、老年化社會問題等，日本的圖書館更關注社會經濟的改變（Takeuchi, 1968；王梅玲，2005）。

　　日本圖書館事業發展建立在法制基礎上，是伴隨著明治維新以來實行文明開化的國策開始的。日本由國家頒布的圖書館法，到目前為止有3部：〈國立國會圖書館法〉、〈圖書館法〉和〈學校圖書館法〉。1950年，頒布的〈圖書館法〉規範公共圖書館的專門法律。該法律主要規定了圖書館的基本任務，圖書館員的專業職務資格，公立圖書館的設置主體、管理體制、

服務原則、基本標準，同時還規定了國家及地方政府對私立圖書館的原則政策。〈圖書館法〉自頒布以來，進行了多次修訂。公共圖書館在圖書館體系十分重要，因為它體現了現代圖書館的特徵。因此〈圖書館法〉的頒布標誌日本圖書館基本法的確立。

日本國會圖書館成立於第二次大戰後，位於東京市，其前身為1872年成立的前帝國圖書館，先前附屬於憲改前的國會兩院。1948年5月，改名為國會圖書館開始對外開放，當時藏書大都來自國會兩院，圖書館最初的目的是協助議會同仁的工作，同時具有提供政府行政司法機關以及一般民眾圖書館服務的任務。國會圖書館是唯一的法定寄存圖書館，擁有本國的出版品，具有文化保存、編製出版品目錄資料庫以及提供圖書館服務等功能。國會圖書館的組織包括總館、35個分部圖書館及一個設在國會的國會分館。

日本重視公共圖書館，第一所公共圖書館是1872年，在儒學院（Shoheiko）成立，被稱作Shojakukan，由政府經營。1880年，改名為東京圖書館，在明治時代是國會圖書館的前身以及各地方政府公共圖書館的楷模。公共圖書館在1950年，制訂〈圖書館法〉之後迅速成長。1963年，日本圖書館學會發表〈中小型公共圖書館管理〉（Management of Public Libraries in Medium and Small Cities）專書，加強圖書館與當地社區的關係。1970年後，因為居民的變遷與政府預算的成長，加速了公共圖書館的發展。公共圖書館採用更開放的陳列方式，使借閱量高度成長。日本兒童與學生為公共圖書館主要的使用者。1980年代，終身學習觀念的推廣，1990年代，圖書館被視為公共文化設施，需要提供更多的成人服務以及資訊科技教育。

日本的大學圖書館較著名者有東京大學圖書館、筑波大學圖書館，館藏的圖書均在百萬冊以上。1877年，東京大學成立第一所現代化的大學圖書館。1956年，發展第一個大學圖書館標準。1960年代至1970年代，大學遭遇學生反對學費調漲以及越戰的阻礙。1970年代中期以後，新成立的國立大學以及圖書館採用開架式陳列、全面電腦化以及集中制的館藏管理，國立大學圖書館學會、私立大學圖書館學會以及空中大學圖書館學會積極

推動圖書館合作。

　　日本學校圖書館發展不平衡，目前全國中小學圖書館約有137,979所。學校圖書館學會於1950年成立，1953年制訂了〈學校圖書館法〉，並於1997年、2015年修訂，規定每所學校有12個以上班級就必須設立一個教師圖書館員。學校圖書館的管理由館員及教師負責。依據日本文部科學省的統計，2016年，小學圖書館20,441所，中學圖書館10,292所，高中圖書館4,389所。小學圖書館藏書量共10,863冊，中學圖書館共27,074冊，高中圖書館共41,956冊（日本圖書館協會，2020）。

　　日本圖書館協會（Japan Library Association，簡稱JLA）成立於1908年，前身是1892年成立的日本文庫協會，其任務是促進圖書館事業的建設，提高服務品質，維護圖書館員的利益，發展學術活動等。該學會共有6,821個人會員，2,886個團體會員以及68個夥伴會員；設有6個委員會，包括公共圖書館委員會、大學圖書館委員會、短期大學圖書館委員會、學校圖書館委員會、專業圖書館委員會、圖書館學教育委員會。同時還有30個委員會，及地區的分會。

　　日本圖書館協會於1950年，制訂〈圖書館法〉，建立圖書館管理的基礎，辦理圖書館員的訓練與認證工作，日本並促進圖書館專業的溝通與協調。1906年，學會舉辦第一屆全國圖書館大會；1907年，創設〈圖書館雜誌〉的官方報紙；1954年，發表〈圖書館自由宣言〉；1980年，改〈圖書館自由宣言〉為〈圖書館員倫理綱領〉；1982年，創刊〈圖書館年鑑〉（日本圖書館協會，2020）。

10.2圖書資訊學教育發展簡史

　　日本圖書資訊學教育的發展受到〈圖書館法〉很大影響，圖書館員教育採用雙軌制度，包括圖書館員培訓與圖書資訊學專業教育二種。許多大學開設圖書館學短期課程，但圖書資訊學正規教育規模小。根據日本文部科學省統計，有195所大學院校提供圖書館員教育課程（文部科學省，

2022）。日文漢字「情報」二字為英文Information 之意，日本常稱為「圖書館情報學科」，故本章將「圖書館情報學科」譯為「圖書資訊學系」。

1868年，明治維新時期，西方的圖書館觀念傳入日本。1892年，成立日本文庫協會；1918年至1922年，東京帝國大學提供大學層級的圖書館學課程。1951年，慶應義塾大學文學院成立圖書館學校，其後圖書館學校紛紛成立。1960年代末期，學校紛紛由「圖書館學科」改名為「圖書館情報學科」（李常慶，1998）。本章參考陳光華、林欣怡（2001），以1920年開設圖書館員教習所與1950年制定〈圖書館法〉兩大事件為分水嶺，將日本圖書資訊學教育的發展分為三個時期：（1）圖書館學教育萌芽期（1892—1920年）；（2）圖書館學教育發展期（1921—1950年）；（3）圖書館情報學教育時期（1951年—迄今），茲分述如下。

10.2.1 圖書館學教育萌芽期（1892—1920年）

日本圖書館學教育的起源是從1892年，成立第一個圖書館員團體「日本文庫協會」，至1920年，文部省（相當於教育部）「圖書館員教習所」成立開始，這段期間可以說是日本圖書館學教育的萌芽時期。

日本文庫協會於1903年，設立「圖書館事項講習會」，此為日本圖書館學教育之濫觴，具有重大意義。此後十餘年間，日本各地陸續開設類似的教習所、講習所等機構，推動日本圖書館教育。1908年，日本文庫協會更名為「日本圖書館協會」，從圖書館教育的啟蒙到圖書館法的制定、圖書館教育的推廣等各方面，該協會均扮演關鍵角色。1911年，日本圖書館協會成立「圖書館員養成所設置委員會」，建議文部省設置培育圖書館員的專職機構。1920年，文部省終於決定成立「圖書館員教習所」，其入學資格為受過6年小學教育與5年中學教育，修業年限僅1年，於是日本圖書館教育開啟新局面。

大學也開始提供圖書館學教育，1918年，東京帝國大學圖書館館長和田萬吉兼任教授，於文學院開設圖書館課程，這是第一個在大學層級提供圖書館課程的學校，但僅維持五年，至1922年關閉。大學設置圖書館教育，及至第二次世界大戰之後才開始發展。

10.2.2圖書館學教育發展期（1921—1950年）

1921至1949年，為日本圖書館學教育孕育時期，此期間發生若干重大事件，如：1921年，文部省圖書館員教習所的成立、〈圖書館令〉的修正、圖書館員檢定制度的實施等，但圖書館學教育的科目則仍然延續傳統而少有變化。這段期間，日本圖書館學教育發展日漸成熟，但又受戰爭影響中斷，直到戰後〈圖書館法〉制訂之後才開創新局（陳光華、林欣怡，2001）。

文部省於上野創辦的圖書館員教習所，在日本圖書館學教育的發展史上具有重大意義，該圖書館員教習所招收中學以上學歷之畢業生（相當於現今的高中二年級程度），實施男女共學制，並委派有聲望的人擔任教員。教習所的修業年限為一年，共40週，每週上課30小時，學費幾乎全免。圖書館員教習所於1925年，改稱為「圖書館講習所」，一直到1945年3月，因戰爭因素徵召教員入伍而造成學校停辦，此期間共培育出537位畢業生。

1945年8月，第二次世界大戰結束，日本戰敗，聯軍進駐日本，許多圖書館在戰爭中遭到嚴重破壞，館員死傷亦不在少數。聯軍認為民主思想的傳播與民主社會的確立，亟需健全、完善功能之圖書館為堅實後盾，以作為開展民智和溝通思想的重要橋樑。因而積極推動圖書館教育，開辦圖書館學校、並訓練專業人員來協助圖書館的重建與發展。1947年，二次大戰中關閉的上野圖書館講習所重新開放，但體制已有所改變，招收的學生必須有專科以上學歷，修業期限二年。1949年，此機構再度改由文部省管轄，入學資格改為需新制高中以上學歷。1964年，又更名為國立圖書館短期大學，即為後來的圖書館情報大學前身。大學開設相關之講習班，如1946年，「同志社大學圖書館學講習所」、1948年，京都大學成立「京都圖書館學校」，同年，東京大學圖書館為培育大學圖書館館員亦開辦暑期講習會。

此時期最重要的是〈圖書館法〉的制定，目的是要以檢定考試、執照以及設置圖書館學校等方式來培育圖書館館員。然而1950年3月，最後提案卻改成透過圖書館員講習與在大學中開設圖書館學相關課程的方式施行。此後，〈圖書館法〉便成為日本館員資格依據，各大學紛紛開設符合〈圖書館法〉所規範的司書（館員）學程，以提供學生取得公共圖書館館員資格的管道，顯見〈圖書館法〉對日本圖書館教育影響。

10.2.3圖書館情報學教育時期（1951年—迄今）

〈圖書館法〉制訂後，日本圖書館學教育發展成為圖書館員培育與大學圖書資訊學專業教育二種制度。Miwa（2006）和Nemoto（2015）說明日本大專院校提供的圖書館學教育分為五類：司書課程、司書教諭課程、圖書資訊學學士班、碩士班、與博士班。依據〈圖書館法〉，「司書」即為圖書館員，「司書教諭」是1953年，〈學校圖書館法〉規定的教師圖書館員，二者需依據法規修習課程完成所需學分，才能獲得圖書館員與學校圖書館員證書。另一方面，大學開辦圖書館學科系與研究所，使日本的圖書館學教育朝著司書教育與圖書資訊學專業教育二方面發展，以下分別探討其發展。

10.2.3.1司書與司書教諭教育

在司書教育方面，日本〈圖書館法〉對於圖書館員及其資格、課程認定皆有所規範：「在圖書館工作的專業職員稱為司書（圖書館員）及司書補（助理館員），司書從事圖書館專業事務，司書補則是從旁協助司書的職務」，圖書館員專業從此獲得法律認定。日本的公共圖書館館員至少須修畢〈圖書館法〉所規定的「司書課程」（E-gov法令檢索網，2022a）。館員需符合下列條件之一：（1）大學畢業（包括專業大學前半期畢業者）並修讀過文部科學省令規定的圖書館相關課程者，（2）文部科學省核定的大學或技術學院畢業，並依規定修畢圖書館員課程者。（3）擔任助理館員3年以上，並依規定完成館員培訓者。

〈學校圖書館法〉與〈學校圖書館司書教諭講習規程〉引導日本學校圖書館發展。1953年，〈學校圖書館法〉公布，並於1998年、2003年、2016年進行修訂，規定學校圖書館中小學教員至少須修畢〈學校圖書館法〉所規定的「司書教諭課程」，才能取得「教員兼圖書館館員」的資格，稱之為「司書教諭」，掌理館內的專業事務（E-gov法令檢索網，2020b）。1954年，頒布〈學校圖書館司書教諭講習規程〉，2007年修訂。

日本許多大學依據〈圖書館法〉設置圖書館員（司書）課程以培育圖書館員，課程分成司書、司書補、司書教諭三種，修畢規定學分即可取得

圖書館員資格。〈圖書館法〉規定的司書修習學分數原為15學分；1968年，修訂為19學分；1996年，修訂為20學分；2013年，修訂為至少13科目24學分，科目也大幅度修訂。司書補課程至少要修習15學分。〈學校圖書館法〉要求每校12個以上班級必須設一個教師圖書館員，教師圖書館員資格需修畢5學科10學分的課程。目前195所大學院校提供司書教育課程，其中8所為國立大學、5所公立大學、140所私立大學及42所短期大學（包含1所公立與41所私立短期大學），其中有10所學校提供通信課程，即遠距教育（文部科學省，2022）。司書、司書補、司書教諭資格課程析述如後。

有關司書養成課程，其目的在培養公共圖書館館員，依據〈圖書館法施行規則〉，分成甲組、乙組，甲組必修課程11科22學分必須全修，乙組課程至少須選修2科以上，學生修畢24學分後，才能取得司書資格，司書課程與學分數參見表10-2（E-gov法令檢索網，2020a）。

表10-2　日本司書課程一覽表

類別	科目	學分數	類別	科目	學分數
甲組必修	生涯學習概論	2	乙組選修	圖書館基礎特論	1
	圖書館概論	2		圖書館服務特論	1
	圖書館制度經營論	2		圖書館資訊資源特論	1
	圖書館資訊技術論	2		圖書館史	1
	圖書館服務概論	2		圖書館設施論	1
	資訊服務論	2		圖書館綜合實習	1
	兒童服務論	2		圖書館實習	1
	資訊服務演習	2			
	圖書館資源概論	2			
	資訊資源組織論	2			
	資訊資源組織演習	2			
總計		22			7

資料來源：E-gov法令檢索網（2020a）。**圖書館法施行規則**。https://elaws.e-gov.go.jp/document?lawid=325M50000080027

　　有關司書補課程，主要培育圖書館助理館員，依據〈圖書館法施行規則〉規定，必須修畢規定11門課程，15學分以取得資格，參見表10-3（E-gov法令檢索網，2020a）。

表10-3　日本司書補課程一覽表

科目	學分數
生涯學習概論	1
圖書館基礎	2
圖書館服務基礎	2
文獻服務	1
文獻資料解題	1
資訊檢索服務	1
圖書館資料	2
資料整理	2
資料整理演習	1
兒童服務基礎	1
圖書館特講	1
總計	15

資料來源：E-gov法令檢索網（2020a）。**圖書館法施行規則**。https://elaws.e-gov.go.jp/document?lawid=325M50000080027

　　有關司書教諭課程，其目的在培育學校圖書館員，依據日本〈學校圖書館法〉要求每所學校有12個以上班級就必須設立一個教師圖書館員，稱為「司書教諭」。〈學校圖書館司書教諭講習規程〉規定，教師圖書館員資格需具有教師資格，並且修畢下列5科、10學分課程（E-gov法令檢索網，2022b），參見表10-4。

表10-4 日本司書教諭課程一覽表

科目	學分數
學校經營與學校圖書館	2
學校圖書館媒體建構	2
學校指導與學校圖書館	2
讀書與豐富的人文	2
資訊媒體的運用	2
總計	10

資料來源：E-gov法令檢索網（2020b）。**學校圖書館司書教諭講習規程**。https://elaws.
e-gov.go.jp/document?lawid=329M50000080021

10.2.3.2圖書資訊學專業教育

　　日本圖書館學專業教育在1951年之後逐漸綻放花朵。第二次世界大戰後，在美國圖書館學會（American Library Association）與洛克斐勒基金會（Rockefeller Foundation）協助下，1951年，成立了日本圖書館學校（Japan Library School），隸屬於慶應義塾大學（Keio University）文學部之下。該計畫結束，遂易名為圖書館學科，成為文學部下5個學系之一，這是日本第一個設立在大學的圖書館學校。

　　同年，京都大學（Kyoto University）於教育學研究所開設圖書館學課程。1953年，東京大學（University of Tokyo）將文學院開設的圖書館學課程改隸教育學院的教育行政學科，開設研究所課程。東京大學與京都大學首開日本圖書館學研究所先例，開設圖書館學課程，且皆置於教育學院。1959 年，東洋大學（Toyo University）於社會學院應用社會學科下開設圖書館學專攻。

　　美國協助日本建立之圖書館學教育，著重於公共圖書館館員的培育。隨著大學圖書館與專門圖書館日益增加，再加以資訊科技發展影響，於1960年代末期開始，學校紛紛由「圖書館學科」改名為「圖書館情報學科」。除了大學設置圖書館學學程以外，日本也有幾所大學提供圖書館學函授教

育，包括玉川大學（Tamagawa University）、明星大學（Meisei University）、佛教大學（Bukkyo University）、近畿大學（Kindai University），成為進修圖書館學的另一種管道（王梅玲，2005）。

　　1967年，慶應義塾大學開辦研究所碩士班，名為「圖書館情報學專攻」，這也是日本第一個圖書館情報學研究所，並首度採用「圖書館情報學」名稱。翌年，文學院的「圖書館學科」也配合研究所改名為「圖書館情報學科」，並因應科系名稱的改變，課程架構調整。此也帶動日本圖書館學校改名為「圖書館情報學系」的風潮。為促進學術研究之發展，1975年，慶應義塾大學開設博士學程，使該校的圖書館情報學教育發展成為學士班、碩士班至博士班完整教育體系（金容媛，1993；Kazuaki, 2011）。

　　1979年，日本修正國立學校設置法，將原有的國立圖書館短期大學遷至筑波，並重新開設為「國立圖書館情報大學」（University of Library and Information Science），是日本唯一的圖書館情報學專科大學；1984年，開辦碩士班。1985年，愛知淑德大學（Aichi Shukutoku University）在文學院設立圖書館情報學科；1989年，成立碩士班，博士班於1991年成立。

　　1981年，中央大學（Chuo University）在文學院開設圖書館學學程；1990年，文學院調整組織成立圖書館情報學的專門課程，屬於「社會學科」的「社會情報學課程」之下。此為司書課程轉為科系主修課程的首例，但不是一個學系，而是學系下的一個主修課程。1995年，成立碩士班；1997年，又成立博士班（中央大學社会情報学，2021）。1992年，明星大學開設情報學部情報學科（資訊學院資訊學系）；1998年，開設大學院情報學研究科（資訊學研究科碩博士）（明星大學情報學科，2021）。

　　1994年，駿河臺大學（Surugadai University）成立「文化情報學院」，劃分為「文化情報學科」與「知識情報學科」二學系。知識情報學科下又分為「知識傳播」、「檔案管理」與「情報管理系統」三組課程，包含圖書館情報學、博物館學、檔案管理學。2000年，慶應義塾大學組織調整，原隸屬於文學院之下的圖書館情報學科改隸於文學院的人文社會學科之下，名稱改為「圖書館情報學系」，其下設「圖書館情報學專攻」。東洋大學在2000年，由「應用社會學科」改隸於「媒體傳播學科」，學科之下不再分組，

而將圖書館情報學融入傳播學（王梅玲，2005）。

　　2000年，圖書館情報大學進行大學改革，與鄰近的筑波大學進行合併。2002年10月起，「圖書館情報大學」走入歷史，名稱改為「國立筑波大學圖書館情報學專門學群」，2003年4月，招收整合後的第一屆新生。圖書館情報大學最早期是1921年文部省開設的圖書館員教習所；1925年，圖書館教習所改名為圖書館講習所；1945年因二戰停擺，1947年，重新開張；直到1964年改制為國立圖書館短期大學，僅圖書館科一科；1971年，文獻情報學科自圖書館科中分離；1979年，日本修正國立學校設置法，將原有的國立圖書館短期大學遷至筑波，並重新開設為「國立圖書館情報大學」，是日本唯一的圖書館情報學專科大學；1984年，開辦碩士班。2000年，成立博士班「情報媒體研究科」之後，原先的舊制碩士班廢止，改成碩士班與博士班。2002年，圖書館情報大學併入筑波大學；2004年，圖書館情報大學關閉，由筑波大學資訊學群繼續延續（陳光華、林欣怡，2001；王梅玲，2005；筑波大学情報メディア研究科，2021）。圖書館情報大學在1979年，政府為提供圖書館情報學教育而成立的專門國立大學。為了迎接資訊社會來臨，要培養高級圖書館情報學科人才，2004年併入筑波大學（王梅玲，2005）。

　　2004年，鶴見大學（Tsurumi University）文學部設立ドキュメンテーション学科，譯為文獻學系（Documentation）；2018年，開設碩士班、博士班。2011年，鶴見大學文獻學系與世新大學資訊傳播學系締結學術交流協定（鶴見大学，2022）。2009年，駿河臺大學成立媒體資訊學院媒體資訊學系（メディア情報学部メディア情報学科）；2014年，於綜合政策研究所開設媒體資訊學碩士（総合政策研究科メディア情報学専攻修士課程）。媒體資訊學系細分為影像音響模組、數位設計模組及圖書館與檔案模組；圖書館與檔案模組包含圖書館資訊學、博物館學、檔案管理學，並以文化資訊資源做為研究對象（駿河臺大学，2022）。

　　2011年，九州大學（Kyushu University）於創校100周年，統合新領域學府開設圖書資訊學專攻碩士學程，置於綜合情報學部，提供圖書資訊學教育（九州大学，2022）。2015年，同志社大學（Doshisha University）成

立綜合政策研究所圖書館情報學專攻（同志社大學，2022）。2019年，愛知淑德大學（Aichi Shukutoku University）將原設計系統學系、心理資訊學系與圖書館資訊學系，改為資訊設計學系、心理資訊學系與資訊系統學系（愛知淑德大学，2022）。

　　日本圖書資訊學校早期發展受到1977年大學標準協會公布的〈圖書館情報學教育標準〉（Standards for Education for Library and Information Science）影響，其前身為1950年的〈圖書館員養成課程標準〉（Standards for Education for Library Science），是日本大學設立圖書館情報學系申請時適用的標準。於1954年、1977年、1982年更新，1954年時稱為〈図書館学教育基準〉；1977年，稱為〈図書館情報学教育基準〉；1982年，改名稱為〈図書館情報学教育に関する基準およびその実施方法〉，即〈圖書資訊學教育相關之基準實施方法〉。該標準揭示圖書館情報學教育目標為教授圖書館情報學理論與實務以及培育學生應用在實務工作的能力，隨著時代變遷，由於該標準未適時更新而逐漸失效（王梅玲，2005）。

　　日本圖書員專業資格主要依據二項法律：分別為針對公共圖書館員的〈圖書館法〉，與針對學校圖書館員的〈學校圖書館法〉，但缺乏學術與專門圖書館員的資格制度。大學提供圖書資訊學培訓課程，吸引想要獲得公共圖書館員資格的學生。圖書資訊學教育界發現日本司書證書培養圖書館專業人員能力不足，並且無法滿足公共圖書館員市場需求。日本每年培養10,000多名具有公共圖書館員資格的人，但只有百分之三十的人獲得公共圖書館員工作。日本教育界面臨圖書資訊學專業人員培訓體系二大問題：其一是如何加強圖書資訊學專業，其二是如何提高日本圖書館員的社會地位。因此，日本教育界在2003年到2012年間，執行「圖書館與資訊專業人員與教育改革計畫」（Library and Information Professionals and Education Renewal，簡稱LIPER），探討日本圖書資訊學教育系統和課程改革，目的是研究日本圖書資訊學教育的歷史、現況和未來前景，以及評估日本圖書資訊學專業教育體系，並尋求改革方案（Takayama et al., 2017）。

　　LIPER計畫共有二期，第一期（2003年—2009年）研究發現：（1）日本圖書資訊學教育50年來鮮有改變，與國外圖書資訊學教育尚有差距。

（2）日本圖書資訊學教育的課程未標準化，未融入高等教育課程，獲得司書證書的人少有機會在公共圖書館就業。(3) 尋找新的教育領域，如資訊技能和使用者行為。(4) 雖然圖書館員的就業機會有限，但仍有許多人追求圖書資訊學教育以獲得公共圖書館館員認證（Ueda, 2005）。LIPER提出二項改革建議：(1) 建立圖書資訊學考試制度，作為資訊專業人員教育品質保證機制，使學生能通過圖書資訊學教育學到知識，獲得更好的就業機會。(2) 建立資訊專業教育新的整合課程，強調資訊組織、資訊資源和服務、資訊系統和檢索、管理、資訊科技及使用者行為等核心領域，參見表10-5（Miwa, 2015）。

表10-5　LIPER資訊專業人員課程建議

類別	課程
圖書資訊學基礎	圖書資訊學基礎
	資訊基礎
	實習
	研究方法
資訊利用	資訊行為
	使用者培訓
資訊資源組織	資訊和資源的組織　A
	資訊和資源的組織　B
	資訊組織實習
	特殊資訊組織實習A
	特殊資訊組織實習B
資訊媒體	資訊媒體
	館藏開發
	特殊資訊媒體

表10-5 LIPER資訊專業人員課程建議（續）

類別	課程
資訊服務	資訊服務
	資訊服務實習
資訊系統	圖書館資訊系統的基礎
	資訊檢索
	數據庫設計與開發實習
	資訊檢索實習
經營管理	管理基礎
	知識資源管理
	圖書館和資訊服務規劃實習
數位資訊	數位圖書館管理
	數位內容的基礎
	數位內容的應用

資料來源：Miwa, M. & Miyahara, S. (2015). "GlobaLIS: Toward the Regional Cooperation in the Education of Library and Information Professionals in the Asia-Pacific Region", in *Quality Assurance in LIS Education: An International and Comparative Study* (pp. 3-24).

　　LIPER第二期計畫在2006至2009年進行，旨在實踐第一期建議，實驗圖書資訊學考試，從2012年，開始實施。遺憾的是，該研議的課程反映依然是公共圖書館員教育本質，並沒有考慮圖書資訊學專業人員相互認證與國際互通的可能性。LIPER計畫三期在2009年4月至2014年3月執行，實施圖書資訊學考試先導制度（Miwa, 2015; Esguerra, 2020）。

　　日本圖書資訊學教育受到〈圖書館法〉影響深遠，規定日本圖書館員專業資格為司書、司書補與司書教諭，以有限的課程學分數修習為取得館員專業資格的途徑，促成日本圖書資訊學教育朝向整合司書教育與專業教育的方向發展。日本〈圖書館法〉將圖書館視為職業並以公共圖書館員資格為主軸，這個框架侷限了日本圖書資訊學專業教育的發展。

10.3圖書資訊學教育制度

　　本章探討日本圖書資訊學教育制度,不包括195所大學的司書養成課程,係以大學設置的圖書館情報學系所為研究對象,涵蓋學士班、碩士班、博士班三級的教育體系,共有9所大學提供圖書資訊學正規教育,依年代先後,包括:慶應義塾大學(簡稱慶應義塾)、筑波大學(簡稱筑波)、東洋大學(簡稱東洋)、中央大學(簡稱中央)、愛知淑德大學(簡稱愛知淑德)、駿河臺大學(簡稱駿河臺)、鶴見大學(簡稱鶴見)、九州大學(簡稱九州)、同志社大學(簡稱同志社)。以下分別從一般校況與圖書資訊學系所基本資料二方面說明。

10.3.1一般校況

　　一般校況包括日本圖書資訊學系所隸屬大學的一般情形,介紹各大學的所在地、成立年、公立或私立、全校學生人數,參見表10-6。

10.3.1.1 所在地

　　有關日本圖書資訊學系所隸屬大學所在地分布,日本地理分為北海道、本州、四國、九州等四大島。有8校均在本州,只有1校在九州。日本本州又細分為東北地區、關東地區、近畿地區、中國地區與中部地區五個區域。除了愛知淑德位於中部地區、同志社位於近畿地區、九州位於九州地區以外,其他6校都在關東地區內。關東的6所學校,有3校在東京,分別為慶應義塾、中央、東洋。駿河臺位於琦玉縣,鶴見位於神奈川縣,筑波為於茨城縣。日本北海道、四國等地區並沒有圖書館情報學系所,九州僅一所,而位於本州地區有8所大學,有6所集中在關東地區,顯示日本圖書資訊學校不僅數目少規模小,而且地理分布不平均。

表10-6　日本圖書資訊學系所及其所在大學校況一覽表

校、所名稱	所在地	學校成立年	國立私立	學生人數	系所成立年	教育學程
1. 慶應義塾大學文學院圖書館情報學專攻（文學院図書館情報学）	東京	1858	私立	28,643	1951	學士、碩士、博士
2. 筑波大學情報學院知識情報圖書學研究所（情報メディア研究科）	茨城	1973	國立	9,797	1979	學士、碩士、博士
3. 東洋大學社會學院媒體傳播學科（メディアコミュニケーション学科のカリキュラム）	東京	1887	私立	NA	1959	學士
4. 中央大學文學院圖書館情報學系（文学部社会情報学専攻図書館情報学コース）	東京	1919	私立	24,957	1981	學士、碩士、博士
5. 愛知淑德大學人間情報学部人間情報学科圖書資訊學專攻（「情報システム」「心理情報」「情報デザイン」の3つの専修）	愛知	1905	私立	8,849	1985	學士、碩士、博士
6. 駿河臺大學媒體資訊學部媒體與資訊學系(メディア情報学部,図書館・アーカイブズ分野)	埼玉	1987	私立	4,089	2009	學士、碩士
7. 鶴見大學文學院文獻學科（文學部ドキュメンテーション学科）	橫濱	1963	私立	2,696	2004	學士、碩士、博士
8. 九州大學大學院新領域學科圖書館情報學專攻（大学院統合新領域学府，ライブラリーサイエンス専攻）	福岡	1911	國立	11,627	2011	碩士
9. 同志社大學綜合政策研究所圖書館情報學專攻Doshisha Univ. Graduate School of Policy & Management, Course of Library and Information Science	京都	1875	私立	NA	2015	碩士

10.3.1.2 大學成立年

日本圖書資訊學系所隸屬的大學，依成立先後，最先創校之學校為慶應義塾（1958年），大多學校皆於十八世紀末、十九世紀初創校。

1858-1900年3校	慶應義塾、同志社、東洋
1901-1950年3校	愛知淑德、九州、中央
1951年以後3校	筑波、鶴見、駿河臺

10.3.1.3 公立或私立

日本圖書資訊學系隸屬大學大多為私立，只有九州與筑波2校是國立大學，其餘皆為私立大學。

10.3.1.4 全校學生人數

有關全校學生人數，以一萬人為分界，一萬人以上的大校有慶應義塾（28,643人）、中央（24,957人）與九州（11,627人）3所。一萬人以下的學校有筑波（9,797人），愛知淑德（8,849人）、駿河臺（4,089人）與鶴見（2,696人）4所，同志社及東洋大學不詳。慶應義塾學生最多，鶴見學生最少。

10.3.2 圖書資訊學系所基本資料

圖書資訊學系所的基本資料包括：系所名稱、系所隸屬學院、系所成立年、教育層級與學程結構、入學資格、畢業要求、教師概況。

10.3.2.1 系所名稱

有關系所名稱，9校中有4校名稱為「圖書館情報學」：九州、慶應義塾、愛知淑德與中央。筑波名為知識資訊圖書學。媒體傳播系名有1所，為東洋大學。駿河臺兼具「媒體」與「資訊」，鶴見大學使用文獻學名稱，偏向資訊學，同志社大學以綜合政策為名。

（1）圖書館情報學 4 校：慶應義塾、愛知淑德、中央、九州

（2）知識資訊圖書學 1 校：筑波

（3）資訊 1 校：駿河臺

（4）文獻學 1 校：鶴見

（5）媒體傳播 1 校：東洋

（6）綜合政策 1 校：同志社

10.3.2.2 系所隸屬學院

從隸屬的學院可顯示各圖書資訊學系所的性質，9所日本圖書資訊學系所有5校隸屬於文學院、1校隸屬資訊學院，其他有3校。隸屬文學院有九州、慶應義塾、中央、愛知淑德與鶴見，資訊學院有筑波。同志社為獨立學院，駿河臺隸屬媒體學院，東洋隸屬社會學院。

10.3.2.3 系所成立年

日本圖書資訊學系所成立時間分為三大階段，第一階段為1951年成立的慶應義塾，受美國資助而成立，且當時大學數量也不多。第二階段1980年至2000年，有3校，分別為1979年的筑波、1981年的中央與1985年的愛知淑德。第三階段2000年以後，有4校：2004年的鶴見、2009年的駿河臺、2011年的九州與2015年的同志社。從成立年顯示日本圖書資訊學系還在發展中，鶴見大學於2018年才設置碩博士班。

10.3.2.4 教育層級與學程結構

日本9所圖書資訊學系所，設置學士班7校，碩士班8校，博士班5校，皆未提供遠距教育。有5所學校設置學士班、碩士班、博士班完整體系：慶應義塾、筑波、愛知淑德、中央、鶴見。東洋只設學士班，九州與同志社只設碩士班，駿河臺有學士班與碩士班，參見表10-7。此外，有2校參加iSchools聯盟：筑波大學2012年加入，九州大學2018年加入。

10.3.2.5 入學資格

日本的大學招生為多元入學管道，分為一般入試、推薦入試與綜合型選拔三種。推薦入試為針對學生的學習成績，同時看重其素質和品性進行選拔。主要以書面資料、面試和小論文等綜合性審查選拔學生，相當於臺

表10-7　日本圖書資訊學系所學程種類一覽表

學校名	學士班	碩士班	博士班	遠距教育	iSchools
慶應義塾	V	V	V		
筑波	V	V	V		V
東洋	V				
中央	V	V	V		
愛知淑德	V	V	V		
駿河臺	V	V			
鶴見	V	V	V		
九州		V			V
同志社		V			
總計	7	8	5	0	2

灣的推薦甄選。綜合型選拔在書面資料審查和面試方面看重學生的個性和能力、以及將來的目標志向等進行評價，一般入試又分為公立學校與私立學校，若為公立學校，則需先通過大學入試共通測驗，為各大學的自行主辦考試，通過該校入學門檻即可入學，但少數私立學校也使用大學入試共通測驗。以私立慶應大學圖書資訊學系所為例，文學院有開放一般入試與綜合型選拔，推薦入試則不開放。

10.3.2.6畢業要求

　　日本圖書資訊學系所學士班、碩士班或博士班，修畢學分後，皆須撰寫論文，論文通過後方可畢業。學士班的學分大多在124至128學分之間；碩士班最少27學分，最多36學分，博士班學分最少8學分，最多14學分，各校畢業學分參見表10-8。

表10-8 日本圖書資訊學系所畢業學分數

學校	學士班	碩士班	博士班
九州	NA	36	14
筑波	126	30	10
慶應義塾	128	32	12
鶴見	124	32	12
愛知淑德	124	NA	NA
駿河臺	124	32	NA
中央大學	126	27	8
同志社	X	NA	X
東洋	108	X	X

註：資料來源來依據各校網站公布。X表示無該學程，NA表示未提供。

10.3.2.7 教師概況

　　有關各校師資，10位以上教師有6校：筑波人數最多，64人，其次為同志社38人、愛知淑德20人、駿河臺19人、東洋16人、九州12人。其他3校，慶應義塾、鶴見、中央則少於10位教師（日本図書館情報学会，2019）。

10.4 課程設計

　　有關日本圖書資訊學課程，本節以歷史悠久規模健全的慶應義塾大學圖書資訊學系為案例，分析其學士班、碩士班、博士班等學程。並對照檢核LIPER計畫建議的八大領域課程：圖書資訊學基礎、資訊使用者、資訊組織、資訊媒體、資訊服務、資訊系統、管理、數位資訊。

　　慶應義塾大學圖書資訊學系，稱為「図書館・情報学系」，置於文學院，提供學士班、碩士班與博士班。該系教學目標：「圖書館情報學系，旨在從資訊和基礎知識的角度發現個人和機構的資訊與知識的傳播、組織、提

供、使用和保存經驗與議題，獲得解決問題的能力」。該校於1951年成立，當時以培育公共圖書館員為主。1961年，設置大學圖書館、專門圖書館與文獻學課程。1967年，研究所改名為「圖書館情報學」，成立圖書館情報學專攻碩士班，加入情報學課程。1975年，成立圖書館情報學專攻博士班。1991年，改為圖書館組、情報媒體組、情報檢索組三組，分別設計課程（王梅玲，2005）。目前該系分成圖書館、資訊媒體、資訊管理三方面設計課程，以培養圖書館優秀人才，具備從資訊中思考人類和社會課題能力。該系每隔十年進行課程修訂，奠定其在日本圖書資訊學教育和研究先驅的地位（慶応義塾大学文學院図書館情報学，2022）。

慶應義塾大學文學院下設圖書館情報學專攻（圖書資訊學），大一不分系，大二修習圖書資訊學基礎課程，大三後分為三組：圖書館組、資訊媒體組與資訊管理組，分別修習課程。碩士班分為二班：圖書情報學碩士班與情報資源管理碩士班。該系有8位教師。

10.4.1 學士班

慶應義塾大學圖書館情報學學士班訂定教學目標，旨在學習資訊的流通、組織、提供、使用、保存等基礎知識，藉由資訊的觀點，觀察個人、機構、團體等產生的經驗、資訊、知識、問題，解決問題的能力。培養學生具備下列能力：（1）能夠搜尋、蒐集和分析從主題到廣泛領域的文獻和資訊。（2）利用電腦資訊設備與媒體的資訊處理能力。（3）圖書館員的基本能力與資訊專業基礎。（4）能夠閱讀日語和英語專業文獻。（5）有效表達和邏輯能力。學士班畢業生必須修習128學分，包括綜合科目38學分、第二外語文18或20學分、與專業科目72學分。專業科目又細分為必修科目與指定選修科目，指定選修科目分為三組：圖書館組、情報媒體組、情報管理組（圖書館組、資訊媒體組與資訊管理組）。詳細課程參見表10-9。

有關綜合科目，係全校通識課程，共38學分，分為人文科學、社會科學、自然科學與其他。人文科學學分有：音樂、歷史、哲學、文化人類學，至少選8學分；社會科學學分有：教育、經濟、地理、社會學，8學分；自

表10-9 慶應義塾大學圖書情報學大學部課程

科目					學分		
綜合科目					38		
第二外語科目					18（20）		
必修科目		第2學年基礎科目			16	22	72
		第3學年圖書館‧情報學概說			2		
		第3學年研究法			2		
		第4學年研究會			2		
專門教育科目	指定選修科目	圖書館組	必修科目	圖書館的制度與經營、資訊媒體概說、資訊資源組織論、資訊檢索概說I、圖書館‧資訊學研究、調查入門、公共圖書館論、大學圖書館論、資訊服務概說、生涯學習概論	18	26	
			選修科目	圖書館實習I‧II、兒童服務論、學校圖書館論、資訊認識的基礎、數據解析論、書目學I‧II、圖書館‧資訊學特殊I～Ⅲ、資訊檢索概說II、圖書館課程外的課程必修科目	8		
		資訊媒體組	必修科目	圖書館的制度與經營、資訊媒體概說、資訊資源組織論、資訊檢索概說I、圖書館‧資訊學研究、調查入門、印刷媒體、學術資訊媒體論、社會資訊論、網路資訊論	18		
			選修科目	圖書館實習I‧II、兒童服務論、學校圖書館論、資訊認識的基礎、數據解析論、書目學I‧II、圖書館‧資訊學特殊I～Ⅲ、資訊檢索概說II、資訊媒體課程外的課程必修科目	8		

表10-9 慶應義塾大學圖書情報學大學部課程（續）

		科目	學分
資訊管理課程	必修科目	圖書館的制度與經營、資訊媒體概說、資訊資源組織論、資訊檢索概說I、圖書館‧資訊學研究、調查入門、資訊行動、資訊處理技術、大數據論、數位檔案論	18
	選修科目	圖書館實習I‧II、兒童服務論、學校圖書館論、資訊認識的基礎、數據解析論、書目學I‧II、圖書館‧資訊學特殊I～III、資訊檢索概說II、資訊管理課程外的課程必修科目	8
選修科目（圖書館‧情報學專攻以外所設置的專門教育科目）			24
總計			128/130

資料來源：慶應義塾大學（2022）。**慶應義塾大學文學部‧慶應義塾大學大學院文學研究科圖書館‧情報學專攻‧大學部課程**。http://web.flet.keio.ac.jp/slis/curriculum/index.html

註：（1）指定選修科目的圖書館課程、資訊媒體課程與資訊管理課程為三選一，修畢依課程18學分即可；（2）英語為加修之科目，故第二外語的部分可能為18學分亦可能為20學分；（3）*為全專攻共通科目。

然科學學分有：心理學、人類學、化學、物理學，選至少8學分，其他有：體育、人的尊嚴、現代商業論、俄羅斯文學。有關第二外語科目，學生可從英語、德語、法語、西語、中文、韓語、義語，七種語言中選擇兩種外語進修，若有選英語者，應修18學分，若無則修20學分。

有關專業的必修科目，二年級開始修習圖書館情報學專門科目。二年級的科目為基礎必修，共8科（16學分），至少須修完10學分以上才能升三年級，基礎科目的課程分別為圖書館基礎I、圖書館基礎II、資訊媒體基礎I、資訊媒體基礎II、資訊管理基礎I、資訊管理基礎II、圖書資訊學文獻研究I、圖書資訊學文獻研究II。三年級下學期的專題為必修，學生選擇專題，由專題老師指導，撰寫畢業論文。

有關專業科目的指定選修科目即大三後選擇的課程，又分為課程選修與課程必修，選修科目為圖書館情報學專攻以外所設置的專門教育科目。三年級課程後的必修科目中，課程分為圖書館課程、資訊媒體課程、資訊管理課程。必修課程為：圖書館的制度與經營、資訊媒體概說、資訊資源組織論、資訊檢索概說I、圖書館資訊學研究、調查入門。

慶應義塾大學圖書館組課程涵蓋圖書館法規定的20學分司書課程，因此圖書館組學生修必修課，即取得圖書館員的資格。情報媒體組與情報檢索組學生欲取得圖書館員資格，可跨組選修圖書館組的司書課程。

10.4.2 碩士班

慶應義塾大學圖書資訊學碩士班成立於1967年，主要研究重點包括：資訊系統、資訊媒體和資訊檢索。圖書資訊學碩士班分為二班：圖書情報學碩士班（図書館情報学分野）與情報資源管理碩士班（情報資源管理分野），本章針對圖書情報學碩士班分析。該碩士班課程畢業學分為32學分，六年內提出論文即可畢業。圖書情報學碩士班培養碩士生具備下列能力：（1）在資訊學、資訊媒體、資訊系統和資訊檢索研究中，獲得所有研究領域的基本專業知識，理解英文文獻，並使用適當的研究方法研究。（2）就圖書館與資訊學領域的特定課題撰寫碩士論文，並能提出相關領域的專業成果。（3）具有從資訊和知識的角度思考人、文化和社會的能力，認識重要的問題，並具有解決問題的研究能力（慶応義塾大学文學院図書館情報学，2022）。

圖書情報學碩士班以講授和討論為主，畢業要求必須獲得32個以上學分，並通過碩士學位論文考試。課程主要涵蓋：資訊科學、資訊媒體、資訊系統、資訊檢索等，同時設置獲得學術技能的學科。論文閱讀和批判性討論為必修科目，協助碩士論文的寫作，設置碩士論文指導。

圖書情報學碩士班課程分為特殊講義演習、資訊分析論、特殊講義與調查研究法；特殊講義演習與資訊分析論為必修。另外可修其他專業的課程。特殊講義為一般上課，特殊講義演習為碩士論文指導。資訊分析論為圖書資訊學相關論文的讀書會，調查研究法為社會科學相關研究方法，課

程參見表10-10。

表10-10　慶應義塾大學圖書情報學碩士班課程

必修科目	資訊學特殊講義演習1-2
	資訊媒體特殊講義演習1-2
	資訊檢索特殊講義演習1-2
	資訊系統特殊講義演習1-2
	資訊分析論1-2
選修科目	資訊學特殊講義1-4
	資訊媒體特殊講義1-4
	資訊檢索特殊講義1-4
	資訊系統特殊講義1-4
	調查研究法1-2

資料來源：慶應義塾大學（2022）。**文學部・慶應義塾大學大學院文學研究科圖書館・情報學專攻，修士課程（図書館・情報学分野）**。http://web.flet.keio.ac.jp/slis/graduate/index.html

10.4.3博士班

　　慶應義塾大學博士班名為情報學專攻，一年學習四學分，三年修習完成，六年內提出論文即可畢業。包括：資訊學特殊研究、資訊媒體特殊研究、資訊檢索特殊研究與資訊系統特殊研究。

10.4.4遠距教育

　　日本9所圖書資訊學校皆未提供遠距教育。但在司書教育中，遠距教育卻是常態。日本稱遠距教育為「遠隔教育」、「通信教育」，即所謂函授之意。日本文部科學省（2022）羅列195所司書課程的大學，有10所大學提供司書遠距教育，包括：帝京平城大學、玉川大學、聖德大學、法政大學、

近畿大學、八州學園大學、佛教大學、大阪藝術大學、明星大學與姬路大學。

10.5 教育變革與發展趨向

10.5.1 教育特色

日本圖書資訊學教育特色是雙軌制度與五類教育模式，雙軌制度包括司書教育與圖書資訊學專業教育。日本五類圖書資訊學教育包括：大專校院提供圖書館員（司書）培訓，大專院校提供的教師圖書館員（司書教諭）培訓，圖書資訊學學士班，圖書資訊學碩士班、圖書資訊學博士班。

日本圖書資訊學教育受到〈圖書館法〉影響，形成司書教育與圖書資訊學專業教育雙軌制度。日本圖書館員教育的基礎是〈圖書館法〉和〈學校圖書館法〉，圖書館員（司書）課程由日本文部科學省核准的學院或大學提供，以培養公共圖書館館員和學校教師圖書館員為主。學術圖書館和專門圖書館的資訊專業人員缺乏對應的教育系統。司書證書是日本圖書館員任用的基本要求。

池田美千繪（2016）檢討日本圖書資訊學教育特色與問題，包括：（1）圖書資訊學學系教育與司書教育是不同體系，卻拿到同樣的司書資格。（2）考試制度取得司書資格無法確保通過資格者有相應的知識與司書的品質。（3）戰後舉辦的司書講習雖為臨時的產物，當時資格給予的結果導致成為目前大學學習司書課程、現階段司書需求與供應不平衡，需要改變制度。（4）戰後的司書課程無法保證有司書資格人員具備專業能力。（5）日本司書課程授予以培養公共圖書館員為中心。綜上所述，日本司書課程制度侷限了圖書資訊學專業發展。

10.5.2 遭遇問題

Ueda等（2005）歸納日本圖書資訊學教育問題包括：（1）圖書資訊學

教育發展受到法令限制。日本圖書資訊學教育的法律框架是由〈圖書館法〉和〈學校圖書館法〉制定。現今全球的專業教育從大學轉向研究生教育，日本仍然以戰後的法令在大學進行圖書館員培訓，過於不合時宜。（2）圖書館員沒有單一的專業資格。法律僅保證公共圖書館與學校圖書館員，但其他類型圖書館並未有專業認證，僅醫學圖書館協會按學科認證了學術協會級別的「健康科學資訊專家」資格。（3）圖書資訊學不夠專業化。國際上圖書資訊學教育一般以學士班、碩士班為專業教育，而日本因有司書教育，使司書教育普及，但也瓜分了圖書資訊學的學生。（4）就業問題。據估計，全國因司書課程的普及，目前有超過200,000人有圖書館員資格，但每年能成為正式圖書館員者僅30人。司書課程的普及壓縮正規教育畢業生的就業機會。其他問題如：如何加強圖書館專業、提高圖書館員的社會地位，以及圖書資訊學正規教育規模太小，只有9校（Takayama, 2017）。

10.5.3 教育變革

日本政府與教育界有感於司書教育問題與圖書資訊學專業教育發展薄弱，於是，日本圖書館協會進行LIPER改革計畫。該計畫提出了兩個建議：（1）建立獨立的圖書資訊學考試制度，作為圖書資訊專業人員教育品質保證機制，使學生自我評價獲得專業知識與更好的就業機會。（2）建議新專業教育整合課程，強調八個面向，圖書資訊學基礎、資訊利用、資訊資源組織、資訊媒體、資訊服務、資訊系統、經營管理與數位資訊。LIPER計畫提出未來的走向，但擬議課程僅呈現公共圖書館員教育重點，未考慮到圖書資訊學專業人員相互認證和國際互通，日本改革尚未成功。

10.5.4 未來趨向

日本圖書資訊學教育中最嚴重問題是未重視圖書館為專業，認為任何人均可擔任圖書館工作，20學分的司書證書取得即可任職圖書館。LIPER改革計畫尚未成功。未來日本圖書資訊學教育將繼續改革，朝向圖書資訊學專業人員評鑑，以及與國際合作接軌。日本需要建立專業機構，建立各類圖書資訊學從業人員的專業資格評鑑體系，以實現國際專業資格互認

（Miwa, 2015）。

　　另一方面，日本圖書資訊學教育發展應檢討〈圖書館法〉，改變圖書館員以司書課程培育管道，以改善圖書館員專業品質問題，亦可擴大圖書資訊學畢業生的就業機會，得到雙贏的局面。

參考文獻

E-gov法令檢索網（2020a）。**圖書館法施行規則**。https://elaws.e–gov.go.jp/document?lawid=325M50000080027

E-gov法令檢索網（2020b）。**學校圖書館司書教諭講習規程**。https://elaws.e–gov.go.jp/document?lawid=329M50000080021

E-gov法令檢索網（2022a）。**図書館法**，昭和二十五年法律第百十八号。https://elaws.e-gov.go.jp/ document?lawid=325AC0000000118

E-gov法令檢索網（2022b）。**学校図書館法**，昭和二十八年法律第百八十五号。https://elaws.e-gov.go.jp/document?lawid=328AC1000000185

九州大學（2022）。**九州大學統合新領域学府ライブラリーサイエンス専攻**。https://www.ifs.kyushu–u.ac.jp/lss/

中央大學（2022）。**中央大学文学部社会情報学専攻**。https://www.chuo–u.ac.jp/academics/faculties/letters/major/socio_info/

文部科學省（2022）。**司書養成科目開講大学一覧**（平成31年4月1日現在）199大学。https://www.mext.go.jp/a_menu/shougai/gakugei/shisyo/04040502.htm

日本図書館情報学会（2019）。日本図書館情報学会シンポジウム記録「図書館情報学教育の現状とこれから」。**日本図書館情報学会誌**，65（3）。

日本圖書館協會（2020）。**日本の図書館統計**。http://www.jla.or.jp/Portals/0/data/iinkai/chosa/uni_shukei2020.pdf

日本總務省統計局（2021）。人口推計**2021年1月**。https://www.stat.go.jp/data/jinsui/new.html

王梅玲（2005）。第六章日本圖書資訊學教育。**英美與亞太地區圖書資訊學教育**。臺北市：文華圖書館管理，頁191-225。

同志社大學（2022）。**同志社大学**。https://www.doshisha.ac.jp/

池田美千繪（2016）。図書館情報学教育改善の提案について根本彰の発言を巡って。**学苑**，**905**，41-53。

李常慶（1998）。日本近代圖書館學教育的誕生。**中國圖書館學報**，**5**（24）。

沈姍姍（2000）。**國際比較教育學**，頁261。臺北：正中。

明星大學情報學科（2021）。**明星大学情報学部情報学科**。http://www.is.meisei-u.ac.jp/

林巧敏（1995）。日本的圖書館。在胡述兆（主編），**圖書館學與資訊科學大辭典**，臺北市。

金容媛（1993）。圖書館報學育の現狀と發展。*Library and Information Science*，*30*：124。

陳光華、林欣怡（2001）。日本圖書資訊教育的發展與現況。**圖書資訊學刊**，**16**。

陳威博（1993）。日本圖書館事業。在圖書館學百科全書編委會編（頁352-363），**中國大百科全書：圖書館 情報學 檔案學**，北京：中國大百科全書出版社。

筑波大学情報メディア研究科（2022）。**情報メディア研究科**。http://www.slis.tsukuba.ac.jp/grad/index.html

愛知淑德大学人間情報學科（2022）。**人間情報學部**。https://www.aasa.ac.jp/faculty/department/human/library.html

慶応義塾大学文學院図書館情報学（2022）。**図書館・情報学專攻**。https://www.flet.keio.ac.jp/en/academics/library-and-information-science/

index.html

慶應義塾大學大學院文學研究科圖書館・情報學專攻（2022）。修士課程（図書館・情報学分野）。http://web.flet.keio.ac.jp/slis/graduate/index.html

駿河臺大学（2022）。メディア情報学部図書館・アーカイブズ分野。https://www.surugadai.ac.jp/gakubu_in/media/course/library.html>=

鶴見大学（2022）。文學部ドキュメンテーション学科。https://www.tsurumi-u.ac.jp/site/literature/list14.html>

Esguerra, Alicia Chavarria (2020). Chapter 6. Library Education and Librarianship in Japan and the Philippines In *Internationalization of Library and Information Science Education in the Asia-Pacific Region* (pp. 131-157). IGI Global.

International Federation of Library Associations and Institutions (2021). *Library Map of The World: Japan.* https://librarymap.ifla.org/map/Metric/Number-of-libraries/LibraryType/National-Libraries,Academic-Libraries,Public-Libraries,Community-Libraries,School-Libraries,Other-Libraries/Country/Japan/Weight/Totals-by-Country

Kazuaki Kishida (2011). *History and Recent Trends in Library Information Science Education in Japan.* International Symposium on Library and information science education, National Taiwan University.

Miwa, M. & Miyahara, S. (2015). "GlobaLIS: Toward the Regional Cooperation in the Education of Library and Information Professionals in the Asia-Pacific Region", in *Quality Assurance in LIS Education: An International and Comparative Study* (pp. 3-24).

Miwa, Makiko (2006). Trends and Issues in LIS Education in Asia. [Paper presentation] *Journal of Education for Library and Information Science, 47*(3), 167-180.

Nemoto, Akira (2015). Library and Information Science Education in Japan: some observations from the LIPER Project, *Proceedings of 2006 Annual Symposium of Research Center for Knowledge Communities*, University of Tsukuba, 2006. Pp. 42-47.

Takayama, et al. (2017). Japan: Libraries, Archives, and Museums, *Encyclopedia of Library and Information Sciences*, Fourth Edition (pp. 2560-2577). Taylor & Francis.

Takeuchi, S. (1968). "Education for Library and Information Science." *Encyclopedia of Library and Information Science.* New York: M. Dekker.

Ueda, S., Nemoto, A. nemoto, Miwa, M., Oda, M., Nagata, H., & Horikawa, T. (2005). LIPER (Library and Information Professions and Education Renewal) Project in Japan [Paper presentation]. *World Library and Information Congress: 71th IFLA General Conferenceand Council, 18.* Libraries - A voyage of discovery, August 14th - 18th 2005, Oslo, Norway.

第11章
韓國圖書資訊學教育

王梅玲、翁玉蓉

　　韓國（Korea），係指大韓民國（Republic of Korea）（韓語：대한민국），簡稱韓國或南韓（South Korea）。北韓朝鮮人民共和國（North Korea）因相關資訊較難取得，故不在本章範圍之內。南韓位於朝鮮半島南部，三面環海，北部與朝鮮人民共和國接壤，西部與中華人民共和國隔山東半島相望，東部和東南部則與日本隔大韓海峽為鄰，是典型的半島國家。韓國行政區域劃分為一個特別市、六個直轄市和九個道（相當於省）。一個特別市為首都首爾；六個直轄市為釜山、大邱、仁川、光州、大田、蔚山；九個道為京畿道、江原道、忠清北道、忠清南道、全羅北道、全羅南道、慶尚北道、慶尚南道、濟州道（2005年成為濟州特別自治道）。國土面積為100,401平方公里，約佔半島面積的45%，人口約5,100萬人，60%的人口集中在城市，約有一半聚集在首爾、釜山和大邱三個城市。朝鮮半島的居民基本上屬單一民族，韓國稱之為韓民族（王梅玲，2005；中華民國外交部，2021），其地理分布參見圖11-1。

　　西元一世紀後，朝鮮半島形成高句麗、百濟、新羅三個古國。西元七世紀中期，新羅在半島佔據統治地位。西元十世紀初，新羅改號高麗，並取代了新羅的統治。十四世紀末，朝鮮王朝取代高麗，定國號朝鮮。1910年，朝鮮半島淪為日本殖民地；1945年，獲得解放，美軍進駐北緯38度以南的朝鮮半島；同年8月15日，大韓民國成立（北韓也成立朝鮮人民共和國）；1950年，韓戰爆發；1953年，以橫跨北緯38度線之休戰線為界與北韓停戰對峙，形成南韓與北韓。

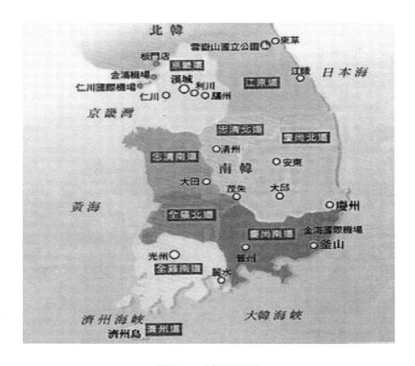

圖11-1　韓國地圖

資料來源：王梅玲（2005）。**英美與亞太地區圖書資訊學教育**，頁228。臺北市：文華。

　　1960年代，韓國成功地推行了外向型經濟發展戰略，實施第一個五年經濟發展計畫。1970年代，擠身新興工業國行列。1980年代，發展成為國際市場具競爭力的國家，1990年代，開始把進入已開發國家作為努力的目標。韓國經濟實力雄厚，鋼鐵、汽車、造船、電子、紡織等是國家支柱產業。電子工業以高技術密集型產品為主，為世界十大電子工業國之一，近年來重視資訊科技產業，不斷擴大投入。韓國為實行總統制的國家，在中央政府、省級政府和縣、市、區之下組成三級行政體系。中央政府包括22個部、16個機構以及在總理監督下的各委員會。1995年，實行地方自治，舉行第一次地方政府領導人普選。

　　韓國的高等教育機構大致分為學院（2至3年制）、大學（4年制）和研究院。近年，隨著資訊與通訊技術的發展，韓國設立以電子學習授課為主的網路大學。此外，碩士與博士學位課程在四年制大學中提供。近年設立了「研究院」，為僅提供研究生課程而沒有學士班課程的機構。韓國的大學分為由國家運營的「國立大學」、由地方自治團體運營的「公立大學」，以

及由學校法人運營的「私立大學」，共有190所大學院校，含33所國立大學，
1所公立大學，156所私立大學（Korean Statistical Information Service, 2022）。
最著名的大學為國立首爾大學（Seoul National University）、延世大學
（Yonsei University）以及高麗大學（Korea University），這三校中，唯有
延世大學設立了圖書資訊學校。韓國自1950年代中期開始發展圖書館學教
育，並帶動圖書館事業成長。本章對於韓國圖書資訊學教育分從：（1）圖
書館事業概述，（2）圖書資訊學教育發展簡史，（3）圖書資訊學教育制度，
（4）課程設計，（5）圖書資訊學教育的評鑑，（6）教育變革與未來趨向六
方面研究。

11.1 圖書館事業概述

11.1.1 圖書館事業綜述

　　韓國的圖書館事業涵蓋國家圖書館、學術圖書館、學校圖書館、公共
圖書館與專門圖書館。依據韓國統計局（Statistics Korea）統計，韓國有
13,860所圖書館，包括：3所國立圖書館、1,134所公共圖書館、433所學術
圖書館、11,678所學校圖書館以及612所專門圖書館。有關韓國圖書館數量，
人員數量、館藏數量等資訊，參見表11-1。韓國各級圖書館中以學校圖書
館數量最多，其次為公共圖書館、專門圖書館、學術圖書館與國家圖書館
（National Library of Korea, 2019；學術資訊統計系統，2020）。

表11-1　韓國圖書館事業統計

類型	圖書館數量	人員數量	館藏數量
國家圖書館	3	447	15,395,040
公共圖書館	1,134	434	115,074,631
學術圖書館	433	3,164	174,519,502
學校圖書館	11,678	2,131	196,447,812
專門圖書館	612	1,285	26,817,228
總計	13,860	7,461	528,254,213

影響韓國圖書館事業發展的幾個重要歷程，包括：1945年，朝鮮圖書館學會（Chosun Library Association）與國家圖書館（National Library）成立。1955年，學會重組為韓國圖書館學會（Korean Library Association），1963年，國家圖書館改名為國立中央圖書館（National Central Library）。韓國在1963年頒布〈圖書館法〉，1994年，改為〈圖書館與讀書振興法〉。

韓國使用「圖書館」一詞是從1906年開始，以甲午戰爭為起點而掀起的開化運動，為韓國引進新文化，圖書出版業與書商開始出現。在日本帝國佔領韓國的36年間（1910至1945年），1920年，建立了鐵路圖書館；1921年，京城帝國大學圖書館正式開館；1925年，建立朝鮮總督府圖書館。直到1935年止，全國建立了21所公共圖書館。

戰後恢復時期美國對韓國給予多方面援助，尤其是在文化教育方面。美國的「教育使節團」幫助韓國於1957年，引進了美國式的圖書館學，同年，在延世大學設立了四年制的圖書館學科，從此圖書館事業開始發展。

韓國國家圖書館（韓語：국립중앙도서관）創建於1945年，為韓國的國家圖書館，包括首爾和世宗兩個分館。1963年，韓國頒布〈圖書館法〉，在法律上確立了國家圖書館的地位，同時更名為「國立中央圖書館」。1988年，遷移並重建館舍；1991年，依據〈圖書館振興法〉，從教育部之下改為隸屬韓國文化體育部。韓國國立中央圖書館以「知識是國家發展的重要資源」為信念，落實「促進獲取和保存國家知識資源的基礎」、「最大限度地發揮圖書館的合作與領導能力」、「智慧圖書館數位服務」、「加強以使用者為中心的國家圖書館服務」為目標，致力於成為任何人都可以方便使用知識資訊、豐富人民生活的國家圖書館（Cho et al., 2017；韓國國立中央圖書館，2021）。

韓國國會圖書館是國立層級，原為韓國國會事務處內的圖書室，於1955年升格為圖書館，並新設圖書課與閱覽課；1963年，依〈圖書館法〉規定，由國會事務處正式分離成為獨立的國會圖書館。國會圖書館與國立中央圖書館同為韓國的國家圖書館，但在經費預算和人員編制上要比國立中央圖書館來得寬裕，它的服務對象最初僅限於國會議員，其後擴及於政府各機關職員、各學術團體的研究員與各大學研究所的研究生。主要的職

掌為集中典藏國家文獻、編纂國家書目、依法接收呈繳圖書、負責國際交換服務、進行數位化文獻處理計畫等,積極提供國民議會議員立法活動所需的資料,確保國民議會能夠發揮其作為人民代表機構的作用,同時亦不斷發現和展示珍貴的文化遺產,並與公眾共享,期待能為國民議會和人民提供最好的服務(Cho et al., 2017;韓國國會圖書館,2021)。

韓國現代圖書館與資訊服務肇始於1960年代,促成原因包括:(1)不受限制的採購政策。(2)開放思潮接受新科技。(3)專業圖書館學正規教育。(4)專業學會。(5)圖書館法規支持。(6)發展規畫與領導。(7)致力於保障使用者的權利與服務全體大眾的理念(Park, 2004)。韓國受到美國樂觀主義影響,許多人到歐美留學,大學教授逐漸由歐美留學生的年輕人取代,改變原教育生態。1970年代,圖書館開始自動化,1980年,國立中央圖書館發布〈韓國機讀編目圖書格式〉,1990年代,帶領大學圖書館與研究圖書館自動化,於是奠定現代化韓國圖書館事業的基礎。

11.1.2 韓國圖書館法頒布

1963年10月,韓國公布〈圖書館法〉,確定專業圖書館員資格並由政府授予,對於韓國圖書館專業發展與圖書資訊學教育發展影響巨大。1987年,〈圖書館法〉全面修訂,修訂重點包括:(1)成立圖書館發展委員會。(2)設立圖書館諮詢機構。(3)規定國家及地方自治團體擔負設置公共圖書館的義務。(4)由自治團體的普通會計管理公共圖書館經費。(5)建立圖書館合作網路(李炳穆,1997年3月)。

1991年,〈圖書館法〉改為〈圖書館振興法〉,強調公共圖書館的發展,並於1997年,規定公共圖書館館長均須具備專業館員資格,同時建立全國圖書館網路、圖書館募款制度以及圖書館諮詢委員會。1994年,〈圖書館振興法〉再修訂為〈圖書館與讀書振興法〉,對於出版界發展讀書活動給予法律保障。2006年,將〈圖書館與讀書振興法〉改名為〈圖書館法〉,實施至今又經過了十次的調整,包括對於資訊社會的因應、弱勢族群的服務、大學圖書館的制度等修訂(王梅玲,2005;段明蓮,2014;韓國國家法律資訊中心,2020)。

韓國〈圖書館法〉與時俱進不斷修改調整，也是韓國圖書館事業發展的重要關鍵。承襲韓國的法律體系，由法律、總統令、部門令以及條例四部分構成。〈圖書館法〉是基本法，位於法律體系的第一層，以法律形式頒佈；〈圖書館法實施令〉位於第二層，以總統令形式頒布；〈圖書館法實施規則〉位於第三層，由國家主管圖書館的政府部門以部門令的形式頒布；而〈圖書館條例〉或〈圖書館規則〉位於第四層，由道、市、郡、區頒布（段明蓮，2014）。

〈圖書館法〉對於韓國圖書館事業發生許多影響，如成立圖書館發展委員會與圖書館相關諮詢機構，提升公共圖書館的能見度及經費管理，建立全國圖書館網路，設立圖書館募款制度，因應資訊社會調整服務內容，加強對於弱勢族群的服務，完善大學圖書館的制度，建立圖書館員專業司書制度等。

1991年起，韓國〈圖書館振興法〉建立圖書館員的專業資格認證制度，將圖書館員分為三類：（1）一級正司書；（2）二級正司書；（3）準司書（韓國國立中央圖書館，2003）。「司書」即通稱的「圖書館員」。司書證照必須經由政府核發。韓國圖書館學會（Korean Library Association，簡稱KLA）為司書證書的核發機構，韓國圖書館員資格條件參見11-2。圖書館員資格除由文獻情報學系（圖書資訊學）正規教育取得外，也可透過圖書館員訓練課程獲得（韓國國立中央圖書館，2003）。

韓國圖書資訊學相關系所畢業生，基本上取得圖書館員資格證書，具備成為圖書館員的條件，如在國立圖書館、國會圖書館、企業圖書館、學校圖書館等任職。韓國圖書館員資格制度與圖書館學教育實施初期為雙軌制，一直到〈圖書館法〉頒訂才合併，圖書館員的資格除由圖書訊學系所正規教育獲得外，亦可透過圖書館員訓練課程獲得。透過四年制大學圖書資訊學或圖書館學專業畢業獲取資格者仍為主要管道，而學分課程制度也是近年來韓國圖書館員獲取專業資格的途徑（安智鉉，2020）。韓國圖書館員除須具備專業資格外，又規定在公家機關的圖書館員必須通過公務人員考試，目前公共圖書館員均經過公務人員考試。第一次圖書館員公務人員考試是在1993年，由文化體育部舉行（王梅玲，2004年8月21日）。

表11-2 韓國司書資格條件一覽表

職稱	司書資格條件
一級正司書	1. 在〈高等教育法〉規定的研究所取得文獻情報學或圖書館學博士學位者。 2. 具備二級正司書資格證,〔…〕取得博士學位者,或取得資訊處理技術師資格者。 3. 具備二級正司書資格證書,有圖書館工作經歷或相關機構從事文獻情報學或或圖書館經歷6年以上人員,〔…〕獲得碩士學位者。 4. 具備二級正司書資格證,具有〔…〕工作經歷9年以上,文化體育觀光部長官所定並告示的教育課程的進修者。
二級正司書	1. 在〔…〕大學文獻情報學或圖書館學專業畢業者,或在法令中承認具有同等學歷的人,是文獻情報學專業的人。 2. 在〔…〕研究所取得文獻情報學或圖書館學碩士學位者。 3. 在〔…〕教研所圖書館學教育或圖書館員教育專業的人,取得碩士學位者。 4. 在〔…〕研究所得文獻情報學或圖書館學碩士學位者,教育課程的進修者。 5. 具備準司書資格證,取得碩士學位者。 6. 具備準司書資格證書,具有〔…〕工作經歷3年以上,〔…〕教育課程的進修者。 7. 〔…〕大學畢業,具備準司書資格證者,具有圖書館工作經歷1年以上,〔…〕教育課程的進修者。
準司書	1. 在〔…〕專科學校文獻情報學或圖書館學專業畢業者。或具有同等學歷的人,是文獻情報學或圖書館學碩士學位者。 2. 在〔…〕專科學校畢業者,或具有同等學歷的人,〔…〕教育課程的進修者。 3. 在〔…〕大學畢業者,是在校期間文獻情報學或圖書館學輔修的人。

11.1.3韓國圖書館學會影響

1945年，朝鮮圖書館學會（Chosun Library Association）建立。1950年，因韓戰中斷；1955年，重新組建。學會總部設在首爾的國立中央圖書館內，成立的目的是與國內外圖書館和機構合作，推廣各類型圖書館的發展，改善圖書館服務，謀求圖書館為提高全民文化水平和國家發展做出貢獻。學會運作由理事會執行會務，每二年改選一次理事長，經費來源主要為會員會費、政府補助及私人捐贈等。學會會員有3,142人，團體會員1,390單位，個人會員1,736人、支持會員16人等，業務主要包括主持全國圖書館大會、依文獻情報相關系所畢業證書代發司書證書、組織圖書館週與讀書週活動、發行會刊《圖書館文化》、出版圖書館領域的文獻等（韓國圖書館學會，2021）。該學會自1998年起，代發司書證書，一年發證約2,000人。司書證代發程序，係凡文獻情報學系所畢業的學生均可申請，學會依畢業證書核對後頒發司書證書（王梅玲，2004年8月21日）。

有關韓國通過圖書資訊學教育畢業生，2018年，取得圖書館員證書的人數：一級正司書139人、二級正司書2,173人、準司書542人，共2,854人。從學校畢業生來看，4年制大學有一級正司書55人、二級正司書1,469人、準司書33人，共1,557人取得圖書館員證書。二、三年制專科學校有二級正司書36人、準司書247人，共有283人取得圖書館員證書。三所圖書館員教育院有361人，其他專業學士及碩士學位持有者129人取得圖書館員證書。524人通過國家終身教育振興院的學分銀行制度取得了圖書館員證書。整體而言，分析圖書館員證書的來源，四年制大學圖書資訊學畢業生佔54.6%、二年制專科學校佔9.9%、圖書館員教育院佔12.7%、學分銀行制度佔18.3%、其他佔4.5%（韓國圖書館學會，2019）。

韓國圖書館學會與英美圖書館學會相較，在圖書資訊學校的評鑑並無主導權，對圖書館員資格核可影響很小，所以該學會為無實權的圖書館學會，仍有改進空間。韓國其他相關學會尚有：韓國文獻情報學會、韓國情報管理學會、書誌學會、圖書館情報學會、韓國文獻情報學教授聯合會等（王梅玲，2005）。

11.2 圖書資訊學教育發展簡史

韓國圖書館專業人才培養管道多元，包括四年制大學、兩年制專科大學與大學司書教育學院附設短期教育課程。韓國圖書館教育始自1946年；1957年，延世大學成立第一所圖書館學校系。學校開始稱為「圖書館學系」，1980年代，以後改稱為「文獻情報學系」。目前韓國有34所大專院校提供圖書資訊學教育包括，學士班、碩士班與博士班。其發展分為下列三階段：（1）國家圖書館學校時期（1946—1954年）；（2）圖書館學教育時期（1955—1984年）；（3）文獻情報學教育時期（1985年—迄今）（王梅玲，2005；吳漢華、王琛，2017）。本節依三階段析述韓國圖書資訊學教育的發展。

11.2.1 國家圖書館學校時期（1946—1954年）

此時期韓國剛從日本統治時代解放，旋即遭逢美國軍事政府與韓戰爆發，全國教育遭遇文盲嚴重問題，亟需圖書館員的教育訓練。1946年起，國立朝鮮圖書館擔負訓練館員責任，開設「國家圖書館學校」（National Library School），為高中畢業生年滿30歲者開設一年訓練課程，內容著重在實務，如編目與分類課程。一直到1950年，因韓戰停辦，共訓練77位館員，此成為韓國圖書館教育的里程碑（Lee & Um, 1994）。此外，朝鮮圖書館學會也舉辦一些課程訓練圖書館員。此時期的訓練雖偏重於技術課程，但奠定了韓國圖書館教育的基礎。1950年，正值韓戰，圖書館教育被迫暫停。1953年，韓國重新探討未來圖書館教育與圖書館重建等議題。

11.2.2 圖書館學教育時期（1955—1984年）

1955年，梨花女子大學（Ewha Womans University）開設圖書館學選修課程，提供12學分的圖書館學課程做為三、四年級的選修課程，這是大學階段提供圖書館學課程的開始。第一個四年制的圖書館學系成立於1957年在延世大學，該校建於1885年，由美國畢保德師範學院（George Peabody Teachers' College）指導及合作，韓美基金會（Korean-American Foundation）

與國際合作總署（International Cooperation Administration）積極支持。延世大學圖書館學系同時提供一年的圖書館訓練課程，並為學校圖書館的教師兼圖書館員舉辦專門課程。

在此階段，韓國以圖書館學學士班教育為主，繼延世大學之後，1958年，梨花女子大學在文學院成立圖書館學系；中央大學於1963年，成均館大學（Sungkyunkwan University）於1964年，分別成立四年制圖書館學系。延世大學和梨花女子大學分別於1957年與1959年，設置圖書館學碩士班，使得圖書館專業人員教育提升至研究所階段。除大學正規教育外，韓國也設立了圖書館學在職教育機構，如1957年，延世大學設立司書教育學院。1962年，兩年制的專科學校也提供圖書館選修課程。

由於當時韓國圖書館學系集中於漢城（今稱首爾），以及圖書館界需求，短期訓練課程仍有存在的需要，韓國圖書館學會肩負起圖書館及學校教師訓練課程的任務。大體而言，韓國在1950年至1960年代初建立圖書館學教育制度，1957年，在延世大學設立的圖書館學系開啟韓國圖書館學教育，其後公布的〈圖書館法〉為促進韓國圖書館學教育進步的一大動力。

1963年10月28日，韓國〈圖書館法〉頒布。根據該法第六條第二項「有關司書職員或司書教師資格與培養事項，必須由內閣規定」，1965年3月26日，韓國公布了〈圖書館法實施令〉（總統令第2086號），規定了司書資格條件，分為正司書與準司書兩種。正司書資格的取得，需到國立圖書館學校或大學附設圖書館學校修完規定課程，或至文教部部長評鑑的機構獲得八週以上圖書館學教育經歷。對於準司書認證，需要二年制大學專科畢業或同等學歷，或在文教部部長評鑑機構獲得10學分以上的圖書館學教育經歷，或有三年以上工作經歷且在文教部部長評鑑機構完成50小時以上的圖書館學教育，才可獲得準司書資格證。1966年，韓國又頒布了〈圖書館法施行規則〉（吳漢華、王琛，2017）。

1963年，韓國〈圖書館法〉公布後，促進圖書館事業蓬勃發展，圖書館員數量大增，但大多集中於漢城（首爾），其他地區缺乏專業人員。1974年，釜山的釜山女子專科學校及大邱的慶北國立大學分別開設圖書館學課程。1974年，成均館大學設立韓國第一個圖書館學博士班，韓國圖書館學

教育制度從學士班、碩士班到博士班具備，發展完整。其後，延世大學（1980年）、中央大學（1983年）相繼設立圖書館學博士班，學制三年。韓國政府在各地大學及學院設立圖書館學課程，1977年以後，韓國大學設置圖書館學科系已遍及全國，以梨花女子大學、延世大學、中央大學、成均館大學與慶北大學等校為韓國圖書館學校之先驅（吳漢華、王琛，2017）。

〈圖書館法〉的頒布使得韓國圖書館管理與館員資格得到法律保障。此外，許多公共圖書館與大學圖書館陸續建立，提供圖書館專業人員的舞臺。1970年代，隨著電腦的廣泛利用，資訊環境發生變化，圖書館學教育也進行改革，資訊科學納入教育課程，教育科目也向細緻化和多樣化發展。

1980年代，韓國進入第三次產業結構調整與產業政策變革時期，根據全國科技與工業升級的需要，採取了教育措施，著重培養高科技產業所需的高級技術人才，圖書館學教育也加強了高級人才的培養。1980年代以後，各校大量增設圖書館學科系，主要因應政府增招大學入學人數政策，以解決大學落榜復讀生問題。1970至1979年間，有11所大學新增圖書館學系。1980-1984年間增加至27所大學，此時期設立27所學士班、7所碩士班與3所博士班（吳漢華、王琛，2017）。

11.2.3文獻情報學教育時期（1985年—迄今）

1985年3月，由於資訊科學發展影響，韓國全南大學圖書館學系率先將系名改為「文獻情報學系」，英文為「Department of Library and Information Science」，中文譯為圖書館與資訊科學系（簡稱圖書資訊學）。隨後，漢城大學、中央大學、延世大學等29所大學相繼將「圖書館學系」更名為「文獻情報學系」。1992年，韓國圖書館學會更名為「韓國圖書情報學會」，會刊也更名為《圖書情報學》，顯示韓國圖書資訊學教育步入了新篇章。

1994年10月，韓國教育部推行大學教育改革，要求學士班科系合併，改建為單一的或數個學程，稱為「學部制」（Division）。於是，延世大學、梨花女子大學、成均館大學等文獻情報學系在1996年，招生時，取消了「系」一級建制改為「專業」。例如：延世大學文學院文獻情報學系從1996年3月新學期起，改為文學院人文學部文獻情報學專業。不僅專業課程學分

由過去的60學分改為38學分,而且必修課減縮為6個學分,其他專業課程改為選修課,學部制度的實施對韓國圖書資訊學教育產生影響(韓國國立中央圖書館,2003)。

1985至2005年間,韓國圖書資訊學教育步入繁榮時期,高層級的專業教育蓬勃發展,專業課程與研究領域向外擴張。法規制度為圖書資訊學教育指明方向,1987年10月23日,修訂的〈圖書館法〉對韓國司書制度做出新規定:「圖書館要正常運營,必須設立司書(館員)、司書教師或專業教師。」司書分為一級正司書、二級正司書以及準司書三類,各級司書人員根據資歷逐級升遷。從任職資格上看,二級正司書需要圖書資訊學學士班或碩士學位,一級正司書需要圖書資訊學博士學位。司書教師需要完成大學四年的圖書資訊學專業學習,專業教師需要完成兩年制大學指定的專業技能學業。這些制度對司書的教育背景與學歷提出更嚴格的要求,也促進了圖書資訊學高學歷教育的繁榮。2006年之後,韓國圖書資訊學教育進入穩定發展。

2000年起,韓國圖書資訊學系開始擴展領域,設置檔案管理研究所,檔案管理碩士班5校,博士班10校,其中6校在圖書資訊學系,9校與其他學科共同設置檔案研究所。2014年,成均館設置資料科學(Data Science)教育學程(安智鉉,2020)。

韓國圖書館學教育始於1946年,國家圖書館成立圖書館學校,在大學的圖書資訊學系正規教育始於1957年,延世大學成立的第一個圖書館學系,經過65年發展,形成34所圖書資訊學科系的盛大局面。影響韓國圖書資訊學教育發展有二大因素,首先,美國支援是影響韓國圖書資訊學教育的第一因素。延世大學圖書館學系的成立,受到美國畢保德師範學院指導合作與韓美基金會及國際合作總署的支持。其次,韓國公布的〈圖書館法〉規範司書制度,建立韓國圖書館員專業資格制度,也帶動圖書資訊學教育的成長,故圖書館法案是韓國圖書資訊學教育發展的第二個因素。韓國圖書館學會在圖書資訊學教育與圖書館員專業資格發揮功用。

綜上所述,韓國圖書資訊學教育的發展歷經下列重要里程碑:1946年,國家圖書館首次提供圖書館員訓練課程;1957年,延世大學成立的第

一個圖書館學系；1994年〈圖書館與讀書振興法〉訂立與規範司書制度，建立圖書館員專業資格認證制度；2006年，韓國舉辦第72屆IFLA世界圖書資訊學大會；2014年，延世大學與成均館大學加入iSchools聯盟（Mo et al., 2020）。

11.3 圖書資訊學教育制度

　　韓國的教育制度採6-3-3-4學制，包括小學6年、初中3年、高中3年義務教育與大學教育4年。高等教育分為專門大學（2至3年制）、大學（4年制）和研究院（碩士、博士），另有高等專科學校的二年制，修業期間也以學期制劃分，韓國的教育制度與學制與臺灣相似。韓國圖書資訊學科系名稱多稱為「文獻情報學」，英文為Library and Information Science，中文稱為圖書館與資訊科學，簡稱圖書資訊學。本節以韓國文獻情報學系為研究對象，不含檔案管理相關系所。

　　有關韓國圖書資訊學系所現行資料，本章主要依據Mo等（2020）的論文所列韓國34所四年制大學圖書資訊學系所為研究範圍。現階段韓國圖書資訊學教育制度包括34所四年制大學、4所三年制以及1所二年制專科學校。有6校因為改名或是專科學校未列入本章中：如江南大學文學院原設置的文獻情報學改名為ICT建設福利融合學院資料科學系；4所三年制專科學校未列研究，包括大林大學兒童文獻情報學系、東元大學文獻情報資料管理學系、釜山女子大學幼兒文獻情報學系、崇義女子大學文獻情報學系；以及1所二年制專科學校，昌原文成大學文獻情報學系。本章探討韓國圖書資訊學教育制度，分別從一般校況與圖書資訊學系所基本資料二部分論述。

11.3.1 一般校況

　　本節析述韓國34所圖書資訊學系所隸屬的大學概況，分析各大學的所在地、學校成立年、公立或私立、全校學生人數，參見表11-3。

表11-3 韓國圖書資訊學系所及其所在大學校況一覽表

學校、系所名稱	所在地	學校成立年	公私立	學生人數	系所成立年	教育學程
1. 建國大學人文與社會科學學院文獻情報學系	忠洲	1946	私立	23,122	1983	學士、碩士、博士
2. 京畿大學人文學院文獻情報學系	水原	1947	私立	17,227	1983	學士、碩士、博士
3. 慶北大學社會科學學院文獻情報學系	大邱	1946	國立	30,971	1974	學士、碩士、博士
4. 慶星大學文學院文獻情報學系	釜山	1955	私立	13,693	1974	學士、碩士、博士
5. 慶一大學兒童保育文獻情報學系系	慶山	1963	私立	NA	2010	學士
6. 啟明大學社會科學學院文獻情報學系	大邱	1954	私立	27,005	1980	學士、碩士、博士
7. 公州國立大學教育學院圖書資訊學教育	公州	1948	公立	22,184	1983	學士、碩士
8. 光州大學人文社會科學學院文獻情報學系	光州	1980	私立	25,000	1984	學士、碩士
9. 大邱大學社會科學學院文獻情報學系	慶山市	1956	私立	17,071	1980	學士、碩士
10. 大邱天主教大學社會科學學院文獻學系	大邱	1914	私立	15,000	1976	學士、碩士
11. 大真大學公共人才學院文獻情報學系	坡川市	1992	私立	10,260	1994	學士、碩士
12. 德成女子大學社會科學學院文獻情報學系	首爾	1950	私立	5,506	1979	學士
13. 同德女子大學社會科學學院文獻情報學系	首爾	1950	私立	7,110	1980	學士、碩士

11-3 韓國圖書資訊學系所及其所在大學校況一覽表（續）

學校、系所名稱	所在地	學校成立年	公私立	學生人數	系所成立年	教育學程
14. 東義大學人文與社會科學學院文獻情報學系	釜山	1977	私立	25,170	1981	學士、碩士
15. 明知大學人文學院文獻情報學系	首爾	1948	私立	19,604	1980	學士、碩士、博士
16. 釜山國立大學社會科學學院文獻情報學系	釜山	1946	公立	64,191	1984	學士、碩士、博士
17. 祥明大學人文社會科學學院文獻情報學系	首爾	1937	私立	13,390	1979	學士、碩士、博士
18. 首爾女子大學社會科學學院文獻情報學系	首爾	1961	私立	8,668	1980	學士、碩士
19. 成均館大學文學院文獻情報學系	首爾	1946	私立	36,000	1964	學士、碩士、博士
20. 淑明女子大學文理學院文獻情報學系	首爾	1906	私立	10,492	1976	學士、碩士、博士
21. 新羅大學人文社會科學院文獻情報學系	釜山	1954	私立	9,721	1979	學士、碩士
22. 延世大學文學院文獻情報學系	首爾	1885	私立	41,683	1957	學士、碩士、博士
23. 梨花女子大學社會科學學院文獻情報學系	首爾	1886	私立	21,515	1959	學士、碩士、博士
24. 仁川國立大學社會科學學院文獻情報學系	仁川	1979	公立	18,085	2010	學士、碩士
25. 全南國立大學社會科學學院文獻情報學系	光州	1952	公立	245,934	1979	學士、碩士、博士
26. 全北國立大學人文學院文獻情報學系	全州市	1947	公立	29,152	1980	學士、碩士、博士

11-3 韓國圖書資訊學系所及其所在大學校況一覽表（續）

學校、系所名稱	所在地	學校成立年	公私立	學生人數	系所成立年	教育學程
27. 全州大學社會科學學院文獻情報學系	全州市	1964	私立	12,667	1983	學士、碩士
28. 中部大學文化內容學院文獻情報學系	大田	1983	私立	9,606	1994	學士
29. 中央大學社會科學學院文獻情報學系	首爾	1918	私立	32,619	1963	學士、碩士、博士
30. 清州大學人文學學院文獻情報學系	清州市	1946	私立	13,800	1979	學士、碩士、博士
31. 忠南國立大學社會科學學院文獻情報學系	大田	1952	公立	28,632	1979	學士、碩士、博士
32. 漢南大學文理學院文獻情報學系	大田	1956	私立	18,610	1980	學士、碩士、博士
33. 漢城大學人文學院文獻情報學系	首爾	1947	私立	32,000	1981	學士、碩士、博士
34. 拿撒勒大學康復學院盲文文獻情報學系	忠清南道	1981	私立	5,612	2007	學士、碩士

11.3.1.1 所在地

有關韓國34所圖書資訊學系所隸屬大學的所在地，可將韓國分為江原、京畿、忠清、慶尚、全羅、濟州6大區域，多數圖書資訊學校集中於京畿、忠清、慶尚、全羅四個區域；江原、濟州並無學校。以京畿所在最多，以14校居冠，慶尚以10校居次，忠清6校與全羅4校較少。

京畿14校	建國大學（簡稱建國）、京畿大學（簡稱京畿）、大真大學（簡稱大真）、德成女子大學（簡稱德成女子）、同德女子大學（簡稱同德女子）、明知大學（簡稱明知）、祥明大學（簡稱祥明）、首爾女子大學（簡稱首爾女子）、成均館大學（簡稱成均館）、淑明女子大學（簡稱淑明女子）、延世大學（簡稱延世）、梨花女子大學（簡稱梨花女子）、漢城大學（簡稱漢城）、仁川國立大學（簡稱仁川）

慶尚10校	國立慶北大學（簡稱慶北）、慶星大學（簡稱慶星）、啟明大學（簡稱啟明）、大邱大學（簡稱大邱）、大邱天主教大學（簡稱大邱天主教）、東義大學（簡稱東義）、釜山國立大學（簡稱釜山）、新羅大學（簡稱新羅）、中央大學（簡稱中央）、慶一大學（簡稱慶一）
忠清6校	公州國立大學（簡稱公州）、中部大學（簡稱中部）、清州大學（簡稱清州）、忠南國立大學（簡稱忠南）、漢南大學（簡稱漢南）、拿撒勒大學（簡稱拿撒勒）
全羅4校	光州大學（簡稱光州）、全南國立大學（簡稱全南）、全北國立大學（簡稱全北）、全州大學（簡稱全州）

11.3.1.2 大學成立年

有關圖書資訊學系隸屬大學的成立年，大多創校於二十世紀，最早創校的為延世大學（1885年）及梨花女子大學（1886年），其他大多學校創建於二十世紀，二十世紀前期（1901—1950年）與二十世紀後期（1951—1992年）各建立了16校。

1900年以前2校	延世、梨花女子
1901-1950年16校	淑明女子、大邱天主教、中央、祥明、成均館、建國、釜山、慶北、清州、全北、京畿、漢城、公州、明知、同德女子、德成女子
1951-1992年16校	全南、忠南、啟明、新羅、慶星、大邱、漢南、首爾女子、慶一、全州、東義、仁川、光州、中部、大真、拿撒勒

11.3.1.3 公立或私立

韓國圖書資訊學系隸屬國立大學1校，公立大學的有6校，私立大學有27校，以私立大學為多。

11.3.1.4 全校學生人數

34所圖書資訊學系所隸屬的大學，學生最多者為全南國立大學，計245,934人；其次為釜山國立大學，64,191人，學生人數最少為德成女子大學，僅5,506人；次少者為拿撒勒大學，5,612人。計各校學生在1萬人以下

者6校；在1萬至2萬人之間者12校；在2萬至3萬人之間者8校；在3萬以上7校。

11.3.2 圖書資訊學系所基本資料

韓國圖書資訊學系所基本資料包括：系所名稱、隸屬學院、系所成立年、教育層級與學程結構、入學資格、畢業要求、教師概況、學生概況等。

11.3.2.1 系所名稱

韓國圖書資訊學系所名稱以「文獻情報學系」為多，32個系所，僅2校名稱不同：大邱天主教大學社會科學學院文獻學系、公州國立大學教育學院文獻情報教育。

11.3.2.2 系所隸屬學院

有關韓國圖書資訊學系所隸屬學院，有14個系所隸屬社會科學學院最多，5個隸屬人文學院、5個隸屬人文社會學院，5個隸屬文學院，5個為其他學院（教育、公共行政、資訊相關學院），大多隸屬於人文社會學院領域。

社會科學院14校	慶北；釜山；全南；忠南；仁川；啟明；大邱；大邱天主教；德成；同德；首爾女子；梨花女子；全州；中央
人文學院5校	全北；京畿；明知；清州；漢城
人文社會學院5校	建國；光州；東義；祥明；新羅
文學院5校	慶星；成均館；淑明女子；延世；漢南
其他5校	公州；大真；中部；慶一；拿撒勒

11.3.2.3 系所成立年

有關韓國圖書資訊學系所設立時間，最早為1957年延世大學文學院的文獻情報學系。以每20年為間距劃分，1960年以前：2校；1961-1980年：19校；1981-1990年：8校；1991-2010年：5校，大多集中於1961-1980年之間，推測可能與南韓的資訊科技產業發展對於人才的需求有關。

1957-1960年2校	延世；梨花女子
1961-1980年19校	慶北；慶星；啟明；大邱；大邱天主教；德成；同德；明知；祥明；首爾女子；成均館；淑明女子；新羅；全南；全北；中央；清州；忠南；漢南
1981-1990年8校	建國；京畿；公州；光州；東義；釜山；全州；漢城
1991-2020年5校	慶一；大真；仁川；中部；拿撒勒

11.3.2.4 教育層級與學程結構

　　韓國34個圖書資訊學系所提供學程，包括：學士班34校，碩士班31校，博士班18校；有18校提供學士班、碩士班、博士班的完整教育學程，參見表11-4。韓國有4個系所參加iSchools聯盟，包括成均館大學文獻情報學系、延世大學文獻情報學系、慶北大學文獻情報學系，與梨花女子大學文獻情報學系（iSchools Organization, 2021）。

表11-4 韓國圖書資訊學系所學程種類一覽表

學校	學士班	碩士班	博士班	iSchools
建國	**V**	V	V	
京畿	V	V	V	
慶北	V	V	V	V
慶星	V	V	V	
慶一	V			
啟明	V	V	V	
公州	V	V		
光州	V	V		
大邱	V	V		
大邱天主教	V	V		

表11-4 韓國圖書資訊學系所學程種類一覽表（續）

學校	學士班	碩士班	博士班	iSchools
大真	V	V		
德成女子	V			
同德女子	V	V		
東義	V	V		
明知	V	V	V	
釜山	V	V	V	
祥明	V	V	V	
首爾女子	V	V		
成均館	V	V	V	V
淑明女子	V	V	V	
新羅	V	V		
延世	V	V	V	V
梨花女子	V	V	V	V
仁川	V	V		
全南	V	V	V	
全北	V	V	V	
全州	V	V		
中部	V			
中央	V	V	V	
清州	V	V	V	
忠南	V	V	V	
漢南	V	V		
漢城	V	V	V	
拿撒勒	V	V		
總計	34	31	18	4

11.3.2.5 入學資格與畢業要求

　　有關韓國圖書資訊學系所之入學資格，學士班入學資格為具國內外高中畢業學歷或同等資格者，畢業要求為修課至少140學分，且成績及格或部分系所要求畢業專題論文。碩士班入學資格為具國內外正規大學學士學位或同等資格者，畢業要求為修習專業課程至少12學分以上，選修課程至多12學分，總學分至少24學分、通過畢業考試及完成碩士論文。博士班入學資格為具國內外正規大學碩士學位或同等資格者，畢業要求為修習專業課程至少18學分以上，選修課程至多18學分，總學分至少36學分、並通過畢業考試及完成博士論文（吳漢華、王琛，2017）。

　　以延世大學文獻情報學系為例，入學資格以獲得國內外評鑑之高中學歷或同等資格，即可申請學士班；獲得國內外評鑑之大學學歷或同等資格，即可申請碩士班；獲得國內外評鑑之碩士學歷或同等資格，即可申請博士班，同時，延世大學對於申請入學的條件限制還有韓語能力檢定的要求，至於甄選方式主要透過書面審查及口試。

　　有關韓國圖書資訊學系所畢業條件，以延世大學文獻情報學系碩士班為例，包括修習完成指定學分、通過資格考試與完成論文，碩士班必須完成系所開設課程中獲得學位所需的30個學分中的24個學分，其餘學分經導師批准可從其他系所開設的課程中獲得，以完成學位（延世大學，2021）。

11.3.2.6 教師概況

　　有關韓國圖書資訊學系所專業教師人數，平均每校專業教師6.2人，與其他國家比較，處於中低等規模狀態，參見表11-5（吳漢華、王琛，2017；韓國圖書館學會，2019）。以成均館文獻情報系為例，專任老師有6位，包括3位男性教授、1位男性副教授、1位男性助理教授及1位女性助理教授，研究專長涵蓋資訊科學、參考資訊服務、資料科學、健康資料科學等方面（成均館大學，2021）。延世大學文獻情報學系有5位專任教授與5位講師，研究專長涵蓋資訊工程、資訊學、文本探勘、圖書館管理、資訊服務、資訊計量學、學術傳播等。

11.3.2.7 學生概況

　　韓國34所圖書資訊學系學士班招生名額共1,134人（除學部制招生的漢城大學外）、圖書資訊學系所專任教授共164人（安智鉉，2020；韓國圖書館學會，2019）。從學士班學生招生上看，規模不大，從40人到70人不等。從碩士班和博士班招生規模上看，僅延世大學提供資料，碩士班、博士班各招學生40人。

表11-5　韓國圖書資訊學系所學士班入學名額與教師人數一覽表

學校	學生入學名額	教師人數
建國	40	4
京畿	38	5
慶北	28	7
慶星	40	4
慶一	22	2
啟明	50	5
公州	25	5
光州	30	4
大邱	30	5
大邱天主教	37	4
大真	40	4
德成女子	30	4
同德女子	45	5
東義	35	3
明知	27	5
釜山	34	8
祥明	37	6
首爾女子	36	5

表11-5 韓國圖書資訊學系所學士班入學名額與教師人數一覽表（續）

學校	學生入學名額	教師人數
成均館	70	6
淑明女子	56	5
新羅	40	2
延世	30	10
梨花女子	24	6
仁川	29	6
全南	25	6
全北	32	5
全州	40	4
中部	30	3
中央	35	4
清州	40	4
忠南	23	5
漢南	36	5
漢城	NA	8
拿撒勒	NA	NA
總計	1,134	164

資料來源：한국도서관 협회〔韓國圖書館學會〕（2019）。2019한국도서관 연감〔2019韓國圖書館年鑑〕。한국도서관협회〔韓國圖書館學會〕。

11.4課程設計

　　課程是實踐圖書資訊學教育目標的關鍵元素，學校常定期更新，以積極因應內部和外部環境變化。韓國的大學正面臨三大挑戰；大學生入學率

下降，需求導向的教育趨勢，以及圖書資訊學跨學科領域發展。Mo等
（2020）探討韓國圖書資訊學系所課程現況，期望因應上述三項挑戰。研
究者從各大學網站蒐集資訊，運用文本分析、頻率分析、網路分析多種方
法，調查韓國圖書資訊學系所課程的現況。研究者發現圖書資訊學具有「跨
學科領域特質」，圖書館學是圖書資訊學研究的起點，書目學著重於書籍的
分析和解釋；資料科學側重紀錄的管理和保存；資訊科學側重於資訊使用
和處理；知識組織關於圖書館實施的索引和分類技術，綜合這些特徵，因
此圖書資訊學是「跨學科領域」。Mo等（2020）從2019年7月至8月蒐集34
所系所網站課程資訊，共獲得了1,123門課程資訊，研究發現韓國圖書資訊
學系所課程排名前五類主題涵蓋：圖書館／資訊中心管理、資訊組織、資
訊技術、圖書資訊學和資訊資源／媒體，佔全部課程的64.8%。其他五類課
程為：資訊檢索、資訊服務、檔案研究／書目學、數位圖書館、圖書資訊
學教育、資訊學等。資訊學（Informatics）在圖書資訊學門發揮重要作用，
如大數據、資訊科學與資訊組織、資訊技術、圖書資訊學原理和資訊資源
／媒體等課程深受其影響。但各校課程未能有效反映新趨勢，214門資訊相
關課程中，只有7門大數據、4門資料科學和資料分析、2門資料視覺化和3
門資料管理課程。Mo等（2020）建議韓國圖書資訊學學校檢討應用新趨勢
的方案設計課程。本節以成均館大學與延世大學的文獻情報學系為例說明
課程設計。

11.4.1成均館大學文獻情報學系

　　成均館大學於1964年3月，成立圖書館學系；1971年，設置研究生院碩
士課程，1974年3月，在韓國首次成立博士班。1991年3月，將系名改爲「文
獻情報學系」，一方面維持圖書館學、書目學等傳統課程，另外著手資訊科
學教學與研究。2014年2月，加入iSchools聯盟。該系呼應圖書資訊學跨學
科、重視理論與實務，積極發展產學合作，保持了44％的課程英語授課率。
同時因應資訊科技環境的變化，亦提供全新的「資料科學課程」，進行資料
科學教育與研究（安智鉉，2020；成均館大學，2021a；iSchools Organization,
2021）。

　　成均館大學文獻情報學系隸屬於文學院，提供學士班、碩士班與博士班。凡獲得國內外正規大學學士學位者或依相關法規具學士學位同等資格者，均具備碩士班入學資格，入學管道包括普通招生、臨時招生、外國人特別招生，主要透過書面審查及面試的方式甄選。其碩士班課程的教育目標為培養學生理解圖書館學和資訊科學的學術性質和理論基礎，並提供在實踐中應用和發展的背景知識。其課程分為四大領域，包括資訊組織、圖書館和資訊中心管理、資訊科學、與書目學（成均館大學，2021b）。

　　成均館文獻情報學博士班的入學資格為獲得國內外正規大學碩士學位者或依相關法規具碩士學位同等資格者，具備博士班入學資格，入學管道和碩士班相同，包括普通招生、臨時招生、外國人特別招生，透過書面審查及面試的方式甄選，其教育目標為加強學生對於專業理論背景及相關領域應用技術的理解，使他們能夠獨立展開學術工作，培養具備獨立發展相關理論的專業圖書館員。課程分為資訊組織、圖書館與資訊中心管理、資訊檢索、資訊服務理論、書目學和古典資料組織方法等六個領域，以利學生能夠評估實際意義與應用（成均館大學，2021b）。

　　成均館大學文獻情報學碩博士班開設91門課程，涵蓋資料策劃研究、研究方法論、資訊素養特別講座、Web數據庫建設理論研究、統計處理與分析研究、圖書館評估方法研究、程式語言研究、機器學習研究、健康資訊行為研究、學術傳播講座等課程，參見表11-6（成均館大學，2021b）。

表11-6　成均館大學文獻情報學碩博士班專業課程

課程名稱	課程名稱
分類	資訊政策研究
蒐集方法研究	資訊工程研究
特殊資訊組織方法研究	韓國本體知識學書目
大學圖書館管理理論研究	文獻保護工程
圖書館與資訊中心管理研究	圖書館評估方法研究

表11-6 成均館大學文獻情報學碩博士班專業課程（續）

課程名稱	課程名稱
資訊行為理論研究	知識管理系統研究
資訊社會理論研究	中國本體知識學書目
資訊素養研究	書目研究
知識組織理論	Web系統的理論研究
互聯網服務建設與管理研究	資訊行為理論研究
文書管理研究	資訊經濟學研究
韓國系統書目	資訊服務方法研究
資訊服務理論研究	程式語言研究
基於Web的系統研究	機器學習研究
資訊系統研究	健康資訊行為研究
詮釋資料管理研究	健康資料科學研究
健康資料系統研究	醫療資訊服務研究
資料策劃研究	健康資料分析程序
研究方法論	圖書館社會學
文學比較資訊學	圖書史專題講座
韓國圖書館史研究	數位記錄管理專題講座
西方圖書館史研究	目錄研究講座
資訊組織法研究	分類學講座
大學圖書館管理技術研究	比較目錄
圖書館與資訊中心管理研究	比較分類法
圖書館建築設備研究	組織館藏的演講
服務質量管理理論研究	公共圖書館管理講座
出版與版權研究	圖書館與資訊中心管理講座

表11-6 成均館大學文獻情報學碩博士班專業課程（續）

課程名稱	課程名稱
數位圖書館研究	圖書館政策理論
資訊社會學	使用者研究講座
資訊檢索研究	資訊網路專題講座
自動索引研究	資訊搜尋
資訊素養講座	資訊教育專題講座
資料庫設計理論研究	資訊文化專題講座
Web數據庫建設理論研究	資訊系統分析方法專題講座
統計處理與分析研究	資料建模中主題
古典文件索引摘要方法	介面設計專題講座
古典文學字體研究	多媒體講座
考古研究	網路管理專題講座
經典數據組織方法研究	古典文學鑑定專題講座
東方圖書館史研究	交感神經研究專題講座
手稿研究	金石材料講座
韓中日書本交流史研究	學術傳播講座
中文系統書目	資料語義管理專題講座
學術資訊服務研究	資訊服務講座
資訊媒體研究	

11.4.2 延世大學文獻情報學系

延世大學文獻情報學系成立於1957年，同年設置碩士班，1980年，開設博士班。其課程主要包括電腦、通訊技術和新媒體等資訊技術的應用，同時關注與傳播相關的知識傳播現象，在此基礎上致力研究人類資訊需求的各種科學方法。自2008年起，與美國西蒙斯學院（Simmons College）和美

國威斯康辛大學（University of Wisconsin-Madison）開設聯合學位，豐富學術和研究領域（延世大學，2021）。

有關延世大學文獻情報學系碩士班修習，必須完成系所開設課程30個學分中的24個學分。其碩博士班課程涵蓋資訊組織、資訊檢索、資訊分析、圖書館與文獻中心管理、檔案管理等，碩士班的開設課程，參見表11-7。

表11-7　延世大學文獻情報學系碩士班開設課程

課程名稱	課程名稱
個別指導研究（1）、（2）、（3）	圖書館思想史
文獻情報學研究方法論	圖書館與資訊中心管理研究
圖書館與資訊中心管理研究	學術圖書館管理專題
國際圖書館與資訊服務	專門圖書館管理專題
圖書館建築設備	當前資訊產業的趨勢與問題
文書管理	社會科學資訊服務專題
檔案管理系統	資訊科技服務專題
資訊服務研究	圖書館服務機構
資訊使用者研究	知識傳播
使用者教育論	檔案資料保存
閱讀指導	圖書館編目史
使用者介面設計	特殊分類
資訊視覺化呈現	索引與摘要專題
編目理論	資訊計量學
詮釋資料架構與理論	資訊檢索理論專題
資訊理論	資訊工程專題
資訊工程	文本探勘專題

表11-7 延世大學文獻情報學系碩士班開設課程（續）

課程名稱	課程名稱
圖書館資訊中心多媒體系統	資訊服務專題
數位圖書館研究	網路和社群媒體探勘研究
圖書館與資訊服務評估	資訊服務市場研究
檔案與紀錄描述	個別指導研究（4）、（5）、（6）
檔案管理	專題研究（2）
檔案資訊取用與服務	保存與維護
電子文件管理	人文與資訊服務專題
檔案選擇與鑑定	編目專題
數位保存（1）、（2）	智慧資訊檢索
圖書館與資訊服務公共政策專題	資訊系統設計
文本資料處理與管理	圖書館通訊與電腦網路
專題研究（1）	

11.5圖書資訊學教育的評鑑

11.5.1評鑑的意義與功能

　　韓國圖書資訊學教育評鑑由韓國大學教育委員會（Korean Council for University Education，簡稱KCUE）辦理。該會自1982年，創設運作，其成立目的主要為促進機構間合作四年制大學和學院共同的重大議題，並向政府提出建議，以確保其實現教育政策，提升高等教育機構的自主性、主動性、公共責任與整體素質，以謀求大學的健全發展。其為促進大學教育品質與合作的自主、非營利、非政府機構（Korean Council for University Education, 2022）。

11.5.2評鑑委員會

KCUE指派韓國大學評鑑院（Korean University Accreditation Institute，簡稱KUAI）承辦大學教育評鑑，其隸屬於韓國大學教育委員會，2009年成立，主要目的在確保高等教育品質，並對高等教育的績效進行評估，根據大學提交的自我評估報告和現場考察情況作出判斷，並監督受評機構的評估流程，以監測教育品質是否達到標準。KUAI為韓國四年制大學提供了自我評估的標準與指導（財團法人高等教育評鑑中心基金會，2017）。

11.5.3評鑑程序與標準

韓國大學評鑑主要依據1984年4月10日，頒布之〈韓國大學教育協議會第3727法案〉，由韓國大學評鑑院主持，大學每五年由4-6位專家組成評鑑小組進行評鑑，相關評估類別、領域和標準，參見表11-8、表11-9。關鍵評鑑指標包括：全職教師名額、設施數量、新生入學率、留校率、教育支出與學費的比率以及獎學金與學費的比例。大學評鑑標準包括五構面：使命與管理、教育、教職員工、教育設施與學生支持、成就與社會責任等（Korean University Accreditation Institute, 2022）。

表11-8 韓國大學教育協議會大學評鑑關鍵指標

關鍵評鑑指標	全職教師名額
	設施數量
	新生入學率
	留校率
	教育支出與學費的比率
	獎學金與學費的比例

表11-9 韓國大學教育協議會大學評鑑標準

類別	項目	標準
1. 使命與管理	1.1 管理	1.1.1 教育目標
		1.1.2 發展計畫和專業
		1.1.3 自我審查
	1.2 財政	1.2.1 財務資源
		1.2.2 預算與管理
		1.2.3 審核
2. 教育	2.1 學術發展	2.1.1 通識教育項目的組織與管理
		2.1.2 專業教育項目的組織與管理
		2.1.3 學術課程提升制度
	2.2 教學發展	2.2.1 課程和學術課程
		2.2.2 學業檔案管理
		2.2.3 教與學的支持與發展
3. 教職員工	3.1 教學師資	3.1.1 教師招聘系統
		3.1.2 教師待遇和福利
		3.1.3 對教師教育和研究的支持
	3.2 教職員工	3.2.1 員工招聘制度
		3.2.2 員工待遇與福利
		3.2.3 員工專業知識的發展
4. 教育設施與學生支持	4.1 教育設施	4.1.1 教室和實驗室
		4.1.2 學生福利設施
		4.1.3 圖書館
	4.2 學生支持	4.2.1 學生諮詢系統和研究生就業支持
		4.2.2 支持學生活動和安全管理
		4.2.3 對少數民族學生的援助

表11-9　韓國大學教育協議會大學評鑑標準（續）

類別	項目	標準
5. 成就與社會責任	5.1　大學成果	5.1.1　研究表現
		5.1.2　教育成就
		5.1.3　學生滿意度
	5.2　社會責任	5.2.1　社區服務政策
		5.2.2　社區服務成果
		5.2.3　對社區與產業的貢獻

11.6教育變革與發展趨向

11.6.1教育特色

　　韓國圖書資訊學教育發展60餘年，在大學建立34所圖書資訊學系所，發展出學士班、碩士班和博士班完整教育制度。韓國圖書資訊學教育特色包括：（1）專業實務性強，韓國圖書資訊學教育師從美國，在課程上開設了很多實踐性、實用性課程，這些符合畢業生到圖書館就業之需求。（2）學士班、碩士班、博士班教育特色鮮明，學士班畢業生以應用為導向，鼓勵選修雙學位，碩士班和博士班以前瞻研究為導向，注重問題研究。（3）設置與圖書資訊學教育相關的司書資格認證，不同層級的圖書資訊學教育對應不同級別的司書資格，這也是對圖書資訊學教育專業的評鑑。（4）專門法規制度規範專業發展，從1963年，頒布的〈圖書館法〉起，韓國各類圖書館相關法律條文中均對圖書資訊學教育做出規定，表明政府重視從法規制度規範圖書資訊學專業發展（吳漢華、王琛，2017）。

11.6.2教育變革

　　綜合韓國圖書館事業與圖書資訊學教育的發展，彰顯幾個重要里程

碑：（1）1946年，由國家圖書館成立的圖書館學校，提供最初的圖書館員訓練課程。（2）1957年，延世大學成立的第一個圖書館學系，帶動圖書館正規專業教育發展。（3）1963年，韓國〈圖書館法〉的公布，1994年〈圖書館與讀書振興法〉建立司書資格制度。（4）2006年，韓國舉辦第72屆IFLA世界圖書資訊大會，提升韓國在圖書資訊領域的能見度等。（5）1985年，全南大學率先改名為「文獻情報學系」，將韓國圖書館學教育轉型為圖書館資訊學教育。這些發展均在不同階段，對於韓國的圖書館事業與圖書資訊學教育，發揮關鍵影響。

11.6.3 遭遇問題

　　韓國圖書資訊學教育配合〈圖書館法〉司書資格制度，並與系所成立與課程規劃形塑其樣態，同時亦培養許多圖書資訊領域的人才。依據相關文獻，歸納韓國圖書資訊學教育面臨的挑戰，包括：（1）圖書資訊學教育市場與需求供應失調，出現供過於求現況，畢業生就業困難。（2）韓國圖書館學會對於圖書資訊學教育與圖書館員專業資格未有功能發揮，司書資格制度的執行也略顯不足，使得司書資格制度對於韓國的圖書館事業影響力有限，因而連帶影響韓國圖書館事業專業館員的資格與任用等問題。（3）韓國圖書資訊學系所教師員額缺乏使其教學負擔沉重，是韓國圖書資訊學相關系所共同的問題。師生比偏高的情況，影響教學品質。（4）圖書資訊學校教育的理論與實務不足，而使圖書館工作品質低落，加上經濟不景氣，產生圖書館工作危機（呂春嬌，2001；王梅玲，2005；吳漢華、王琛，2017；安智鉉，2020）。

11.6.4 發展趨向

　　前瞻韓國圖書資訊學教育未來的發展包括：因應資訊科技的發展趨勢，調整系所課程規劃與系所發展方向；因應圖書館實務需求訓練圖書館員；加強技術導向服務，逐漸轉向使用者導向的服務與訓練；積極改善教師員額不足與各項教育設備，爭取機構支持，提供更好的待遇以留住優秀教師。

　　韓國圖書資訊學教育以系所數量多，且教育學制完整與多元培養管道

為其特色，34個圖書資訊學系所可見其規模。然而每年相關系所培養許多人才，卻無足夠就業機會讓學生們大展長才。此外，缺乏明確的法規制度與專業評鑑機制，無法確保系所教學專業與品質。未來若能針對這些問題，加以改善，未來韓國的圖書資訊學教育與圖書館事業，將培養更多優秀的人才與蓬勃發展。

參考文獻

성균관대학교〔成均館大學〕（2021a）。**2021학년도 전공안내서**〔2021學年專業指南〕。http://ibook.skku.edu/Viewer/VZIOWSAJ653D

성균관대학교〔成均館大學〕（2021b）。**문헌정보학과**〔圖書情報學系〕。https://skb.skku.edu/lis/intro/vision.do

연세대학교〔延世大學〕（2021）。**문헌정보학과**〔圖書情報學系〕。https://lis.yonsei.ac.kr/lis/%EB%AC%B8%ED%97%8C%EC%A0%95%EB%B3%B4%ED%95%99%EA%B3%BC.htm

한국도서관 협회〔韓國圖書館學會〕（2019）。**2019한국도서관 연감**〔2019韓國圖書館年鑑〕。한국도서관협회〔韓國圖書館學會〕。

National Library of Korea (2019). **Wikidata**國家圖書館統計系統。https://www.libsta.go.kr/libportal/libStats/mainStats/getMainStatsList.do

中華民國外交部（2021）。**亞太地區**。https://www.mofa.gov.tw/CountryInfo.aspx?CASN=5&n=5&sms=33&s=59

王梅玲（2004年8月21日）。**韓國圖書館學會申才恩副祕書長訪談紀錄**。

王梅玲（2005）。韓國圖書資訊學教育。**英美與亞太地區圖書資訊學教育**。頁227-262。臺北市：文華。

安智鉉（2020）。**韓國圖書資訊學教育及系所現況調查**。政治大學圖書資訊與檔案學研究所。

吳漢華、王琛（2017）。韓國圖書情報學教育簡史，**圖書情報工作**，**61**（10），22-29。

呂春嬌（2001）。韓國圖書資訊學專業教育概述。**圖書資訊學刊**，（16），209-226。

李炳穆（1997）。韓國圖書館學情報學教育的現狀，**圖書情報工作**，**5**，4-11。

段明蓮（2014）。韓國最新圖書館法研究。**大學圖書館學報**，**3**，35-38。

財團法人高等教育評鑑中心基金會（2017年9月）。**高教評鑑中心與韓國大學評價院簽署合作備忘**，**69**，59。https://www.heeact.edu.tw/media/15930/p59-2-qa%E6%A9%9F%E6%A7%8B%E5%8B%95%E6%85%8B.pdf

學術資訊統計系統（2020）。**統計檢索**。http://www.rinfo.kr/stat/search/basic/4

韓國國立中央圖書館（2003）。圖書館與讀書振興法施行細則，**公共圖書館手冊**，頁273-276，漢城。

韓國國立中央圖書館（2021）。**圖書館介紹**。https://www.nl.go.kr/NL/contents/N50101000000.do

韓國國家法律資訊中心（2020）。**도서관법**〔圖書館法〕。https://www.law.go.kr/%EB%B2%95%EB%A0%B9/%EB%8F%84%EC%84%9C%EA%B4%80%EB%B2%95

韓國國會圖書館（2021）。**圖書館介紹**。https://www.nanet.go.kr/libintroduce/etc/greetingView.do

Cho, Hyun-Yang, Park, Eun Bong, Park, Soyeon, Choi, Jae-Hwang, Kim, Seong Hee & Han, Jong-Yup (2017). South Korea: Archives and Libraries, *Encyclopedia of Library and Information Sciences*, Fourth Edition DOI: 10.1081/E-ELIS4-120044840, Taylor & Francis.

iSchools Organization (2021). *Asia Pacific Directory*. https://ischools.org/Asia-Pacific-Directory/

Lee, Pongsoon & Um, Young Ai (1994). Chapter 9. *Education for Library and Information Science, Libraries and Librarianship in Korea*. Westport, CN: Greenwood Press, pp. 127-130.

Korean Council for University Education (2022). *Home*. http://english.kcue.or.kr

Korean University Accreditation Institute (2022). *About Accreditation*. https://aims.kcue.or.kr/EgovPageLink.do?subMenu=90103000

Korean Statistical Information Service (2022). *Statistical Database Summary of University*. https://kosis.kr/statHtml/statHtml.do?orgId=334&tblId=DT_1963003_013&vw_cd=MT_ETITLE&list_id=H1_2&scrId=&seqNo=&language=en&obj_var_id=&itm_id=&conn_path=A6&path=%252Feng%252Fsearch%252FsearchList.do

Mo, Yelim, Seon, Euntaek, Park, Goun & Kim, Haklae. (2020). *Course Analysis of Library and Information Science in Korea, Information*. 11(19), 1-12. doi: 10.3390/info11010019

Park, KeHong (2004). *Modern Development of Korean Library and Information Science*. http://www.nii.ac.jp/publications/Kaken/HTMLC1998/98park.E.html.

第*12*章
中國圖書資訊學教育

王梅玲、鐘黃迎

　　中國（China），全名為中華人民共和國（People's Republic of China）。創立於1949年。係源自1912年，成立的中華民國，1949年，與中華民國臺灣分別治理。中國歷經第一次五年計畫與初步工業化，1958年，大躍進，1966年至1976年，發生文化大革命。1977年，開始進行「堅持四個現代化」，農業、工業、國防與科學，透過現代化技術，讓中國在二十世紀末期開始強化，二十一世紀發展成為強國（小島晉治、丸山松幸，1993；丘為君，2003）。中國面積約為960萬平方公里，人口約1,411,780,000人（中國國家統計局，2021a），其地理分布參見圖12-1（王梅玲，2005）。

　　中國的發展歷經四大時期，一是社會主義改造時期，二是開始全面建設社會主義時期，三是文化大革命時期，四是改革開放和社會主義現代化建設時期（中國近現代史綱要編寫組，2013）。1990年代初，中國的經濟轉型刺激了社會資訊需求的增長，帶動圖書館事業的發展。二十一世紀以來，圖書館的發展飛躍，學術研究成果豐碩，圖書資訊學教育也不斷變革與創新（韓永進，2017）。

　　中國自1920年代，發展圖書館學教育，圖書館學校因應社會變遷歷經1984年起，改名為圖書館學情報學系，1992年起，再改名信息管理系，兩次變革，在這一百年間有著曲折與豐富的歷程。本章對於中國圖書資訊學教育分別從：（1）圖書館事業概述，（2）圖書資訊學教育發展簡史，（3）圖書資訊學教育制度，（4）課程設計，（5）圖書資訊學教育的評鑑，（6）教育變革與未來趨向六方面研究。

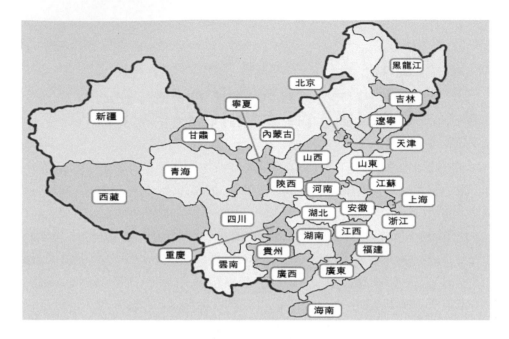

圖12-1　中國地圖

資料來源：王梅玲（2005）。**英美與亞太地區圖書資訊學教育**，頁264。臺北市：文華。

12.1圖書館事業概述

　　中國圖書館事業大致涵蓋：1所國家圖書館；3,196所公共圖書館，從業人員57,796名，總藏量111,181萬冊／件；2,914所學術圖書館，以及學校圖書館、專門圖書與資訊中心，參見表12-1（中國國家統計局，2021b；International Federation of Library Associations and Institutions [IFLA], 2021）。

　　韓永進（2017）探討中國圖書館發展史，將其分為三階段：古代藏書、近代圖書館與現當代圖書館。中國古代時期圖書館是藏書樓，近代圖書館事業興起於十九世紀末葉，外國傳教士首先在上海創辦圖書館。1896年，「圖書館」一詞從日本傳入中國。1904年，正式以「圖書館」命名的圖書館在湖南誕生，1912年，全國建立省級公共圖書館18所（鄭章飛，2001）。

表12-1 中國圖書館事業統計

類型	數量
國家圖書館	1
公共圖書館	3,196
學術圖書館	2,914
學校圖書館	NA
專門圖書館	NA

資料來源：International Federation of Library Associations and Institutions (2021). *Library Map of The World:China.* https://librarymap.ifla.org/map/Metric/ Number-of-libraries/LibraryType/National-Libraries,Academic-Libraries,Public-Libraries,Community-Libraries,School-Libraries,Other-Libraries/Country/China/ Weight/Totals-by-Country

1920年代末到1930年代中期，始大量建立圖書館。1925年4月25日，在上海召開中華圖書館協會成立大會，在1930年代，舉辦了三次年會，討論圖書館建築、圖書館分類編目、圖書館教育等問題，對當時圖書館研究具有推動作用。

中國圖書館事業發展走過兩大歷史時期，分別為近代圖書館時期（清末至1949年）與現代圖書館時期（1949年至今）（程煥文，2004）。中國圖書館事業在民國後開始發展。1925年，中華圖書館協會誕生。1949年至1953年的開創階段對舊圖書館進行接收、改造，並建設圖書館事業為初具規模、持續發展的體系。中國圖書館事業初期面臨很大的困難，1949年10月，各類圖書館只有292所，其中公共圖書館55所，高等學校圖書館132所，科學研究圖書館17所，工會圖書館44所，私立圖書館44所，圖書館藏書籍少，館舍簡陋，經費缺乏（黃宗忠，2001）。中國教育與文化部門分別對圖書館進行規劃及建設，並在北京大學、武漢大學及西南師範學院設置圖書館學專修科，培育專業人才。

1954至1965年的建設階段，是中國新圖書館事業前進時期，期間經歷大躍進、人民公社及三年自然災害的困難。1958年，圖書館受到挫折。1961

年春，進入國民經濟調整時期。1962年，圖書館逐步恢復發展。主管當局頒布有關加強與改進公共圖書館的規定，在北京、上海等地設置全國性中心協調委員會，在天津等9個城市建立了9個地區性委員會，以促進全國圖書館館際合作（王振鵠，1995；吳慰慈等，1996）。

1966年至1975年的動亂階段，正值文化大革命期間，各類型圖書館及圖書館教育遭受嚴重的破壞，許多圖書館被迫關閉，大量書刊散失。圖書館事業停滯不前。1971年後，圖書館逐步開館工作，北京大學與武漢大學圖書館學系從1972年恢復招生。1977年至1989年，為改革開放中的快速發展新時期，這階段的圖書館開始工作，各類型圖書館蓬勃發展，圖書館進步，學術研究活躍，教育規模也得到擴張。1990年至1999年，為現代化轉型時期，圖書館開始向自動化、網路化以及數位化的方向摸索並有所進展。同時，國際與海峽兩岸的交流增多，中國圖書館事業得到關注（肖希明，2015）。

1980年，中國召開會議決定在文化部內創建圖書館事業管理局，負責全國的圖書館事業；同年，文化部成立圖書館事業管理局籌備小組。1981年，全國高等學校圖書館工作會議在北京召開；同年11月，全國高等學校圖書情報工作委員會成立，其負責大學圖書館的指導工作；1981年至1989年，中國又先後在各地區或部委成立高等學校圖書情報工作委員會或協作委員會（黃宗忠，2004）。中國圖書館事業是由文化部與教育部共同領導。

中國有許多圖書館相關的行政管理條例，但法規發展較少，只有〈中華人民共和國公共圖書館法〉一法，是中國為公共圖書館運行而設立的專門法律，亦是中國第一部圖書館專門法律。該法於2017年11月4日會議通過，共有六章，涵蓋總則、設立、運行、服務、法律責任以及附則，2018年1月1日起施行（中國中央人民政府，2021）。

中國未建立圖書館員專業資格認證制度，但已有圖書館員職稱制度。所謂「職稱」，不僅是專業從業者的任職資格與職業能力的重要憑據，還是政府實行人力資源管理的重要方法（張前永等，2018）。1978年底，中國科學院第一次圖書情報工作會議起草了〈中國科學院圖書、資料、情報業務人員定職、升職試行條例〉。1979年，中國國務院發布了〈文物、博物館工

作科學研究人員定職升職試行辦法〉，將圖書館科學研究人員的學術職稱分為研究員、副研究員、助理研究員以及研究實習員四級，任職的主要依據為學識水準、業務能力和工作成就，此外還兼顧從業人員的專業工作資歷。1981年，國務院批轉了文化部、國家檔案局以及國家人事局訂定的〈圖書、檔案、資料專業幹部業務職稱暫行規定〉，由此圖書資料系列的職稱評定進入第二階段，不僅評審對象的範圍擴大至所有從業人員，還將職稱定為研究館員、副研究館員、館員、助理館員以及管理員五級，任職的主要依據不變，新增兼顧從業人員的學歷（張玉華，2009）。1986年，國務院批准了〈圖書、資料專業職務試行條例〉，職稱與級別不變，將研究館員與副研究館員設為高級職稱、館員設為中級職稱、助理館員與管理員設為初級職稱；目前，該政策繼續實行，新的職稱政策還在醞釀中（姚明，2021）。

1979年，中國圖書館學會成立，其作為由圖書館及相關從業者所構成的非營利性社會組織，為中國圖書館學術與圖書館事業的繁榮發展提供支援（中國圖書館學會，2021年4月）。該學會學術研究委員會下轄的圖書館學教育委員會，其與學術研究有著密切關係，用以促進圖書館學教育研究（黃宗忠，2004；韓永進，2017）。

2000年至今，為中國發展繁榮時期，圖書館品質的躍升，各項業務工作有重大進展，並且獲致豐碩的學術研究成果，教育也繼續發展，國際交流與合作不斷深入，中國圖書館事業迎來發展的黃金期（肖希明，2015）。

12.2 圖書資訊學教育發展簡史

中國圖書資訊學教育始於1920年的文華圖書科，1953年，併入武漢大學成為圖書館學專修科。1949至1979年間，中國只有北京大學與武漢大學兩校圖書館學專修科。1980年代以後，圖書館學學校數量增長，並建立起多層次的教學模式。因應社會變遷，中國圖書資訊學系所名稱歷經二次改名：1984年起，圖書館學系改為圖書館學情報學系；1992年起，改名為信息管理系（肖希明等，2017）。1998年，中國教育部頒發〈普通高等學校本

科專業目錄和專業介紹〉，形成「信息管理與信息系統」、「圖書館學」、「檔案學」三個專業，各有不同的教育目標，對現代中國圖書資訊學教育產生重大影響。

　　本章參考肖希明與倪萍、柳曉春與方平、王子舟等研究，將中國圖書資訊學教育發展分為四階段：第一階段圖書館學教育時期（1920—1975年），（2）第二階段圖書館學與情報學一體化教育時期（1976—1985年），（3）第三階段圖書館學情報學教育專業化時期（1986—1997年），（4）第四階段圖書館學信息管理教育轉型時期（1998年—迄今）。以下分述各階段的發展（柳曉春、方平，2000年3月；王子舟，2009；肖希明、倪萍，2019a；謝歡，2020）。

12.2.1 圖書館學教育時期（1920—1975年）

　　1920年，中國成立第一所圖書館學校——文華圖書科，1947年，北京大學設置圖書館專修科。1920年至1975年間，圖書館學教育經歷興起（1920—1937年）、衰落（1938—1949年）、發展（1950—1966年）和停滯（1966—1975年）等發展，總體來看，這時期中國的圖書館學教育是武漢大學和北京大學圖書館學系南北鼎立的格局（程煥文，2000年8月）。

　　1920年3月，韋棣華（Mary Elizabeth Wood）女士與沈祖榮先生共同創辦文華圖書科，面向大學二年級程度及以上的成績合格者招生，其學制為二年，標誌中國圖書館學正規教育創立。1929年，其更名為私立武昌文華圖書館學專科學校，仿照美國紐約哥倫比亞大學圖書館學校制度建立，是中國最早的圖書館學教育機構，為中國圖書館學教育奠定基礎。

　　上海國民大學與金陵大學分別在1925年與1927年創辦了圖書館學系。1925年以後，圖書館學專業陸續設立，如社會教育學院、北京高等師範大學、南京東南大學、中華圖書館協會與上海商務印書館開設暑期研習班。1929年，廣州出現了中國第一個圖書館學中等教育機構——廣州市立第一職業學校圖書管理科，但在1937年停辦。

　　1953年，武昌文華圖書館學專科學校併入武漢大學，成為武漢大學圖

書館學專修科。1956年，北京大學、武漢大學圖書館學專修科改為四年制本科（即學士班）。其他地區也相繼發展，1958年，北京文化學院設立圖書館研究班、吉林師範大學設立圖書館學專修科。1966年至1975年「文化大革命」期間，中國圖書館學教育受到嚴重的破壞，北大、武大圖書館學系停招，1972年，恢復招生。

在此階段，中國情報學教育開始萌芽，中國科技情報研究所於1958年，開辦科技情報大學；1959年，併入中國科技大學，改稱情報學系，這是中國情報學教育的開始，但培養第一批學生之後中斷。直至1978年，武漢大學創辦科技情報專業，情報學教育繼續發展（邱均平等，2002）。所以在第一個階段可謂是傳統圖書館學教育時期。

1966年，開始為期十年的「文化大革命」導致中國圖書館學教育中斷，學校停課，圖書館學教師不僅要接受勞動改造，有些還遭受嚴重的衝擊，這階段的教育是處於停滯甚至倒退的狀態（肖希明、倪萍，2019a；謝歡，2020）。

12.2.2 圖書館學與情報學一體化教育時期（1976—1985年）

1976年，文化大革命結束後，中國圖書館事業百廢待興。1977年，高等學校恢復入學考試制度，武漢大學圖書館學系和北京大學圖書館學系恢復招收4年制本科生。1978年，武漢大學圖書館學系招收圖書館學專業碩士研究生，並開辦情報學專業。1979年，北京大學圖書館學系亦恢復招收圖書館學專業碩士研究生。隨著圖書館事業的恢復，停滯多年的圖書館學教育迅速復興，從原有的2個本科專業點發展到了15個（柳曉春、方平，2000年3月；程煥文，2000年8月）。

為因應圖書館事業的迅速發展和滿足專業人才大量需求，自1978年起，各地紛紛創辦圖書館學系和專業，南京大學、山西大學、白求恩醫科大學、上海大學、北京聯合大學、天津師範大學、湘南大學、東北師範大學、華東師範大學、安徽大學、中山大學、北京師範大學、福建師範大學等高等學校，相繼開辦了圖書館學系或情報學專業。同時，中國科學院圖書館、中山大學圖書館學系等單位亦開始招收圖書館學碩士研究生。這些

新的圖書館學系的興起，打破了中國圖書館學教育長期由武漢大學圖書館學系和北京大學圖書館學系一統天下的格局，開始全面發展。

中國科技情報事業的興起，「情報學」脫穎而出，武漢大學於1978年，率先創辦科技情報專業。1984年4月7日，經教育部批准，武漢大學圖書館學系升為「圖書情報學院」，學院下設圖書館學系、情報科學系、圖書館學情報學研究所、科技情報培訓中心等4個系所中心。武漢大學「圖書情報學院」是中國圖書館學教育發展的重要標誌，也是圖書館學與情報學一體化的代表。其後一些院校紛紛改名為圖書館學與情報學系，課程與教學突破圖書館學傳統，趨向情報化與電腦應用。這是第一波中國改名為「圖書館學情報學系」的運動。

1983年，中國教育部發布〈關於發展和改革圖書館學情報學教育的幾點意見通知〉，圖書館學情報學學校成長，30餘所大學開辦了圖書館學系或情報學專業。出現了5種形式的中等專業教育：獨立的圖書情報學校、大學或大型圖書館附設職業中專班、普通中學圖書情報職業高中班、文化系統管理幹部學校圖書情報訓練班、大型企業自辦的圖書館中專班。中等專業教育的發展豐富了圖書館學教育的層次。1978年至1980年代，中國圖書館學教育從十年動亂中恢復，實現飛躍式發展，形成由中專—大專—學士—碩士構成的圖書館學教育體系（肖希明、倪萍，2019a）。

12.2.3 圖書館學情報學教育專業化時期（1986—1997年）

1990年代以後，中國的圖書館學教育體系開始向高層次發展（肖希明、溫陽，2019）。1986年至1992年間，中國圖書館學情報學教育經歷從量變到質變的第一次轉變。1990年，武漢大學圖書情報學院科技情報專業批准為博士學位授權點；1993年，圖書館學專業被批准為博士學位授權點。其後北大也成為博士學位授權點。圖書館學情報學博士學位授與單位發展到了2個，碩士學位授與單位從原有的2個發展到了18個，本科專業點從原有的15個發展到了約50個，中等教育機構從原有的4個發展到了20多個，建立較完整的圖書館學高等專業教育（博士生、碩士生）—普通高等教育（本科、專科）—中等專業教育的基本架構。1990年，中國圖書館學情報學系增加

到52個（鄭章飛，2001）。

　　1992至1997年間，中國經歷圖書館學情報學教育從質變到量變的第二次轉變。博士班和碩士班不斷增多，圖書館學情報學教育的層次和質量不斷提高，也反映社會對圖書館情報學人才需求不斷提高。碩士研究生教育規模擴大，逐漸成為圖書館學專業教育體系的重要組成，是圖書館學專業教育走向規範和成熟的重要指標。1990年代，隨著社會對圖書館學專業人才的需求結構發生變化，圖書館學研究生教育出現較快發展，而本科教育開始調整和縮減，專科升格為本科，中專層次教育消失，圖書館學專科及專科以下教育逐漸萎縮（肖希明、溫陽，2019）。

　　1992年，中國國家科學委員會將「科技情報」更名為「科技信息（科技資訊）」，中國科技情報研究所更名為中國科技信息研究所。這改變使得各圖書館學情報學系名不符實。同年，北京大學圖書館學情報學系率先改名為「信息管理系」，中國掀起了圖書館學情報學教育機構的第二次改名熱潮。1995年3月，中國52所圖書館學情報學系有26所改名為信息管理系或類似名稱，如信息資源管理系、文獻信息管理系、信息產業系等。1993年，中國國家學位委員會將圖書館學情報學分別從歷史和理學大類下抽出，列為一級學科。1994年，國家社會科學基金會資助項目課題指南首次將「圖書館、情報與文獻學」列入指南，正視這一學科在社會科學研究領域的獨立地位（謝歡，2020）。

　　中國高等教育的招生與學位頒發以教育部與國家教委會公布的專業目錄為依據，學士班教育以教育部的〈本科專業目錄〉，研究生教育以教委會的〈研究生專業目錄〉為主。中國國家教育委員會於1997年，頒發〈授與博士、碩士學位和培養研究生專業目錄〉，將「圖書館、情報、檔案管理」改為一級學科，下轄「圖書館學」、「情報學」、「檔案學」三個二級學科。

12.2.4 圖書館學信息管理教育轉型時期（1998年—迄今）

　　1998年，中國教育部頒發〈普通高等學校本科專業目錄和專業介紹〉，改變專業，在管理學學科門類之下分設「信息管理與信息系統」和「圖書館學」、「檔案學」專業。新的〈專業目錄〉將經濟信息管理、信息學、科

技信息、管理信息系統、林業信息管理等專業合併成「信息管理與信息系統」專業，隸屬於管理學學科門類之下，出現重組局面。於是中國圖書館學情報學教育演變成了圖書館學信息管理教育。圖書館學本科專業的分布從過去50個縮減成20個；而信息學本科專業（原情報學專業），在與經濟信息學、科技信息、管理信息系統、林業信息管理等4個專業合併組成「信息管理與信息系統專業」以後，其本科專業遽增至151個。

2000年，武漢大學將圖書情報學院與新聞學院合併，改名為「大眾傳播與知識信息管理學院」，其「圖書館學系」在與檔案學系合併後改名為「圖書檔案學系」。2001年，再組建改名為「信息管理學院」，下設信息管理科學系、圖書館學系、檔案學系和出版科學系4系、6個專業（圖書館學、信息管理與信息系統、電子商務、檔案學、編輯出版學、網路出版學）和4個研究所（圖書館學情報學研究所、數字圖書館與電子檔案研究所、出版科學研究所、文獻學研究所）（武漢大學信息管理學院，2020）。2000年底，南開大學信息管理系在新的學院調整中一分為二，原有的圖書館學專業和信息學專業將分別歸入兩個不同的學院，成立兩個彼此不再關聯的新系，目前圖書館學系納入國際商學院。

中國圖書館學專業教育自1999年至今進入穩步發展時期，圖書館學本科專業的數量明顯的增長，圖書館學專業碩士研究生教育穩步發展，圖書館學專業教育的層次迅速提高。中國圖書資訊學教育在這個階段分為圖書館學、情報學、檔案學，成長快速。2000年，博士點的總數達到6個（北大、武大、中科院、南京大學、南開大學、南京政治學院上海分院），而且設立了2個圖書館學博士後流動站。中國對圖書館學專業人才的培養有五項重大發展：學士班本科辦學點的增減與調整，碩士點大幅度增加並擴大到圖書館，圖書情報碩士專業學位教育制度的建立，博士學位一級學科的設立與發展，博士後流動站的設立。中國圖書館學信息管理教育形成由學士班—碩士班—博士班—博士後構成多層次完整的專業教育體系（陳傳夫等，2017）。

2003年，中國教育部圖書館學學科教學指導委員會制定了圖書館學基礎、信息資源共享、信息描述、信息組織、信息檢索、數字圖書館（數位

圖書館）、目錄學等7門專業核心課程，9部教材編寫計畫。圖書館專業的師資建設穩步發展，教師隊伍年輕化，學位結構和知識結構趨於合理。圖書館數位化、網路化已達到較高水準，圖書館從業人員的待遇明顯提高，因而圖書館專業人才的需求量不斷增加（潘燕桃、程煥文主編，2004）。

2010年，中國發展圖書情報碩士專業學位（MLIS），這種專業教育是配合社會對圖書情報人才的實踐能力和職業技能的需要，以培養應用型、複合型、高層次圖書情報專門人才為目的的圖書情報學教育新形式，是中國圖書情報學研究生教育的重要突破。2010年5月，國務院學位委員會啟動碩士專業學位授權點審核工作（肖希明、溫陽，2019）。段宇鋒等（2021）調查 MLIS 授予權單位有51所，其中2010年獲得授予權的有17所單位，2014年獲得授予權的有12所單位，2016年，獲得授予權的有1所單位，2018年，獲得授予權的有19所單位，2020年，獲得授予權有2所單位。

中國教育部（2022）〈普通高等學校本科專業目錄（2020年版）〉，在管理學門類，圖書情報與檔案管理類下設置三專業：圖書館學、檔案學、信息資源管理，學制皆為四年。2018年版的〈授予博士、碩士學位和培養研究生的學科、專業目錄〉，在管理學門類下，有一級學科圖書情報與檔案管理，二級學科有三專業：圖書館學、情報學、檔案學（上海開放大學，2022）。這些確定中國圖書資訊學教育由圖書館學、情報學、檔案學三個專業組成。2022年9月，教育部印發了《研究生教育學科專業目錄（2022年）》，將一級年學科名由「圖書情報與檔案管理」改為「信息資源管理」，該版目錄由2023年起實施（中華人民共和國教育部，2022）。

近年中國各大專院校開展「雙一流」和「雙萬計畫」建設，圖書資訊與檔案學專業教育處於變革時期。田野等（2020）調研2019-2020年中國招生的「圖書情報與檔案管理」專業教育機構，研究發現共95學校，形成由學士─碩士─博士─博士後，組成的多層次、完整的且具規模的專業教育體系。學士班44個、碩士76個（學術碩士63個、專業碩士49個）、博士13個、博士後設站14個，另有專科3個。田野（2022）再調查中國圖書情報與檔案管理專業的大學院系（所），涵蓋專科、本科、研究生（碩士、博士）及博士後教育層次。研究發現中國圖書情報與檔案管理各層次學科點107

學校，形成由學士—碩士—博士—博士後構成的多層次、完整且規模的專業教育體系。涵蓋學士班41個、碩士93個（學術碩士57個、專業碩士75個）、博士17個、博士後設站14個，高職（專科）4個。

　　進入二十一世紀，數位資訊環境的變化帶動了圖書館事業的變化，由於資訊職業的邊界模糊，圖書資訊學原理與技術的應用面廣泛，而這一變化要求圖書資訊學教育適時調整方向以培養更廣闊的資訊人才。2009年、2011年以及2014年，武漢大學信息管理學院、南京大學信息管理學院以及中山大學信息管理學院分別加入了iSchools聯盟（肖希明等，2017）。

　　綜上所述，中國圖書資訊學教育發展經歷過多次轉變：第一次是1980年代初期，以後圖書館學專業教育點的增多，改變了北大、武大的格局。第二次是1984年，圖書館學系改名為圖書館學情報學。第三次是1992年，北京大學圖書館學情報學系率先改為信息管理系，掀起中國圖書館學情報科學教育機構的改名熱潮。第四次是中國教育部〈專業目錄〉在管理系門下確立信息管理與信息系統、圖書館學、檔案學三專業，可謂圖書資訊學教育領域質變。第五次是設置圖書情報碩士專業學位。這些變革中，中國由政府領導，1983年，武漢大學召開全國圖書館學情報學會議與發布〈關於發展和改革圖書館學情報學教育幾點意見通知〉，促成圖書館學改為圖書館學情報學教育，並且全面發展，由此學校數量激增。中國教育部的〈專業目錄〉頒布，造成圖書館學信息管理教育轉型的局面，促成中國圖書資訊學教育形成由學士班—碩士班—博士班—博士後構成的多層次專業教育體系。

12.3 圖書資訊學教育制度

　　中國圖書資訊學系所名稱多稱為「信息管理」或「圖書館情報學」，本章以圖書資訊學稱之。現今中國圖書資訊學教育形成學士—碩士—博士—博士後教育體制。本節探討中國圖書資訊學教育制度，教育層級以學士班、碩士班、博士班為主，不包括博士後與高職專科學程。中國圖書資訊

學學校以圖書館學、情報學、信息管理系／所／院為範圍；檔案學相關系所不在本章之內。本節資料主要參考肖希明、溫陽（2019）；田野等（2020）；田野（2022）文獻，以及2022年中國各校網站資訊，經過網站綜整調查，中國圖書館學、情報學、信息管理相關系所共有82校，分別從一般校況與圖書資訊學系所基本資料兩方面探討。

12.3.1 一般校況

　　一般校況介紹圖書資訊學系所隸屬的大學，包括所在地、公立或私立、全校學生人數。學士班以本科稱之，學術碩士班（簡稱學碩），專業碩士班（簡稱專碩），兩者統稱為碩士，參見表12-2（肖希明、溫陽，2019；田野等，2020；田野，2022）。

表12-2　中國圖書資訊學系所及其所在大學校況一覽表

校、院、系所名稱	所在地	學校成立年	學生人數	系所成立年	教育學程
1. 上海大學圖書情報檔案系	上海市	1978	53,930	1978	本科、碩士
2. 上海社會科學院信息研究所	上海市	1958	650	1978	本科、碩士
3. 上海師範大學人文學院信息管理系	上海市	1954	35,100	1954	碩士
4. 大連外國語大學軟件學院	大連市	1964	15,000	NA	碩士
5. 山西大學經濟與管理學院圖書情報與檔案管理	太原市	1978	31,528	1978	碩士
6. 山西財經大學信息學院圖書情報與檔案管理	太原市	1951	21,230	1984	碩士
7. 山西醫科大學管理學院	太原市	1919	21,745	2014	碩士
8. 山東大學歷史文化學院圖書情報與檔案管理系	濟南市	1901	70,646	1986	碩士

表12-2　中國圖書資訊學系所及其所在大學校況一覽表（續）

校、院、系所名稱	所在地	學校成立年	學生人數	系所成立年	教育學程
9. 山東科技大學計算機科學與工程學院計算機科學與技術系	青島市	1951	42,600	1985	碩士
10. 山東師範大學圖書館	濟南市	1902	NA	1950	碩士
11. 山東理工大學科技信息研究所	淄博市	1956	NA	2003	碩士
12. 中山大學信息管理學院	廣州市	1924	56,302	1980	本科、碩士、博士、博後
13. 中南大學生命科學學院	長沙市	1903	58,000	2003	碩士
14. 中國人民大學信息資源管理學院	北京市	1937	28,501	1952	本科、碩士、博士、博後
15. 中國中醫科學院中醫藥信息研究所	北京市	1981	NA	1981	碩士
16. 中國科學技術信息研究所	北京市	1956	NA	1978	碩士
17. 中國科學院文獻情報中心	北京市	1950	183	1979	碩士、博士、博後
18. 中國航空研究院628所	北京市	1960	NA	1978	碩士
19. 中國農業大學圖書館	北京市	1905	22,629	2003	碩士
20. 中國農業科學院農業信息研究所	北京市	1957	5,000	1957	碩士
21. 中國醫科大學醫學信息學院	瀋陽市	1931	17,214	1985	碩士
22. 天津大學管理與經濟學部	天津市	1895	NA	1978	碩士
23. 天津師範大學管理學院信息資源管理系	天津市	1958	32,353	1978	本科、碩士
24. 包頭師範學院歷史文化學院	包頭市	1958	14,017	2006	本科
25. 北京大學信息管理系	北京市	1898	46,113	1947	本科、碩士、博士、博後

表12-2 中國圖書資訊學系所及其所在大學校況一覽表（續）

校、院、系所名稱	所在地	學校成立年	學生人數	系所成立年	教育學程
26. 北京協和醫學院醫學信息研究所	北京市	1917	NA	1988	碩士
27. 北京師範大學政府管理學院圖書館學	北京市	1902	27,600	1980	碩士
28. 北京聯合大學應用文理學院	北京市	1985	25,000	1994	碩士
29. 四川大學公共管理學院信息資源管理系	成都市	1896	69,500	1983	碩士
30. 吉林大學信息管理學院	長春市	1946	72,291	1985	本科、碩士、博士、博後
31. 吉林財經大學管理科學與信息工程學院信息系	長春市	1946	13,000	1993	碩士
32. 吉首大學圖書館旅遊與管理工程學院圖書情報學科	張家界市	1958	30,000	1986	碩士
33. 安徽大學管理學院圖書情報學	合肥市	1928	33,000	1998	本科、碩士
34. 曲阜師範大學傳媒學院	日照市	1955	38,354	1994	碩士
35. 江蘇大學圖書館科技信息研究所	鎮江市	NA	NA	2006	碩士
36. 西北大學公共管理學院公共信息資源管理系	西安市	1902	25,000	1983	本科、碩士
37. 西安電子科技大學經濟與管理學院信息管理學系	西安市	1931	36,543	1998	碩士
38. 西南大學計算機與信息科學學院	重慶市	1906	50,000	1951	碩士
39. 長春師範大學政法學院	長春市	1981	20,000	2002	本科、碩士

表12-2　中國圖書資訊學系所及其所在大學校況一覽表（續）

校、院、系所名稱	所在地	學校成立年	學生人數	系所成立年	教育學程
40. 東北師範大學信息科學與技術學院	長春市	1946	26,997	1979	本科、碩士
41. 東南大學情報科學技術研究所	南京市	1902	NA	1923	碩士
42. 武漢大學信息管理學院	武漢市	1893	59,139	1920	本科、碩士、博士、博後
43. 河北大學管理學院圖書館學系	保定市	1921	42,000	1984	本科、碩士、博士
44. 河北經貿大學公共管理學院圖書館學系	石家莊	1953	22,570	2001	本科
45. 河南科技大學管理學院	洛陽市	1952	42,000	2006	碩士
46. 河海大學商學院管理科學與信息管理系	南京市	1915	54,478	1915	碩士
47. 南京大學信息管理學院	南京市	1888	62,638	1978	本科、碩士、博士、博後
48. 南京工業大學經濟與管理學院	南京市	1902	35,000	1958	碩士
49. 南京理工大學經濟管理學院信息管理系	南京市	1953	29,000	1993	碩士
50. 南京農業大學信息管理學院農業圖書情報系	南京市	1952	26,000	1985	碩士、博士
51. 南昌大學管理學院信息管理學系	南昌市	1958	50,522	1985	碩士
52. 南開大學商學院信息資源管理系	天津市	1919	31,418	1979	本科、碩士、博士、博後
53. 軍事科學院系統工程研究院	北京市	2017	NA	2017	碩士
54. 復旦大學文獻信息中心	上海市	1905	39,169	2004	碩士

表12-2 中國圖書資訊學系所及其所在大學校況一覽表（續）

校、院、系所名稱	所在地	學校 成立年	學生 人數	系所 成立年	教育 學程
55. 揚州大學社會發展學院	揚州市	1902	37,645	1952	本科、碩士
56. 景德鎮陶瓷大學知識產權信息 服務中心	景德鎮市	1910	20,000	2006	碩士
57. 湖北大學歷史文化學院信息資 源管理	武漢市	1931	26,900	1942	本科、碩士
58. 湘潭大學公共管理學院信息管 理系	湘潭市	1958	32,628	1980	本科、碩士、 博士、博後
59. 華中科技大學醫藥衛生管理學 院	武漢市	2001	9,600	2001	碩士
60. 華中師範大學信息管理學院信 息資源管理	武漢市	1903	31,000	1984	碩士、博士、 博後
61. 華東師範大學經濟與管理學部 工商管理學院	上海市	1951	35,471	1979	碩士、博士
62. 華東理工大學科技信息研究所	上海市	NA	NA	NA	碩士
63. 華南師範大學經濟與管理學院 信息管理系	廣州市	1933	38,738	1993	碩士
64. 陝西理工大學歷史文化與旅遊 學院	漢中市	1958	20,000	2002	本科
65. 國防大學政治學院	南京市	1927	NA	2017	碩士、博士
66. 貴州民族大學文學院	貴陽市	1951	19,069	2016	本科
67. 貴州財經大學信息學院信息管 理系	貴陽市	1958	20,000	1985	碩士
68. 雲南大學歷史與檔案學院檔案 與信息管理系	昆明市	1922	27,735	1988	本科、碩士、 博士
69. 黑龍江大學信息管理學院圖書 情報與檔案管理	哈爾濱市	1941	33,000	1984	本科、碩士

表12-2 中國圖書資訊學系所及其所在大學校況一覽表（續）

校、院、系所名稱	所在地	學校成立年	學生人數	系所成立年	教育學程
70. 新鄉醫學院管理學院	新鄉市	1896	34,801	2004	碩士
71. 福州大學圖書館	福州市	1958	36,786	2003	碩士
72. 福建師範大學社會歷史學院	福州市	1907	31,000	1980	本科、碩士
73. 廣西民族大學管理學院圖書館學系	南寧市	1952	24,540	2000	本科、碩士
74. 鄭州大學信息管理學院	鄭州市	1956	74,500	1985	本科、碩士、博士
75. 鄭州航空工業管理學院信息管理學院	鄭州市	1949	28,000	1978	本科、碩士、博士
76. 鞍山師範學院管理學院信息管理與信息系統專業	鞍山市	1958	18,239	1986	本科
77. 遼寧大學歷史學院	瀋陽市	1958	25,000	2000	本科、碩士
78. 遼寧師範大學政府管理學院圖書館學	大連市	1951	18,800	1985	本科、碩士
79. 濟南大學醫學與生命科學學院	濟南市	2007	38,000	NA	碩士
80. 瀋陽建築大學信息與控制工程學院	瀋陽市	1948	16,000	1958	碩士
81. 蘇州大學社會學院檔案與電子政務系	蘇州市	1900	43,325	1953	本科、碩士
82. 蘭州大學管理學院圖書館系	蘭州市	1909	20,146	1983	本科

學程總計：33所本科、76所碩士班、18所博士班、10所博後

12.3.1.1 所在地

有關中國82所圖書資訊系所院分布區域，分為華北、東北、華東、華中、華南、西南、西北7大區域，多數學校集中於華東（27校）及華北（21校），東北（11校）、華中（11校），華南、西南、西北地區較少。

華北21校	山西大學（簡稱山西）、山西財經大學（簡稱山西財經）、山西醫科大學（簡稱山西醫）、天津大學（簡稱天津）、天津師範大學（簡稱天津師大）、中國人民大學（簡稱人民大）、中國中醫科學院（簡稱中醫科）、中國科學技術信息研究所（簡稱中科所）、中國科學院文獻情報中心（簡稱文獻情報中心）、中國航空研究院（簡稱航空研究院）、中國農業大學（簡稱中農大）、中國農業科學院（簡稱農科院）、北京大學（簡稱北京）、北京協和醫學院（簡稱協和醫）、北京師範大學（簡稱北京師大）、北京聯合大學（簡稱北京聯大）、河北大學（簡稱河北）、河北經貿大學（簡稱河北經貿）、南開大學（簡稱南開）、軍事科學院（簡稱軍科院）、包頭師範學院（簡稱包頭）
東北11校	大連外國語大學（簡稱大連）、中國醫科大學（簡稱中醫大）、吉林大學（簡稱吉林）、吉林財經大學（簡稱吉林財經）、長春師範大學（簡稱長春師大）、東北師範大學（簡稱東北師大）、黑龍江大學（簡稱黑龍江）、鞍山師範學院（簡稱鞍山）、遼寧大學（簡稱遼寧）、遼寧師範大學（簡稱遼寧師大）、瀋陽建築大學（簡稱瀋陽）
華東27校	上海大學（簡稱上海）、上海社會科學院（簡稱上海社科院）、上海師範大學（簡稱上海師大）、山東大學（簡稱山東）、山東科技大學（簡稱山東科大）、山東師範大學（簡稱山東師大）、山東理工大學（簡稱山東理工）、安徽大學（簡稱安徽）、曲阜師範大學（簡稱曲阜）、江蘇大學（簡稱江蘇）、東南大學（簡稱東南）、河海大學（簡稱河海）、南昌大學（簡稱南昌）、南京大學（簡稱南京）、南京工業大學（簡稱南京工業）、南京理工大學（簡稱南京理工）、南京農業大學（簡稱南京農）、復旦大學（簡稱復旦）、揚州大學（簡稱揚州）、景德鎮陶瓷大學（簡稱景德鎮）、華東師範大學（簡稱華東師大）、華東理工大學（簡稱華東理工）、國防大學（簡稱國防）、福州大學（簡稱福州）、福建師範大學（簡稱福建師大）、濟南大學（簡稱濟南）、蘇州大學（簡稱蘇州）
華中11校	中南大學（簡稱中南）、吉首大學（簡稱吉首）、武漢大學（簡稱武漢）、湖北大學（簡稱湖北）、湘潭大學（簡稱湘潭）、華中科技大學（簡稱華中科大）、華中師範大學（簡稱華中師大）、新鄉醫學院（簡稱新鄉）、鄭州大學（簡稱鄭州）、鄭州航空工業管理學院（簡稱鄭州航空）、河南科技大學（簡稱河南科大）
華南3校	中山大學（簡稱中山）、華南師範大學（簡稱華南師大）、廣西民族大學（簡稱廣西）

西南5校	四川大學（簡稱四川）、西南大學（簡稱西南）、貴州財經大學（簡稱貴州財經）、雲南大學（簡稱雲南）、貴州民族大學（簡稱貴州）
西北4校	西北大學（簡稱西北）、西安電子科技大學（簡稱西安電子科大）、陝西理工大學（簡稱陝西）、蘭州大學（簡稱蘭州）

12.3.1.2 大學成立年

有關中國圖書資訊學系所隸屬的大學成立年代，大多創立於二十世紀，最早創校的為武漢大學1893年，3校創建於二十一世紀，大學成立全盛期為1901-1950年間，34校，1951-2000年間，36所，詳細如下：

1900年以前6校	北京、四川、武漢、南京、新鄉、蘇州
1901-1950年36校	山西醫、山東、山東師大、中山、中南、人民大、文獻情報中心、中農大、中醫大、協和醫、北京師大、吉林、吉林財經、安徽、西北、西安電子科大、西南、東北師大、東南、河北、河海、南京工業、南開、復旦、揚州、景德鎮、湖北、華中師大、華南師大、國防、雲南、黑龍江、福建師大、鄭州航空、瀋陽、蘭州
1951-2000年34校	上海、上海社科院、上海師大、大連、山西、山西財經、山東科大、天津、天津師大、中醫科、中科所、航空研究院、農科院、北京聯大、吉首、曲阜、長春師大、河北經貿、南京理工、南京農業、南昌、湘潭、華東師大、貴州財經、福州、廣西、鄭州、鞍山、遼寧、遼寧師大、包頭、陝西、貴州、河南科大
2000年以後3校	軍科院、華中科大、濟南
成立年不明3校	山東理工、江蘇、華東理工

12.3.1.3 公立或私立

中國82所圖書資訊學系所隸屬的大學皆為公立大學。

12.3.1.4 全校學生人數

中國圖書資訊學系所隸屬的大學規模差距極大，學生人數最多為山東大學70,646人，最少則為中國文獻情報中心僅183人，多數學校平均招收學生30,000人。

12.3.2圖書資訊學系所基本資料

中國圖書資訊學系所基本資料包括：系所名稱、系所隸屬學院、系所成立年、教育層級與學程結構、入學資格、畢業要求、教師概況、學生概況等。

12.3.2.1系所名稱

中國82所圖書資訊系所名稱有所不同；以「信息管理」、「信息中心」、「信息研究所」、「情報中心」命名有27所；以「圖書情報」或「檔案」命名的有13所；名為「圖書館」有9所；「管理」有8所；「信息資源管理」亦有7所，其餘名為經濟管理、社會歷史（文化）、公共管理等，各系所名稱分類如下：

系名	學校
信息管理27校	上海社科院、上海師大、山東理工、中山、中醫科、中科所、農科院、中醫大、北京、協和醫、吉林、吉林財經、江蘇、西安電子科大、武漢、河海、南京理工、南昌、湘潭、華南師大、貴州財經、鄭州、鄭州航空、鞍山、瀋陽、文獻情報中心、復旦
圖書情報與檔案13校	上海、山西、山西財經、山東、安徽、東北師大、南京、南京農業、揚州、黑龍江、雲南、遼寧、蘇州
圖書館9校	山東師大、中農大、北京師大、河北、河北經貿、福州、廣西、遼寧師大、蘭州
管理7校	山西醫、吉首、南京工業、華中科大、華東師大、新鄉、河南科大
信息資源管理7校	南開、湖北、華中師大、天津師大、人民大、四川、西北
其他19校	山東科大、西南、北京聯大、天津、中南、濟南、大連、航空研究院、曲阜、長春師大、國防、軍科院、景德鎮、福建師大、包頭、陝西、貴州、華東理工、東南

12.3.2.2系所隸屬學院

中國圖書資訊學系所隸屬學院性質多元，23校隸屬管理相關學院、16

校隸屬信息管理相關學院、7校隸屬歷史相關學院、5校隸屬醫學與生命科學學院、3校隸屬圖書館，其他隸屬如：政法、商學、社會（發展）、旅遊與管理、應用文理、傳媒、人文、文學、軟件等學院。

學院名稱	學校
管理23校	山西、新鄉、廣西、蘭州、河南科大、北京師大、遼寧師大、四川、西北、河北經貿、湘潭、西安電子科大、南京工業、南京理工、華東師大、華南師大、鄭州航空、山西醫、天津師大、安徽、河北、南昌、鞍山
信息管理16校	山西財經、貴州財經、人民大、中山、吉林、武漢、南京、南京農業、華中師大、黑龍江、鄭州、東北師大、山東科大、西南、吉林財經、瀋陽
歷史7校	遼寧、山東、湖北、包頭、陝西、雲南、福建師大
醫學與生命科學5校	濟南、中南、中醫科、中醫大、華中科大
圖書館3校	山東師大、中農大、福州
政法2校	長春師大、國防
商學2校	河海、南開
社會（發展）2校	揚州、蘇州
其他22校	吉首、北京聯大、曲阜、上海師大、貴州、大連、上海、上海社科院、山東理工、天津、中科所、文獻情報中心、航空研究院、農科院、北京、協和醫、江蘇、東南、軍科院、復旦、景德鎮、華東理工

12.3.2.3 系所成立年

中國圖書資訊學系所多成立於1950-2000年間，僅20所成立於2000年後（山西醫、山東理工、中南、中農大、江蘇、長春師大、河北經貿、軍科院、復旦、景德鎮、華中科大、國防、新鄉、福州、廣西、遼寧、包頭、陝西、貴州、河南科大）。最早成立之學校為1920年所成立的武漢大學，最年輕學校為2017年所成立的軍科院。

12.3.2.4教育層級與學程結構

中國圖書資訊學學程包括：學士班、碩士班、博士班。中國目前有82所圖書資訊學系所，包括32所學士班、76所碩士班、18所博士班，10所博士後。其中武漢、北京、南京、中山、人民大、吉林、南開、湘潭、雲南、鄭州、鄭州航空等11校，提供學士班、碩士班、博士班完整三級學程。包頭、河北經貿、貴州民族、鞍山、蘭州、陝西等6校僅開設學士班，參見表12-2。

中國參加iSchools聯盟有下列13校：上海大學圖書情報檔案系、中山大學信息管理學院、中國人民大學信息資源管理學院、中國科學院文獻情報中心、北京大學信息管理系、吉林大學管理學院、武漢大學信息管理學院、南京大學信息管理學院、南京理工大學經濟管理學院、南開大學商學院、華中師範大學信息管理學院、鄭州大學信息管理學院、蘇州大學社會學院。

12.3.2.5入學資格

有關中國圖書資訊學系所的入學資格，學士班入學資格是高考（即高中考大學）成績，是指普通高等學校招生全國統一考試，經大學錄取即是入學資格（肖希明等，2017）。

12.3.2.6畢業要求

有關中國圖書資訊學校的畢業要求，本科生修業年限為4年，至少需修習141學分，畢業要求有三：（1）學業成績合格；（2）畢業實習；（3）通過畢業論文口試。碩士研究生則為2-3年，修業學分制少32學分，修滿規定學分、完成圖書情報專業實習並通過論文答辯。博士研究生修業年限為4-5年，至少11-20學分，需要完成以下項目：（1）學業成績合格；（2）學科畢業考合格；（3）通過畢業論文口試；（4）滿足一定學術要求。

12.3.2.7教師概況

中國圖書資訊學系所學生與教師資料不易取得。段宇鋒、陳安東（2020）調查第七次圖書情報碩士專業學位（MLIS）教育現況，研究發現

49個圖書情報碩士班有1,324名專任教師；761名為45歲及以下的中青年教師，佔比57.48%；擁有正高級職稱的人數為455人，佔比34.37%；擁有博士學位的人數為885人，佔比66.84%。較2018年，專任教師共增長496人，中青年教師的比例上升0.35%，正高級職稱教師的比例下降0.41%，具有博士學位的教師比例下降7.31%。

武漢大學信息管理學院包括五學系，圖書館學、信息管理與資訊系統、檔案學、編輯出版學、電子商務、大數據管理與應用等6個本科專業，圖書館學、情報學、檔案學、出版發行學、信息資源管理、管理科學與工程、電子商務、保密管理、資料科學等9個學術型學位碩士點，圖書情報、出版、工程、工程管理等4個專業學位碩士點，圖書館學、情報學、檔案學、出版發行學、信息資源管理、管理科學與工程、電子商務、數據科學等8個二級學科博士學位點，圖書情報與檔案管理、管理科學與工程等2個一級學科博士學位授權點和博士後科研流動站。教職員人數最多有107人，其中，教授43人，副教授30人（武漢大學信息管理學院，2021a）。

12.3.2.8 學生概況

有關學生概況，段宇鋒、陳安東（2020）第七次圖書情報碩士專業學位（MLIS）教育發展狀況的調查報告，調查的49個圖書情報碩士班計畫招收1,497人，實際招收1,644人；其中，全日制的研究生有1,345人，在職培養的研究生有299人；2011至2019年間，MLIS的招生人數增長，招收人次超過6,944人。915名2019年畢業生的就業資料，312人任職於政府機關與公立單位（佔比34.1%），461人任職於企業（佔比50.38%），29人選擇繼續攻讀學位（佔比3.17%），48人選擇其他就業形式（佔比5.25%），65人未就業（佔比7.1%）。有607名畢業生選擇信息管理相關職業，佔比66.34%。

武漢大學信息管理學院在校本科生916人，在校碩士生522人、博士生192人。2021年，武漢大學信息管理學院共招生215名碩士生，錄取78位博士生（武漢大學，2021；武漢大學信息管理學院，2021a、2021e）。

12.4 課程設計

　　中國圖書資訊學系所教育由政府領導，教學實施主要依據中國教育部公布的三份重要文件：（1）中國教育部（2022）頒布〈普通高等學校本科專業目錄〉，（2）中國教育部高等教育司（2012）出版〈普通高等學校本科專業目錄和專業介紹〉，（3）〈授予博士、碩士學位和培養研究生的學科、專業目錄〉（上海開放大學，2022）。有關學士班課程設計，主要參考〈專業目錄〉，其在管理學門類下，之「圖書情報與檔案管理類」下設「圖書館學」、「檔案學」以及「信息資源管理」三個專業，有關規定目標、培養要求、主幹學科以及核心課程詳細內容，作為中國圖書資訊學學士班系所課程設計的依據（中國教育部高等教育司，2012）。有關碩士班課程則實施依據〈授予博士、碩士學位和培養研究生的學科、專業目錄〉，在管理學門類下，一級學科信息資源管理，二級學科有三專業：圖書館學、情報學、檔案學（上海開放大學，2022）。本節依專業核心課程、學士班課程、碩士班課程、博士班課程與遠距教育，說明中國圖書資訊學課程設置。

12.4.1 專業核心課程

　　中國圖書資訊學專業核心課程發展係依據〈普通高等學校本科專業目錄和專業介紹〉，在「圖書館學」專業方面，其教育目標為：培養具備系統的圖書館學基礎理論知識和必備的相關學科知識，擁有熟練地運用現代化技術手段蒐集、整理和開發利用文獻信息的能力，能在圖書情報機構等相關機構從事信息服務與管理工作的應用型、複合型專門人才。其核心課程為：圖書館學基礎、文獻目錄學、信息組織、數字圖書館、信息資源建設、信息檢索、信息服務、信息分析、圖書館管理等（中國教育部高等教育司，2012）。

　　在「信息資源管理」專業方面，其教育目標為：培養具備系統的信息資源管理理論知識，掌握現代管理知識等專業技能，能在科研院等單位的信息中心、數據管理企業等單位從事數據管理、網絡系統資源管理等方面工作的應用型人才。其核心課程為：信息資源管理基礎、數據庫系統管理、

信息資源產業、信息資源組織的理論與方法、信息檢索原理與應用、數據分析與挖掘技術應用、數據存儲技術、信息資源政策與法規等（中國教育部高等教育司，2012）。

在「檔案學」專業方面，其教育目標為：培養具備系統的檔案學基礎理論知識，掌握現代管理知識、先進信息技術和檔案管理專業技能，能在各級各類檔案局、企事業單位等的檔案部門從事檔案管理、文件管理的應用型人才。其核心課程為：檔案學概論、文書學、中外檔案事業史、檔案管理學、檔案保護技術學、電子文件管理、科技檔案管理學、檔案信息資源開發利用（中國教育部高等教育司，2012）。

12.4.2 學士班課程

本節以武漢大學信息管理學院為例，說明圖書館學士班課程設計。招生從2013年起實行大類招收制度；按大類招收的學生；學制四年，授予管理學學士學位，畢業學分數140學分，包括公共基礎課（30必修學分），通識教育課（4必修學分、8選修學分），專業教育課（大類平臺課程22必修學分、專業必修課課程42必修學分、專業選修課程30學分），跨學科選修4學分（其他學院的專業課）。入學後，第一年修讀大類基礎平臺課程，後三年分流到各專業學習（武漢大學信息管理學院，2021b）。該院的本科大類名稱為社會科學試驗班（信息管理學類），其分流專業共有6個，分別為圖書館學、檔案學、編輯出版學、數字出版、信息管理與信息系統、電子商務。學生需修滿規定的學分，完成畢業論文或畢業設計並通過答辯，達到武漢大學學位授予的有關規定，准予畢業並授予相應的學士學位（武漢大學信息管理學院，2021c）。

武漢大學圖書館學學士班提供網路平臺課程包括：Python語言、數據庫原理、信息系統分析與設計和社會調查與統計分析的實驗課程。專業必修課程的教學實作包括：畢業實習、畢業論文或設計，以及各專業的必修課程中的實驗或實作課程。

武漢大學圖書館學學士班必修課程包括：圖書館學基礎、目錄學概論、信息資源建設、信息組織實務、信息描述、信息服務與用戶、信息諮詢與

決策、信息計量學、數據分析與管理、圖書館與信息中心管理、知識產權管理、信息管理研究方法、數字圖書館原理與技術、全球視野下的信息職業、畢業實習、畢業論文或設計。

12.4.3 碩士班課程

本節以中國人民大學信息資源管理學院為例，分從學術碩士班與專業碩士班兩方面，說明圖書館學碩士班課程設計。在學術碩士班的部分，其圖書館學專業主要培養熟練掌握現代文獻管理、資訊管理理論與技術方法，可勝任文獻管理、信息資源管理與開發利用等工作的高級複合型人才。畢業生的主要就業方向為：各級各類圖書館；黨政軍機關、企業的文獻管理、信息管理機構；相關教育和科研單位等。主要課程有：圖書資訊學前沿、圖書館現代化管理、網路資源組織與利用、信息分析與決策、信息檢索語言、數位圖書館理論與實踐、信息檢索前沿研究、現代信息科技、信息使用者心理分析、信息政策與法規等（中國人民大學信息資源管理學院，2021）。

在中國人民大學信息資源管理學院專業碩士班的部分，圖書情報專業碩士主要培養熟練掌握現代文獻管理、信息管理理論與技術方法，可勝任文獻管理、信息管理與服務工作的高級應用型人才。畢業生主要就業方向為：各級各類圖書館；黨政機關、企業的圖書資料部門、信息管理部門；電子政務、電子商務管理部門；網路系統管理機構；信息諮詢服務機構，電腦軟體企業研發或服務部門；政府各級資訊化與資訊產業行政主管部門等。主要課程有：圖書資訊學理論與方法、信息採集、編目與索引、信息檢索、資料模型與決策、數位圖書館研究、企業競爭情報、信息加工處理、網站與其應用等（中國人民大學信息資源管理學院，2021）。

12.4.4 博士班課程

本節以武漢大學信息管理學院為例，說明圖書館學博士班課程設計。其研究方向包括：圖書館學理論研究、目錄學文獻學研究、信息資源建設研究、知識組織與知識管理研究、信息檢索與服務研究、信息資源知識產

權研究（武漢大學信息管理學院，2021d）。

博士生培養年限一般為3年到6年，直接攻博、碩博連讀研究生的學習年限一般為5至6年，最長學習年限為8年。博士生應至少修滿12學分，其中公共必修課4學分，其他學位課不少於4學分，其餘為選修課學分。直接攻博、「1+4」碩博連讀的研究生不得修習少於32總學分，學位課不少於22學分。學位課成績必須達到B級以上。其他必修環節包括：資格考、學術交流、經典文獻閱讀、實習、學位資格論文申請（武漢大學信息管理學院，2021d）。

12.4.5 遠距教育

中國遠距教育自1990年代末發展，1997年，中國教育部在中國清華大學等校進行網路遠距教育的試點工作。1998年，頒布〈關於發展我國現代遠程教育的意見〉，象徵著中國遠距教育進入新規範化發展時期。1999年，中國教育部提出實施「現代遠程教育工程」計畫；其旨在構建開放式教育網路，打造終身教育體系和學習社會；加快基礎設施和網路平臺的建設（趙潤娣，2006）。

中國線上開放課程發端於2003年的國家精品課程，歷經課程建設、課程建設與應用、線上開放課程應用與管理三展時期：（1）精品課程建設時期：在中國教育部與財政部領導下，建成3,910門國家精品課程。（2）精品開放課程建設與應用時期：中國教育部與財政部加大政策，精品開放課程數量增多。（3）線上開放課程應用與管理時期：因應國際潮流與內部實際需求制定相關政策，要求開設優質的線上開放課程，加大推廣與從業人員培訓（王友富，2015）。

近年MOOCs風潮興起，中國稱為慕課，中國有些圖書資訊學系所開設慕課，但未設置線上學程學位。中國有13個代表性慕課平臺，分別為清華學堂在線、愛課程網（中國大學MOOC）、智慧樹、成人大學MOOC聯盟、網易雲課堂、全國地方高校UOOC聯盟、網絡公開課、果殼網MOOC學院、超星慕課、上海課程共享中心、好大學在線、東西部高校課程共享聯盟以及學聯網。中國有4所圖書資訊學系所在中國大學慕課平臺上開設圖書資訊

學學士班課程，分別為中山大學、武漢大學、東北師範大學以及蘇州大學。有12所圖書資訊學系所在慕課平臺上開設22門碩士班課程，分別為北京師範大學、河北大學、黑龍江大學、鄭州大學、武漢大學、華中師範大學、中南大學、湘潭大學、中山大學、華南師範大學、南京大學以及山東大學（徐哪，2020）。

12.5 圖書資訊學教育的評鑑

12.5.1 評鑑的意義與功能

中國為促進博士、碩士教育的發展與學科建設，而推動「學科評估」，其係中國教育部學位與研究生教育發展中心，參照國務院學位委員會和教育部頒布的〈學位授予和人才培養學科目錄〉，對全國具有博士碩士學位授權的一級學科進行整體水準評估。自2000年，首次學術評估，已完成四輪，2019年11月，進行第五年高校學術評估（中國教育部學位與研究生教育發展中心，2022）。

中國學科評估的目的為：（1）服務大局，落實政府的教育發展方針，展現學科發展成就，建立在地化的學科評價標準與模式。（2）服務大學，藉由學科評估使大學瞭解自身學科優劣之處以及發展過程中不均衡的狀況，以促進學科建設，提高學科水平與人才培養質量。（3）服務社會，實現社會對教育質量的知情權，提供學科水平與質量資訊分析服務（中國學位與研究生教育信息網，2021）。學科評估的原則是科學客觀、嚴謹規範、公正合理、公開透明。中國高等教育的學科評估類似歐美的評鑑制度，不同的是中國由政府主導，而歐美由圖書館相關學會主導。

12.5.2 評鑑制度發展歷史

中國高等學校與科研院所學位與研究生教育評估所（以下簡稱評估所）從2000年開始研究、籌劃學科評估工作，根據評估結果對中國各學位授予

單位的各個一級學科的整體水平進行排名。2001年3月，起草〈學科評估方案（討論稿）〉，學科評估以「自願申請、免費參評」為原則，具有博士或碩士學位授予權的一級學科單位均可參與。學科評估平均每四年進行一次；第一次評估於2002至2004年間，分3次進行（每次評估部分學科），共有229個單位的1,366個學科參評。第二輪評估於2006年至2008年間，分2次進行，共有331個單位的2,369個學科參評。第三輪評估於2012年進行，共有391個單位的4,235個學科參評。第四輪評估於2016年，在95個一級學科範圍內開展（不含軍事學門類等16個學科），共有513個單位的7,449個學科參評，比第三輪增長76%，94%具有博士學位授予權的學科參與評估（中國學位與研究生教育信息網，2021a）。

12.5.3 評鑑方法與標準

有關學科評估的評鑑方法，通過採集客觀資料和學術聲譽調查相結合進行。客觀資料來源於各學位授與單位填報並評鑑的基本資料表，以及中國教育部資訊中心、中國科學院文獻情報中心等公共資訊源。學術聲譽來源於同儕專家調查資訊，將客觀資料和學術聲譽調查結果按照學科評估指標體系進行綜合處理，即將客觀資料進行處理，得到每個參評學科點的各項指標得分，結合學術聲譽指標得分，根據指標體系權重集，採用加權平均法計算出每個學科點的綜合得分，按綜合得分進行排名。

有關評鑑指標體系，學科評估指標體系以「師資隊伍與資源」、「人才培養質量」、「科學研究水平」以及「社會服務與學科聲譽」四項為一級指標框架，共設置人文等9套指標體系框架，各個一級學科有著不同的權重（中國學位與研究生教育信息網，2021a）。

12.5.4 評鑑的程序

學科評估為保證「嚴謹規範、公開透明」，依下列資訊蒐集與評價程序進行評估。

資訊蒐集包括「公共數據採集」和「單位材料報送」兩個環節。學位中心共有四大步驟來保障相關資訊的核實：（1）透過證明資料的核查、公

共資料的比對等進行全面核查。（2）確保資訊安全的前提下公示部分資料，接受同行監督。（3）將核查結果與公示異議送至各單位進行核實與確認。（4）抽查重點資料，加大抽查力度。

主觀評價涵蓋問卷調查、專家評議和聲譽調查三大部分；一是在學生與用人單位中開展大規模的網路問卷調查。二是邀請同儕專家對「師資隊伍質量」等主觀指標進行「基於客觀事實的主觀評價」。三是邀請同儕與業界專家開展學科聲譽的調查。

12.5.5 評鑑結果

學科評估結果計算：根據「學科整體水平得分」的位次百分位，將排位前70%的學科分為9等公布：前2%（或前2名）為A+，2%～5%為A（不含2%，下同），5%～10%為A-，10%～20%為B+，20%～30%為B，30%～40%為B-，40%～50%為C+，50%～60%為C，60%～70%為C-。

有關2017年第四輪學科評估結果，圖書情報與檔案管理一級學科中，全國具有「博士授權」的高校共11所，本次參評10所；部分具有「碩士授權」的高校也參加了評估；參評高校共計39所，評估結果相同的高校排序不分先後，按學校代碼排列（中國學位與研究生教育信息網，2021b）。獲得A級以上有三所圖書資訊學系所：南京大學、武漢大學、中國人民大學，參見表12-3。

表12-3 中國圖書館情報學科第四輪學科評估結果

評估結果	名稱	性質
A+	南京大學	高校
	武漢大學	高校
A-	中國人民大學	高校
B+	北京大學	高校
	南開大學	高校

表12-3 中國圖書館情報學科第四輪學科評估結果（續）

評估結果	名稱	性質
B+	華中師範大學	高校
	中山大學	高校
	中國科學院大學	科研院所
B	吉林大學	高校
	黑龍江大學	高校
	上海大學	高校
	雲南大學	高校
	國防大學	高校
B-	華東師範大學	高校
	南京農業大學	高校
	鄭州大學	高校
C+	北京師範大學	高校
	南京理工大學	高校
	湘潭大學	高校
	四川大學	高校
C	北京協和醫學院	高校
	河北大學	高校
	蘇州大學	高校
	福建師範大學	高校
C-	中國農業大學	高校
	天津師範大學	高校
	山西大學	高校

資料來源：中國學位與研究生教育信息網（2021b）。**全國第四輪學科評估結果公布**（CUSR）。http://www.cdgdc.edu.cn/xwyyjsjyxx/xkpgjg/

12.6 教育變革與發展趨向

12.6.1 教育特色

　　中國在1920年創辦了圖書館學教育，1956年，設立了圖書館學學士班，直到1981年中國學位制度的建立，圖書館學的學士與碩士學位授予制度才正式確定；1984年，情報學碩士學位制度成立，1990年，博士學位制度建立（肖希明等，2017）。

　　中國圖書資訊學教育在圖書館、情報與檔案管理類，形成圖書館學、情報學、檔案學三個專業，經歷四階段發展：圖書館學教育時期（1920—1975年），圖書館學與情報學一體化教育時期（1976—1985年），圖書館學情報學教育專業化時期（1986—1997年），圖書館學信息管理教育轉型時期（1998年—迄今）。中國圖書資訊學教育發展出下列特色：

1. 圖書資訊學學校名稱多樣化，名稱有信息管理、圖書館學、檔案學、信息資源管理、信息科學與技術等，有的專業教育由圖書館提供。

2. 形成多層次與類型齊全的圖書資訊學教育體系，建立起學士班、碩士班與博士班多層次完整教育體系，本章調查的中國82所圖書資訊學校，包含33所學士班、76所碩士班、18所博士班，以碩士班學程最多。

3. 圖書資訊學教育涵蓋多種專業，如學士班分圖書館學、檔案學、信息管理與信息系統三個專業；在研究所分為圖書館學、檔案學、情報學三專業。

4. 圖書館學與資訊科學教育分別發展：中國圖書館學教育由圖書館學專業提供；而資訊科學卻是由信息管理與信息系統專業提供，兩者分別發展，各有教育目標與課程設置。

5. 中國教育部門主導圖書資訊學教育的發展：1983年，中國教育部召開的圖書館學情報學教育會議，促成圖書館學與情報學合一與學校數量大量成長。1998年，中國教育部〈專業目錄〉發布促成圖書館學專業與信息管理與信息系統專業重組，所以中國政府主導圖書資訊學教育發展。

6. 中國圖書資訊學教育實現單層次、多層次到高層次的逐步演進。在創辦
   初期，高等學校教育是圖書資訊學教育的主要組成部分，慢慢地形成了
   涵蓋函授教育、中等教育以及高等教育等多層次的教育體系。伴隨中等
   教育與函授教育在二十世紀1990年代後的逐步取消，高等教育再次成為
   主要的教育形式。2004年後，中國高等教育中的大學教育趨降，研究生
   教育快速發展，向高層次方向發展與演進。

12.6.2 教育變革

改革開放使得中國社會發生巨大變化，圖書資訊學教育也深受影響，
圖書資訊學校大量成長，招生規模的擴大，圖書資訊學教育模式與教學內
容因應時代變革，從培養目標、培養模式、課程設置、教學方式等發生改
變（肖希明、倪萍，2019b）。

1. 中國大學進行併院改革造成圖書資訊學教育新發展。如1996年，中山大
   學信息管理系與計算機科學系、電子系等單位組成信息科學與技術學
   院，1998年，又調入管理信息系統專業與原信息學專業合併為信息管理
   與信息管理系統專業，並歸屬於信息管理系。1999年，武漢大學圖書情
   報學院與新聞學院合併為大眾傳播與知識信息管理學院，2001年，改為
   信息管理學院。中國正以圖書資訊學專業為中心組建，包含計算機科
   學、工程技術與工商管理等相關學科統合的「信息教育共同體」，這成為
   圖書資訊學教育發展的趨勢。

2. 培養複合型人才的改變。1998年，中國頒布〈普通高等學校本科專業目
   錄和專業介紹〉，明定圖書館學信息學專業人才的培養目標，即培養既具
   系統的圖書館學、信息學基礎理論知識，又具某一學科堅實專業知識，
   既能熟悉運用現代技術為圖書信息機構服務，又能從事企業單位信息開
   發、管理工作的應用型、複合型人才。在管理學科門類下分設信息管理
   與信息系統、圖書館學、檔案學專業。近10年圖書資訊學教育理論與實
   踐的探索，從最初的「博學」教育、「通才」教育，發展到複合型應用人
   才教育，並揭示了複合專業應用人才教育完整的專業體系及其內容要素
   （倪波、鄭建明，1997）。

3. 在培養模式方面的變革。在學士班教學的部分為：(1) 先學外專業課，後學本專業課。(2) 實行主輔修制、雙專業、雙學位。(3) 第二學士學位制度。(4) 大類招生，分專業培養，分設專業方向培養。在研究生的部分，中國圖書資訊學研究生的培養實行導師負責制，由導師負責指導研究生學習與科研，做好研究生管理工作。

4. 在課程設置方面的變革。1980年代，剔舊更新，圖書情報課程一體化。二十世紀1990年代，課程體系向信息管理方向演進，新世紀以來，面向泛信息環境，課程體系愈加開放多元。在教學變革主要表現在課堂實習，不僅增加實習課時與實習課程，還擴展實習內容、豐富實習教學手段。

12.6.3 遭遇問題

程煥文等（2019）歸納中國圖書資訊學教育遭遇下列問題：

1. 中國圖書資訊學專業人才培養滯後於國家文化事業發展。中國圖書館事業正處在繁榮發展的黃金時期，但當前的圖書資訊學教育整體規模較小，無法滿足圖書館事業發展的實際需求。

2. 中國圖書資訊學課程體系未能適應政策發展需求。中國圖書資訊學教育的專業課程，目前多為以網路化、數位化為導向的泛資訊科技課程，儘管其滿足了數位化時代發展的要求，但遠不能滿足圖書館事業發展。二十一世紀以來，政府制定了一系列與公共文化發展、文化遺產保護以及全民閱讀推廣的政策，然而相對應的課程內容很少出現在圖書資訊學課程體系中。

3. 中國圖書資訊學的學生實務能力與專業認同感不足。由於圖書資訊學教育以資訊科技為導向，加目前的「去圖書館化」傾向，圖書資訊學校的學生對圖書館的認知在不斷淡化。另一方面，目前的教育模式不再實行傳統的「館系合一」模式，導致圖書資訊學的人才培養多囿於課堂教學，專業實習被忽視，學生的實務能力無法滿足現實的工作需要，需要從頭學起。此外，圖書館在社會認知被忽視，而「去圖書館化」的傾向又加劇，導致圖書資訊學的學生難以建立起學科自信、專業精神以及職業情感，專業認同感較低。

12.6.4未來發展

中國圖書資訊學教育未來發展方向展望如下（黃如花、黃雨婷，2019；肖希明、倪萍，2019a）：

1. 面向永續發展目標重塑中國圖書資訊學體系。要拓展資源建設與服務課程的教學內容，傳統課程無法適應永續發展目標涉及的多領域、多群體和多樣化的資訊需求，在未來可考慮從不同行業需求出發，如拓展「資訊組織」、「資訊素養教育」等課程的教學內容。其次，深化系列核心課程的教學內容，以適應不斷變化的外界需求；最後增添新興服務相關的教學內容，比如資料科學等相關課程。

2. 調整人才培養的目標和模式。隨著社會資訊化加快，社會資訊專業對以信息資源管理為核心的圖書資訊學專業人才產生了廣泛的需求，而圖書資訊學的原理和方法，也可應用資訊專業。因此中國圖書資訊學教育人才培養的目標不能侷限於圖書資訊機構，宜面向更為寬廣的資訊職業，培養能適應不同行業信息管理需要的複合型人才，擴大畢業生就業機會，吸引更多的學生來源，為圖書資訊學教育的持續發展注入新的活力。

3. 改革中國圖書資訊學教學內容，借鑑iSchools聯盟的理念，構建「資訊、技術與人」融合的教學內容體系。圍繞資訊的生產、選擇、蒐集、組織、檢索、傳遞、利用等資訊管理全過程設計教學內容體系。課程體系設計重視技術，但重視應用技術組織資訊知識和提供資訊服務。同時，彰顯現代圖書館理念的讀者權利、平等服務、對弱勢群體人文關懷等內容，以及有關資訊專業倫理、專業理念、專業精神等，納入圖書資訊學教學內容體系之中。

4. 採取複合式的教學模式。其一實現面對面教學方式的多樣化，除課堂講課外，圖書資訊學教育應側重理論知識與實務的結合，將知識內容嵌入實際的資訊服務場景。其二要採用遠距教學模式，將線上教學與面對面教學融合，不僅豐富了教學形式，還鍛鍊了學生的自主學習能力，提高教學品質，促進師生間的交流，有效彌補單一教學的不足。

參考文獻

上海開放大學（2022）。授予博士、碩士學位和培養研究生的學科、專業目錄。https://www.sou.edu.cn/2019/1119/c7271a65415/page.htm

小島晉治、丸山松幸（1993）。中國近現代史。臺北：帕米爾書店。

中國人民大學信息資源管理學院（2021）。碩士教育。http://irm.ruc.edu.cn/more.php?cid=235

中華人民共和國教育部（2022）。國務院學位委員會教育部關於印發《研究生教育學科專業目錄（**2022年**）》《研究生教育學科專業目錄管理辦法》的通知。http://www.moe.gov.cn/srcsite/A22/moe_833/202209/t20220914_660828.html

中國中央人民政府（2021）。中華人民共和國公共圖書館法（2017年11月5日）。http://www.gov.cn/xinwen/2017-11/05/content_5237326.htm

中國近現代史綱要編寫組（2013）。中國近現代史綱要。北京：高等教育出版社。

中國國家統計局（2021a）。第七次全國人口普查主要數據情況（**2021年5月11日**）。http://www.stats.gov.cn/tjsj/zxfb/202105/t20210510_1817176.html

中國國家統計局（2021b）。中國統計年鑑**2020**。http://www.stats.gov.cn/tjsj/ndsj/2020/indexch.htm

中國教育部（2022）。普通高等學校本科專業目錄（2020年版）。http://www.moe.gov.cn/srcsite/A08/moe_1034/s4930/202003/W020200303365403079451.pdf

中國教育部高等教育司（2012）。普通高等學校本科專業目錄和專業介紹（2012年）。北京：高等教育出版社。

中國教育部學位與研究生教育發展中心（2022）。關於公布〈第五輪學科評估工作方案〉的通知。http://yjsb.wzu.edu.cn/info/1009/5061.htm

中國圖書館學會（2021年4月）。**中國圖書館學會簡介**。http://www.lsc.org.cn/cns/channels/1297.html

中國學位與研究生教育信息網（2021a）。**導言**。http://www.cdgdc.edu.cn/xwyyjsjyxx/xkpgjg/283498.shtml

中國學位與研究生教育信息網（2021b）。**全國第四輪學科評估結果公布（CUSR）**。http://www.cdgdc.edu.cn/xwyyjsjyxx/xkpgjg/

王子舟（2009）。中國圖書館學教育九十年回望與反思。**中國圖書館學報**，**35**（6），70-78。

王友富（2015）。我國在線開放課程的發展及圖書館與圖書館學人的作為。**大學圖書館學報**，**33**（6），17-24。http://doi.org/10.16603/j.issn1002-1027.2015.06.003

王振鵠（1995）。中國大陸的圖書館。在胡述兆（主編），**圖書館學與資訊科學大辭典**。臺北市：漢美，頁231-232。

王梅玲（2005）。**英美與亞太地區圖書資訊學教育**。臺北：文華圖書館管理。

丘為君（2003）。**走入近代中國**。臺北：五南，頁230。

田野（2022）。中國大陸圖情檔多層次教育進展及思考：2016-2021年。**圖書館雜誌**，**370**，4-23。

田野、喬利利、謝凡（2020）。新時期中國大陸圖書資訊與檔案學多層次教育體系之研究：基於2019-2020招生數據的實證分析，**圖書資訊學研究**，**14**（2），113-166。

吳慰慈、鮑振西、劉曉琴、李曉明（1996）。中國圖書館事業發展歷程，**中國圖書館年鑑**。北京：北京圖書館出版社，頁20-21。

肖希明（2015）。「國史」與「圖書館史」融合的歷史分期──現當代中國圖書館史分期探討。**中國圖書館學報**，**41**（3），13-21。http://doi.org/10.13530/j.cnki.jlis.150013

肖希明、司莉、吳丹、吳鋼（2017）。**iSchools運動與圖書情報學教育的變革**。武漢：武漢大學出版社。

肖希明、倪萍（2019a）。新中國70年圖書館學教育的發展與變革。**圖書與情報**，**5**，1-12。

肖希明、倪萍（2019b）。改革開放以來我國圖書館學教育模式與內容變革。**圖書館**，**1**，9-16。

肖希明、溫陽（2019）。改革開放以來我國多層次圖書館學教育體系的建立與發展。**圖書館**，**1**，1-8。

武漢大學信息管理學院（2021a）。**學院概況**。http://sim.whu.edu.cn/xy1/xygk.htm

武漢大學信息管理學院（2021b）。**2020級本科生大類招生分專業辦法（2021年4月23日）**。http://sim.whu.edu.cn/info/1073/10422.htm

武漢大學信息管理學院（2021c）。**信息管理學院2018版培養方案**。http://sim.whu.edu.cn/info/1039/5520.htm

武漢大學信息管理學院（2021d）。**圖書館學專業攻讀博士學位研究生培養方案（2014年12月31日）**。http://sim.whu.edu.cn/info/1042/1059.htm

武漢大學信息管理學院（2021e）。**信息管理學院2021年招收博士研究生考核結果及擬錄取名單公示（2021年5月21日）**。http://sim.whu.edu.cn/info/1073/10572.htm

武漢大學（2021f）。關於發布「武漢大學2020屆畢業生就業質量報告」的通知（2020年12月31日）。**武漢大學信息公開網**，http://info.whu.edu.cn/info/2046/15193.htm

邱均平、沙勇忠、陳敬全（2002）。中國大陸情報學教育的回顧與展望。**資訊傳播與圖書館學**，**9**，1-10。

姚明（2021）。「館員」職稱發展路徑研究。**山東圖書館學刊**，**1**，29-35。

柳曉春，方平（2000年3月）。中美圖書信息教育改革與發展評述，**中國圖書館學報**，**26**（126）：69-71。

段宇鋒、景香玉、徐盼靈、徐晴（2021）。圖書情報碩士專業學位（MLIS）教育發展狀況調查報告（2020）。**圖書情報知識**，**4**，41-50。http://doi.org/10.13366/j.dik.2020.06.067

倪波、鄭建明（1997）。圖書館學教育。在中國圖書館學會主編（頁345-346），**中國圖書館年鑑1996年**，北京市：北京圖書館出版社。

徐哪（2020）。**MOOC在我國圖書館學教育中的課程建設研究**〔未出版之碩士論文〕。湘潭大學。http://doi.org/10.27426/d.cnki.gxtdu.2020.001608

張玉華（2009）。對現有圖書資料系列職稱評聘工作的思考。**河南圖書館學刊**，**29**（5），114-115。

張前永、張一川、孫明明（2018）。職稱制度改革背景下的基層公共圖書館人才隊伍建設研究。**新世紀圖書館**，**10**，70-73。http://doi.org/10.16810/j.cnki.1672-514X.2018.10.015

陳傳夫等（2009）。新中國圖書情報學教育歷程與展望，**圖書館雜誌**，**28**（8），11。

程煥文（2000年8月）。80年代以來中國內地圖書館學信息學教育之發展與展望。**圖書與資訊學刊**，**34**，86-100。

程煥文（2004）。百年滄桑 世紀華章——20世紀中國圖書館事業回顧與展望。**圖書館建設**，**6**，1-8。

程煥文、潘燕桃、張靖、肖鵬、陳潤好（2019）。新時代中國圖書館學教育的發展方向。**中國圖書館學報**，**45**（3），14-24。

黃如花、黃雨婷（2019）。全球視野下我國圖書館學教育變革之思考。**圖書情報知識**，**5**，4-14。

黃宗忠（2001）。新中國圖書館事業50年，在中國圖書館學會主編（頁35），**中國圖書館年鑑**，北京市：北京圖書館出版社。

黃宗忠（2004）。中國新型圖書館事業百年（1904-2004）（續）。**圖書館，3**，
　　7-11。

趙潤娣（2006）。中國圖書館學遠程教育的歷史發展和分期。**河南圖書館學**
　　刊，26（1），3-6。

潘燕桃、程煥文主編（2004）。第二章1999-2003年中國圖書館學教育進。
　　世界圖書館學教育進展。北京：北京圖書館出版社，頁14-43。

鄭章飛（2001）。**中國圖書館學教育概論**。長沙：國防科技大學出版社，頁
　　19。

謝歡（2020）。中國圖書館學教育百年歷史分期研究。**中國圖書館學報，46**
　　（2），114-125。

韓永進（2017）。**中國圖書館史現當代圖書館卷**。北京：國家圖書館出版社。

International Federation of Library Associations and Institutions (2021).
　　Library Map of The World: China. https://librarymap.ifla.org/map/Metric/
　　Number-of-libraries/LibraryType/National-Libraries,Academic-Libraries,
　　Public-Libraries,Community-Libraries,School-Libraries,Other-Libraries/C
　　ountry/China/Weight/Totals-by-Country

第13章
臺灣圖書資訊學教育

王梅玲、王琪寬

　　臺灣（Taiwan），正式名稱為中華民國（Republic of China），建立於1912年。其位於亞洲大陸東南沿海、太平洋西岸，傍臨中國大陸南海岸，北指日本和韓國，南近香港和菲律賓，是進出亞洲的天然通道。臺灣南北縱長394公里，東西最大寬度為144公里，總面積約為36,000平方公里，為世界第38大島嶼，其中七成為山地與丘陵，平原主要集中於西部沿海，地形海拔變化大。人口約2,352萬人，首都為臺北，地理分布如圖13-1（中華民國交通部觀光局，2021；ShareClass，2021）。

　　1517年，葡萄牙人航經臺灣時，曾以Ilha Formosa（美麗之島）歌頌這塊土地，在十七世紀漢族移民前，臺灣的原住民是由數十個不同語言及生活方式的南島民族組成，但並無固定的文化，史稱1624年之前的臺灣屬「史前時期」。1624年，荷蘭人佔領臺灣，開啟了為期38年的殖民統治時期。西班牙人接著於1626年，侵佔了臺灣北部，但在1642年後遭荷蘭人驅逐，因此1624至1662年間，被稱為「荷西統治時期」。明朝末期（1662年），鄭成功率軍隊驅逐荷蘭人，將臺灣建為反清復明的基地。但明鄭時期僅維持了21年即被清廷擊敗，納入清朝的版圖中，而「臺灣」的名稱於1685年清康熙時，正式列入官方文書中，之後中國南方閩粵兩省的漢人陸續移居臺灣帶來了中華文化。

　　臺灣全島之開發完成於清朝，既擴大了耕地面積，也開設了學堂、鋪設了鐵路和公路。1895年，中日甲午戰爭，清廷戰敗，簽訂馬關條約，將臺灣割讓給日本，至1945年，日本戰敗歸還臺灣，稱為日治時期。1949年，

圖13-1　臺灣地圖

資料來源：ShareClass（2021）。**臺灣行政區圖最新的6都A4**。https://www.shareclass.
　　　　　org/course/6b0c854621ec447d9faf34c212eb3b17/material/848479900a7940cfb
　　　　　76260239afd0fd1/

國共內戰結束，國民政府遷居來臺，從殖民統治轉向民主社會。臺灣歷經
政治與經濟的轉變，走上了世界舞臺，在政治民主化、教育普及與經濟轉
型上都獲得重大成就。隨著教育與文化的發展，臺灣的圖書館事業也步上
軌道。

　　臺灣圖書資訊學教育始於1955年，臺灣師範大學社會教育學系成立圖
書館學位，距今已60餘年。現今圖書資訊學教育已建立起涵蓋學士班、碩
士班、博士班的完整教育體系，由七所圖書資訊學系所組成。由於臺灣尚
無圖書資訊學專業評鑑，本章分別從：（1）圖書館事業概述，（2）圖書資
訊學教育發展簡史，（3）圖書資訊學教育制度，（4）課程設計，與（5）教
育變革與發展趨向五方面探討。

13.1 圖書館事業概述

　　臺灣圖書館事業發展健全，涵蓋國家圖書館、學術圖書館、公共圖書館、中小學圖書館、專門圖書館。目前共有5,612所圖書館，包括：國家圖書館1所，公共圖書館545所，學術圖書館250所，中小學圖書館4,221所，專門圖書館595所（國家圖書館，2021a；國立公共資訊圖書館，2020），參見表13-1。

表13-1　臺灣圖書館事業統計

圖書館類型	數量
國家圖書館	1
公共圖書館	545
學術圖書館	250
中小學圖書館	4,221
專門圖書館	595
總計	5,612

　　1945年，臺灣光復，1949年，國民政府遷臺，圖書館事業從光復初期的篳路藍縷，經濟重生發展至現今的茁壯興盛。王振鵠（2007）據此將臺灣的圖書館事業分成二個時期：日治時期的臺灣圖書館事業（1895—1945年）、光復後的臺灣圖書館事業（1945—2007年）。本章參考並綜合將臺灣圖書館事業發展分為三階段：日治臺灣圖書館時期（1895—1945年）、圖書館事業成長時期（1946—1976年）、圖書館事業茁壯時期（1977年—迄今）（王振鵠，2007；王梅玲，2011a），分別說明如後。

13.1.1 日治臺灣圖書館時期（1895—1945年）

　　臺灣正值日本統治與戰後恢復時期，圖書館事業主要依賴政府與民間

私人贊助,逐漸發展出稍具規模的圖書館(林景淵,2008)。本時期臺灣圖書館發展大多遵循日本制度,日本政府曾派員分赴歐美國家考察圖書館事業,舊式傳統的「文庫」逐漸轉型為開放式的現代圖書館。1899年,日本政府頒布〈圖書館令〉,普建各類圖書館,自此圖書館的設立有了法律基礎。這些均影響此時期臺灣圖書館的發展(王振鵠,2007)。

1901年,臺灣第一座圖書館出現,由日籍人士坂內正六與臺灣協會在臺北淡水館創辦的「臺灣文庫」,主要在振興地方教育、啟發民智。其後,日籍人士石坂莊作於1909年,在基隆創立了臺灣第二座圖書館「石坂文庫」。創立之初,文庫藏書8,416冊,全年開放345日,凡滿12歲不分日籍臺籍居民均可自由入覽。石坂文庫於1924年10月間,將館藏及設備移贈財團法人基隆公益社處理。翌年,該社設立「基隆文庫」。1932年,由基隆市政府接管,更名為「基隆圖書館」。

臺灣第一所公立圖書館是1914年,總督府創立的「總督府圖書館」,1915年8月9日開館(陳柔縉,2005)。該館的基本館藏一部分來自於臺灣文庫的積存圖書。由於該館屬政府管理,人員經費充足,館藏資源豐富,逐漸發展成為臺灣最具規模的圖書館,亦肩負了臺灣圖書館輔導中心的任務。臺灣總督府圖書館的創立目的在普及教育,提供研究資料,尤其著重臺灣文獻、南中國及南洋資料之廣泛蒐集。該館位於臺北城內書院街,另建有兒童閱覽室等設施。該館至1943年,館藏累計有19萬5千冊,以日文圖書為主(王振鵠,2007)。

1923年,臺灣總督府頒布〈公私立圖書館規則〉六條。在規則中規定「圖書館得收圖書閱覽費」以挹注圖書館各項開支(王振鵠,2007)。1927年,「臺灣圖書館協會」在總督府圖書館協議會推動下成立,該會為圖書館工作人員的組織。1945年,日本戰敗,臺灣光復,臺灣省行政長官公署在當年成立,於11月15日派范壽康先生接收原總督府圖書館,與南方資料館合併改稱為臺灣省行政長官公署圖書館,簡稱臺灣圖書館,在臺灣省立博物館復館。臺灣省行政長官公署圖書館後改隸臺灣省政府教育廳,1948年,改稱臺灣省立臺北圖書館。

臺灣光復前,大專及高等學校均有圖書館的設置,以臺北帝國大學附

屬圖書館藏書最為豐富。臺北帝國大學創立於1928年，光復後更名為國立臺灣大學，設有文法理農工醫等學院，圖書館館藏在光復時有47萬4千冊，以日文為主。臺灣圖書館事業在1943年，共有公共圖書館93所，其中公立89所，私立4所。依地區分，州立2所、市立9所，另82所屬街、庄立圖書館。93館分布包括：臺北州18館、新竹州8館、臺中州34館、臺南州23館、高雄州7館、臺東廳1館、花蓮港廳1館、澎湖廳1館（王振鵠，2007）。因戰爭破壞，1946年10月時，只餘13所公共圖書館（林景淵，2008）。

13.1.2 圖書館事業成長時期（1946—1976年）

1945年，臺灣光復。1949年，中華民國政府播遷到臺灣，1949年至1979年間，為臺灣光復後三十年，圖書館事業從戰後嚴重受創，到中央政府遷臺後，勵精圖治，逐步重建發展與基礎建設。1945至1952年間，臺灣的圖書館事業重建，臺灣地區原有的圖書館因戰爭關係大多業務停頓，新的圖書館體制尚待建立。初期臺灣全島約存10餘所圖書館，而後國立中央圖書館、中央研究院、故宮博物院，以及若干行政與學術研究機構圖書館的藏書隨政府播遷來臺，適時充實了臺灣地區圖書館的文化資源。同時，省政當局頒布〈各省市立公共圖書館規程〉與〈臺灣省各縣市圖書館組織規程〉，作為地方建立新館或恢復舊館的依據，省、縣、市圖書館乃次第設立，逐漸完成建置（王振鵠，2007）。

1952至1976年間，臺灣圖書館快速成長，圖書館事業在安定中發展。國立中央圖書館在臺北市復館，各大學圖書館紛紛建築新館舍，中國圖書館學會在1953年成立，並開始研訂圖書館標準。臺灣大學、臺灣師範大學、輔仁大學、淡江大學及世界新聞專科學校創辦圖書館學系、組、科，培育圖書館專業人才。此外，美援資助各大學增建圖書館，並購置設備，一切重建發展，圖書館事業逐漸復興，也為接下來圖書館的茁壯興盛奠定了基礎（王振鵠，2007）。

13.1.3 圖書館事業茁壯時期（1977年—迄今）

臺灣圖書館事業步入發展時期，各大圖書館合作制度逐漸建立，專門

圖書館紛紛成立。1979年，政府實施「文化建設計畫」，規定每一縣市新建文化中心一所，而以圖書館為主，另於309個鄉鎮各興建鄉鎮圖書館一所，以達到普遍建立圖書館的目標。「文化建設計畫」對於圖書館最重要的貢獻在於促進全臺縣市、鄉、鎮等公共圖書館的普遍設立（王振鵠，1993）。

圖書館界為了改進營運管理問題，共召開過四次「全國圖書館會議」。第一次是由國立中央圖書館在1972年7月15日至16日所舉辦，邀請圖書館專家學者及各級圖書館業務人員100餘人參加。針對圖書館面臨的共同問題提出討論，會議分成編目分類、參考服務、讀者利用圖書館情形、圖書館與社教活動、圖書館行政、建築與設備、圖書交換與文化交流、圖書館教育等方面探討。第二次全國圖書館會議於1989年召開，由國立中央圖書館與中國圖書館學會合辦（王振鵠，1993）。2000年，召開第三次全國圖書館會議，由國家圖書館、中國圖書館學會、中華圖書資訊學教育學會聯合舉辦，促成〈圖書館法〉通過與〈圖書館事業發展三年計畫〉（國家圖書館七十年記事編輯委員會，2003；王梅玲，2011a）。2011年12月28日至29日間，召開第四次全國圖書館會議，討論五大議題：法制及組織，閱讀環境與資訊素養，數位化與圖書館發展，學術傳播與國家競爭力，國際合作暨兩岸交流（顧敏，2012）。

1996年，〈國家圖書館組織條例〉修訂公布，國立中央圖書館更名為國家圖書館，有了新的名稱、組織、任務與功能。除一般的採訪、編目、閱覽等組織外。2014年，再次修訂，另加入參考、特藏、資訊、輔導、研究、出版品國際交換處、國際標準書號中心、書目資訊中心等。國家圖書館隸屬於教育部，重新訂定重要任務（全國法規資料庫，2022）。

2000年，中國圖書館學會發表〈圖書館事業白皮書〉，希望凝聚對於圖書館事業發展的共識，呼籲政府重視圖書館的健全發展，早日頒布圖書館法。2001年，〈圖書館法〉正式發布，為統籌各類圖書館發展的基本法。〈圖書館法〉條文共20條，內容明定圖書館的類別、性質、管理與服務原則，以及圖書館作業規範、出版品繳存制度、合作方法與專業人員之要求等。主要立意如下：（1）確定圖書館的組織體系與功能。（2）建立圖書館管理與協調機制。（3）統一制定圖書館營運基準與技術規範。（4）確定圖書館

與讀者之權利義務關係。（5）重視專業服務與領導。（6）成立館際合作組織及網路系統。（7）建立輔導體系與評鑑制度。（8）確定國家圖書館保存國家圖書文獻之責任。〈圖書館法〉建構了完整的圖書館體系，補充過去法規的不足，圖書館事業因此有了統一管理的辦法及完整規劃，對圖書館事業的發展影響很大（王振鵠，2001、2007）。

圖書館自動化是館員作業與讀者服務基礎建設，其發展緣自1991年的「國家建設六年計畫」。其後30年，自動化作業和網路系統建設是圖書館加強的重點。1980年，中國圖書館學會和中央圖書館聯合組織「圖書館自動化作業規劃委員會」，研訂編目規則、機讀編目格式等技術規範。現今臺灣的學術圖書館、公共圖書館、中小學圖書館都普遍採用自動化系統（王振鵠，2007）。

數位科技的發展對於傳統圖書館的典藏及服務產生重大的改變。2002年，展開的「數位典藏國家型科技計畫」，主要目標是將國家重要的文物數位化，建立國家典藏，並以國家典藏促進我國人文、社會、產業、經濟的發展，分為12個主題小組，涵蓋多個文化領域。其中與圖書資料業務相關的，包括「檔案」、「金石拓片」及「善本古籍」。國家圖書館、臺灣大學圖書館與國立中央圖書館臺灣分館（今國立臺灣圖書館）皆積極參與貢獻。數位典藏計畫改變了實體圖書館的觀念，創造數位時代圖書館新經營模式（王梅玲，2011a）。

圖書館學會是推動專業發展的重要組織，中華民國圖書館學會係由圖書館從業人員及有興趣於圖書館事業人士所組成之學術團體，其前身為「中華圖書館協會」。於1925年6月創立於北平，1949年，隨中央政府播遷來臺，圖書館界人士為謀圖書館事業之發展，乃於1953年11月，在臺北市復會，改名為「中國圖書館學會」，會址設於臺北市國家圖書館內。2005年12月，經過會員大會的通過，改名為「中華民國圖書館學會」。該會以宏揚我國文化，研究圖書館學術，團結圖書館從業人員，發展圖書館事業為宗旨。目前中華民國圖書館會已有設置28個委員會協調相關圖書館事業推展，包含：教育委員會、技專校院圖書館委員會、公共圖書館委員會等（中華民國圖書館學會，2021）。其他重要學會包括：中華圖書資訊學教育學會、

臺灣醫學圖書館學會、中華圖書資訊館際合作協會等。

13.2圖書資訊學教育發展簡史

臺灣第一個的圖書館學課程肇始於1954年，臺灣大學英國文學系首開圖書館學課程。1955年，臺灣師範大學社會教育學系成立圖書館學組；1961年，臺灣大學成立圖書館學系。1993年，反映時代變革，臺灣圖書館學系改名為圖書資訊學系。其圖書資訊學教育發展大分為三階段：（1）第一個階段（1954—1979年）是圖書館學教育成長時期；（2）第二個階段（1980—1990年）是圖書館學教育提升時期；（3）第三個階段（1991年—迄今）是圖書資訊學教育時期，其發展過程分述如下（Hu, 1986；王梅玲，2000、2005、2011a、2011b、2012、2013）。

13.2.1圖書館學教育成長時期（1954—1979年）

在這個階段臺灣圖書館學教育萌芽，以學士班學程為主，逐漸成長。1954年，臺灣大學外國語文學系開授「圖書館學」課程。1955年，臺灣師範大學社會教育學系成立圖書館學組。1961年，臺灣大學圖書館學系成立。其後1964年，世界新聞專科學校設置圖書資料科；1970年，輔仁大學、1971年，淡江大學相繼成立圖書館學系及教育資料科學系。

1954年，臺灣大學外國語文學系由奧崗女士（Marian Orgain）開授一門1年6個學分的「圖書館學」課程，這是臺灣地區第一個圖書館學的課程。1955年，臺灣師範大學社會教育學系成立，以培育社會教育工作專才為目的，下分三組：社會工作組、圖書館學組及新聞學組，其中圖書館學組注重圖書資料管理方法之研究，這是臺灣最早創立的圖書館學教育的學校。然而該校為師範教育，以培養中學師資及研究高深學術為宗旨，與一般大學有異。

1957年至1960年間，臺灣師範大學與國立中央圖書館合作，於國文研究所下設目錄組，實際研習圖書館學。招收大學文史學系畢業生6名，在校

作為期三年的專門研究，研究重點以目錄版本和圖書館為主，但僅辦理一屆即停止。1961年，臺灣大學圖書館學系成立，招收高中畢業生，修業4年，授予文學士學位。這是臺灣地區設置於普通綜合大學的第一所圖書館學校。

1964年，世界新聞專科學校有鑑於各機關學校亟需設置圖書館或資料室，與圖書資料對新聞事業發展之重要性，乃設置圖書資料科。這是臺灣地區唯一設於專科的圖書館學校，分三年制和五年制兩種。1969年，又在夜間部增設圖書資料科，修業4年，均不授學位。1991年，學校改制為世界新聞傳播學院，翌年該科停辦。1995年，該校又重新設立圖書資訊學系。1968年，中國文化大學史學研究所設置圖書文物組，以培養史學之研究與教育人才為宗旨，該所分4組：斷代史組、近代史組、圖書文物組（原名圖書博物組）、美術史組，授予碩士學位。

輔仁大學於1970年，奉准在文學院內設置圖書館學系，旨在培植專業圖書館員，增強圖書館員之人文、社會及自然科學基礎，藉資提高學術研究之水準。同年，夜間部亦設立圖書館學系，為相關科系中，迄今僅有之兼設日夜二部者。淡江大學鑑於資訊科學與資訊服務日趨重要，1971年，成立教育資料科學系。該系在名稱上雖有差異，但實質上卻屬於圖書館學之範疇，強調教育資料處理、視聽資料與資訊科學，並且特別提供許多教育方面的課程。

1971年，國立中央圖書館為培養大學及研究圖書館管理人才，提高館員素質，以加強發展圖書館事業，乃在亞洲協會資助下，設立圖書館學研究班，以大學畢業以上，本科非圖書館學者為招生對象。修業時間自1971年10月至1972年6月底止，共9個月，分3學期，每學期各12週，經審查、甄試後錄取公費生11名，自費生5名。其中，文史科系畢業生較多，並有4位學員具碩士資格。其課程相當於大學部圖書館學系的課程，除上課實習外，每學期有兩次實習觀摩及專題演講等活動，學員研究期滿，頒發結業證書，但不授予學位。

1971年，政治大學與國立中央圖書館合作在該校成立中國文學研究所目錄學組。1972年6月，增招5名研究生，從事目錄版本研究，課程重點在

目錄學、版本及中國古籍之研究整理，僅辦一屆取消。所以在第一個階段，1980年之前，共有5所圖書館學校成立，而國立中央圖書館也致力與大學合作開設研究所班以培養高級圖書館人才。

13.2.2 圖書館學教育提升時期（1980—1990年）

圖書館學研究所設立不僅提升圖書館學教育水準也促進圖書館事業發展。1980至1990年間，是圖書館學教育提升時期，碩士班與博士班陸續開辦，並在大學部基礎成長上再茁壯。臺灣大學於1980年，成立臺灣第一所圖書館學研究所碩士班；1988年，該研究所博士班奉教育部核准成立，將臺灣圖書館學教育建立成具備學士班、碩士班、博士班完整教育體系。

臺灣大學於1971年，學校教務會議通過設置圖書館學研究所的計畫書，但延至1980年始經教育部核可，正式成立圖書館學研究所碩士班。其教學目標有四：提高圖書館學研究之水準；培養圖書館學有關科目所需師資；造就圖書館界中堅人才；藉高深研究活動以建立和推廣圖書館學之學術及獨特性。

1986年，臺灣大學圖書館學研究所為因應時代的需要，開始籌設博士班。1988年，臺灣大學圖書館學博士班奉教育部核准成立，並於1989年招生，招收具有碩士學位，與2年圖書館專業經驗者進修研究。博士班學生修業期限2至6年，修畢30學分（含論文12學分），通過學科及論文考試，授予博士學位。臺灣大學開設的博士班是我國的第一個圖書館學博士學程，為我國圖書館學教育從學士班、碩士班，至博士班，建立了完整的教育體系。在這個階段，學士班課程規劃也經常討論，於1983年、1990年修訂〈文學院圖書館學系、教育資料科學系必修課程〉。

13.2.3 圖書資訊學教育時期（1991年—迄今）

在這個階段圖書館學碩士班蓬勃發展，並經歷系所改名，而朝向多元發展。1991年，淡江大學、1994年，輔仁大學相繼成立研究所碩士班。為因應資訊科學出現，輔仁大學首先在1992年，將系名改為「圖書資訊學」，

各校紛紛更名。1995年，世新大學圖書資訊學系成立；1996年，政治大學成立圖書資訊學研究所；1997年，玄奘人文社會學院成立圖書資訊學系，1998年，中興大學成立圖書資訊學研究所；2000年，世新大學成立圖書資訊學研究所碩士班；2002年，臺灣師範大學成立圖書資訊學研究所（王梅玲，2004）。

各圖書資訊學研究所教學目標略有不同，淡江大學的教育資料科學研究所是培養圖書館學、資訊科學以及教學科技的專業研究、教學與行政人員。1996年，教學科技組獨立成為「教育資料科學系」，原系在2000年改名為資訊與圖書館學系。1994年，輔仁大學成立圖書資訊學研究所碩士班，旨在培育圖書館、文化中心、資訊服務等機構的管理人才，研討圖書館學與資訊科學理論，融合國內、外相關學說以建立中國的圖書資訊學（胡述兆、盧荷生，1991）。

政治大學圖書資訊學研究所於1996年招收新生，成立的宗旨在配合國家建設計畫，充實文化措施，培育圖書館、文化中心、資訊中心、博物館、檔案館等機構所需專業人才，希望提供圖書館學、資訊科學與相關科目之整合性課程，以彌補研究所課程之不足，而落實圖書資訊、博物館及檔案館行政管理與服務理論及實務之教學。然由於師資有限，2002年，改名為圖書資訊與檔案學研究所，停辦博物館學教育，分為圖書資訊學與檔案學二組，致力於圖書資訊學與檔案管理人才之培育（國立政治大學圖書資訊與檔案學研究所，2021）。

世新大學圖書資訊學系自2001年，更名為「資訊傳播學系」，以培養數位內容設計、網路資訊蒐集、加值、行銷、資料庫加值、檢索專業人才為主旨。課程規劃分成三大領域：資訊科學與技術領域、網路傳播科技領域、圖書館管理暨服務領域。在圖書館服務相關課程包括：資料蒐集與報告寫作、參考資源與應用、出版與資料採訪、科技、人社、商情、醫學等資訊系統、資訊機構管理、檔案管理、書店經營、資訊服務、資訊產業研究、數位圖書館專題等。2002年，臺灣師範大學成立圖書資訊學研究所，交通大學也於同年在電機學院成立碩士在職專班數位圖書資訊組。

1992年，中華圖書資訊學教育學會（Chinese Association of Library &

Information Science Education，簡稱CALISE）成立，與中華民國圖書館學會宗旨不同，主要任務包括：（1）研究與推廣圖書資訊學教育。（2）研討圖書資訊學學制與課程。（3）促進圖書資訊學教育方法與經驗之交流。（4）推動學用合一以及專才專用制度。（5）增進圖書資訊學教育之國際合作。（6）其他符合該學會宗旨之事項。該會設理事會、監事會，下設學術交流委員會、課程教學發展委員會、研究發展委員會及會員發展委員會，協助會務的運作（中華圖書資訊學教育學會，2021、2022）。

　　臺灣圖書資訊學教育雖然尚未建立專業評鑑，但近年來教育部鼓勵各校辦理校內自我評鑑，自訂辦學目標。自我檢核，並藉由外在評鑑，以追求大學教育品質卓越。自1999年起至2001年6月為止，臺灣有5所圖書資訊學系辦理自我評鑑。輔仁大學圖書資訊學系所、政治大學圖書資訊學研究所、臺灣大學圖書資訊學系依序於1999年進行系所評鑑。其次，世新大學圖書資訊學系於1999年8月至2000年12月間，進行學系評鑑。最後，玄奘人文社會學院圖書資訊學系於2001年進行學系評鑑。各校評鑑項目多為系所宗旨與概況、教學、研究、輔導、行政與經費、學生活動與服務、系所成果等，多為質化方向，並未設有量化指標，重點性為整體性之系所制度及運作（王梅玲，2001年6月）。自2001年之後，臺灣圖書資訊學系所持續配合教育部規定與要求，與母機構大學評鑑一併實施，並未建立臺灣圖書資訊學專業評鑑制度。

　　鑑於圖書館界許多人員未受過專業教育，需要在工作時進修學位，於是促成遠距教育興起。我國的圖書資訊學遠距教育發展始於1991年，國立空中大學的人文學系（王梅玲，2008）。教育部於2006年起，積極推動數位學習碩士在職專班，幫助在職工作者可以利用網路學習取得學位，政治大學圖書資訊與檔案學研究所配合教育部數位認證規範，於2009年通過教育部認證後，正式設置圖書資訊學數位碩士在職專班，以培育理論與實務並重之圖書資訊學與檔案學之高級專業人才，為臺灣圖書資訊學界第一個以遠距教育取得碩士學位的在職專班（王梅玲，2013；王梅玲、張艾琦，2019；國立政治大學圖書資訊學數位碩士在職專班，2021）。

　　2012年，淡江大學資訊與圖書館學系成立數位出版與典藏數位學習碩

士在職專班，2020年8月，更名為資訊與圖書館學系數位學習碩士在職專班（淡江大學資訊與圖書館學系，2021b）。臺灣師範大學圖書資訊學研究所於2019年，將原有圖書資訊學碩士在職專班轉型為數位學習碩士在職專班，以提供在職圖書館從業人員、中小學教師及具圖書資訊服務相關工作者，利用數位學習進修管道，以提升專業知識與能力（國立臺灣師範大學圖書資訊學研究所，2021），此外，世新大學資訊傳播學系亦有開設碩士在職專班以培養學生獨立思考、基礎研究與資訊分析、訊息傳播的能力，讓學生具備對資訊社會、知識組織管理與資訊運用服務研究的理論基礎（世新大學資訊傳播學系，2021）。

我國圖書資訊學教育自1955年，臺灣師範大學社會教育學系設立圖書館學組為臺灣圖書館教育開端。1961年，臺灣大學成立圖書館學系，為圖書資訊學學士班之開始，1980年，臺灣大學成立碩士班，推進圖書館事業發展。1988年，臺灣大學成立博士班，促進圖書館教育發展，如今發展成為大學部、碩士班、博士班完整教育體系；目前有七所學校，包括大學部四系，碩士班七所、博士班三所。1992年，開始為反映時代變革，許多圖書館學系改名為圖書資訊學系。各系所成立時間依序為1955年，臺灣師範大學社會教育學系圖書館學組；1961年，臺灣大學圖書資訊學系；1964年，世新大學資訊傳播學系；1970年，天主教輔仁大學圖書資訊學系；1971年，淡江大學資訊與圖書館學系；1996年，政治大學圖書資訊與檔案學研究所；1999年，中興大學圖書資訊學研究所，以及2002年，臺灣師範大學圖書資訊學研究所。

我國圖書資訊學教育經過了60餘年的努力，從1980年以前的五所圖書館學校，2005年成長十所學校，如今減為七所圖書資訊學校，從學士班、碩士班、至博士班的完整教育體系。近年七所圖書資訊學系所常與中華民國圖書館學會合作，開設各類相關研習班，以提供在職圖書館人員再教育的機會。近年來，世新大學資訊傳播學研究所、政大、師大、淡大陸續開設學分班與碩士在職專班以提供圖書館在職人員進修學位的機會，我國圖書資訊學教育在第三階段蓬勃發展。

13.3圖書資訊學教育制度

臺灣的教育制度為6-3-3-4學制，包含小學6年、國中3年、高中3年，12年義務教育與大學四年，其後有碩士生及博士學程，修課期限以學期制劃分，一學期約4個月。臺灣圖書資訊學系所名稱英文為Library and Information Science，以下針對臺灣圖書資訊學教育制度進行探討。

臺灣目前有七所圖書資訊學系所，大學部四系包含：國立臺大圖書資訊學系（簡稱臺大）、世新資訊傳播學系（簡稱世新）、輔大圖書資訊學系（簡稱輔大）、淡江資訊與圖書館學系（簡稱淡大）。碩士班學程有七所，包括臺大、世新、輔大、淡大、政治大學圖書資訊與檔案學研究所（簡稱政大）、臺灣師範大學圖書資訊學研究所（簡稱師大）、中興大學圖書資訊學研究所（簡稱中興）。博士班學程有三所，分別為：臺大、師大、政大。有關七所圖書資訊學系所資料，參見表13-2。以下分從一般校況與圖書資訊學系所基本資料二方面探討。

13.3.1一般校況

一般校況包括：圖書資訊學系所隸屬的大學的所在地、學校成立年、公立或私立、全校學生人數，參見表13-2（中華圖書資訊學教育學會，2021；國立臺灣大學圖書資訊學系，2021；天主教輔仁大學圖書資訊學系，2021；淡江大學資訊與圖書館學系，2021a；世新大學資訊傳播學系，2021；國立政治大學圖書資訊與檔案學研究所，2021；國立中興大學圖書資訊學研究所，2021；國立臺灣師範大學圖書資訊學研究所，2021）。

13.3.1.1所在地

有關臺灣圖書資訊學系所7校分布的區域，臺灣地理可分為北部、中部、南部、東部四大區域，6所圖書資訊學校集中於北部，中部僅中興大學一校，圖書資訊學校在全國地理分布不均。

表13-2 臺灣圖書資訊學系所及其所在大學校況一覽表

校、所名稱	所在地	學校成立年	公私立	學生人數	系所成立年	教育學程
1. 臺灣大學文學院圖書資訊學系	臺北	1928	國立	32,168	1961	學士、碩士、博士
2. 天主教輔仁大學教育學院圖書資訊學系	新北	1925	私立	25,651	1970	學士、碩士
3. 淡江大學文學院資訊與圖書館學系	新北	1950	私立	24,209	1971	學士、碩士、在職專班
4. 世新大學傳播學院資訊傳播學系	臺北	1956	私立	11,154	1964	學士、碩士、在職專班
5. 政治大學文學院圖書資訊與檔案學研究所	臺北	1927	國立	16,247	1996	碩士、博士、在職專班
6. 中興大學文學院圖書資訊學研究所	臺中	1919	國立	15,486	1999	碩士
7. 臺灣師範大學教育學院圖書資訊學研究所	臺北	1922	國立	15,920	2002	碩士、博士、在職專班

13.3.1.2 大學成立年

有關臺灣圖書資訊學系所隸屬大學的成立時間，大多創校於二十世紀，最早創校的學校為中興大學1919年及臺灣師範大學1922年，6校創建於二十世紀前期（1901—1950年），僅世新大學創立於1950年後。

13.3.1.3 公立或私立

有關大學為公私立方面，公立大學有4校（臺大、政大、中興、師大），私立大學有3校（輔大、淡大、世新），公私立學校數目平均。

13.3.1.4 全校學生人數

臺灣圖書資訊學系所隸屬大學的學生人數最多為臺灣大學（32,168人），依序為輔仁大學（25,651人），淡江大學（24,209人），政治大學、中

興大學、臺灣師範大學各有一萬五千多人。

13.3.2圖書資訊學系所基本資料

圖書資訊學系所基本資料包括：系所名稱、系所隸屬學院、系所成立年、教育層級與學程結構、入學資格、畢業要求、教師概況、學生概況。

13.3.2.1系所名稱

臺灣圖書資訊學系所名稱多為「圖書資訊學」，僅淡江大學資訊與圖書館學系與世新大學資訊傳播學系2校名稱有異；國立政治大學圖書資訊與檔案學研究所多加檔案學此一名稱。

13.3.2.2系所隸屬學院

有關臺灣圖書資訊學系所隸屬學院，有4校隸屬文學院（臺大、淡大、政大、中興），2校隸屬教育學院（輔大、師大）、1校歸屬於傳播學院（世新）。

13.3.2.3系所成立年

有關臺灣圖書資訊學系所成立時間，以1961年臺大最早，1961—1980年有4校（臺大、輔大、世新、淡大）；1981—2000年：2校（政大、中興）；2000年之後：1校（師大），大多集中於1961—1980年之間。

13.3.2.4教育層級與學程結構

臺灣圖書資訊學教育制度完整，涵蓋學士班、碩士班與博士班，學士班四所：臺大、世新、輔大及淡江。碩士班有七校：臺大、師大、世新、輔大、淡大、政大、中興，碩士在職專班有四校，包含：政大、師大、淡江、世新，其中有三校以遠距教育開設數位碩士班：政大、師大、淡大。博士班有臺大、師大、政大三校。參加iSchools聯盟有三校：師大、政大、臺大（iSchools Organization, 2021）。輔大圖書資訊學進修部在2020年轉型為「資訊創新與數位生活進修學士學位學程」，臺灣圖書資訊學系所學程統計參見表13-3。

表13-3 臺灣圖書資訊學系所學程種類一覽表

學校	學士班	碩士班	博士班	數位碩士班	iSchools
臺大	V	V	V		V
輔大	V	V			
淡大	V	V		V	
世新	V				
政大		V	V	V	
中興		V			
師大		V	V	V	V
總計	4	7	3	3	3

13.3.2.5 入學資格

有關臺灣圖書資訊學入學資格，學士班採多元入學，入學管道有五：其一、繁星推薦；其二、甄選入學；其三、入學分發；其四、陸生或外國學生申請入學；其五、運動績優甄審（天主教輔仁大學圖書資訊學系，2021；國立臺灣大學圖書資訊學系，2021a）。碩士班則以政大為例，入學管道以甄選入學與一般考試為主（國立政治大學圖書資訊與檔案學研究所，2021）。博士班入學管道有兩種：甄試與考試入學。甄試部分，凡於國內經教育部立案之大學或獨立學院畢業取得碩士學位，或是符合教育部採認規定之國外大學或獨立學院畢業取得碩士學位，或具有同等學力者，皆符合博士班入學資格。考試入學者則須經圖書資訊學文獻評述科目的筆試與口試，方可取得入學資格（國立臺灣大學圖書資訊學系，2021）。

13.3.2.6 畢業要求

在畢業要求方面，學士班圖書資訊學的四校畢業學分數，均為教育部要求之大學畢業最低學分128學分，必修學分數以淡大83學分最多，其次是輔大進修部80學分，最少是臺大的58學分。四校均對畢業學生授予學士學位，其中臺大、輔大、世新授予文學學士（BA），輔大則授予圖書資訊學

學士（BLIS），大學畢業年限均為四年。

　　七校碩士班畢業學分以輔大的畢業學分為最多，無論甲乙組均要求學生修滿32學分，必修學分從3學分（政大）到16學分（輔大乙組）不等，兩者之間的差異在於輔大將「讀者服務與技術服務」以及「組織管理與實務」方面的課程列入必修中，而政大僅將「研究方法」列為必修。有些學校如政大，將資格考與碩士論文列為畢業條件。在職專班部分均未要求資格考，但畢業學分也是介於27-30學分不等。臺灣圖書資訊學碩士班大都授予學生文學碩士（MA），師大、輔大是授予圖書資訊學碩士（MLIS）（莊道明、王梅玲，2018）。

　　三校博士班則修業年限皆為2至7年，各級不同，師大的26畢業學分為最多，臺大與政大皆為24學分。臺大、政大皆將資格考試列為畢業要求。臺大的資格考試科目包括：圖書資訊學、技術服務與讀者服務（國立臺灣大學圖書資訊學系，2021）；政大的資格考試的共同科目有二：圖書館學與資訊科學、資訊行為與資訊服務，另一資格考試科目可依學生專業自圖書館技術與管理、檔案技術與管理、數位科技與應用、出版產業科技、資訊計量學五擇一（國立政治大學圖書資訊與檔案學研究所，2021）。師大授予圖書資訊學博士，臺大與政大授予文學博士。

13.3.2.7 教師概況

　　學校應依據教學目標聘請足夠的專任教師以提供本學科基本課程，也需要覓求適當專家擔任兼任教師以補專任教師之不足。目前各圖書資訊學皆密切關注教師跨領域的知能，故自其他領域招收不同背景但對圖書資訊有高度熱忱的專業人員。臺灣七所圖書資訊學系所聘請專任教師58人、兼任教師67人，共125人，專任教師數量以臺大為最多，有12人，淡大次之，平均每校的專任師資人數為8人，以女性居多。專任教師背景來自多種領域，圖書資訊背景教師有28人，佔48.3%，亦包含資科／資工／電腦、文史哲、教育、商管等專業人才，人數逐年上升，非圖書資訊學教師有30人已佔51.7%，參見表13-4（中華圖書資訊學教育學會，2021）。

表13-4 臺灣圖書資訊學專兼任教師數額統計表

	臺大	世新	輔大	淡大	政大	中興	師大	總計
專任	12	8	10	10	7	5	6	58
兼任	7	10	21	17	4	4	4	67

13.3.2.8學生概況

　　臺灣七所圖書資訊學學校，在校大學生1,281名，碩士生405名（碩士班生272名、碩士在職專班生133名），博士生53名（中華圖書資訊學教育學會，2021）。

13.4課程設計

　　課程為圖書資訊學教育的核心，是培養學生具備本學門知識重要途徑，因此須配合社會變革與市場需求，定期檢視課程結構與內涵，檢討課程核心課程與選修課程。臺灣圖書資訊學教育受到科技與社會變革影響，課程不斷推陳出新，資訊專業課程增加而減少的圖書館學課程。本節探討課程設計，以具有學士班、碩士班、博士班的臺灣大學圖書資訊學為例，數位專班以政治大學圖書資訊學與檔案學研究所為例，說明教學目標、課程結構、必選修課程（國立臺灣大學圖書資訊學系，2021；中華圖書資訊學教育學會，2021）。

13.4.1學士班

　　有關學士班課程，國立臺灣大學圖書資訊學系於1961年，成立圖書館學系，為圖書資訊學學士班之開端；1980年，成立碩士班，推進圖書館事業發展，在1989年，成立博士班，促進圖書館教育發展。1998年，改名為圖書資訊學系；2018年，加入iSchools聯盟與國際接軌。該系的教育目標包括：（1）培養學生投入資訊價值鏈中所需的基本知識與技能，包括資訊的評估、組織、儲存、檢索、利用以及傳播的能力。（2）培育圖書館與各式

資訊服務機構所需專業人才，使學生具備現代資訊社會中圖書資訊服務所需之專業知能，以服務社會人群。(3)培育圖書資訊學相關領域師資、以及圖書資訊學學術研究人員，以提升圖書資訊學之研究水準（國立臺灣大學圖書資訊學系，2021）。

　　臺大圖書資訊學學士班課程結構包括必修課、選修課、通識課程。學生畢業的條件是：必修58學分、選修55學分、通識課程15學分，待修畢128學分，以達到最低畢業標準學分數（國立臺灣大學圖書資訊學系，2021）。

　　學士班必修課程共20門，包含：參考資源、電子計算機概論、館藏發展、資訊檢索、資訊心理學、資訊組織、圖書館資訊系統學、圖書館統計學、圖書館學導論、資訊科學導論、參考資訊服務、研究方法與論文寫作、電腦網路與通訊、圖書館管理、圖書資訊機構實務、服務學習等。選修課程80門，依主題分為十大類，涵蓋：圖書資訊學理論、資訊資源與館藏管理、資訊與知識組織、使用者服務、資訊科技應用、圖書館與資訊機構管理、數位圖書館與數位學習、研究方法／論文寫作／實習、檔案管理，以及其他，有40門課為學士班與碩士班學碩合開之課程，選修課程參見表13-5（國立臺灣大學圖書資訊學系，2021b）。

表13-5　臺灣大學圖書資訊學學士班選修課程一覽表

課程名稱	選修	課程名稱	選修
普通心理學	選	多媒體資料管理	選
檔案編排與描述	選	政府資訊資源	選
兒童讀物	選	圖書館利用指導	選
圖書館史	選	網路資訊服務	選
多媒體資料製作與典藏管理	選	社會科學資訊資源與服務	選
電子書製作專題	選	科技資訊資源與服務	選
資料庫系統	選	人文學資訊資源與服務	選

表13-5 臺灣大學圖書資訊學學士班選修課程一覽表（續）

課程名稱	選修	課程名稱	選修
程式設計	選	閱讀與圖書館	選
數位圖書館	選	人際溝通與讀者服務	選
傳播學概論	選	書目療法專題	選
索引及摘要	選	資訊結構與網站設計	選
視聽資料製作一	選	資訊計量學導論	選
視聽資料製作二	選	目錄學	選
圖書館趨勢	選	檔案學導論	選
圖書史	選	大學圖書館甲	選
圖書館人力資源管理	選	圖書資訊法規	選
專門圖書館	選	管理學	選
資料分析與視覺化	選	生物醫學資訊資源	選
政府檔案管理	選	漫畫文化論	選
圖書館特藏文獻管理	選	資訊行為概論	選
知識組織	學／碩選	競爭情報	學／碩選
詮釋資料專題	學／碩選	社會網絡分析專題	學／碩選
學術傳播	學／碩選	圖書館與資訊社會	學／碩選
數位學習專題	學／碩選	專題研究一	學／碩選
人機互動	學／碩選	專題研究二	學／碩選
資訊傳播專題	學／碩選	圖書館建築	學／碩選
知識管理概論	學／碩選	好用性與使用者體驗研究	學／碩選
知識工程導論	學／碩選	圖書館與資訊系統評估	學／碩選
網際網路程式設計	學／碩選	檔案館行銷	學／碩選
資料庫管理系統	學／碩選	管理心理學	學／碩選

表13-5 臺灣大學圖書資訊學學士班選修課程一覽表（續）

課程名稱	選修	課程名稱	選修
資訊視覺化	學／碩選	公共圖書館研討	學／碩選
教育科技專題	學／碩選	服務管理	學／碩選
媒體中心管理	學／碩選	圖書館作業評估	學／碩選
政府檔案資訊行政	學／碩選	政府檔案管理實務	學／碩選
數位人文概論	學／碩選	資料科學導論	學／碩選
訊息設計與視覺傳達	學／碩選	數位敘事與視覺資訊	學／碩選
高齡社會與圖書資訊服務	學／碩選	資訊素養課程設計與評估	學／碩選
人際溝通與讀者服務	學／碩選	數位決策：資料視覺化與機器學習	學／碩選
文本探勘方法與應用	學／碩選	數位典藏與數位策展	學／碩選
社會網絡分析與視覺化	學／碩選	知識組織與資料敘事	學／碩選

13.4.2 碩士班

　　有關碩士班課程，臺灣大學圖書資訊學碩士班課程分為必修課程、選修課程、畢業論文三方面。必修課程需12學分，選修課程18學分，畢業學分共30學分。四門必修課程皆為碩博合開，涵蓋：資訊學研討、讀者服務研討、資訊組織研討、研究方法。選修課程多樣，除了碩士班本身學程外，涵蓋學士班／碩士班合開與碩士班／博士班，合開共76門，除了圖書館學領域外，兼跨資訊科學、博物館學、檔案學、知識管理等領域，參見表13-6（國立臺灣大學圖書資訊學系，2021b）。

13.4.3 博士班

　　有關博士班課程，臺灣大學圖書資訊學系博士班課程強調選修與畢業學分及學術倫理，因此必修課程為0學分。但非本科系修習博士學程學生將必修12學分課程；開設選修課程共26門，主題涵蓋：分類編目理論、編目

表13-6 臺灣大學圖書資訊學碩士班選修課程一覽表

課程名稱	選修	課程名稱	選修
實習	選	中國印刷史研究	選
分類理論研究	選	古籍版本鑒別研究	選
博物館學習專題	選	圖書館作業評估	選
博物館觀眾研究	選	質性研究	選
資訊尋求行為	選	專題研究一	選
資訊搜尋與決策行為	選	專題研究二	選
數位典藏專題研究	選	中國目錄學專題研究	選
電子書專題	選	當代圖書館問題	選
檔案研究	選	量化研究與統計分析	選
引文分析與實務	選	資訊與科技管理專題	選
論文寫作	選	競爭情報	學／碩選
詮釋資料專題	學／碩選	社會網絡分析專題	學／碩選
學術傳播	學／碩選	圖書館與資訊社會	學／碩選
數位學習專題	學／碩選	專題研究一	學／碩選
人機互動	學／碩選	專題研究二	學／碩選
資訊傳播專題	學／碩選	圖書館建築	學／碩選
知識管理概論	學／碩選	好用性與使用者體驗研究	學／碩選
知識工程導論	學／碩選	圖書館與資訊系統評估	學／碩選
網際網路程式設計	學／碩選	檔案館行銷	學／碩選
資料庫管理系統	學／碩選	管理心理學	學／碩選
資訊視覺化	學／碩選	公共圖書館研討	學／碩選
教育科技專題	學／碩選	服務管理	學／碩選
媒體中心管理	學／碩選	圖書館作業評估	學／碩選

表13-6　臺灣大學圖書資訊學碩士班選修課程一覽表（續）

課程名稱	選修	課程名稱	選修
政府檔案資訊行政	學／碩選	政府檔案管理實務	學／碩選
數位人文概論	學／碩選	資料科學導論	學／碩選
訊息設計與視覺傳達	學／碩選	數位敘事與視覺資訊	學／碩選
高齡社會與圖書資訊服務	學／碩選	資訊素養課程設計與評估	學／碩選
人際溝通與讀者服務	學／碩選	數位決策：資料視覺化與機器學習	學／碩選
文本探勘方法與應用	學／碩選	數位典藏與數位策展	學／碩選
社會網絡分析與視覺化	學／碩選	知識組織與資料敘事	學／碩選
知識組織	學／碩選	圖書館資訊系統專題	碩／博選
圖書資訊機構實務	碩／博選	專利資訊	碩／博選
資訊蒐集與組織	碩／博選	資訊社會學	碩／博選
圖書資訊學	碩／博選	知識組織專題研究	碩／博選
參考資源與服務	碩／博選	研究資料基礎架構	碩／博選
中文資訊處理專題	碩／博選	圖書資訊學研究趨勢	碩／博選
自動分類與索引	碩／博選	圖書館與檔案館專題	碩／博選

理論、資訊行為理論、理論建構、資訊計量學、領導與圖書館管理、使用者行為、資訊素養、質性研究、開放科學、圖書館資訊系統等專題研究。其中有13門為碩博合開著重於專題實務及資訊處理，參見表13-7（國立臺灣大學圖書資訊學系，2021）。

13.4.4 圖書資訊學數位碩士在職專班

　　政治大學圖書資訊與檔案學研究所於2009年，經教育部認證通過開設「圖書資訊學數位碩士在職專班」，為第一個以遠距教學修習的碩士在職專班。授課時段為晚間、假日或是寒暑假期間，政大數位碩士班成立的宗旨

表13-7 臺灣大學圖書資訊學博士班選修課程一覽表

課程名稱	選修	課程名稱	選修
分類編目理論研討	選	個別研究	選
編目專題研究	選	個別研究二	選
資訊行為理論研討	選	理論建構專題研討	選
圖書館管理專題研究	選	資訊計量學	選
領導與圖書館管理專題研究	選	使用者行為研究	選
資訊素養專題研究	選	質性研究專題研討	選
開放科學研討	選	圖書館資訊系統專題	碩／博
圖書資訊機構實務	碩／博	專利資訊	碩／博
資訊蒐集與組織	碩／博	資訊社會學	碩／博
圖書資訊學	碩／博	知識組織專題研究	碩／博選
參考資源與服務	碩／博	研究資料基礎架構	碩／博選
中文資訊處理專題	碩／博	圖書資訊學研究趨勢	碩／博
自動分類與索引	碩／博	圖書館與檔案館專題	碩／博選

在於：「培育理論與實務並重之圖書資訊學與檔案學之高級專業人才，並與其他相關學門領域融合，有助於學生彈性化學習，瞭解圖書館、檔案館事業的發展，掌握多元化的資訊環境，培育數位資訊時代之高科技與人文關懷專才，進而邁入資訊服務的新境界。」

該碩士在職專班畢業學分為30學分，需完成論文方可取得學位，課程包含必修課程3門共9學分，選修課程8門，至少需修習21學分，數位課程學分至少15學分。主要研究領域涵蓋：圖書資訊學、資訊科技、數位圖書館、數位學習與資訊素養等，課程科目參見表13-8（國立政治大學圖書資訊學數位碩士在職專班，2021）。

表13-8 政治大學圖書資訊與檔案學數位碩士在職專班課程一覽表

課程名稱	必/選修	課程名稱	必/選修
圖書資訊學研討	必	研究方法	必
知識組織與資訊取用	必	資訊素養與教學	選
資訊科技融入教學	選	資訊服務研討	選
數位圖書館與數位閱讀	選	圖書館管理	選
數位學術應用	選	數位學習與資料探勘	選
閱讀與圖書館	選		

13.5教育變革與發展趨向

13.5.1教育特色

　　臺灣圖書資訊學教育從圖書館學教育發展至圖書資訊學教育，受到網路革命、數位科技、社會變遷，而朝向數位化發展。2019年，中華圖書資訊學教育學會進行「圖書資訊學未來教育計畫」，邀請圖書資訊學系所主任與專家學者參加焦點團體訪談。綜合歸納臺灣圖書資訊學教育的特色如後（中華圖書資訊學教育學會，2021）。

1. 專業教育制度健全，培育高階專業領導人：圖書資訊學教育現今發展成為學士班、碩士班、博士班完整教育體系，形成圖書資訊學基礎、中階、與高階人才的完整專業教育人才培育制度。目前七所學校，包括大學部四系，碩士班七所、博士班三所，研究所與在職碩士班人才增加，奠定圖書資訊界高階研究與領導人力。

2. 六項核心專業基礎擴大範疇：臺灣圖書資訊學教育，聚焦在圖書資訊學概論、資訊資源與館藏發展、資訊組織、資訊服務、系統與圖書館自動化、圖書館與資訊機構管理等核心專業。各校依據師資特色，增加不同專業領域範疇。例如政治大學發展檔案學；淡江大學發展出版研究與數

位典藏應用；世新大學資訊傳播學系延伸網路傳播領域等。

3. 圖書資訊學校朝分組與模組化發展：政治大學圖書資訊與檔案學研究所分為圖書資訊學組與檔案學組，擴大至檔案學教育。其後分為三模組：圖書資訊學組、檔案學組、出版研究與數位科技應用模組。世新大學圖書資訊學系更名為「資訊傳播學」，以培養數位內容設計、網路資訊蒐集、加值、行銷、資料庫加值、檢索專業人才為主旨。

4. 各校師資優良與背景多元：圖書資訊學教師多來自英美國家與本國培養之博士優秀人才。圖書資訊學系所教師學科背景多元，無論在教學或研究表現上皆具優勢。

5. 圖書資訊學碩士班品質優良：我國有七所圖書資訊學碩士班，具有若干優勢：教師教學與研究表現優秀，課程兼具傳統與新興科技，碩士生必須撰寫學位論文，並且提升碩士教育品質。

6. 海峽兩岸交流穩固且密切：中華圖書資訊學教育學會開啟兩岸圖書資訊學教育的交流，歷經二十餘年合辦海峽兩岸圖書資訊學學術研討會，兩岸之學術合作穩固且持續發展，並匯集兩岸豐沛的圖書資訊學學術人脈與研究資源。

13.5.2 教育變革

中華圖書資訊學教育學會（2021）綜整臺灣圖書資訊學教育變革如下：

1. 文化數位典藏計畫開啟數位圖書館教育發展新方向：臺灣推動數位典藏國家型計畫之後，圖書資訊學系所相繼開設數位典藏與數位人文課程與學程，培養無數數位化、數位內容、數位典藏與數位人文人才。政治大學、淡江大學與臺灣師範大學相繼開設數位碩士在職課程。

2. 積極發展在職專班與數位專班：圖書資訊學校積極發展在職專班，包括臺灣師範大學、世新大學、政治大學、淡江大學等校。數位學習碩士在職專班突破傳統，提供在職人員線上修習學位機會，並擴大圖書資訊學教育版圖。政治大學，淡江大學、臺灣師範大學開設圖書資訊學數位學習碩士在職專班。

3. 新科技新興資訊科技應用如行動網路、雲端運算、物聯網、大數據、人工智慧，等帶來發展契機。科技與跨學科特質影響圖書資訊學課程因應科技趨勢，各校資訊應用科技課程大幅增加，課程設計上強化新科技實務的應用，並擬定資訊科技應用課程的發展策略，拓展多元就業市場。傳統圖書館學教育背景教師已逐年減少，資訊相關科系的教師則年年增加，造成課程地圖的改變，圖書資訊學科轉型為跨學科特性。

4. 發展多元學程。臺灣圖書資訊學系所積極發展跨領域學程，臺大圖書資訊學系與工商管理學系、資訊管理學系、資訊工程學系在大學部共同開設「知識管理學程」。輔大圖書資訊學系為培育古籍整理人才，結合文學院之中文系、歷史系、哲學系之專業課程，開設「中國古籍整理學程」（王梅玲，2013；天主教輔仁大學中國古籍整理學程，2020年9月）。臺灣師範大學文學院、政大圖書資訊與檔案學研究所以及中興圖書資訊學研究所，分別成立數位人文相關學程，以達培養學生數位人文知識、技術及實作應用能力，成為人文素養與數位專長兼具的人才。

13.5.3 遭遇的問題

中華圖書資訊學教育學會（2021）在〈轉變與擴疆：臺灣圖書資訊學教育白皮書2021-2030（第五版）〉，綜合圖書資訊學系所主任焦點團體訪談紀錄，歸納臺灣圖書資訊學教育問題如後。

1. 圖書資訊學教育核心價值模糊與學門定位的危機。隨著教育部取消部定核心課程標準後，雖給圖書資訊學校更大發揮空間，但傳統圖書資訊學教育核心價值受到挑戰。多元圖書資訊學教育發展下，不斷引進資訊科學與技術課程，圖書資訊學教育調整過程受到質疑與挑戰，開始出現「以圖書館學為主」或「資訊科學為主」等核心價值分歧現象。

2. 圖書資訊學系所多獨立研究所，規模小，師資缺乏，面臨招生不足問題。臺灣圖書資訊學普遍是「小而美」的獨立研究所環境發展。隨著臺灣人口紅利逐漸消失，研究所過度成長下，使願意讀研究所的大學生人數逐漸下滑。造成獨立研究所因規模小，其存廢或合併危機逐漸受到討論。私校大學部的招生，因報名人數逐漸下滑，在錄取率高與不足額錄取下，

新生就學意願低落與學生素質不佳，使得學生就學率下滑。

3. 大學部學士班課程多元，畢業生就業市場有待擴展。隨著科技應用日益廣泛，圖書館學系大學部課程朝向多元發展，使社會普遍對圖書資訊學定位逐漸模糊。當前課程設計也較少考量畢業生就業目標市場，使得學生缺乏就業定位，圖書資訊學畢業生從事非圖書館工作比例逐漸上升。

4. 圖書資訊學教育與圖書館事業需整合。近年臺灣圖書館事業發展，受到政府機關與地方機關重視，成為機關行政績效指標之一。各類圖書館經營理念與服務方式改變同時，逐漸失去與圖書館事業連結。兩者間常缺乏對談與連結機制，教育培育人才與圖書館實際之需求不同，導致圖書館大量引進與雇用非圖書館學專業的人力問題。

5. 圖書資訊學系所面臨專任教師退休潮，亟待充實師資。盤點七所圖書資訊學系所教師人員，未來五年將有8至10位專業教師退休，近16%專任教師離開崗位，後續退休教師也逐年增加。若未能補充優秀圖書資訊學新教師人力，勢必造成系所開設課程問題。

6. 圖書資訊學教育缺乏專業評鑑制度，未發揮專業教育的功能與價值。我國圖書館學會尚未發展如英美圖書館學會專業教育的評鑑制度與功能，使得我國圖書資訊學專業教育發展缺乏獨特性，社會對圖書資訊學教育重視不足及教育品質保證難以確認。

7. 圖書資訊學畢業生就業市場多元，但課程未依據市場需求設置以培養人才。圖書資訊學碩士畢業生從事非圖書館工作之比例提升至近50%，但我國圖書資訊學系所課程特色，及其規劃與設計，很少考量畢業生就業目標市場。

8. 圖書資訊學系所專任教師半數來自其他學門。新聘教師背景多元，主要依其學術專長進行教學與學術研究，較缺少圖書資訊學領域的課程教學經驗與研究融合，需要提供引導機制協助他們快速融入圖書資訊學門。

9. 博士教育招生人數減少，學術與就業競爭力下降。我國有三所圖書資訊學博士班，過去是我國圖書館事業的火車頭，帶動圖書館事業進步與繁榮，近年博士教育招生人數減少，就業競爭力下降。

10. 我國高等教育出現少子化與私校退場問題,影響圖書資訊學教育發展。高等教育生態改變,少子化現象與私校退場問題正威脅圖書資訊學碩士班招生,使得教師聘任與課程配置更加困難。

13.5.4 發展趨向

臺灣圖書資訊學教育承繼過去一甲子的努力成果,面臨全球圖書館與資訊機構變革的挑戰,亟需提升與轉型,面對未來十年發展,中華圖書資訊學教育學會(2021)提出臺灣圖書資訊學教育白皮書,涵蓋四項願景、八大目標、十六項關鍵策略。臺灣圖書資訊學教育訂定使命為:「培養具競爭力的前瞻圖書資訊學人才,發展健全與調變性的圖書資訊學教育系統,促進圖書館資訊事業以及圖書資訊學研究永續與卓越發展」。針對前述使命,臺灣圖書資訊學教育願景列為四項:(1)發展完整圖書資訊學教育系統,設置學士班與研究所,堅實教育基礎,成為永續與彈性的圖書資訊學教育。(2)成為卓越的臺灣圖書資訊學教育,在亞洲名列前茅。(3)我國圖書資訊學系所通過國際圖書資訊學教育評鑑,提升國際聲望與評鑑。(4)成為具國際水準的圖書資訊學博士教育,供應我國優質的圖書資訊學教育師資與傑出的圖書館事業領導人才。

依據前述使命與願景,臺灣圖書資訊學教育未來期望將朝下列方向發展:

1. 健全發展圖書資訊學系所教育系統,各校以健全設置圖書資訊學大學部與研究所為目標,各獨立研究所設置大學部或學士學程,以堅實教育基礎,發展永續與卓越的圖書資訊學教育。

2. 精進圖書資訊學碩士教育,各校發展特色優勢,優化圖書資訊學碩士教育品質,發展成為亞洲圖書資訊學教育品牌。

3. 提升圖書資訊學博士教育品質,培育圖書資訊學系所教師與圖書館資訊機構領導人才,支持我國圖書資訊學研究社群,作為圖書資訊學師資與卓越圖書資訊學研究的後盾。

4. 系所評鑑與國際專業評鑑接軌,擴展圖書資訊學教育國際化。我國圖書

資訊學系所參與英國或美國圖書資訊學教育認證與評鑑，獲得國際聲望與評鑑。

5. 研發圖書資訊學核心能力模式，發展能力導向教育與課程，以培養有競爭力的前瞻圖書資訊學人才。

6. 健全中小學圖書館與媒體館員的教育系統，培養優良的學校圖書館員與媒體專家，以推動我國中小學閱讀與資訊素養教育。

7. 中華圖書資訊學教育學會作為教育平臺，建立圖書資訊學數位學院，作為圖書資訊學教師與圖書館資訊專業人員學習與學術交流空間，幫助教師與圖書館資訊人員繼續專業發展。

參考文獻

ShareClass（2021）。**臺灣行政區圖最新的6都A4**。https://www.shareclass. org/course/6b0c854621ec447d9faf34c212eb3b17/material/848479900a79 40cfb76260239afd0fd1/

中華民國交通部觀光局（2021年2月9日）。**臺灣概況**。https://www.taiwan. net.tw/m1.aspx?sNo=0027009

中華民國圖書館學會（2021）。**學會簡介**。https://www.lac.org.tw/intro/1

中華圖書資訊學教育學會（2021）。**轉變與擴疆：臺灣圖書資訊學教育白皮書2021-2030**（第五版）。

中華圖書資訊學教育學會（2022）。**網站**。https://calise.org.tw/bbs/。

天主教輔仁大學中國古籍整理學程（2020年9月14日）。**109學年度申請核准修讀學生適用課程表**。http://web.lins.fju.edu.tw/ancientbook/web/?q= node/138

天主教輔仁大學圖書資訊學系（2021）。**系所簡介**。http://web.lins.fju. edu.tw/chi/category/intro

王振鵠（1993）。臺灣地區圖書館事業的發展，圖書館學與資訊科學教育研討會論文集。臺北：國立師範大學。

王振鵠（2001）。圖書館法與圖書館事業之發展，在國家圖書館（主編），中華民國九十年圖書館年鑑。臺北：國家圖書館。

王振鵠（2007）。百年來的臺灣圖書館事業，圖書與資訊學刊，**63**：1-10。

王梅玲（2000）。邁向二十一世紀──圖書資訊學教育回顧與展望，國家圖書館館刊，89年12月號：9-32。

王梅玲（2001年6月）。圖書資訊學育之評鑑。中華圖書資訊學教育學會會訊。**16**：8-9。

王梅玲（2004）。圖書資訊學教育。中華民國九十二年圖書館年鑑，臺北：國家圖書館，頁373-400。

王梅玲（2005）。**英美亞太地區圖書資訊學教育**。臺北市：文華。

王梅玲（2008）。數位學習認證帶給圖書資訊學教育的挑戰。**圖書與資訊學刊**，**65**，42-54。

王梅玲（2011a）。中華民國圖書館發展史。**中華民國發展史・教育與文化下冊**。臺北市：聯經，頁560-594。

王梅玲（2011b）。臺灣圖書資訊學碩士教育回顧與展望。**圖書館學與資訊科學**，**37**（2），20-40。

王梅玲（2012）。**臺灣的圖書館學與資訊科學教育**。https://terms.naer.edu.tw/detail/1678855/

王梅玲（2013）。**圖書資訊學教育百年發展史**。在蔡明月（主編），圖書資訊學教育，（頁1-32）。臺北市：五南。

王梅玲、張艾琦（2019）。數位學習碩士在職專班研究生線上學習、圖書館使用與學生自評學習成效之研究。**圖書館學與資訊科學**，**45**（1），36-64。

世新大學資訊傳播學系（2021）。**系所簡介**。http://ics.wp.shu.edu.tw/

全國法規資料庫（2022）。**國家圖書館組織條例**。民國103年1月15日。
　　https://law.moj.gov.tw/LawClass/LawAll.aspx?pcode=H0000011&kw=%e
　　5%9c%96%e6%9b%b8%e9%a4%a8

林景淵（2008）。**日據時期的臺灣圖書館事業**。臺北市：南天。

胡述兆、盧荷生（1991）。**圖書與資訊教育之改進研究報告**。臺北：教育部。

國立中興大學圖書資訊學研究所（2021）。**本所簡介**。https://www.gilis.nchu.
　　edu.tw/zh-tw/2014-12-08-03-05-32/2020-04-17-03-13-24

國立公共資訊圖書館（2020）。**圖書館館數**。https://publibstat.nlpi.edu.tw/
　　Frontend/Definition/LibraryQuantity#tw

國立政治大學圖書資訊與檔案學研究所（2021）。**簡介**。https://lias.nccu.edu.
　　tw/PageDoc/Detail?fid=4631&id=2134

國立政治大學圖書資訊學數位碩士在職專班（2021）。**專班簡介**。
　　https://elis.nccu.edu.tw/zh_tw/Intro/intro

國立臺灣大學圖書資訊學系（2021a）。**學士班國內入學管道**。https://www.
　　lis.ntu.edu.tw/?page_id=76

國立臺灣大學圖書資訊學系（2021b）。**1060圖書資訊學系畢業應修學分統
　　計表**。http://140.112.161.31/ntuvoxcourse/index.php/uquery/tc?QPYEAR=
　　110&DPRNDPT=1060+

國立臺灣師範大學圖書資訊學系（2018年4月17日）。**110學年圖書資訊學數
　　位學習碩士在職專班**。http://www2.glis.ntnu.edu.tw/blog/index.php?
　　blogId=33

國立臺灣師範大學圖書資訊學研究所（2021）。**系所概況**。https://www.
　　glis.ntnu.edu.tw/index.php/about/

國家圖書館（2021a）。**統計圖表**。http://libstat.ncl.edu.tw/statFront/fairhouse/
　　chart.jsp

國家圖書館七十年記事編輯委員會（2003）。**國家圖書館七十年記事**。臺北：
國家圖書館。

淡江大學資訊與圖書館學系（2021a）。**本系介紹**。https://www.dils.tku.edu.
tw/dilswordpress/%e7%b3%bb%e6%89%80%e4%bb%8b%e7%b4%b9/

淡江大學資訊與圖書館學系（2021b）。**數位學習碩士在職專班**。https://www.
dils.tku.edu.tw/dilswordpress/%e6%95%b8%e4%bd%8d%e7%a2%a9%e5
%b0%88%e7%8f%adnew/

莊道明、王梅玲（2018）。圖書資訊學教育。**中華民國圖書館一〇六年年鑑**。
臺北，

陳柔縉（2005）。**臺灣西方文明初體驗**。臺北市：麥田。

顧敏（2012）。第四次全國圖書館學會召開會議。**中華民國圖書館一百年年
鑑**。臺北：國家圖書館。

Hu, James S. C. (1986) Library Education in the Republic of China. *Library
and Information Science Education: An International Symposium* p. 37-64.
Taipei: National Taiwan University, Dept. and Graduate Institute of
Library Science.

iSchools Organization (2021). *About.* https://ischools.org/About

第*14*章
歐美與亞太地區
圖書資訊學教育綜論

王梅玲

　　本書旨在從國際觀點探討圖書資訊學教育制度理論與歷史，以美國、英國、德國、法國、澳洲、紐西蘭、印度、日本、韓國、中國與臺灣十一國，設置於大學的圖書資訊學系所為研究對象，採用比較研究方法，探討十一國圖書資訊學教育之特色與異同。研究目的包括：（1）探討圖書資訊學教育的意涵與原理。（2）調查十一國圖書資訊學教育制度。（3）研究十一國圖書資訊學教育評鑑。（4）論述十一國圖書資訊學教育特色與課程發展。（5）比較十一國圖書資訊學教育的異同。（6）歸納當代圖書資訊學教育新典範與改革趨向。

　　本書第三章至第十三章針對十一個國家，分別就圖書館事業概述、圖書資訊學教育發展簡史、圖書資訊學教育制度、圖書資訊學教育的評鑑、課程設計、教育變革與未來趨向等方面，描繪圖書資訊學教育全貌。最後從十一國圖書資訊學教育綜述、十一國圖書資訊學教育制度、十一國圖書資訊學教育評鑑進行比較分析，總結提出變革趨勢與建議。

14.1 十一國圖書資訊學教育綜述

14.1.1 美國圖書資訊學教育

　　美國自1887年，在哥倫比亞大學創辦第一所圖書館學校，開創了圖書

館學正規教育的發端。經過百餘年發展，目前美國圖書館學會認可的美國圖書資訊學校55所，並以碩士學程代表專業教育。美國圖書資訊學教育學程分為學士班、碩士班、超碩士、博士班、證書學程與雙學位等。本書統計美國圖書館學會（American Library Association，簡稱ALA）認可的圖書資訊學系所名錄，美國55校（另含加拿大8校），包括學士班17校，碩士班55校，博士班33校，遠距教育52校，以及參與iSchools聯盟33校。

1923年，〈威廉生報告〉提出，建議美國圖書館專業教育應置於大學院校之環境，以及建立圖書館教育標準與認可制度等具體陳議，奠定美國圖書館學專業教育的基礎。1926年，美國芝加哥大學圖書館研究所的創立，開啟碩士教育與專業教育的先河。美國圖書館學會是促進該國圖書館專業地位與專業化的核心，至今擔任圖書資訊學教育認可的執行機構。

1951年起，美國圖書館學會規範碩士學位是圖書館員的專業資格。為培育圖書館專業人員，以圖書資訊學碩士教育為專業教育定位，雖在圖書館教育的過程中歷經了許多高峰與低谷，從原先的圖書館學到後來與融入資訊科學，形成圖書資訊學，名稱、學程都隨著技術的進步而有所轉變，但因為有這些變革造就了現今圖書資訊學的特色。美國圖書館學會歷史悠久且穩定的認可制度，維持圖書資訊學專業教育的品質，促進圖書館員的專業工作具有專業內涵，必須經過圖書資訊學專業教育的鍛鍊。由此顯示，圖書資訊學教育是培育圖書館專業人員的重要機制，圖書館事業的核心價值反映圖書館員的專業能力，而美國透過圖書資訊學碩士學程的認可制度，以系統性的方式發展出多元、現代且具有品質的圖書資訊學教育體系。美國圖書資訊學教育未來發展，將在專業認可制度下保持專業教育優勢，繼續傳遞教育的價值，確定圖書資訊學教育的認同，促進圖書館與資訊機構從業者和教育者的關係，增進圖書資訊學學生和從業人員的連結，加強基礎設施與確保圖書資訊學教育的永續發展。

14.1.2 英國圖書資訊學教育

英國在大學設置圖書館學教育，始自1919年，在倫敦大學學院（University College of London）創立第一所圖書館學院。早期英國圖書館

學教育受到英國圖書館學會影響，學會主導英國圖書館員資格的取得與圖書館教育的發展。雖然1919年，建立了圖書館學校，但無濟於圖書館專業教育的發展。直至1964年，雪菲爾大學（University of Sheffield）成立了第一所圖書館學研究所，英國才步向大學與專業教育合一之路，並對歐洲、澳洲、紐西蘭等國產生影響。

英國圖書館與資訊專業學會目前認可的圖書資訊學系所有14校，提供學士班8校、高級文憑9校、碩士班11校、博士班4校、以及遠距教育5校。參與iSchools聯盟有7校。英國圖書館學會與資訊科學家學會合併為圖書館與資訊專業學會（Chartered Institute of Library and Information Professionals，簡稱CILIP），改變圖書館與資訊服務內容。英國圖書資訊學教育的評鑑有三類：（1）由圖書館與資訊專業學會對於圖書資訊學系所主責課程評鑑。（2）學術研究評鑑（QAA），由高等教育部門品質保證委員會主持學術評鑑制度。（3）研究卓越框架（REF）的研究評鑑。三類評鑑分別針對英國圖書資訊學學程的專業、教育與學術研究進行評鑑。

英國圖書資訊學教育具有下列特色：（1）主導圖書館員專業教育，由專業學會評鑑圖書資訊學系所課程，取得學位的畢業生工作後可申請成為學會普通會士，取得專業館員資格。（2）英國圖書館與資訊專業學會整合圖書館學與資訊科學專業。（3）受到英國高等教育朝向市場與消費者導向概念，英國圖書資訊學系所發展許多資訊研究、資訊系統相關課程與學程，以個人、團體的資訊管理與應用為主。（4）追求高等教育品質保證，配合QAA的〈圖書館學、資訊、知識、文書和檔案管理學科標準〉（Subject Benchmark Statement: Librarianship, Information, Knowledge, Records and Archives Management（Undergraduate and Postgraduate）），UCL、Sheffield、Robert Gordon等學校接受學科評鑑。

14.1.3 德國圖書資訊學教育

德國圖書資訊學教育受到德國歷史、文化政策、職業訓練與公職考試的影響，發生多次的教育變革，逐步從學徒制、圖書館員培育走向正規教育。德國圖書館教育始於1914年，萊比錫公共圖書館協會創立之圖書館技

術與管理技術學校。1921年，哥廷根大學圖書館學講座轉移至佛里德里希-威廉大學（Friedrich-Wilhelms-Universität），即柏林洪堡大學（Humboldt-Universität zu Berlin）。1928年，該大學設立「柏林圖書館學校」，為德國第一所圖書館正規學校，培養高階與中階圖書館員，自此圖書館學教育從職業訓練轉變成正規教育。1977年，University of Köln Faculty of Philosophy成立Chair of Library Science，是德國第一個設在大學的圖書館學碩士學程。1981年，法蘭克福-美茵茲河畔圖書館學校升格為圖書館學應用科技大學（Bezeichnung Bibliotheksschule in FranMvrt am Main - Fachhochschule für Biblibtheksswesen），開設授予大學文憑之圖書館學學程，資格相當於學士文憑，為德國地區第一個圖書館學學士學程。德國圖書資訊學系所通過認證委員會基金會評鑑以及圖書館與資訊業界評鑑共有13校，學士學位11校，碩士學位13校，碩士文憑1校，博士學位僅HU Berlin 1校。遠距碩士學位有3校。參加iSchools聯盟2校。

德國圖書資訊學教育制度兼具理論與實務，並具備下列特色：（1）專業教育化。（2）專業資格認定。主要透過公務人員考試及公職培訓系統，圖書館分四種職級，對應圖書館服務四級制度。專業課程認證則透過國家統一評鑑機制，專業學會較無直接影響力。（3）專業學程同時受到文化研究／媒體研究傳統與市場趨勢影響，兼容資訊科學、資訊管理、媒體傳播課程，呈現跨學科發展但相對偏重資訊學專業趨勢。（4）高等教育追求品質保證，歐洲高等教育的推動使專業教育品質趨向一致，提升圖書資訊學專業人員學歷要求至學士以上，產生新興專業工作如媒體與資訊專家，因此類專業館員逐漸淘汰。

14.1.4 法國圖書資訊學教育

1821年，法國巴黎的檔案管理學院（Ecole Nationale de Chartre），開設第一個圖書館課程。法國正規的圖書館教育最早是在美國圖書館學會與美國國會圖書館協助下，於1923年，設立第一所圖書館學校──巴黎圖書館學校（Paris School of Library），但於1929年關門。1963年，法國以巴黎圖書館學校為藍圖，在巴黎建立了圖書館管理高等學校（Ecole Nationale

Supérieure de Bibliothécaires，簡稱ENSB）。1974年，ENSB校區轉移到里昂地區，改名為Ecole Nationale Superieure des Science de I'Information et des Bibliotheque（簡稱ENSSIB）。

法國在大專院校設置的圖書資訊學系所14校，包括：技術學院學士（DUT）學位有5校，大學學士學位9校，碩士學位9校，博士學位5校。以學士學程最多，技術學士與大學學士合共14校。Conservatoire National des Arts et Métiers Institut National des Techniques de la Documentation（簡稱INTD）提供學士班、碩士班、博士班三級完整教育制度。ENSSIB是為在職館員提供培訓課程與證照的學校；只有一校參加iSchools聯盟：IMT Atlantique, Département logique des usages, des sciences sociales et de l'information（簡稱LUSSI）；僅ENSSIB一校提供遠距教育。

法國圖書資訊學系所名稱分歧，多以文獻學、資訊科學、或資訊與傳播學命名，走向資訊與傳播學跨學科發展，課程以文獻學、資訊科學、資訊與傳播學三者為內容導向，使圖書資訊學教育面臨課程的變革。法國未來圖書館學與資訊傳播學的發展值得關注。2021年，法國採用LMD學制，朝向國際學制接軌，ENSSIB與Université Lyon II及Université de Saint-Etienne共同開設學士班、碩士班，鼓勵外國學生申請入學。

14.1.5 澳洲圖書資訊學教育

澳洲圖書資訊學正規教育自1960年代開始，早期圖書館教育是在大型圖書館開設圖書館學校。其後澳洲圖書館學會仿照英國模式，由學會舉行館員資格考試。後取消考試，改由澳洲圖書館與資訊學會（ALIA）對圖書資訊學校課程評鑑，凡修該校的學程畢業生，可申請學會會員獲取專業館員資格。澳洲從1959年開始，University of New South Wales 成立第一所圖書館學系所，其後在高等教育機構陸續開設相關系所。澳洲圖書資訊學學校有些設在大學，有些在TAFE開設圖書館技術員的課程。澳洲圖書資訊學學校由澳洲圖書館與資訊學會評鑑，評鑑對象分為四類：圖書館員、圖書館技術員、教師館員、與圖書館助理。

澳洲圖書館與資訊學會認可的圖書館員學程有7校，提供15種認可的學

程。圖書館技術員認可的13種學程由13所大學和TAFE機構提供,多為圖書資訊服務文憑課程。這些課程以培育類專業人員為目的,授予文憑資格。澳洲透過ALIA認可有7所圖書資訊學系所,提供學程包括:學士學位6校、學士後文憑5校、碩士學位4校、博士學位6校、遠距教育7校、參與iSchools聯盟有2校。

　　澳洲圖書資訊學教育具有下列特色:(1)澳洲圖書資訊學教育評鑑主要由澳洲圖書館與資訊學會進行課程認可,學生藉由修習認可的學程獲取學位後,即取得專業資格,此認可制度確保澳洲圖書資訊學專業教育的品質。(2)澳洲重視中小學學生資訊能力養成,建立了教師圖書館員的教育制度,以培育優質的教師圖書館員。(3)澳洲實施職業教育與訓練制度,在技術暨繼續教育機構提供圖書館技術員課程,多為圖書資訊服務文憑課程,以培養多元的資訊人員。(4)澳洲實行高等教育制度,在大學設立圖書資訊學系所,提供圖書資訊專業人員課程,以培育圖書資訊學專業人員。(5)澳洲高等教育與職業教育培訓體系之課程認證,分別由澳洲高等教育品質標準署和澳洲技能品質局所負責,澳洲圖書資訊學課程需先進行TEQSA或ASQA註冊才能申請ALIA的課程認證。(6)澳洲資歷架構影響澳洲圖書資訊學教育,圖書資訊學課程須符合不同層級學歷資格之學習成效,也成為圖書館員、圖書館技術員和教師圖書館員教育與任用的依據。

14.1.6紐西蘭圖書資訊學教育

　　紐西蘭圖書館事業與專業教育發展深受紐西蘭圖書館與資訊學會(Library and Information Association of New Zealand Aotearoa,簡稱LIANZA)影響。該學會協助圖書資訊學系成立、建立圖書館知識標準、舉辦圖書館考試與頒發證照、以及提供專業註冊制度。1945年,紐西蘭圖書館學校(New Zealand Library School)設立,開啟紐西蘭的圖書館教育。但是,紐西蘭在大學設置的圖書館學正規教育,遲至1980年,維多利亞大學(Victoria University of Wellington)設立的圖書館學系。紐西蘭有3所圖書資訊學系所,包括學士班2校、學士後文憑班2校、碩士班1校與博士班1校、遠距教育3校。1校(Victoria University of Wellington)參與iSchools聯盟。

　　紐西蘭圖書資訊學教育認證由政府機構主責，紐西蘭圖書館與資訊學會對圖書資訊學教育認證的影響不大，主要角色為發展和維護專業標準，透過專業註冊制度，認可圖書資訊學教育單位畢業生的資格。紐西蘭圖書資訊學教育規模雖小，但充分融合學會註冊制度的知識和專業倫理發展與本土毛利文化。未來紐西蘭國家圖書館將實施「雙文化實施計畫」，將紐西蘭文化與毛利文化二種文化並存。雙文化主義將融入未來紐西蘭圖書資訊學教育。

14.1.7 印度圖書資訊學教育

　　印度圖書資訊學教育發展已有百年歷史，美國博登（William Alanson Borden）受邀到Baroda州籌辦州圖書館，1911年，設立第一個圖書館員訓練班，是為印度圖書館教育的開始。印度在大學設立圖書館學系正規教育始自1937年，在馬德拉斯大學設立圖書館學研究所。其後，1947年，德里大學圖書館學系（Department of Library Science at the University of Delhi）開課。1948年，該校開設圖書館學學士學程，1949年，設置兩年制圖書館學碩士學程；1951年，該校又設置博士學程。印度至今發展成125個圖書資訊學系所，規模龐大，涵蓋多種學程：學士學位89校，碩士學位109校，博士學位69校，哲學碩士學位31校，研究文憑5校，遠距教育11校。至今未有學校參加iSchools聯盟。

　　印度專業館員必須具備圖書資訊學系所的學位，在大學圖書館擔任助理館員，也必需經過UGC Net或各邦的考試，但圖書館專業人員目前供過於求。University Grants Commission課程發展委員會推動減少大學部朝向碩士班發展，涵蓋圖書館學、資訊科學、知識管理等領域，同時尋求在資訊系統、資訊檢索、資訊管理相關課程與傳統課程維持平衡。印度目前尚未建立圖書資訊學專業評鑑，僅有國家教育評鑑與認證委員會的高等教育評鑑。印度圖書資訊學系所數量多，但因為未建立專業教育評鑑，以致各校教育水準不一，教育品質無法保障。印度圖書資訊學教育未來發展將以市場導向培養學生具有高科技能力，重視資訊科學與技術發展，並且期望發展圖書資訊學專業認證制度，以提升教育品質與擴展畢業生就業機會。

14.1.8 日本圖書資訊學教育

　　日本圖書資訊學教育受到1950年頒布的〈圖書館法〉影響深遠，規定圖書館員專業資格為司書、司書補、與司書教諭，以修習大學有限學分數的司書課程為取得館員資格的途徑，並以培養公共圖書館員為主。日本圖書資訊學教育發展雙軌制度，分為司書課程教育與大學正規教育兩途。日本〈圖書館法〉提供圖書館作為職業以及公共圖書館員資格為主的架構，因而限制日本圖書資訊學專業教育發展空間。

　　日本在大學設立第一所圖書館學系始於1951年，慶應義塾大學圖書館科，經歷1967年，慶應義塾大學成立圖書館學碩士班，1975年，慶應義塾大學成立圖書館學博士班，而發展成完整的教育制度。日本圖書資訊學教育以「圖書館情報學」稱之，目前有9所圖書資訊學系所，提供學士班7校，碩士班8校，博士班5校，2校參加iSchools聯盟，未提供遠距教育。有5校提供學士班、碩士班、博士班完整教育學程。日本圖書資訊學教育特色如下：（1）採用雙軌制度形成五類教育：大專校院提供圖書館員（司書）課程，大專院校提供的教師圖書館員（司書教諭）課程，圖書資訊學學士班，圖書資訊學碩士班，圖書資訊學博士班。（2）日本圖書館員教育深受〈圖書館法〉與〈學校圖書館法〉影響，形塑司書教育與圖書資訊學專業教育雙軌模式，最嚴重問題是圖書館未受到專業重視。(3)繼LIPER改革計畫後，未來日本圖書資訊學教育將繼續改革，朝向圖書資訊學專業人員評鑑，以及與國際接軌。

14.1.9 韓國圖書資訊學教育

　　韓國圖書資訊學教育始於1946年，國立朝鮮圖書館成立國家圖書館學校訓練圖書館員。其在大學設置圖書館學正規教育始於1957年，延世大學在美國協助下成立的第一所圖書館學系。同年，延世大學圖書館學設置碩士班。1974年，成均館大學圖書館學系成立博士班，而發展完整的教育制度。韓國圖書資訊學教育以「文獻情報學」稱之，目前在韓國大學院校發展成34所圖書資訊學系的盛大局面，涵蓋學士班34校，碩士班31校，博士班18校。韓國有18校建立學士班、碩士班、博士班三級教育體系，有4校參

加iSchools聯盟，未提供遠距教育。

影響韓國圖書資訊學教育發展有兩大因素，一是美國支援韓國圖書資訊學教育的發展，二是韓國公布的〈圖書館法〉，規範司書制度，建立韓國圖書館員專業資格制度，帶動圖書資訊學教育的成長。韓國圖書資訊學教育特色如下：（1）專業實務性強，韓國圖書資訊學教育師從美國，在課程上開設了很多實踐性、實用性課程，符合畢業生到圖書館就業之需求。（2）大學部、碩士班、博士班教育特色鮮明，大學部畢業生以應用為導向，鼓勵選修雙學位，碩士班和博士班以前瞻研究為導向，更注重問題研究。（3）設置與圖書資訊學教育相關的司書資格認證，不同層級的圖書資訊學教育對應不同級別的司書資格，這也是對圖書資訊學教育專業特性的評鑑。（4）專門法規制度規範專業發展，從1963年頒布的〈圖書館法〉起，韓國各類圖書館相關法律條文中均對圖書資訊學教育有所規定，表明政府部門重視從法規制度規範圖書資訊學專業發展。

14.1.10 中國圖書資訊學教育

中國圖書館學教育始於1920年，韋棣華女士創辦文華圖書科。1956年，北京大學、武漢大學圖書館學專修科改為四年制本科（即學士班）。1978年，武漢大學圖書館學系招收圖書館學專業碩士研究生，並開辦情報學（資訊科學）專業。1984年，武漢大學成立「圖書情報學院」，是中國圖書館學教育發展的重要標誌。1990年，武漢大學圖書情報學院科技情報專業批准為博士學位授權點，1993年，圖書館學專業被批准為博士學位授權點。1998年，中國教育部發布〈專業目錄〉在管理系門下確立信息管理與信息系統、圖書館學、檔案學三專業，引導圖書資訊學教育朝向三個專業方向發展。

中國圖書資訊學系所多稱為「信息管理」或「圖書館情報學」，現今形成學士—碩士—博士學位制度。目前發展出82所圖書資訊學校，包括33所學士班、76所碩士班、18所博士班。參加iSchools聯盟有13校。中國尚未發展圖書資訊學校遠距教育，但有4校在中國大學慕課平臺上開設圖書資訊學的學士班課程；12校在慕課平臺上開設22門碩士班課程。

中國圖書資訊學教育具有下列特色：（1）圖書資訊學學校名稱多樣化，

名稱有信息管理、圖書館學、檔案學、信息資源管理、信息科學與技術等，也有稱為專業。（2）形成多層次與類型齊全的圖書館學教育體系，建立起大學部、碩士班與博士班多層次完整教育體系。（3）圖書資訊學教育涵蓋多種專業，如學士班圖書館學、檔案學、信息管理與信息系統三個專業；在研究所分為圖書館學、檔案學、情報學三專業。（4）圖書館學與資訊科學教育分別發展：中國圖書館學教育由圖書館學專業提供；而資訊科學卻是由信息管理與信息系統專業提供，兩者分別發展，各有教育目標與課程設計。（5）中國政府教育部門主導圖書資訊學教育的發展。總體來說，中國圖書資訊學教育實現從單層次、多層次到高層次的逐步演進。

14.1.11臺灣圖書資訊學教育

臺灣圖書資訊學教育歷經60餘年發展，如今發展成為學士班、碩士班、博士班完整教育體系。1955年，臺灣師範大學社會教育學系成立圖書館學組；1961年，臺灣大學成立圖書資訊學系；1980年，臺灣大學成立碩士班；1988年，臺灣大學成立博士班，促進圖書館教育發展。輔仁大學首先在1992年，將系名改為「圖書資訊學」，其後各校更名為圖書資訊學系所。目前有7所學校，包括學士班4校，碩士班7校、博士班3校。此外，尚有3校提供圖書資訊學數位在職專班，有3校參加iSchools聯盟。可惜尚未建立圖書資訊學教育專業評鑑制度。

臺灣圖書資訊學教育具有下列特色：（1）專業教育制度健全，培育高階專業領導人。（2）圖書資訊學概論、資訊資源與館藏發展、資訊組織、資訊服務、系統與圖書館自動化、圖書館與資訊機構管理等六項核心專業作為基礎擴大範疇。（3）圖書資訊學校擴大領域，朝分組與模組化發展：政治大學圖書資訊與檔案學研究所分為圖書資訊學組與檔案學組，開啟國內檔案學教育。（4）各校師資優良與背景多元，多來自英美國家與本國培養之博士優秀人才，無論在教學或研究表現上皆具優勢。（5）圖書資訊學碩士班品質優良，教師教學與研究表現優秀，課程兼具傳統與新興科技，碩士生必須撰寫學位論文，並且提升碩士教育品質。（6）中華圖書資訊學教育學會開啟兩岸圖書資訊學教育的交流，海峽兩岸交流穩固且密切。

14.2十一國圖書資訊學教育比較

本節針對美國、英國、德國、法國、澳洲、紐西蘭、印度、日本、韓國、中國與臺灣十一國圖書資訊學教育進行比較，主要以大學中設置的圖書資訊學系所為研究對象，分別從十一國的圖書資訊學系所名稱與教育規模，創始年代，參與iSchools聯盟，與圖書資訊學教育評鑑探討。

14.2.1十一國圖書資訊學教育系所名稱與教育規模

首先，從圖書資訊學系所名稱探討十一國對於學科的定位。我國以圖書資訊學稱之，全稱為圖書館與資訊科學（Library and Information Science）。歐美多數學校以Library and Information命名，或有稱Library and Information Studies，Information Management，Library and Documentation。亞洲多以圖書情報學、圖書館情報學、文獻情報學為名稱，或稱信息管理等。

十一個國家共有363所圖書資訊學系所，學校規模以印度125校為最大，其次，為中國（82校）、美國（55校）、韓國（34校），英國、法國、德國各有十餘所圖書資訊學系所；日本、臺灣、澳洲、紐西蘭各校數量未達十校。學程涵蓋學士班、碩士班、與博士班，以下分別陳述。

十一個國家共設置225個圖書資訊學學士班，依序為印度（89校）、中國（33校）、韓國（34校），美國、法國與德國十餘校，其他國家學士班未達十校。由十一國圖書資訊學學士班數量相較，顯示韓國重視學士班，34校每一圖書資訊學學校皆開設學士班。

十一個國家共設置324所圖書資訊學碩士班，以印度（109校）最多，其次為中國（76校）、美國（55校），英國有11校、德國有13校開設碩士班，比例相當高。美國與臺灣每所圖書資訊學學校皆開設碩士班。

十一個國家共設置圖書資訊學博士班163所，以印度博士班最多，69所博士班；美國有33校，韓國與中國則各有18校，日本有5校，我國有3所博士班，德國與紐西蘭開設博士班最少，各僅1所。

比較十一國圖書資訊學學校數量及學士班、碩士班、博士班的數量，

顯示法國、澳洲、紐西蘭、韓國學士班較多外，其他國家重視碩士班的開設，碩士教育為十一國圖書資訊學教育之主體。

有關圖書資訊學遠距教育發展，十一國有九國發展出85校遠距教育，日本、韓國與中國未見圖書資訊學系所以遠距學習模式提供學位教育。澳洲（7校）與紐西蘭（3校）與美國（52校）開設遠距學程，比例甚高。英國、德國、法國、印度、臺灣雖有遠距教育但尚未普及，參見表14-1。

表14-1　十一國圖書資訊學教育學程一覽表

國家	學門名稱	學校	學士	碩士	博士	遠距教育
美國	Library and Information Studies	55	17	55	33	52
英國	(1) Library and Information Studies (CILIP) (2) Librarianship and Information Management (QAA)	14	8	11	4	5
德國	(1) Informationswissenschaft, Information Science und Informatik, Informatik und Informationswissenschaft (2) Bibliotheks-und Informationswissenschaft	13	11	13	1	3
法國	(1) Sciences and Information (2) Libraries (3) Documentation (4) Information and Communication	14	14	9	5	1
澳洲	(1) Library and Information (2) 概括圖書館學、資訊科學、資訊管理、教師圖書館學、檔案與紀錄管理等	7	6	4	6	7
紐西蘭	(1) Library and Information Studies (2) Information Management	3	2	1	1	3

表14-1 十一國圖書資訊學教育學程一覽表（續）

國家	學門名稱	學校	學士	碩士	博士	遠距教育
印度	(1) Library and Information Science	125	89	109	69	11
	(2) Documentation and Information Science, Library and Information Science Studies					
	(3) Documentation Research and Training Centre					
	(4) Information Management					
日本	圖書館情報學	9	7	8	5	0
韓國	文獻情報學	34	34	31	18	0
中國	信息管理、圖書情報與檔案圖書館學、信息資源管理	82	33	76	18	0
臺灣	圖書資訊學	7	4	7	3	3
總計		363	225	324	163	85

14.2.2 十一國圖書資訊學系所創始年代

從各國創立圖書資訊學系所的時間，可追溯圖書資訊學科在十一個國家發展的軌跡。全世界第一所在大學設置的圖書館學校，為1887年，美國杜威在哥倫比亞大學創立的圖書館學院（School of Library Economy）。各國多數圖書館學學校開始於1900年代，依序為：1919年，英國（University of College London, Deptartment of Information Studies）；1920年，中國（文華圖書科）；1921年，德國（Humboldt-Universität zu Berlin）；1937年，印度（University of Madras）；1951年，日本（慶應義塾大學圖書館科）；1955年，臺灣（臺灣師範大學社會教育學系圖書館學組）；1957年，韓國（延世大學圖書館學系）；1960年，澳洲（University of New South Wales）；1963年，法國（Ecole Nationale Supérieure de Bibliothécaires，簡稱ENSB）；1980年，紐西蘭（Victoria University of Wellington, Faculty of Business and

Government, School of Information Management)。

多數國家先設置學士班再設碩士班,除了印度先成立碩士班再開設學士班例外。碩士班多設置於1920年代之後,最早的為美國1926年的Graduate Library School, University of Chicago,其次依序為:1949年的印度University of Delhi、1951年的日本京都大學教育學研究所,1957年的韓國延世大學圖書館學系等。德國碩士班發展較慢,先在1966年柏林圖書館學校(現在為Humboldt-Universität zu Berlin Institut für Bibliotheks- und Informationswissenschaft)成立博士班,後於1977年,成立碩士班,參見表14-2。

表14-2　十一國圖書資訊學系所與學程創立時間

	創校	學士班	碩士班	博士班
美國	1887, Columbia College School of Library Economy	1887, Columbia College School of Library Economy	1926, Graduate Library School, Univ. of Chicago	1928, Doctor Program, Graduate Library School, Univ. of Chicago
英國	1919, Univ. College London, Dept. of Information Studies	1919, Univ. College London, Dept. of Information Studies	1963, Univ. of Sheffield, Information School	1973, Loughborough Univ. of Technology, Dep. of Library and Information Studies
德國	1921, Humboldt-Universität zu Berlin	1981, Bezeichnung Bibliotheksschule in FranMvrt am Main - Fachhochschule für Biblibthekswesen	後於1977年, Philosophische Fakultät, Universität zu Köln	1966, Institut für Bibliothekswissenschaft und wissenschaftliche Information

表14-2　十一國圖書資訊學系所與學程創立時間（續）

	創校	學士班	碩士班	博士班
法國	1963, ENSB	1963, ENSB	1970, Institute of Technology	1974, Institute of Technology
澳洲	1960, Univ. of New South Wales	1960, Univ. of New South Wales	1964, Univ. of New South Wales	1985, Univ. of New South Wales
紐西蘭	1980, Victoria Univ.of Wellington, Faculty of Business and Government, School of Information Management	1980, Victoria Univ. of Wellington, Faculty of Business and Government, School of Information Management	1996, Victoria Univ. of Wellington, Faculty of Business and government, School of Information Management	1985, Victoria Univ. of Wellington, Faculty of Business and government, School of Information Management
印度	1947, Univ. of Delhi	1948, Univ. of Delhi	1949, Univ. of Delhi	1951, Univ. of Delhi
日本	1951, 慶應大學圖書館學科	1951, 慶應大學圖書館學科	1967, 慶應大學圖書館學碩士班	1975, 慶應義塾大學圖書館學博士班
韓國	1957, 延世大學圖書館學系	1957, 延世大學圖書館學系	1957, 延世大學圖書館學系碩士班	1974, 成均館大學圖書館學系博士班
中國	1920, 文華圖書科	1956, 北京大學、武漢大學圖書館學系	1978, 武漢大學圖書館學碩士班	1990, 武漢大學科技情報專業博士班
臺灣	1955, 臺灣師範大學社會教育學系圖書館組	1955, 臺灣師範大學社會教育學系圖書館組	1980, 臺灣大學圖書館學碩士班	1988, 臺灣大學圖書館學博士班

14.2.3十一國圖書資訊學系所參與iSchools聯盟

iSchools聯盟起源於2005年，由美國四所大學：Drexel, Syracuse, Washington, Pittsburgh發起，使資訊科學教育與研究進入新時期，影響圖書資訊學系所開始注重資訊，許多學校改名為資訊學院（Information School），研究領域也從圖書資訊學朝向資訊領域（iField）擴展。

數位時代來臨，iSchools聯盟逐漸壯大，美國越來越多的學校響應iSchools運動，擴及全世界，目前十一國有68所圖書資訊學系所參與iSchools聯盟。美國為大宗，有33校；其次，中國在武漢大學參加後，共有13校加入iSchools聯盟；英國在University of Sheffield加入後也共有7校跟進；韓國目前也有慶北、成均館、延世、梨花女子4校。除了印度尚無iSchools聯盟會員外，其他國家皆有參加，臺灣自2015年開始，臺大、臺師大、政大也成為iSchools聯盟會員，參見表14-3。

14.2.4十一國圖書資訊學教育評鑑

專業評鑑可以引導圖書資訊學教育的發展並維持專業教育品質。有關圖書資訊學教育評鑑，十一國目前僅美國、英國、澳洲建立圖書資訊學專業評鑑制度，訂定評鑑標準與評鑑程序，以5-7年為周期，定期對圖書資訊學系所進行評鑑。有關圖書資訊學評鑑標準，美國自1992年起，持續修訂〈圖書館與資訊研究碩士學程認可標準〉（Master's Programs in Library and Information Studies），包含學門定義以及學程的策略規劃、課程、教師、學生、管理及經費支援、與硬體資源及設備六大要件。英國的〈專業知識與技能基石〉（Professional Knowledge and Skills Base，簡稱PKSB）。澳洲研訂二項標準：〈檔案館、圖書館和文書管理工作的資訊專業人員的基礎知識、技能和特質標準〉（Foundation Knowledge, Skills and Attributes Relevant to Information Professionals Working in Archives, Libraries and Records Management），與〈初等圖書資訊專業人員的基礎知識標準〉（Foundation Knowledge for Entry-Level Library and Information Professionals），其專業資格認證分為圖書館與資訊專業人員、圖書館技術員，與教師圖書館員三種。認可學程包括學士班、碩士文憑、碩士班與教師圖書館學碩士班。其他八國大多經國家高等教育評鑑，並未建立圖書資訊學專業評鑑制

度，多由認證委員基金會所負責評鑑，或是如中國另外進行學科評鑑。

表14-3 十一國圖書資訊學系所參加iSchools聯盟一覽表

國家	開始參加學校	學校名稱	數量
美國	Drexel, Syracuse, Washington, Pittsburgh	Albany, Arizona, Buffalo, Denver, Dominican, Drexel, Florida State, Illinois, Indiana, Bloomington, Kent State, Kentucky, Long Island, Louisiana State, Maryland, Michigan, Missouri, North Carolina Central, North Texas, Oklahoma, Pittsburgh, Pratt, Rutgers, San Jose State, Simmons, South Carolina, South Florida, Syracuse, Tennessee, Texas at Austin, Washington, Wayne State, Wisconsin-Madison, Wisconsin- Milwaukee	33
英國	Univ. of Sheffield	Univ. of Glasgow, University College of London, Manchester Metropolitan Univ., Northumbria Univ., Univ. of Oxford, Robert Gordon Univ., Univ. of Sheffield, Univ. of Strathclyde	7
德國	HU Belin	HU Berlin, Regensburg	2
法國	LUSSI	Département logique des usages, des sciences sociales et de l'information（LUSSI）	1
澳洲	Curtin	Curtin, Monash	2
紐西蘭	VUW	VUW	1
印度	無	無	0
日本	筑波	筑波、九州	2
韓國	成均館	慶北、成均館、延世、梨花女子	4
中國	武漢	上海、中山、中國人民大學、中國科學院、北京、吉林、武漢、南京、南京理工大學、南開、華中師範、鄭州、蘇州。	13
臺灣	臺師大	臺師大、臺大、政大	3
總計：68校			

　　十一國圖書資訊學教育評鑑分為四種模式：其一、由學會主導專業資格認可，如英國與澳洲，是由學會評鑑圖書資訊學學程與課程，專業資格認可的意義是學生修習認可學校學位申請學會會員而取得專業資格。其二、高等教育主管機關主導評鑑大學系所辦學品質，如英國、中國與韓國，英國高等教育品質保證委員會（QAA）進行大學學門評鑑，中國進行學科評鑑，與韓國大學教育協議會辦理的大學評鑑均為此類，並且與圖書館學會無關。其三、學會主導圖書資訊學系所評鑑模式，如美國，是由高等教育認可委員會指定美國圖書館學會擔任認可機構，對圖書資訊學碩士班評鑑，其保證圖書資訊學校品質與畢業生取得專業資格，所以是專業與學術評鑑集於一身。其四、高等教育評鑑未含專業系所評鑑，如臺灣與日本。臺灣係由教育部定期六年組織評鑑小組赴各校進行系所評鑑。基於專業教育評鑑可以保障專業教育品質，以及提升專業學術研究水準與系所聲望，臺灣應考慮研究建立圖書資訊學學門專業評鑑制度可行性，參見表14-4、14-5。

表14-4　十一國圖書資訊學教育評鑑制度

	評鑑種類	評鑑意義	評鑑制度
美國	圖書資訊學專業學程認可 Program Accreditation	認可制度是針對LIS教育機構，學會依據首次與定期評鑑的結果，給予學校、專門機構、學院、大學或專業科系承認，證明已達到某些既定的條件和教育標準	（1）美國圖書館學會由美國聯邦教育部長與高等教育認可委員會指定該學會負責辦理圖書資訊學碩士班認可 （2）該學會訂定認可標準，並綜理有關認可事務 （3）目前認可的學校有55校
英國	圖書資訊學專業資格認可 Accredited Qualification	（1）係藉由相關學會對各校課程認可，學生修得學位並申請成為學會會員，獲得專業資格	（1）認可課程範圍包括大學部學位、碩士文憑、碩士課程與遠距學習 （2）英國圖書館學會訂定課程審核標準，並對學校評鑑

表14-4 十一國圖書資訊學教育評鑑制度（續）

	評鑑種類	評鑑意義	評鑑制度
		（2）英國視普通會士為圖書館專業資格之象徵，英國圖書館學會藉此認可制度以維持專業的標準與品質	（3）目前有18校60餘種學程被認可
德國	國家高等教育評鑑，無LIS專業評鑑	大學評鑑係對大學進行教學與學術研究評鑑	
法國	國家高等教育評鑑，無LIS專業評鑑	大學評鑑係對大學進行教學與學術研究評鑑	
澳洲	圖書資訊學專業課程認可 Accredited Courses，與高等教育評鑑	認可係由學會對圖書資訊學校提供課程認可，使學生修習學位並申請會員資格以獲得專業資格	（1）專業資格認可分為圖書館員與資訊專業人員、圖書館技術員，與教師圖書館員三種 （2）認可學程包括：學士班、碩士文憑、碩士班與教師圖書館學碩士班 （3）ALIA承辦，發展教育政策與標準實施課程認可 （4）目前有13校27種學程被認可
紐西蘭	高等教育評鑑，學會館員專業資格評鑑	大學評鑑係對大學進行教學與學術研究評鑑	圖書資訊學教育認證主要由政府的大學學術學程委員會（CUAP）主責，紐西蘭圖書館與資訊學會LIANZA並未負責課程認證計畫，透過專業註冊制度，認可紐西蘭圖書資訊學系所畢業生的資格

表14-4　十一國圖書資訊學教育評鑑制度（續）

	評鑑種類	評鑑意義	評鑑制度
印度	高等教育評鑑，無LIS專業評鑑	大學評鑑係對大學進行教學與學術研究評鑑	
日本	高等教育評鑑，無LIS專業評鑑	大學評鑑係對大學進行教學與學術研究評鑑	
韓國	高等教育評鑑，無LIS專業評鑑	大學評鑑係對大學進行教學與學術研究評鑑，促進大學教育品質與合作	（1）由韓國大學教育協議會辦理，主導大學的評鑑，每年選擇一學門科系進行評鑑，每7年1次 （2）文獻情報學系大致通過評鑑
中國	學科評估	採學科評估，係對研究所學門評鑑制度，為推動博士、碩士學位授權點的發展，促進學科建設	（1）由高等學校與科研院所學位與研究生教育評估所進行學科評估 （2）客觀評估與主觀評估。按照學科評估指標體系綜合排名
臺灣	高等教育評鑑，無LIS專業評鑑	大學評鑑係對大學進行教學與學術研究評鑑	教育部委託財團法人高等教育評鑑中心基金會進行大學評鑑，分為校務評鑑、與系所評鑑，其後改為自我品質保證制度

表14-5　十一國圖書資訊學教育評鑑標準與認證學程

	評鑑種類	負責單位	開始時間	評鑑學程	認證學校	評鑑標準
美國	圖書資訊學專業學程認可 Program Accreditation	ALA	1951	碩士	美55校 加8校 波1校 共64校	Master's Programs in Library & Information Studies
英國	圖書資訊學專業資格認可 Accredited Qualification	CILIP	1964	學士、碩士、高級文憑、遠距學習	英國14校 英國國防部 國外9校	Professional Knowledge & Skills Base, PKSB
德國	國家高等教育統一評鑑，無LIS專業評鑑	認證委員會基金會	1988	學士、碩士、文憑、博士、遠距學程	13校，33學程	Standards & Guidelines for Quality Assurance in the European Higher Education Area
法國	高等教育評鑑，無LIS專業評鑑					
澳洲	圖書資訊學課程認可 Accredited Courses, 與高等教育評鑑	ALIA	1990	學士、碩士、高級文憑、遠距學習、學士後文憑、教師館員學程	7校，13學程	1. Foundation Knowledge, Skills & Attributes Relevant to Information Professionals Working in Archives, Libraries & Records Management

表14-5　十一國圖書資訊學教育評鑑標準與認證學程（續）

	評鑑種類	負責單位	開始時間	評鑑學程	認證學校	評鑑標準
						2. Foundation Knowledge for Entry-Level Library & Information Professionals
紐西蘭	高等教育評鑑，與學會館員專業資格評鑑	CUAP、NZQA、LIANZA	NA	學士、碩士、遠距學習	3校	1. New Zealand Qualification Framework 2. Bodies of Knowledge, BoK
印度	有高等教育評鑑，無LIS專業評鑑	國家教育評鑑與認證委員會 NAAC	1994			
日本	有高等教育評鑑，無LIS專業評鑑					
韓國	有高等教育評鑑，無LIS專業評鑑	韓國大學教育委員會 KCUE	1982	學士		評鑑領域：教育目標及教育課程、教授與授課時數、學生、教育環境及支援體制、教育成果

表14-5 十一國圖書資訊學教育評鑑標準與認證學程（續）

	評鑑種類	負責單位	開始時間	評鑑學程	認證學校	評鑑標準
中國	學科評估	中國教育部學位與研究生教育發展中心	2000	碩士、博士	27校	1.學科評估指標體系包括學術隊伍、科學研究、人才培養、學術聲望；2.分文、理、工、農、醫、管理六類。
臺灣	有高等教育評鑑，無LIS專業評鑑	高等教育評鑑中心	2005	學士、碩士、博士	7校	評鑑項目：目標、核心能力與課程規劃；教師、教學與支持系統；學生、學習與支持系統；研究、服務與支持系統；自我分析、改善與發展。

14.3 教育變革與未來趨勢

　　圖書資訊學教育從1887年，在美國成立第一所圖書館學校，經過一百三十餘年發展，陸續在英國、德國、法國、澳洲、紐西蘭、印度、日本、韓國、中國與臺灣開花結果，建立專業教育制度，培養專業人才，推動圖書館事業與資訊服務蓬勃發展。圖書資訊學專業教育基礎的奠定，首推1923年，美國〈威廉生報告〉（Williamson Report）提出三大建議：其一、圖書館教育是專業教育；其二、圖書館學校必須設立於大學環境中；其三、必須建立教育評鑑。這些指引圖書館專業教育發展方向，也成為世界各國圖書資訊學教育的重要指南。各國紛紛在大學中成立圖書資訊學系所，並次第建立學士班、碩士班、博士班，專門培育圖書資訊學專業人才。有關建立圖書資訊學教育評鑑制度，本書探討的十一國唯有美國、英國、澳

洲三國實踐，提升三國圖書資訊學專業教育的卓越品質，並成為世界表率。

圖書資訊學教育隨著時代發展，不斷調整與時俱進。到二十一世紀，成為圖書館與資訊服務專業人員的養成途徑，培養具備專業能力，勝任專業工作，提升圖書館與資訊服務，以及促進圖書資訊學研究。圖書資訊學從圖書館學演變而成，兼具專業與科學性質，並融入資訊科學，使得本學科發展從「圖書館中心」，轉向「資訊中心」。及至1980年代，融入資訊科學改名為圖書資訊學。

由於社會變遷、資訊科技發達、高等教育改革等，近代圖書資訊學教育面臨新問題：學校不斷改名，學程主題與內容擴大，學門與教育發生本質的改變。並引發課程調整，教育與圖書館界脫節等問題。2005年，iSchools聯盟出現，許多圖書資訊學學校參加並改名為資訊學院，使得圖書資訊學門走向跨領域新方向。

澳洲、紐西蘭、印度、臺灣、日本、韓國除了上述困境，尚有其他問題，如學校規模小、教師員額太少、學生數量太少、課程不符市場需求、缺乏專業教育評鑑制度，以及圖書資訊學教育與就業市場失衡問題。日本還有圖書資訊學教育定位問題，圖書館員專業資格條件過低影響專業教育的品質，引發圖書資訊學教育與就業市場嚴重失衡。

本書描繪歐美與亞太地區十一國圖書資訊學專業教育制度與歷史發展，在大學中設置學士班、碩士班與博士班三級教育制度。全球圖書資訊學教育未來將面臨更嚴峻的新挑戰與變革，以下從六方面探討圖書資訊學教育的變革與未來發展，最後提出建議。

14.3.1 從專業教育走向學術教育

圖書資訊學教育前身為圖書館學教育，為圖書館專業人員提供系列的教育與訓練，培養其專業的知識與能力，以應付圖書館工作需求。如今圖書資訊學系所普遍設立於大學環境之中，逐漸與高等教育發生了共生的關係。現代大學以教學與學術研究為主要任務，而圖書資訊學系所也受到大

學規範，要求其必須在教學之外，重視學術研究，更重要的是要在社會上成為知識工業站，並具有社會價值。高等教育走向市場導向的方向，造成大學的高度競爭，加上全球經濟的衰退，大學經費縮減，形成高等教育重視學術評鑑制度與實施退場機制。

圖書資訊學教育也與其母機構相關，面臨任務改變、教育變革、高度競爭的環境以及經濟壓力的挑戰，圖書資訊學校生存受到威脅，因而從專業教育轉向學術教育，改為追求教學與學術研究的發展，以及在大學環境中彰顯學科價值。為了因應圖書館學校關閉的危機，美國圖書館學會自1992年起，將認可標準的名稱與內涵作了調整，將學科改名為「圖書館與資訊研究」（Library and Information Studies），認可標準涵蓋圖書資訊學教育六要件：策略規劃、課程、教師、學生、管理及經費支援、硬體資源及設備。並要求教師應參與各學程的教學、研究與服務活動，具有高等學歷並且來自不同的學術領域，具有從事研究的能力以及致力於營造優良的教學環境，以達成專業學程教學目標。圖書資訊學教育的本質發生改變，從專業教育轉向學術教育（American Library Association [ALA], 2019）。

14.3.2 從圖書館中心、資訊中心走向跨學科領域

鑑於資訊科技大量運用在社會與圖書館之中，1970年代，美國圖書館學校開始改名為圖書館與資訊科學。1992年，美國圖書館學會修訂了認可標準，將認可主體從圖書館學（Library Science）改為圖書館與資訊研究（Library and Information Studies），並界定學門為「係專指研究紀錄性資訊與知識，及裨益其管理與利用之服務與技術的一門學科，此學科涵蓋資訊與知識之創造、溝通、辨識、選擇、徵集、組織及描述、儲存及檢索、保存、分析、解釋、評估、綜合、傳播與管理」。此對近代美國圖書資訊學教育影響最大，提供圖書資訊學一個寬廣的意涵與空間，新名稱偏重於「資訊管理與研究為中心」，然而新定義未見圖書館字眼，圖書館成為資訊研究的應用與服務領域，改變圖書館主體的地位，而使資訊成為中心，使用者的資訊轉換與管理成為學科核心。圖書資訊學門近年加入數位圖書館、數位人文學、資料科學應用、研究資料服務等許多新議題的課程與研究，影

響圖書資訊學學門逐漸走向跨學科領域的新方向。

14.3.3 圖書資訊學教育指南更新

　　圖書資訊學教育標準與指南反映圖書資訊學教育的精義與要件，為因應數位時代變革，美國圖書館學會、英國圖書館與資訊專業學會以及國際圖書館協會聯盟，均在近十年修訂圖書資訊學教育標準與指南，顯示圖書資訊學教育內涵更新。美國圖書館學會於2019年，更新〈圖書館與資訊研究碩士學程認可標準〉（Standards for Accreditation of Master's Programs in Library and Informational Studies），這是美國圖書資訊學碩士學程評鑑認可制度依據的標準，也是美國圖書館員資格獲取的重要條件。該標準名稱依然採用「圖書館與資訊研究」（Library and Information Studies）一詞。其中涵蓋五大要件：系統性規劃、課程、教師、學生，以及行政管理、財務經費與資源等，再細分46項評估要點，提供認可委員會（Committee on Accreditation，簡稱COA）審查認可美國、加拿大圖書資訊學碩士班的依據（ALA, 2019）。

　　國際圖書館協會聯盟（International Federation of Library Associations and Institutions，簡稱IFLA）鑑於網路與資訊科技的進步，圖書館實務與內涵大幅改變，為反映時代需求，在2022年進行教育指南修訂，名稱改為〈圖書館與資訊科學專業教育學程指南〉（Guidelines for Professional Library and Information Science（LIS）Education Programmes），界定「圖書館與資訊科學」（LIS）：是研究領域，也是專業實踐。在教育和學術領域，它關注所有形式的資訊，處理資訊的技術以及與資訊和相關技術的人與人之間的互動。指南包括八要件：教學與學習；基礎知識領域（FKAs）；課程；學校治理；學術、研究、教師和行政人員；學生；繼續教育與專業發展；教育和研究資源與設施（International Federation of Library Associations and Institutions, 2022）。

　　美國圖書館學會與IFLA的圖書資訊學教育標準及指南，主要提供圖書資訊學學程的評鑑與設立參考。英國圖書館與資訊專業學會（Chartered Institute of Library and Information Professions，簡稱CILIP）主責英國圖書

資訊學學程認可，該學會提出〈專業知識與技能基石〉（Professional Knowledge and Skills Base，簡稱PKSB）作為英國圖書資訊學學士與碩士學程的認可標準。標準包括圖書館、資訊與知識專業技能四層級組合，第一層為核心道德與價值觀，第二層為專業知識與通用技能，第三層為其他圖書館、資訊與知識機構背景，第四層為其他機構與環境背景。第二層級專業知識包括：知識與資訊組織，知識與資訊管理，知識與資訊的使用和利用，研究技巧，資訊治理與遵守，文件管理與典藏，館藏管理與發展，以及讀寫素養與學習8大項，64項指標。通用技能涵蓋：領導力與倡議，策略、規劃與管理，顧客服務導向設計與行銷，以及資訊科技與通訊指標。該標準概述圖書資訊領域所需的知識與技能，可用於個人或機構技能分析，員工培訓與發展計畫，並引導課程培訓與專業發展（Chartered Institute of Library and Information Professions, 2021）。

14.3.4 iSchools運動對圖書資訊學教育影響

　　iSchools聯盟的出現是二十一世紀圖書資訊學教育重大事件，並改變圖書資訊學校的經營方向。2005年，iSchools聯盟正式成立，近十年快速成長，2022年，iSchools聯盟增至123會員，遍及美洲、歐洲、亞洲、澳洲各洲，中國有13校，臺灣有3校參加。iSchools聯盟成員為關注圖書資訊學、資訊科技或資訊科學等領域的學院或系所，主張以使用者、資訊、科技三者為核心，發展資訊研究與教學，促進人類科學、商業、教育與文化領域的進步（iSchools, 2022）。

　　肖希明等（2016）分析iSchools運動對圖書資訊學教育影響，iSchools聯盟研究圍繞著資訊、科技與人，並與圖書資訊學教育變革相輔相成，研究的「跨學科性質」日益明顯，如教師背景廣泛，學生背景、課程設置、及科研項目研究均出現跨學科現象。iSchools運動也影響人才培養模式變革，李金芮與肖希明（2012）從學科設置，入學條件，培養目標，培養方式，培養內容，培養要求質量評估與認證等方向，對34所iSchools聯盟成員院校調查，發現iSchools聯盟人才培養模式突破了圖書館專業單面向的侷限，根據寬廣的資訊專業需求適時調整人才培養目標，注重實踐能力培養。

iSchools課程設置專業針對性較強，選修課數量大，注重實踐課程設置，課程設置反映iSchools聯盟學院的學科建設和發展思路。

14.3.5圖書資訊學線上教育成長

近十年線上教育與數位學習大量成長，影響高等教育轉型，開放教育與MOOCs課程成為教育風潮。圖書資訊學線上學程蓬勃發展。1996年，美國University of Illinois圖書館學院成功實施線上碩士班實驗計畫——LEEP Library Education Experiment Project，開啟圖書資訊學線上教育紀元。王梅玲（2019）探討美國與臺灣圖書資訊學線上教育，美國有40所圖書資訊學線上碩士班，臺灣自2009年開始，政治大學、淡江大學與臺灣師範大學開辦圖書資訊學數位碩士在職專班，為圖書館在職人員打開專業繼續教育之門。美國40所線上碩士班有34所百分百線上學程，以線上課程為主輔以面授課程有12所，兩種模式採行共6校。

MOOCs 也影響圖書資訊學教育，MOOCs，全稱為Massive Open Online Courses，臺灣稱為磨課師、中國叫慕課。是透過網路把課程開放給大眾參與學習的在線課程；具有大規模、開放式與在線課程三種性質。學習者修習MOOCs達到課程要求，可獲得修課證書。全球MOOCs平臺以Udacity、Coursera、與edX著稱，臺灣地區有ewant育網、中華開放教育平臺，提供課程教學、數位學習、學習互動與認證功能（王梅玲、張譯文、林明儀，2019）。黃如花與黃雨婷（2019）指陳中國積極鼓勵高等學校和職業學校依據優勢學科專業開發線上開放課程，中國建設國家級精品課程、國家級精品資源分享課程，開設了「資訊檢索」、「資訊組織」、「目錄學」、「學術規範」等慕課。王梅玲、張譯文、林明儀（2019）探討臺灣的資訊素養能力導向磨課師課程發展與課程評估，以政治大學「資訊力與資訊搜尋」磨課師為研究個案。

14.3.6未來教育趨勢報告

美國圖書館學會（ALA）（2014）提出〈動盪的世界趨勢報告〉（Trends Report: Snapshots of a Turbulent World），對圖書館未來發展提出七項趨勢，

包含：（1）全球互聯世界形成。（2）環境恢復力提升。（3）人口統計呈現更大，更老，更多樣化面貌。（4）經濟不公平加劇。（5）公共部門預算不足。（6）教育朝向自我導向，協作和終身學習發展。（7）工作需要新技能與新結構。該報告引起圖書資訊學教育關注，美國馬里蘭大學資訊學院展開圖書資訊學教育環境掃描，重新探討圖書館學碩士教育（Bertot & Percell, 2014, 2015）。

美國馬里蘭大學描繪未來圖書館學碩士教育的樣貌如下：圖書館從實體館藏與服務為焦點轉成關注使用者與社區參與；並追求圖書館核心價值重視：公平、知識自由、包容、隱私、公民參與；關注圖書資訊學專業人員未來新能力需求，重視社群創新變革及建立夥伴關係。未來資訊機構需要大量數據，需要培養未來資訊專業人員具備數據技能，並且關注數位資產與數位典藏的思維（Bertot & Percell, 2014, 2015）。

我國關注未來圖書資訊學教育的發展，中華圖書資訊學教育學會（2021）進行相關研究，提出〈轉變與擴疆：臺灣圖書資訊學教育白皮書2021-2030〉，分析我國圖書資訊學校的優勢，碩士班優良且擁有多元優秀的教師，並且在文化數位內容計畫與線上教育發展良好。但是未來十年將面臨下列困難：圖書資訊學系所規模小，師資缺乏，招生不足，專任教師退休潮產生師資的缺口，圖書資訊學校缺少專業評鑑，品質難以提升並有礙國際化發展，以及博士教育招生人數減少，競爭力下降的問題。

前瞻全球圖書資訊學未來教育討論議題：包括未來圖書資訊學人才與新能力模式，未來圖書資訊學市場需求與教育供應關係，未來圖書資訊學碩士班多元發展的策略，圖書資訊學教育評鑑與國際化策略，圖書資訊學課程與核心課程設置，以及圖書資訊學博士班發展策略。綜整本書論述，圖書資訊學教育發展與圖書資訊學科建設、圖書館事業與圖書資訊學研究息息相關，期望下個十年的圖書資訊學教育永續發展，勃運生機。

14.4建議

本書綜整歐美與亞太地區十一國圖書資訊學教育探討，對國際與我國圖書資訊學教育提出下列建議：

14.4.1國際圖書資訊學教育的建議

1. 圖書資訊學門意涵與發展

   圖書資訊學門的意涵，在美國圖書館學會圖書館與資訊研究碩士班認可標準有所界定，但其未說明圖書館在學門新定義的定位與角色。英國與澳洲雖有定義，但尚無共識。臺灣、中國、日本、韓國用不同的名詞稱呼這個學門，圖書資訊學、信息管理、圖書館與情報學、文獻與情報學等。如今從圖書館中心到資訊中心，又朝向跨學科新方向，應重新對學門名稱、內涵界定，並且進行跨國性的對談，建議由國際圖書館協會聯盟（IFLA）領導，聚集各國討論建立國際圖書資訊學教育的共識，以壯大學門與教育的聲勢與地位。

2. 圖書資訊學教育制度

   基於前述新發展方向，學士班、碩士班學程宜再檢視討論，對學士班與碩士班的教育目標與課程設計應重新討論。由於社會終身學習的風氣，學生更希望隨時隨地可利用電腦與網路學習與進修，所以遠距教學與學位認證應及早研究，以適用於未來的新形式的教育。

3. 建立圖書資訊學專業評鑑制度與國際接軌

   圖書資訊學教育是專業教育，專業教育評鑑有助於提升圖書資訊教育的品質，國際認證有助於提升圖書資訊學系所的聲望，以及各國圖書資訊專業人力的交流。建議尚未建立圖書資訊學專業教育評鑑的八個國家，向美國、英國、澳洲三國圖書資訊學教育學習，積極建立圖書資訊學教育評鑑制度，並參與國際教育評鑑，以提升教育的品質與建立國際專業認證互通制度，以利圖書資訊學人員在國際移動，交流專業資格證明。

4. 發展專業能力導向的教育

專業能力是圖書館與資訊機構專業人員重要的知識與技能，也是圖書資訊學專業教育的核心。由於網際網路革命與新興科技推陳出新，社會不斷變革，應重新檢討新時代圖書館的價值與定位，以及研究新時代圖書館員與資訊專家的專業能力模式，並要求圖書資訊學教育配合專業能力的需求，發展專業能力導向的教育與學程，以培養未來的專業人員。這些新圖書館員專業能力並可作為圖書館員繼續專業發展的參考。

5. 圖書資訊學課程設計反思

鑑於圖書資訊學教育擴大了的應用領域，課程設計應強調朝向專科性課程方向規劃，如教師圖書館學、醫學圖書館學、商學圖書館學、檔案學、數位人文、資料管理、出版等。圖書資訊學系所應首先規劃核心與一般性課程，其次依學校特色與市場需求設計專科性課程，以提供學生可依興趣與意願修習專科性課程，以符合未來工作與市場需求。

6. 圖書館學會與教育界加強合作

鑑於圖書資訊學教育走向學術教育，恐將與圖書館與資訊專業漸行漸遠，而且若干國家已出現教育與就業市場失衡現象，故建議應加強圖書館學會與圖書資訊學教育系所的合作，兩者建立夥伴關係，圖書資訊學教育的發展與評鑑應邀請圖書館學會與圖書館界參與。圖書館學會也要主動研究圖書館價值與圖書館員專業能力以提供圖書資訊學教育規劃與設計的參考。

14.4.2 臺灣圖書資訊學教育的建議

國際圖書資訊學教育全球競爭激烈，我國未來除了提升教育品質，也需向國際接軌與交流，以提升國際能見度，招收國際學生。中華圖書資訊學教育學會（2021）提出《轉變與擴疆：臺灣圖書資訊學教育白皮書》，建議我國圖書資訊學教育使命為：「培養具競爭力的前瞻圖書資訊學人才，發展健全與調變性的圖書資訊學教育系統，促進圖書館資訊事業以及圖書資訊學研究永續與卓越發展」。並指向四大願景：（1）發展完整圖書資訊學教育系統，設置學士班與研究所，堅實教育基礎，成為永續與彈性的圖書資訊

學教育。（2）成為卓越的臺灣圖書資訊學教育，在亞洲名列前茅。（3）我國圖書資訊學系所通過國際圖書資訊學教育評鑑，提升國際聲望與認可。（4）成為具國際水平的圖書資訊學博士教育，供應我國優質的圖書資訊學教育師資與傑出的圖書館事業領導人才。

期望我國圖書資訊學教育未來發展朝向下列方向，成為國際有競爭力的國家：（1）健全發展圖書資訊學系所教育系統，各校設置圖書資訊學學士班與研究所，各獨立研究所擴大設置學士班，以堅實教育基礎，發展永續與卓越的圖書資訊學教育。（2）精進圖書資訊學碩士教育，各校發展特色優勢，優化圖書資訊學碩士教育品質，發展成為亞洲圖書資訊學教育品牌。（3）系所評鑑與國際專業評鑑接軌，擴展圖書資訊學教育國際化。輔導我國圖書資訊學系所參與英國或美國圖書資訊學教育認證與評鑑，獲得國際聲望與認可。（4）持續研訂圖書資訊學核心能力，發展能力導向教育與課程，以培養有競爭力的前瞻圖書資訊學人才。（5）健全中小學圖書館與媒體館員的教育系統，培養優良的學校圖書館員與媒體專家，以推動我國中小學閱讀與資訊素養教育。

參考文獻

中華圖書資訊學教育學會（2021）。**轉變與擴疆：臺灣圖書資訊學教育白皮書2021-2030**，臺北市：中華圖書資訊學教育學會

王梅玲（2019）。美國與臺灣圖書館與資訊科學線上教育研究。**圖書館論壇，2019**（1），153-170。

王梅玲（2021）。2010-2020年圖書資訊學教育研究回顧與前瞻：變革與擴疆。**圖書資訊學研究回顧與前瞻2.0**，頁612-644。臺北：元華文創。

王梅玲、張譯文、林明儀（2019）。信息素養能力導向磨課師課程發展與評估研究。**圖書館論壇，12**，119-135。

吳丹、余文婷（2015）。近五年國內外圖書情報學教育研究進展與趨勢。**圖書情報知識，165**，4-15。

李金芮、肖希明（2012）。iSchools人才培養模式研究。圖書情報工作，**23**，6-10。

沈姍姍（2000）。國際教育改革趨向與影響因素。國際比較教育學。臺北：正中，頁342。

肖希明、司莉、吳丹、吳鋼（2016）。**iSchools 運動與圖書情報學教育的變革**。武昌：武漢大學出版社。

黃如花、李白楊（2015）。MOOCs背景下信息素養教育的變革。**圖書情報知識**，**4**，14-25。

黃如花、黃雨婷（2019）。全球視野下我國圖書情報學教育變革之思考。**圖書情報知識**，**191**，4-11。

American Library Association (2014). *Trends report: Snapshots of a turbulent world.* Chicago: American Library Association Policy Revolution Initiative. https://districtdispatch.org/wp-content/uploads/2014/08/ALA_Trends_Report_Policy_Revolution_Aug19_2014.pdf

American Library Association (2019). *Standards for Accreditation of Master's Programs in Library and Information Studies Adopted by the Council of the American Library Association (the Council)*, February 2, 2015 Revision of standard element V.3 adopted by the Council, January 28, 2019 by request of the Committee on Accreditation. http://www.ala.org/educationcareers/sites/ala.org.educationcareers/files/content/standards/Standards_2019_ALA_Council-adopted_01-28-2019.pdf

Bertot, J. C. & Percell, J. (2014). *Re-envisioning the MLS: Issues, Considerations, and Framing.* Retrieved from http://mls.umd.edu/wp-content/uploads/2015/08/ReEnvisioningFinalReport.pdf

Bertot, J. C. Sarin, L. C., & Percell, J. (2015). *Re-envisioning the MLS: Findings, issues, and considerations.* http://mls.umd.edu/wp-content/uploads/2015/08/ReEnvisioningFinalReport.pdf

Chartered Institute of Library and Information Professions (2012). *Professional knowledge and skills base.* https://www.cilip.org.uk/page/PKSB

Chu, H. (2010). Library and Information Science Education in the Digital Age. *Advances in Librarianship, 32*, 77-111.

International Federation of Library Associations and Institutions (2022). *Guidelines for Professional Library and Information Science (LIS) Education Programmes.* https://mail.google.com/mail/u/1/?ogbl#inbox/ FMfcgzGpHHPnvJzdDhTsggTRwGKgnvzk?projector=1&messagePartId= 0.1

iSchools (2022). *iSchools.* https://iSchools.org

Saunders, L. (2019). Core and more: examining foundational and specialized content in library and information science. *Journal of Education for Library and Information Science, 60*(1).

附錄一
歐美與亞太地區十一國圖書資訊學教育大事年表

1820	〔德國〕Friedrich Adolf Ebert於《圖書館員的教育》（*Die Bildung des Bibliothekars*）一書中提倡大學圖書館員應具備專業知識，主張編目是最主要的工作，對於德國圖書館員專業認定發生影響。
1821	〔法國〕巴黎成立的檔案管理學院（Ecole Nationale de Chartre, ENC）開設第一個圖書館課程。
1822	〔法國〕成立圖書館管理局，協助建立法國圖書館專業人員的證照考試制度。
1840	〔紐西蘭〕紐西蘭成為英國殖民地。
1857	〔印度〕印度成為英國殖民地。
1868	〔日本〕明治維新時期，西方的圖書館觀念傳入日本。
1876	〔美國〕美國圖書館學會（American Library Association）成立。
1879	〔法國〕創立第一圖書館管理專業證書制度，頒給圖書館管理專業證書。
1885	〔英國〕英國圖書館學會舉辦第一次圖書館員檢定考試。 〔韓國〕延世大學圖書館學系提供一年的圖書館訓練課程，並為學校圖書館的教師兼圖書館員舉辦專門課程。
1886	〔德國〕哥廷根大學設立圖書館學講座，倡議在大學發展獨立圖書館學課程。
1887	〔美國〕杜威在哥倫比亞大學設立第一所圖書館學校——圖書館學院。
1888	〔德國〕普魯士王國教育部成立圖書館委員會，建議將大學圖書館員納入公職體系。
1892	〔日本〕成立日本文庫協會，後改名日本圖書館學會。

1893	〔德國〕圖書館高級館員的培養教育開始，頒布了「普魯士教育和考試規則」。
1895	〔臺灣〕中日甲午戰爭，日本統治臺灣。
1898	〔澳洲〕新南威爾斯公共圖書館的館長為館內同仁舉辦英國文學與編目的課程，開啟圖書館教育的先端。
1899	〔日本〕日本頒布〈圖書館令〉。
1900	〔德國〕德國第一個圖書館專業學會——德國圖書館員學會（Verein Deutscher Bibliothekarinnen und Bibliothekare）成立。
1901	〔澳洲〕澳洲聯邦正式誕生
1903	〔日本〕設立「圖書館事項講習會」。
1908	〔日本〕日本文庫協會更名為「日本圖書館協會」。
1909	〔英國〕建立圖書館員註冊制度。 〔德國〕通過中階圖書館員文憑考試法令。
1911	〔印度〕威廉・阿蘭森・博登（William Alanson Borden）在 Baroda 創辦了印度第一個圖書館訓練課程。 〔日本〕日本圖書館協會成立「圖書館員養成所設置委員會」，建議文部省設置培育圖書館員的專職機構。
1914	〔德國〕萊比錫公共圖書館協會中央辦公室主任Walter Hofmann創立「圖書館技術與管理學校」。
1915	〔美國〕美國圖書館學學校學會成立。 〔德國〕德國圖書館員與博物館公務員學校設立，以培育學術圖書館員和博物館員。 〔澳洲〕實行館員錄用考試。 〔印度〕Asa Don Dickinson於旁遮普大學（University of Punjab）開設圖書館員培育中心提供訓練課程。
1917	〔英國〕Ernest Baker倡議設置圖書館學校，提出在倫敦大學學院（University College London）建立圖書館學校計畫書。 〔德國〕德國圖書館員與博物館公務員學校改名為德國萊比錫圖書館學校。

1918	〔日本〕東京帝國大學於文學院開設圖書館課程，為第一個在大學層級提供圖書館課程的學校。
1919	〔英國〕倫敦大學學院在卡內基英國信託基金會援助下，成立第一所英國正規圖書館學校——圖書館學院（School of Librarianship）。
1920	〔日本〕文部省成立「圖書館員教習所」。 〔中國〕中國成立第一所圖書館學校——文華圖書科。
1921	〔德國〕萊比錫圖書館協會中央辦公室圖書館技術與管理學校改名為「德國公共圖書館學校」。哥廷根大學圖書館學講座轉移至佛里德里希——威廉大學（現今柏林洪堡大學）。 〔日本〕文部省開設圖書館員教習所。
1922	〔日本〕東京帝國大學圖書館課程的學校關閉。
1923	〔美國〕Williamson Report提出。 〔法國〕設立第一所圖書館學校——巴黎圖書館學校（Paris School of Library）。
1924	〔美國〕成立「圖書館教育委員會」（Board of Education for Librariaship, BEL）負責圖書館學校評鑑與研訂標準。
1925	〔美國〕美國圖書館學會訂定〈圖書館學校最低標準〉（Minimum Standard for Library School）。 〔日本〕圖書館員教習所改稱為「圖書館講習所」。 〔中國〕上海國民大學創辦圖書館學系。中華圖書館協會成立。
1926	〔美國〕芝加哥大學設「芝加哥大學圖書館研究所」（Graduate Library School at the University of Chicago, GLS），開辦第一所圖書學碩士班。
1927	〔中國〕金陵大學創辦了圖書館學系。
1928	〔美國〕芝加哥大學開辦美國第一所圖書館學博士班。 〔英國〕圖書館學會同意倫敦大學學院圖書館學院有大學文憑的畢業生得豁免參加考試，登記成為合格圖書館員。 〔德國〕佛里德里希——威廉大學設立「柏林圖書館學校」（Institute of Library Science），為德國第一所圖書館正規學校。

1929	〔美國〕經濟大恐慌，圖書館教育開展遲緩。 〔印度〕馬德拉斯大學University of Madras與馬德拉斯圖書館協會合作發起的Library School，視為第二所圖書館學學院。S. R. Ranganathan接受MALA贊助，開設為期三個月的圖書館學證書課程。 〔中國〕文華圖書科，更名為私立武昌文華圖書館專科學校，仿照美國紐約哥倫比亞大學圖書館管理學校制度建立的專校，是中國最早的圖書館學教育機構。
1930	〔美國〕成立Chicago Library Institute, 圖書館研究所碩士班, 博士班。
1931	〔法國〕布里特創立法國文獻組織聯盟（UFOD），引進文獻學。 〔印度〕馬德拉斯Madras大學開放圖書館學士班。
1932	〔法國〕圖書館管理局建立圖書館員技術文憑制度，檔案學校開始提供圖書館員的培訓課程。
1934	〔德國〕柏林圖書館學校關閉。
1935	〔紐西蘭〕紐西蘭圖書館學會，於年會進行Munn-Barr報告，建議於奧克蘭、威靈頓及基督城三城市開設圖書館學專業教育的短期訓練課程。
1937	〔澳洲〕澳洲圖書館員學會成立。 〔紐西蘭〕紐西蘭圖書館學會成立了訓練委員會。 〔印度〕馬德拉斯大學（University of Madras）設立圖書館學研究所，提供一年制的研究生文憑課程，是印度圖書館正規教育的開始。
1938	〔德國〕聯邦政府頒布全國性高階（學術）圖書館員教育訓練法令。慕尼黑公共圖書館恢復職業訓練課程。 〔澳洲〕澳洲圖書館員學會首次年會。聯邦國家圖書館開設初級編目、進階編目與書目等課程，開始圖書館員教育的工作。
1940	〔德國〕萊比錫圖書館學校停止提供學術圖書館員教育。 〔澳洲〕澳洲圖書館員學會標準與訓練委員會建議將該學會的「資格證書」並設立初級考試與資格考試並頒發證書。
1941	〔澳洲〕AIL成立考試與證書常設委員會。 〔紐西蘭〕圖書館業界於年會上討論圖書館學課程大綱。

1942	〔德國〕斯圖加特圖書館學校成立，以公共圖書館員培訓為主。 〔紐西蘭〕紐西蘭圖書館學會（NZLA）為回應國內圖書館員訓練的需要，因而發展出3年內完成修業並取得圖書館職務的相關課程。 〔印度〕Banaras印度教大學（Banaras Hindu University, BHU）成為印度第二所開設全日制研究生文憑的大學。
1944	〔澳洲〕建立一個全國性的圖書館員考試和認證體系，並於6月舉辦第一次資格考試。
1945	〔法國〕開設第一門文獻學課程。 〔德國〕萊比錫圖書館學校暫時關閉。漢堡市公共圖書館開始提供訓練課程。 〔韓國〕朝鮮圖書館學會成立。 〔臺灣〕日本戰敗，臺灣結束日治時期。
1946	〔美國〕首次提出五年制碩士學位觀念。 〔德國〕北萊茵-西伐利亞邦科隆市（Köln, Nordrhein-Westfalen）開設公共圖書館員培訓學校。 〔澳洲〕聯邦國家圖書館正式設立訓練學校。 〔紐西蘭〕第一所有大學文憑的圖書館學校於首都威靈頓創立。 〔韓國〕國立朝鮮圖書館擔負訓練圖書館員責任，開設「國家圖書館學校」。
1947	〔德國〕蘇聯佔領區頒布〈蘇聯佔領區大學圖書館服務暫行考試條例〉做為學術圖書館員認證考試標準。 〔紐西蘭〕紐西蘭由殖民地轉為獨立國家。 〔印度〕印度獨立。德里大學（Delhi University）圖書館學系開課，成為印度第一所開設圖書館學學位學程的大學。 〔日本〕二次大戰中關閉的上野圖書館講習所重新開放。 〔中國〕北京大學設置圖書館專修科。
1948	〔澳洲〕維多利亞公共圖書館訓練學校成立。 〔印度〕德里大學開設圖書館學士學程。 〔日本〕京都大學成立「京都圖書館學校」，東京大學圖書館為培育大學圖書館館員亦開辦暑期講習會。

〔德國〕德國分裂為東西德後，柏林國立圖書館成為東德之國家圖書館，提出課程整合計畫，並建議各級圖書館學校提供兩種職級館員訓練課程。

1949 〔澳洲〕AIL改名為澳洲圖書館學會（LAA）。

〔印度〕德里大學設置印度第一個圖書館學碩士學程。

〔日本〕上野圖書館講習所重新開放改由文部省管轄。

〔法國〕布里特研擬的文獻學學校計畫被國家承認，成立「國家文獻技術研究所」（Institut National des Techniques Documentaires, INTD）。

1950 〔印度〕印度共和國成立。

〔日本〕頒布〈圖書館法〉。

〔韓國〕韓戰開始，圖書館教育被迫暫停。

〔美國〕美國圖書館學會成立認可委員會專責圖書館學校認可，並制定新的〈認可標準〉。

〔印度〕德里大學設置印度第一個圖書館學博士學程。

1951 〔日本〕慶應義塾大學（Keio University）成立日本圖書館學校（Japan Library School），為第一所圖書館學校。

〔中國〕西南師範學校設立了圖書館學博物館專修班。

〔日本〕〈學校圖書館法〉頒布。東京大學將原本在文學院開設的圖書館學課程改隸教育學院的教育行政學科，開設研究所課程。

〔韓國〕重新探討未來圖書館教育與圖書館重建。

1953 〔中國〕武昌文華圖書館學專科學校併入武漢大學，成為武漢大學圖書館學專修科。

〔臺灣〕中國圖書館學會成立。

〔日本〕頒布〈學校圖書館司書教諭講習規程〉。

〔韓國〕梨花女子大學提供圖書館學選修課程。

1954 〔臺灣〕臺灣大學英國文學系首開圖書資訊學課程；由奧崗女士（Marian Orgain）開授一門「圖書館學」課程為臺灣地區第一個圖書館學的課程。

1955	〔德國〕柏林洪堡大學柏林圖書館學校重新開課。 〔法國〕政府訂定科學與技術資訊公共政策。 〔澳洲〕將澳洲考試制度改成登記考試與證書考試。在墨爾本教師學院開設第一個在中學後教育機構的圖書館員課程（Melbourne Teachers' College），授予「教師圖書館員證書」一年學程，培訓維多利亞州的學校圖書館員。 〔臺灣〕臺灣師範大學社會教育學系成立圖書館學組。
1956	〔中國〕北京大學、武漢大學圖書館學專修科改為四年制本科。
1957	〔印度〕德里Delhi大學建立圖書館與資訊科學第一哲學博士。 〔韓國〕延世大學成立第一個圖書館學系，設置圖書館學碩士班。
1958	〔英國〕創立資訊科學家學會（Institute of Information Scientists）。 〔韓國〕梨花女子大學在文學院成立圖書館學系、開展了圖書館學碩士研究生教育。 〔中國〕北京文化學院設立圖書館研究班。吉林師範大學設立圖書館學專修科。中國科技情報研究所開辦科技情報大學。
1959	〔澳洲〕新南威爾斯大學成立第一個圖書館學學校。 〔日本〕東洋大學（Toyo University）於社會學院應用社會學科下開設圖書館學專攻。 〔韓國〕梨花女子大學開展了圖書館學碩士研究生教育。 〔中國〕中國科技情報研究所併入中國科技大學，改稱情報學系。
1960	〔澳洲〕新南威爾斯大學提供研究所文憑一年專業課程。
1961	〔澳洲〕LAA要求新聘請的圖書館員必須具備大學畢業文憑。 〔印度〕印度大學撥款委員會（UGC）鑑於許多新圖書館學校成立，圖書館學門需要教學大綱、考試、教師資格等標準化，UGC要求成立圖書資訊學審查委員會。 〔臺灣〕臺灣大學圖書館學系成立。
1963	〔德國〕圖書館會議確立圖書館四級服務制度，增加館員分級培訓需求。 〔法國〕在巴黎建立圖書館管理高等學校（ENSB）。 〔韓國〕〈圖書館法〉頒布。中央大學成立四年制圖書館學系。

	〔英國〕雪菲爾大學成立第一個研究所，圖書館學研究學院（Postgraduate School of Librarianship, University of Sheffield）提供圖書館學課程。
	〔澳洲〕新南威爾斯大學提供圖書館學碩士班。
1964	〔印度〕印度國家科學文獻中心（INSDOC）成立。
	〔日本〕上野圖書館講習所更名為國立圖書館短期大學，即為後來的圖書館情報大學前身。
	〔韓國〕成均館大學成立四年制圖書館學系。
	〔臺灣〕世界新聞專科學校設置圖書資料科。
1965	〔德國〕下薩克森邦成立下薩克森圖書館學校（Niedersachsen Schule des Bibliothekswesens）。
	〔韓國〕公布了〈圖書館法實施令〉。
1966	〔德國〕東德之柏林圖書館學校更名為圖書館學與學術資訊研究所（Institut für Bibliothekswissenschaft und wissenschaftliche Information），設立德國地區首個圖書資訊學博士學位學程。柏林自由大學成傳播科學學院，提供公共與圖書館員培訓課程。
	〔韓國〕頒布了〈圖書館法施行規則〉。
	〔中國〕1966-1975年為「文化大革命」期間。1966年，北大、武大圖書館學系停招。
1967	〔英國〕Loughborough Technical Colleges提供圖書館學學程，其後，被併入Loughborough University of Technology，並於1973年成立Department of Library and Information Studies。蘇格蘭的University of Strathclyde為第一所頒發圖書館學位的學校。University of Strathclyde為第一個獲得課程認可並實施自行檢定的學校。
	〔日本〕慶應義塾大學成立圖書情報學專攻碩士班。
1968	〔美國〕美國文獻學學會（American Documentation Institute）在1968年改名為美國資訊科學學會。
	〔英國〕University Sheffield成立碩士班。Jessup Report與Sheffield Report出版。
	〔臺灣〕中國文化大學史學研究所設置圖書文物組。

1969	〔德國〕西德通過〈德國圖書館法〉。東德圖書館學與學術資訊研究所設置「資訊與文獻科學」改制研究生遠距學程。 〔紐西蘭〕Graham報告提出。 〔印度〕印度圖書館與資訊科學教師學會（IATLIS）成立，首次提出圖書館與資訊科學名詞。 〔臺灣〕世界新聞專科學校在夜間部增設圖書資料科。
1970	〔德國〕西德教育改革。 〔法國〕Institute of Technology（IUT）提供第一個碩士學位。 〔臺灣〕輔仁大學成立圖書館學系。
1971	〔德國〕各邦文教部長常設會議發布圖書館助理教育指引。 〔日本〕文獻情報學科自圖書館科中分離。 〔臺灣〕淡江大學成立教育資料科學系。政治大學與國立中央圖書館合作在該校成立中國文學研究所目錄學組。
1972	〔中國〕北京大學與武漢大學圖書館學系恢復招生。
1973	〔英國〕羅浮堡大學開辦英國第一所圖書館學博士班。 〔德國〕德國圖書館學會教育委員會提出學術圖書館高級資訊服務館員教育計畫。
1974	〔法國〕法國將資訊科學納入資訊與傳播科學（ICS）領域。巴黎的Pierre Mendes France University of Grenoble 2, Bordeaux University, 與 Universities of Lyon提供EHESS博士學位。 〔韓國〕成均館大學設立韓國第一個圖書館學博士班。
1975	〔德國〕西德聯邦政府發布圖書館助理（基層館員）的培訓原則。 〔澳洲〕Adelaide College of Advanced Education 設立 Department of School Librarianship 提供遠距教育。 〔日本〕慶應義塾大學成立圖書館學博士班。
1976	〔德國〕各邦文教部常設會議正式將修畢大學開設之圖書館學課程者認可為「文憑圖書館員」。東德圖書館學與學術資訊研究所設置「圖書館學」2年制研究生遠距學程。 〔中國〕文化大革命結束後，大陸圖書館事業百廢待興。

	〔英國〕首次公布〈資訊科學標準〉（Criteria for Information Science）。
	〔德國〕University of Köln Faculty of Philosophy 成立圖書館學專業學程，是德國第一個設在大學的圖書館學碩士學程。
1977	〔印度〕成立UGC圖書館學專責小組。
	〔日本〕大學標準協會公布〈圖書館情報學教育標準〉。
	〔中國〕大陸高等學校恢復入學考試制度，武漢大學圖書館學系和北京大學圖書館學系恢復招生。
	〔澳洲〕澳洲圖書館學會開始認可圖書館學函授課程。
1978	〔印度〕德里大學對課程進行了修訂，同時建置圖書資訊學的哲學碩士學位。
	〔中國〕武漢大學圖書館學系招收圖書館學專業碩士研究生，並開辦情報學專業。
	〔澳洲〕里佛賴納高級教育學院（Riverina College of Advanced Education）開設函授課程。
1979	〔日本〕修正國立學校設置法，重新開設為「國立圖書館情報大學」（University of Library and Information Science），為日本唯一的圖書館情報學專科大學。
	〔中國〕中國圖書館學會成立。北京大學圖書館學系恢復招收圖書館學專業碩士研究生。
	〔美國〕面臨圖書館學校關門熱潮。
	〔德國〕西德修訂〈公務員框架法〉，規定高級職等公務員培訓課程需由科技大學開設，各校陸續將圖書館學校改制為授予專業學位之學院系所；或將各州立圖書館學校升格為圖書館學應用科技大學。
1980	〔澳洲〕舉辦了全國圖書館學函授教育研討會。
	〔紐西蘭〕威靈頓維多利亞大學（Victoria University of Wellington）創立第一個圖書館學系。
	〔臺灣〕臺灣大學圖書館學碩士班成立。

1981	〔英國〕英國圖書館學會取消了第一段考試，學會逐步取消考試，改對圖書館學系所課程之審核。 〔德國〕法蘭克福-美茵茲河畔圖書館學校升格為圖書館學應用科技大學，開設授予大學文憑之圖書館學學程，資格相當於學士文憑，為德國地區第一個圖書館學學士學程。 〔澳洲〕圖書資訊學會取消考試，改為圖書資訊學課程認證。 〔印度〕馬德拉斯大學開始圖書資訊學的遠距教育。 〔日本〕中央大學（Chuo University）在文學院開設圖書館學學程。
1982	〔英國〕圖書館學會訂定五年訪視計畫，訪視對象為圖書館學系所，除一般性巡視外，同時評估系所開設之課程；實施新的專業資格授予制度。
1983	〔中國〕大陸教育部發布〈關於發展和改革圖書館學情報學教育的幾點意見通知〉。
1984	〔美國〕美國圖書館學校學會（AALS）改名為「圖書館與資訊科學教育學會」（ALISE）。 〔印度〕海得拉巴的空中大學IGNOU開設圖書資訊學遠距學士學位。 〔日本〕圖書館學情報大學開辦碩士班。 〔中國〕武漢大學成立「圖書情報學院」，許多學校改名為圖書館學情報學系。
1985	〔英國〕英國廢除圖書館檢定考試百年制度。 〔澳洲〕新南威爾斯大學授予圖書館學博士課程。 〔紐西蘭〕維多利亞大學圖書館學系提供博士學程。 〔日本〕愛知淑德大學（Aichi Shukutoku University）在文學院設立圖書館情報學科。 〔韓國〕全南大學圖書館學系率先將系名改為「文獻情報學系」。 〔臺灣〕臺灣師範大學成立社會教育研究所。
1987	〔英國〕英國圖書館學會實施新的專業資格授予制度、制訂〈課程審查程序〉。 〔紐西蘭〕Saunders報告提出。 〔韓國〕修訂〈圖書館法〉。

1988	〔澳洲〕澳洲教育部長John Dawkins進行教育改革，引發圖書資訊學校改組。 〔臺灣〕成立臺灣大學圖書館學博士班。
1989	〔德國〕成立德國圖書館學會聯盟。 〔日本〕愛知淑德大學（Aichi Shukutoku University）圖書館情報學科成立碩士班。
1990	〔德國〕東西德統一後，進行全國教育改革，原東德許多理工中學陸續升格為科技大學；柏林洪堡大學圖書館學與學術資訊研究所設立第一個以「圖書館學與資訊科學」為名之碩士學程。 〔中國〕武漢大學圖書情報學院科技情報專業批准為博士學位授權點。
1991	〔澳洲〕維多利亞大學圖書館學系將系名更改為圖書館與資訊研究學系。 〔紐西蘭〕維多利亞大學圖書館學系將系名更改為圖書館與資訊研究學系。 〔日本〕愛知淑德大學（Aichi Shukutoku University）圖書館情報學科成立博士班。 〔臺灣〕淡江大學成立研究所碩士班。世界新聞專科學校改制為世界新聞傳播學院，翌年該科停辦。
1992	〔美國〕ALA修訂〈圖書館與資訊研究碩士學程認可標準〉，標準改名為Library and Information Studies。 〔英國〕〈推廣與高等教育法案〉將多元技術學院改制大學。英國高等教育資助委員會的研究評鑑作業（RAE）定期審查英國大學研究績效。 〔法國〕ENSB改名為Ecole Nationale Superieure des Science de I' Information et des Bibliotheque（ENSSIB）。圖書館員技術文憑（DTB）被圖書管理員高級文憑（DSB）取代；圖書館管理局規劃圖書館館長文憑（DCB）；圖書館管理高等學校由專門學校轉變為圖書資訊學高等大學。 〔紐西蘭〕維多利亞大學圖書資訊學系開始提供遠距教育學程。 〔日本〕明星大學開設情報學部情報學科。 〔韓國〕韓國圖書館學會更名為「韓國圖書情報學會」。 〔中國〕北京大學圖書館學情報學系率先改名為「信息管理系」。 〔臺灣〕輔仁大學圖書館學系改名為圖書資訊學系，臺灣各圖書館學系改名為圖書資訊學系。中華圖書資訊學教育學會（CALISE）成立。

1993	〔英國〕修訂〈英國圖書館學全日制學校課程審查程序〉。 〔中國〕圖書館學專業被批准為博士學位授權點；國家學位委員會將圖書館學情報學分別從歷史和理學大類下抽出，列為一級學科。
1994	〔日本〕駿河臺大學（Surugadai University）成立「文化情報學院」。 〔韓國〕韓國〈圖書館與讀書振興法〉訂立與規範司書制度。推行大學教育改革，要求大學部科系合併類似或相關的系，改建為單一的或數個學程，稱為「學部制」。 〔中國〕國家社會科學基金會資助項目課題指南首次將「圖書館、情報與文獻學」列入指南。 〔臺灣〕臺灣各圖書館學系所改名圖書資訊學系所。輔仁大學成立研究所碩士班。
1995	〔日本〕中央大學（Chuo University）成立圖書情報學碩士班。 〔臺灣〕世界新聞傳播學院重新設立圖書資訊學系。
1996	〔美國〕伊利諾大學圖書館學院LEEP遠距教育實驗計畫成功。 〔紐西蘭〕維多利亞大學圖書館學與資訊研究學系將大學部移至Open Polytechnic of New Zealand，將文憑課程改為專業碩士課程，授予「圖書館與資訊研究碩士」。 〔韓國〕延世大學文學院文獻情報學系改為文學院人文學部文獻情報學專業。 〔臺灣〕政治大學成立圖書資訊學研究所。
1997	〔印度〕UGC提出印度圖書資訊學的教育方針建議。 〔日本〕中央大學成立圖書館情報學博士班。 〔中國〕頒發〈授與博士、碩士學位和培養研究生專業目錄〉，將「圖書館、情報、檔案管理」改為一級學科。 〔臺灣〕玄奘人文社會學院成立圖書資訊學系。
1998	〔美國〕KALIPER計畫。 〔德國〕高等教育改革，德國大學重新設置學、碩士學位。 〔澳洲〕澳洲圖書館學會改名為圖書館與資訊學會（ALIA）。 〔日本〕修訂〈學校圖書館法〉。中央大學開設大學院情報學研究科。 〔中國〕教育部頒發〈普通高等學校本科專業目錄和專業介紹〉。 〔臺灣〕中興大學成立圖書資訊學研究所。

1999	〔德國〕「媒體與資訊服務專家」新興職位出現，取代圖書館助理，圖書館學專業教育趨向高等教育化。加入歐洲高等教育區推行全國高等教育品質保證制度，促使圖書資訊學系所追求教育品質。
2000	〔日本〕慶應義塾大學改名圖書館情報學系。圖書館情報大學進行大學改革，與鄰近的筑波大學進行合併，名稱改為國立筑波大學圖書館情報學專門學群。 〔中國〕武漢大學將圖書情報學院與新聞學院合併，改名為「大眾傳播與知識信息管理學院」，「圖書館學系」與檔案學系合併後改名為「圖書檔案學系」。 〔臺灣〕世新大學成立圖書資訊學研究所碩士班。淡江大學原「教學科技系」改名為「資訊與圖書館學系」。
2001	〔印度〕UGC在2001年課程報告明確列出了印度圖書資訊學教育的六級學位學程。UGC提出圖書資訊學模式課程。 〔中國〕武漢大學傳播與知識信息管理學院，改名為「信息管理學院」。 〔臺灣〕世新大學圖書資訊學系更名為「資訊傳播學系」。〈圖書館法〉公布。
2002	〔英國〕圖書館學會與資訊科學學會合併成為圖書館與資訊專業學會（Chartered Institute of Library and Information Professionals，CILIP）。 〔日本〕圖書館情報大學併入筑波大學，成立資訊學群（即資訊學院）。 〔臺灣〕臺灣師範大學成立圖書資訊學研究所。
2003	〔日本〕修訂〈學校圖書館法〉。日本進行LIPER教育改革第一期計畫。 〔中國〕大陸教育部圖書館學學科教學指導委員會制定了圖書館學基礎。
2004	〔德國〕德國圖書館學會聯盟改組為德國圖書館與資訊學會。 〔日本〕圖書館情報大學閉校，由筑波大學資訊學群繼續延續。慶應義塾大學圖書館情報學系繼大學部、碩士班與博士班設立之後，開設「情報資源管理分野」在職碩士班。鶴見大學開設文獻學系。
2005	〔美國〕iSchools聯盟成立。 〔德國〕各邦產生地區性圖書館法。
2006	〔德國〕柏林洪堡大學柏林圖書館學研究所轉型為柏林圖書資訊學研究所，並加入iSchools聯盟，為德國第一個iSchools會員。 〔印度〕國家知識委員會（National Knowledge Commission，NKC）探討圖書資訊學教育改革，提出十二點建議。 〔日本〕進行LIPERII第二期計畫。 〔韓國〕舉辦第72屆IFLA世界圖書資訊年會暨研討會。

2007	〔日本〕修訂〈學校圖書館司書教諭講習規程〉。
2008	〔德國〕圖林根邦（Freistaat Thüringen）頒布德國第一個邦行政區級公共圖書館法。 〔印度〕印度IGNOU引入第一個線上教育MLIS班。
2009	〔美國〕San Jose State University實施了全面性的線上碩士班課程，正式開始線上數位學習。 〔英國〕Sheffield University資訊學院成為英國第一個加入iSchools聯盟的學校。 〔日本〕進行LIPER第三期計畫。 〔臺灣〕政大圖書資訊與檔案學研究所通過教育部認證後，首開圖書資訊學數位碩士在職專班。
2010	〔中國〕大陸發展圖書情報碩士專業學位（MLIS）。
2011	〔德國〕「教育4.0」趨勢興起後，促使專業教育走向資訊科學與資訊管理技能培養，成為圖書資訊學教育未來發展和轉型的挑戰。 〔日本〕鶴見大學文獻學系與世新大學資訊傳播學系締結學術交流協定。
2012	〔日本〕圖書資訊學考試開始實施。 〔臺灣〕淡江資訊與圖書館學系成立「數位出版與典藏數位學習碩士在職專班」。
2014	〔紐西蘭〕紐西蘭資格管理局（New Zealand Qualifications Authority，簡稱NZQA）對紐西蘭所有圖書館副學位的資格進行審查。 〔韓國〕成均館新設資訊科學Data Science專門教育學程。延世大學與成均館大學加入iSchools聯盟會員。
2016	〔日本〕修訂〈學校圖書館法〉。
2018	〔日本〕鶴見大學開設文獻學系碩士班、博士班。 〔中國〕公布〈中華人民共和國公共圖書館法〉。
2019	〔臺灣〕臺灣師範大學圖書資訊學研究所將原有圖書資訊學碩士在職專班轉型為「數位學習碩士在職專班」。
2020	〔臺灣〕淡江大學「數位出版與典藏數位學習碩士在職專班」更名為「資訊與圖書館學系數位學習碩士在職專班」。

2021	〔英國〕英國高等教育資助委員會的研究評鑑作業（Research Assessment Exercise，RAE）改名為「研究卓越框架」（Research Excellence Framework，簡稱REF）。 〔臺灣〕中華圖書資訊學教育學會發布《轉變與擴疆：臺灣圖書資訊學教育白皮書2021-2030》。 〔法國〕法國採用LMD學制，朝向國際學制接軌。
2022	IFLA修訂〈圖書館與資訊科學專業教育學程指南〉。

附錄二
IFLA圖書館與資訊科學
專業教育學程指南
IFLA Guidelines for Professional Library and Information Science (LIS) Education Programmes

資料來源：

International Federation of Library Associations and Institutions (2022). *Guidelines for Professional Library and Information Science (LIS) Education Programmes.* https://mail.google.com/mail/u/1/?ogbl#inbox/ FMfcgzGpHHPnvJzdDhTsggTRwGKgnvzk?projector=1&messagePartId= 0.1

1. Introduction

The International Federation of Library Associations and Institutions (IFLA) is an independent, international, non-governmental, not-for-profit organisation and the global voice of the library and information profession. It is committed to promoting the quality of library and information science/studies (LIS) education globally. The quality assurance of LIS professional education advances the quality of library and information services and their value to their constituents.

Library and information professionals obtain and continue to build on the knowledge, skills, and disposition they need to do their work effectively in their local contexts within a dynamic sociopolitical, technological, and global landscape. The formal education to prepare library and information professionals of today and tomorrow is interdisciplinary, changing, and expansive and may be at the undergraduate or graduate levels depending on the country (IFLA BSLISE Working Group, 2018). Formal education, leading to a degree, provides the qualification for a professional career, and continuing education is critical to stay current.

To establish and have a shared understanding of the scope of LIS, the Building Strong LIS Education (BSLISE) working group introduces the following definition:

> Library and information science/studies (LIS) is a field of study, research and application. In education and scholarship, it is concerned with information in all its formats and processes, the technologies that process it, and human interaction with information and associated technologies. As a professional practice, LIS engages all aspects of the information life cycle, utilises appropriate technologies in order to connect people anywhere to information, and is carried out in cultural heritage institutions and a wide range of information environments.

The Guidelines presented here outline the scope of LIS professional knowledge (i.e., the foundational knowledge areas of LIS) and guide the development of LIS education (i.e., the elements of a robust LIS programme).

What is it?

The Guidelines serve as a framework for developing LIS education programmes, which stakeholders can apply in planning, developing, and assessing the quality of LIS education. It is made up of two major components: the foundational knowledge areas (FKAs) of LIS, and the elements of a robust LIS education programme, which should provide an LIS professional with the professional education to practice and continue to develop. They have been created to be applicable at any level of higher education.

How was it developed?

The LIS Education Framework Development Group of the Building Strong LIS Education (BSLISE) working group developed these Guidelines, as part of the Action Plans of the IFLA Section on Education and Training (SET) and the Section on Library Theory and Research (LTR).

The development of the Guidelines, which were informed by the published literature and existing national and international standards, included review by the wider IFLA BSLISE working group, and by consultation with LIS education and professional stakeholders across the globe. The Guidelines development process incorporated extensive feedback from the iterative consultation process. For the background on the project and more details, please visit https://bslise.org/. These Guidelines replace the *Guidelines for Professional Library/Information Educational Programs, 2012* (IFLA, 2012).

Why use this tool (authority)?

The Guidelines promote the quality of an LIS education programme, whether at the undergraduate, graduate or continuing education level. Programmes that adhere to or surpass the Guidelines are preparing LIS professionals for a dynamic global information environment. The Guidelines may be used in the development of a new programme or by LIS schools engaging in a culture of ongoing and periodic programme review that is grounded in a philosophy of continuous improvement of the quality of LIS professional education and as mandated by local policies or standards.

When should it be used?

The Guidelines should be consulted when planning and developing a new programme, or assessing existing programmes for their quality or gaps in order to ensure that an LIS programme meets local quality criteria and institutional missions, and it is aligned with international quality guidelines.

Who is it for?

The Guidelines are of interest to LIS education administration, academic staff, students, government and professional bodies, and others who are engaged in ensuring that an LIS education programme meets international quality guidelines. They are also of interest to practitioners and stakeholders, developing and participating in professional development, to understand the knowledge and skills expected of LIS professionals and on which they can build.

2. Professional LIS Education in Context

Education -- its systems and content -- is developed within cultural, economic, political and technological contexts, whether local or international, as a system of knowledge. Higher education, where LIS education programmes exist, has been developed based on particular ways of knowing that have centered on Western, scientific, and recorded practices. A shift is underway in academia that critically examines power structures, and recognises indigenous and traditional ways of knowing, including oral traditions, in a process to decolonise teaching, learning and knowledge production. LIS, which engages all aspects of information, needs to integrate multiple ways of knowing in its education to prepare professionals to provide effective, equitable, inclusive, and accessible services appropriate to a diverse community and relevant to its local contexts in a globalised economy.

The individuals needed to staff libraries and other information institutions are differentiated by their knowledge and skills to conduct work deemed professional and paraprofessional. The educational preparation for these two levels of staff is primarily offered by institutions of higher education and these Guidelines are focusing on professional education. With this focus, these Guidelines are not meant to cover continuing education and professional development (CE/PD), which may or may not be offered by an LIS programme in a higher education institution. Responsibility and regulation for continuing education differ depending on the local context. Guidance in the development of continuing education is offered by the *IFLA Guidelines for Continuing Professional Development: Principles and Best Practices* (Varlejs, 2016).

In educating LIS professionals, it is important to develop both disciplinary and cross-sector knowledge. This includes recognising commonalities libraries and information services share with related sectors, such as archives, museums, records management and data management, and developing complementary knowledge from cognate fields, such as computer science, data science, education, and communications.

LIS education programmes are offered with a technical, academic, professional, and/or research focus, which correspond to technical, undergraduate, and graduate programmes. The Guidelines offered here primarily address the graduate and undergraduate levels, both of which may lead to professional qualifications, depending on the country. While they are not meant to be prescriptive, they inform and provide criteria to enhance the quality of LIS professional education. LIS schools or units should seek accreditation of their programmes by appropriate local, national and/or international accreditation bodies. While not all LIS education programmes worldwide are accredited (IFLA BSLISE Working Group, 2018), these Guidelines will contribute to their process of continuous improvement.

3. Objectives

Libraries and information services are essential for culture, science, education, and other sectors, contributing to the sustainable development of individuals, organisations, communities and nations. These critical services are provided by appropriately educated and trained professionals. The Guidelines set out educational provisions for ensuring the quality of professional education programmes, their accreditation, or the certification of professional qualifications that may originate from and/or be regulated by professional associations or governmental agencies at local, national, or international levels. They are grounded in and promote the principles of equity, diversity, inclusion, and accessibility (EDIA) in programme development, inclusive of decolonisation and indigenisation.

The Guidelines are informed by the eight foundational knowledge areas (FKAs) (see G2) that were created and defined for this purpose. The concept of FKAs, rather than core knowledge/competencies found in existing guidelines, were considered appropriate for an international context and for a quickly evolving field. FKAs allow LIS professionals to build on them to enhance their professional knowledge and skills to develop specialisation and remain current, while meeting requirements of local/national/regional contexts anywhere in the world. These include state/government higher education standards; national professional association education policy statements; national accreditation, certification, qualification and registration requirements.

In our dynamic global and diverse context, the Guidelines may be used as a broad framework, at both undergraduate and graduate education levels for the following purposes:

- to guide the review, development, and/or improvement of existing LIS programmes in consultation with stakeholders;

- to guide the design, planning and implementation of new LIS education programmes in consultation with stakeholders;

- to guide assessment of the quality of LIS education programmes;

- to inform the knowledge and skills requirements for an LIS professional to practice and continue to develop as an LIS professional;

- to promote the development of LIS education on EDIA, ensuring that these values shape LIS practices, research and services;

· to unify LIS education internationally and to simultaneously preserve local and cultural contexts in a globally, diverse world;

· to align and/or integrate education for and practice in LIS across cultural heritage institutions and other information environments;

· to advance cross-sector education and reduce organisational boundaries in the practice of LIS across information environments; and

· to serve as a basis for developing specialised LIS or related guidelines, regionally or globally.

Following from this multiplicity of purposes, the primary audience for the Guidelines will include LIS education academic units and their academic staff as well as professional associations setting quality assurance criteria for professional LIS programmes. Secondary audiences include higher education administration (institutional and governmental); LIS students (current and potential); LIS practitioners; and other relevant stakeholders, instrumental in promoting LIS professional education and continuing professional development across the diversity of cultural heritage institutions and other information environments.

4. IFLA's Role in Promoting the Quality of LIS Education

The International Federation of Library Associations and Institutions (IFLA) is a non- governmental organisation which has consultative status with UNESCO, affiliate status with the International Science Council (ISC), and observer status with the World Intellectual Property Organization (WIPO) and the International Organization for Standardization (ISO). IFLA is the global voice of the library and information profession, with a mission to provide leadership for the development and promotion of library and information services. Through its Education and Training Section as well as other units, IFLA disseminates information and guidance on the educational preparation of library and information professionals. The application of these Guidelines promotes a quality-based professional education founded on local contextualities. They constitute a broad framework to promote and inform development, ongoing improvement, and harmonisation of LIS education programmes on local, national and international levels, and are not meant to be prescriptive.

IFLA does not accredit education programmes nor certify individual professional qualifications, and thus it does not enforce these Guidelines. Local entities are encouraged to use these Guidelines as a framework and tailor them to their own needs, according to local LIS requirements and addressing existing local, regional, and international laws, policies, and standards mandating professional LIS education. The professional preconditions, that certify professionals or accredit education programmes, may originate from and/or be regulated by governmental, professional association, or other bodies at regional, national, or international levels. As appropriate, LIS education programmes that have engaged in a comprehensive review process, consistent with these guidelines, may wish to stipulate/acknowledge that their programme adheres to the *IFLA Guidelines for Professional Library and Information Science (LIS) Education Programmes* (2022).

These Guidelines need to be constantly reviewed and updated, taking into account the global trends that may affect LIS education. A Guidelines Committee, composed of SET and LTR members, and other subject experts from the IFLA BSLISE working group, will steward the guidelines, address associated questions, and develop a process of periodic review for currency and relevance.

5. Guidelines

G1 Contextual Framing of the Guidelines

A Library and Information Science/Studies (LIS) education programme should be designed in line with the identified needs, anticipated changes in the profession and the larger society, and awareness of related professions and disciplines. These Guidelines inform the planning of an LIS education programme, which should be consistent with parent institutional missions, vision and philosophy, goals, objectives, and outcomes. Also, the programme should meet such educational/academic and professional accreditation requirements in the institution, within the norm of regulatory or accreditation bodies and cultural frameworks. The planning process should engage quantitative and qualitative evidence, and involve all stakeholders (e.g., professional bodies of the country, academic staff, students, and practitioners). Equity, diversity, inclusion, and accessibility (EDIA) should drive programme development, including decolonisation and indigenisation of content and practice.

An LIS education programme may vary in scope from a general programme to a range of specialisations, and these Guidelines set the foundation for the development of a programme of any scope. The scope of a programme may be determined by its size, specialisation of academic staff, locations, and government policy, and should account for the information needs, specificities, nature and exigencies of the physical environment and cultural contexts of the location or country where the programme is based. The programme adheres to the corresponding guidelines, standards or principles of the parent institution, and professional body or governing commission of higher education. The programme can be in any tertiary institution strategically located or virtual for accessibility, and should be taught by appropriately credentialed LIS educators.

G2 Foundational Knowledge Areas (FKAs)

The Guidelines are informed by the eight Foundational Knowledge Areas (FKAs), which were created and defined by the LIS Education Framework Development Group of the IFLA BSLISE working group through an iterative process. The FKAs articulate the baseline for developing further competencies by library and information professionals and designing speciality areas in the curriculum. In addition, the FKAs allow LIS professionals to articulate how their advanced learning builds on this foundation according to the needs and requirements of local/regional/international contexts (see Figure 1). The FKAs promote an LIS professional's role as the key driver for organisational change and sustainable development. They affirm a professional focus on the needs of the user community and not simply on the technological tools used to meet those needs.

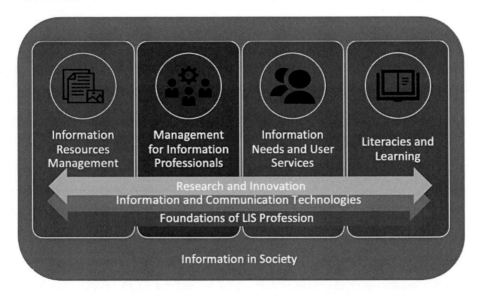

Figure 1. LIS Foundational Knowledge Areas (FKAs) Model

Each of the eight Foundational Knowledge Areas (FKAs) is named with a short descriptive phrase and is followed by a paragraph that explains its scope and nuances: Information in Society; Foundations of the LIS Profession; Information and Communication Technologies; Research and Innovation; Information Resources Management; Management for Information Professionals; Information Needs and User Services; Literacies and Learning.

FKA1. Information in Society

Information exists within a social context; it is created and shaped by society in a symbiotic relationship whereby society is likewise shaped by information. Cultural, economic, legal, political, and other social forces determine the information being created, communicated, accessed, and preserved. LIS is concerned with these dimensions in its professional education, research and practice. LIS institutions, such as libraries, archives and museums, have to leverage their primary mission of curating, preserving and making information and knowledge available for future generations and that meet the needs of the present and foster social transformation. LIS professionals need foundational knowledge of how the economy, culture, law, globalisation, technology, and politics shape the nature of information and, reciprocally, with the ways information processes, tools, systems, services, and institutions are established, transform society and determine the information that society accesses. Ethics and values in LIS are considered at the professional and societal levels to understand the extent to which they inform professional practice and policies. In the legal realm, copyright law, for example, enforces protection of intellectual content and economic terms of access to information, to which the society and the LIS field are bound, and conversely, the LIS field can influence the creation of different -- both better or worse -- conditions of content protection and access. The LIS field recognizes that information and communication technologies impact social and organisational change and sustainable development, and that the disruptions that ensue, create conditions which can strengthen, transform, challenge, or weaken library and information practices and institutions, including the access to and freedom of information.

FKA2. Foundations of the LIS Profession

The foundations of library and information science/studies (LIS) include the following fundamental knowledge: an introduction to the profession as an interdisciplinary field, the role and history of the discipline, and the essential set of core values that define, inform and guide professional practice. Attention is given to the social role of LIS organisations, their mission, services, and positioning within the framework of any given cultural, economic, political, or technological environment. In the case of libraries, whether physical or digital, they are community anchors, rich cultural institutions, and catalysts that foster social interaction, creativity, entrepreneurship, literacy, digital inclusion, and information access.

LIS education builds, holistically, the capacity of professionals with ingrained ethics and humanistic values. Equity, diversity, inclusion, and accessibility (EDIA) are essential to LIS professionalism, service-orientation, social responsibility, sustainability, education, and lifelong learning. Access to information, including open access (OA), as a public good; intellectual freedom; responsible stewardship of data, information and knowledge; and the technologies and intelligence driving them, are central to the profession. LIS draws upon related fields to support the development of reasoning, critical thinking and other soft skills, which may be applied to more specialised sub-fields and contexts within the broader cultural heritage and knowledge ecosystem.

FKA3. Information and Communication Technologies

Information and Communication Technologies (ICTs) support and facilitate the implementation of information systems, the information lifecycle, personal information access and use, and user services. In the implementation of an information system, ICTs are created and managed for the effective operation of libraries and information agencies. In the information lifecycle, they support the management of information resources. In addition, they can enable individuals to address their information needs and aspirations, supporting them to imagine, create, problem- solve, engage, and learn. These technologies facilitate communication and provision of library and information services and enhance the user experience. ICT knowledge includes technology standards, models, approaches, requirements and solutions for data capture, storage, management, processing, presentation, publishing, discovery, access, and use. These skills involve the practices of utilising, adapting, innovating, designing, applying, and maintaining existing hardware and software solutions.

FKA4. Research and Innovation

Innovation is premised on research, which enables benchmarking, determining impact, and obtaining data for diagnostics or feedback to interrogate, improve or refine services and products. A foundation in research and innovation requires knowledge of research paradigms, theoretical frameworks, design, methods, research ethics, data analysis and presentation, and dissemination of research findings. Such research foundational knowledge also includes knowledge on indigenous research methodologies which assert indigenous voices, worldviews, and ways of conducting research. Research proficiency includes problem-oriented research which analyses the basis of issues encountered in LIS and attempts to provide possible solutions and understanding for professional practice in diverse information settings. It also includes the ability to identify, collate, catalogue, retrieve, evaluate, and disseminate research produced by others for scholarship advancement across disciplines as well as for general societal impact and innovative policy development for the betterment of communities. Such scholarly communication includes open access which ensures unrestricted access to research for further knowledge generation.

Innovation in this context refers to the application of knowledge or ideas for the development and critical interrogation of information products, services, or processes. In addition, LIS professionals should look beyond the LIS field to develop interdisciplinary research and innovations for active professional engagement with fields cognate to LIS as well as with broader society for enhanced impact both within the LIS field and beyond.

FKA5. Information Resources Management

Information resources management (IRM) comprises every stage in the life of an information resource from its creation to its end, including acquisition, identification, description, organisation, discoverability, and preservation of information resources, irrespective of form, format, carrier, or information environment. IRM requires knowledge and understanding of the nature of information resources, information discovery and retrieval, user needs and information seeking behavior. IRM includes the principles of information organisation and interoperability, functional requirements for information resource organisation, exchange and presentation standards, procedures, and tools. It extends to the principles of collection management including acquisition (and related copyright and intellectual property rights aspects), curation, digitisation, preservation, disposal, and usage analysis.

An LIS professional should be able to create quality resource discovery metadata; adopt, adapt, plan, design, develop, and/or implement an information system, tools, standards, and information resource discovery services; plan and manage collection storage; evaluate collection and information quality according to information contexts and user needs; and increase visibility and promote collections and collection-based products and services.

FKA6. Management for Information Professionals

Library and information professionals effectively manage information organisations in a variety of contexts. Understanding management and organisational theories, concepts, principles, policies, and practices contribute to the effective management of and in an information organisation. Subjects covered, and the respective skills needed, may include leadership and management; decision-making, planning, implementation and evaluation;

accountability, trust and delegation; systems thinking; knowledge management; economics; legislation and policies; advocacy, marketing and public relations; communication; customer service; negotiations and mediation; financial management; human resource management, team building; facilities management; information technology management; project management; strategic planning; risk management; quality control; future trends, change management and innovation; organisational culture; and ethics and confidentiality.

FKA7. Information Needs and User Services

The development of effective and relevant information services requires an understanding of the conscious and unconscious needs of users and the full range of their information behaviour, with particular consideration of EDIA issues. Solutions designed to meet information needs should be user-centred, evidence-based, result in a positive user experience, and consider factors such as innovation, equity, and cost-effectiveness. Services may be one-time, short-term, or long- term solutions that are staff-guided (e.g., reference, reader's advisory, research consulting, instruction, programming, and makerspaces) or user-guided (e.g., exhibits, digital applications, and resources guides). Information needs and user services include consideration of user communities; their contexts and gaps in services; knowledge of information seeking behaviour and needs of users and communities; engagement with user communities, design and provision of services to all, including targeted and/or underserved user communities; and assessment of the outcomes and impacts of user services.

FKA8. Literacies and Learning

An LIS professional fosters all forms of literacy and supports the lifelong pursuit of learning in a variety of contexts and sociocultural settings, including orality and traditional knowledge. As a literacy educator, the LIS professional promotes multiliteracies in a cultural context, with language literacy and numeracy as foundations in meaning-making. As an information literacy educator, the LIS professional promotes critical thinking and a full range of literacy modalities and capabilities including information, media, data, visual, and digital literacies. The LIS professional develops a full range of pedagogical knowledge and skills to support independent, informal, and formal learning, whether face-to-face or using other media. These abilities include designing learning materials, assessment, educational technology, instructional design, lesson planning, online instruction, pedagogical and learning theory, and teaching methods. An incumbent should be able to design, organise and deliver learning activities for various communities of users.

G3 Curriculum and Pedagogy

The LIS professional programme curriculum (what is taught) and pedagogy (how it is taught) constitute what and how LIS students learn about the LIS profession. LIS includes a wide range of knowledge and skills which have been identified by the FKAs introduced in these Guidelines, and should be included in an LIS professional programme curriculum. This curriculum for the preparation of library and information professionals, whether at the undergraduate or graduate level, is made up of required and elective courses. The LIS programme, depending on degree level, is designed, and implemented according to local needs, vision and mission, with varying number of total courses, individual course credit hours, duration, and a balance between theory and practice.

The foundational knowledge areas (FKAs) should be incorporated into the curriculum and the way they are translated into a programme will vary in depth and coverage. Each FKA can correspond to one or more courses, several FKAs can be combined into one course, or a given FKA can be covered within or by one course or distributed over several courses. As appropriate, and resources and circumstances allow, a programme may offer students the opportunity to specialise by providing courses to deepen knowledge and skills in specific areas and building on the FKAs. Programmes may offer electives for students to have such options.

For illustrative purposes of the curriculum, while not attempting to cover all the potential variations of coverage and implementation of the FKAs, two programme scenarios are presented. One example is that a programme has a set number of compulsory courses and the FKAs will be integrated in these courses. Another example is a programme that has 3 core- course requirements plus electives:

> Core 1: LIS Foundations (covers FKAs 1, 7, 8)
> Core 2: Technical and Management (covers FKAs 2, 4, 5)
> Core 3: User Services (covers FKAs 3, 6)
> Elective courses - student selects based on own specialisation or guided by an advisor. Elective courses may build on the FKAs or cover other subject matter.

In designing the curriculum, internationalisation and real-world experience should be considered. Efforts to internationalise programmes include student and educator exchanges and collaboration in education and research initiatives. Knowledge and skills are complementary as are theory and application. Thus, the inclusion of practising professionals and hands-on learning in teaching contributes to learning through practice.

Pedagogy is important to ensure that students maximise their learning. In delivering curricula, LIS academic staff should acquire and build on their pedagogical competencies such as learning theory and styles, teaching methods, designing learning materials, online or other teaching modalities, learning assessment; and reflective teaching practice. Such pedagogical preparation by LIS academic staff should be grounded in multiple epistemologies, including matters of equity, diversity, inclusion, and accessibility.

G4 Governance

Typically, a professional LIS programme is situated in an administrative entity within an institution of higher learning, such as a university. LIS education programmes are situated in stand-alone library and information science schools or they may be departments, sections or programmes within an academic unit of a cognate field or one referred to as an iSchool. As members of the iSchools organisation, "these schools, colleges, and departments have been newly created or are evolving from programs formerly focused on specific tracks such as information technology, library science, informatics, and information science." (iSchools). There is also an emerging trend of developing an interdisciplinary collaboration of academic units with the aim of enhancing cooperation among them. The administrative structure, however, is left to the parent institution itself to decide as appropriate to its overall administration and professional direction within the local organisational structure.

As a point of reference, the following illustrates a typical governance structure of an LIS entity in an institution. The dean of a college, faculty or division preferably holds the academic rank of professor and is selected or elected from among the sections, departments, or schools. A section, department, or school, on the other hand, is a sub-unit of a college, faculty, or division, dedicated to specific fields of specialisation, such as LIS. It is generally headed by a senior academic who is traditionally referred to as head of department or head of school, and reports to the dean of the college, faculty, or division. The head of department or school provides administrative and intellectual direction at the section, department, or school level, particularly strategic planning, that is aligned with the higher level of strategic directions of the institution, and relevant professional and academic standards.

G5 Academic, Research, Professional, and Support Staff

The human resources in an LIS educational programme (may also be termed section, department or school) usually comprise academic, research, professional, technical, and administrative staff. The academic staff (also referred to as faculty) are mainly responsible for teaching and research in both coursework and research programmes. Since the academic staff constitute the field expertise in the educational programme, their qualification, and number should be adequate to accomplish programme goals, and as appropriate, according to a metric that is predetermined by relevant accreditation or other authorities. Academic staff possess teaching and learning skills, an emerging or sustained record of research, and active participation in appropriate professional associations or communities. Additionally, specific academic and professional qualifications may be specified to fulfil the needs of the department in relation to the multidisciplinary nature of courses offered by the department. Academic staff may be permanent full-time or hold limited contracts, with permanent full-time staff providing the stability and continuity in the programme.

Research staff may be hired to perform roles and responsibilities that are related to a unit's research plans and output. It is common for LIS programmes to recruit staff with appropriate credentials for research positions such as post-doctoral scholars, research fellows, and research assistants. They usually contribute to the unit's research goals, to align with the overall University research strategy and the requirements of funding agencies, and to advance the LIS field.

The appointment of professional practitioners as teaching staff is becoming a more common practice in LIS programmes. This includes the appointment of practitioners as part-time or adjunct staff, fellows, visiting scholars, and teaching assistants. They should complement the teaching and research responsibilities of the academic staff and should be appropriately qualified.

While some institutions may choose to recruit different groups of staff for research, and assign teaching responsibilities solely to academic staff, other institutions may combine both tasks as part of the job scope for the academic staff as a whole. The different categories of human resources described above, however, provide a context for LIS education programmes to work.

Administrative and technical staff are the backbone of the operations of the academic unit. They provide crucial clerical, secretarial and technical expertise to the department. The department should have an adequate number of administrative and technical staff to support its functions and services.

Each LIS programme should have transparent, equitable and clearly stated human resource policies and plans which guide the recruitment, retainment, professional, and personal development, succession planning, and appraisal of a diverse staff, which are inclusive and conducive to their well-being, empowering their creativity and productivity, and unleashing their potential.

G6 Students

Within a given context of the social, economic, institutional and academic realities, LIS education programmes are concerned with students' academic and professional lives at three stages: before, during and after their professional studies. Corresponding student policies in the areas of admission, financial assistance, placement, and other academic and administrative matters, should be consistent with the mission, goals, and objectives of the educational programme and educational institution as a whole, and should be explicitly non-discriminatory.

Prior to their studies, use of recruitment strategies contributes to enhancing the pool of students, in terms of quality and diversity. Paraprofessional staff should be encouraged to consider career advancement into professional LIS, and have special pathways and provisions to access professional education and gain a professional qualification. Admission of students should be based on clearly stated publicly available criteria. Relevant interest, aptitude, intellectual and educational backgrounds, and diversity should be addressed in the criteria. Standards for admission should be equitable and applied consistently. In the cases where exam scores determine admissions to an LIS programme, the admission scores should be commensurate with other programmes of professional study. National and international transfer and exchange of students should be articulated, and criteria developed.

During their studies, retention of students needs to be monitored and addressed. Student support may be offered in the form of funding (e.g., scholarships, loans, assistantships, etc.), academic (e.g., orientation, advising, student affairs services, etc.), and career (e.g., mentoring, counseling, student associations, etc.). These services enhance students' sense of belonging and identity. Students' concerns and ideas should be welcomed in the form of student governance and representation. The educational development of students includes their exposure to core values of the profession and understanding of programme and/or course learning outcomes.

A clear statement of the assessment and completion requirements of the programme should appear in formal documents that are available to admitted and prospective students. Students should have advisory assistance in constructing a coherent programme of study to meet career aspirations consistent with the educational programme's mission, goals and objectives. Evaluation of student achievement should be provided on a consistent and equitable basis. On completion of requirements, students should be awarded a degree, diploma, or certificate suitable to their level of study and be afforded the benefits of alumni status and recognised as a qualified practitioner. As appropriate, graduates may additionally need to meet local or specialized certification requirements in the region where they propose to practice.

After completion of their studies, LIS education programmes offer graduates opportunities to stay connected through alumni association membership, networking events, continuing education and invitation to share their professional expertise. Alumni activities contribute to complementary education and professional development, provide continuous career and research support, foster relationships with the community of practitioners (e.g., alumni mentorship), and strengthen a sense of identity and belonging with their alma mater.

G7 Complementary Education and Professional Development

According to IFLA's *Guidelines for Continuing Professional Development: Principles and Best Practices,* (Varlejs, 2016) the responsibility for the continuing education and professional development (CE/PD) of LIS professionals should be taken up by everyone. This includes not only the individual, but also their employing institutions, education programmes, and professional associations, both nationally and internationally. CE/PD should be designed to strengthen organisational goals of service excellence and increase professional growth, as well as to advance the LIS professionals' career development.

LIS professionals engage in ongoing self-evaluation with regard to personal strengths and weaknesses and use these programmes as a way to offset any gaps, while continuing to hone their strengths and to leverage them for supporting library community members. LIS professionals should be given opportunities to expand their professional networks as well as participate in programmes involving community outreach and advocacy. In addition, organisations that employ information professionals should make appropriate arrangements to facilitate, encourage, and regularly review their employees' continuing education and professional development.

The design of CE/PD needs to consider:

- International trends and initiatives, and global mindset and sustainability, modified and delivered in a way that is reflective of and sensitive to local and regional communities and serves the professional interests and needs of local/regional LIS professionals;

· Multiple systems of knowledge, education, and services, that identify, decolonise and indigenise dominant and systemic biases;

· Equity, diversity, inclusion, and accessibility (EDIA) that impacts access to CE/PD. For example: pedagogy, modes of delivery, length, costs and language; and

· Collaboration and cooperation among LIS schools and organisations to reduce duplication and leverage diverse strengths, resources and perspectives.

Examples of CE/PD include, but are not limited to, internships built to benefit emergent LIS professionals and facilitate their professional entry into the field; webinars hosted locally, regionally, or internationally; conferences hosted locally, regionally, nationally, or internationally; symposia made readily available and archived for future use; and cascade training (e.g., training of trainers (ToT) model).

G8 Education and Research Resources and Facilities

Educational and research resources and facilities enable and support teaching and learning processes, facilitate communication between educators and learners, and support management of the course of study for the successful completion of the programme. They support educators and learners and provide a clear and guided path through the curriculum as well as encourage access to extra-curricular knowledge, communication, and research skills. Services associated with the educational programmes should support innovative and critical pedagogy, self-learning, interactive learning experiences, and engagement with professional and research communities. Whenever feasible, LIS education should provide flexible learning options that accommodate learners' needs and deploy novel solutions in educational and adaptive technologies.

LIS education is resource intensive and requires access to a range of bibliographic and technological services not only to support teaching and research but also to demonstrate advancement in library and information practice. Resources and facilities include:

· teaching and learning support services such as libraries, IT support, e-learning platforms and learning management systems.

· teaching and learning material consisting of reference resources, illustrative/demonstrative materials, databases, supplementary pedagogical sources, and subject content materials, in accessible formats;

facilities such as classrooms and laboratories, including furniture and fittings; and technical resources such as equipment (mechanical, electrical, digital) and software (applications, datasets and data management systems).

G9. Programme Review and Innovation

Periodic programme review provides an opportunity for an academic programme to reflect on the relevance and currency of the programme within the framework of foundational knowledge areas which informed the development of these Guidelines for professional LIS programmes. Using the Guidelines, a programme (undergraduate or graduate) should have a clearly defined, periodic review process, for example, every three to seven years, taking into account, amongst others, evolving technologies impacting LIS professional practice, new trends/innovations, and anticipated changes in LIS and cognate fields as well as in broader society. The review process should harmonise with local practices of accreditation, if any, and importantly with institution- level programme review protocols. The programme review should also be cognisant of the significance of the LIS field in addressing societal challenges facing local, regional, and global contexts. LIS educators, students, practitioners and stakeholders should be involved in the review as a process of innovation and revisioning of a programme. Such a review provides a good basis for programme planning and improvement, including the development of new courses or specialisations where gaps are identified, reflecting a dynamic LIS field.

Outside of such formal periodic programme reviews guided by national and/or institutional policies and practices, LIS programmes, their curricula content, and delivery modes should be, on an ongoing basis, reflected on by members of the teaching team and revised where necessary, taking into account input (formal or informal) from faculty members, students, employers and national professional bodies. Such a continuous approach to review and innovation is necessary to ensure that LIS programmes reflect changes in LIS professional practice and related LIS education, locally as well as internationally.

附錄三
美國圖書館學會圖書館與資訊研究碩士學程認可標準
Standards for Accreditation of Master's Programs in Library and Information Studies

Adopted by the Council of the American Library Association (the Council), February 2, 2015 Revision of standard element V.3 adopted by the Council, January 28, 2019 by request of the Committee on Accreditation

資料來源：

> American Library Association. (2019). *Standards for Accreditation of master's programs in library and information studies.* https://www.ala.org/educationcareers/sites/ala.org.educationcareers/files/content/standards/Standards_2015_adopted_02-02-15.pdf

Introduction

Purpose of Accreditation

Accreditation in higher education is defined as a collegial process based on self-and peer assessment for public accountability and improvement of academic quality.

Accreditation serves to ensure educational quality, judged in terms of demonstrated results in supporting the educational development of students. Judgments are made by carefully vetted, unbiased practitioners and faculty professionals at the expert level.

These experts judge how well:

· Accreditation standards are met (and can continue to be met) by the institution or program;

· Elements such as curriculum, evaluation methods, faculty, resources and admission requirements are suited to the overall mission and level of program offerings and objectives;

· Students can be expected to fulfill the knowledge and skills requirements for completion of their programs.

Authority and Responsibilities of the ALA Committee on Accreditation

The Council of the American Library Association (ALA) has designated the Committee on Accreditation "to be responsible for the execution of the accreditation program of the ALA and to develop and formulate standards of education..." for graduate programs of library and information studies leading to a master's degree. The American Library Association Committee on Accreditation is recognized by the Council for Higher Education Accreditation as the accrediting agency for these programs.

The Committee on Accreditation protects the public interest and provides guidance for educators. Prospective students, employers recruiting professional staff, and the general public concerned about the quality of library and information services have the right to know whether a given program of education is of good standing. By identifying those programs meeting recognized standards, the Committee offers a means of quality control in the professional staffing of library and information services.

The Committee on Accreditation examines the evidence presented for each of the Standards; however, its final judgment is concerned with the totality of the accomplishment and the environment for learning. The decision regarding accreditation is approached from an evaluation of this totality rather than from a consideration of isolated particulars. Thus, failure to meet any particular component of a standard may not result in failure to meet that standard. Similarly, failure to meet a single standard may not result in failure to achieve accredited status for a program.

Evaluators of a program for accreditation purposes are vetted for bias, formally oriented, experienced, and capable.

Scope of Standards

These Standards are limited in their application to the assessment of graduate programs of library and information studies that lead to a master's degree. As a prerequisite to accreditation, the institution in which a program resides must be accredited by its appropriate accrediting agency.

The phrase "library and information studies" is understood to be concerned with recordable information and knowledge, and the services and technologies to facilitate their management and use. Library and information studies encompasses information and knowledge creation, communication, identification, selection, acquisition, organization and description, storage and retrieval, preservation, analysis, interpretation, evaluation, synthesis, dissemination, and management. This definition incorporates a field of professional practice and associated areas of study and research, regardless of a degree's name.

A unit's mission is relevant to master's program review; when the unit offers other educational programs, the contribution of those programs is also relevant. A unit may seek accreditation for more than one graduate program of education in library and information studies leading to a master's degree; when that is done, the goals, objectives, and learning outcomes of each program and their interrelationships are to be presented.

Terminology within the Standards

The academic unit that provides graduate education in library and information studies may be organized as an autonomous college within its university, as a department in a college, or otherwise, as appropriate within the institution. Within the Standards, the term "program" refers to an organization of people and educational experiences that comprise the degree.

The term "research" as used in the Standards is understood to be (1) broad in its inclusiveness of scholarly activities of a wide variety; and (2) inclusive of communication of results through appropriate means.

When the term "faculty" is used, the Standard applies to the faculty as a whole, including both full-time faculty members (tenured/tenure-track and non-tenure-track) and part-time faculty members. Reference to a subset of the faculty is designated by referring specifically to "full-time" or "part-time" faculty members, or to "each" or "individual" faculty members.

Systematic planning is an ongoing, active, broad-based approach to (a) continuous review and revision of a program's vision, mission, goals, objectives, and learning outcomes; (b) assessment of attainment of goals, objectives, and learning outcomes; (c) realignment and redesign of core activities in response to the results of assessment; and (d) communication of planning policies and processes, assessment activities, and results of assessment to program constituents. Effective broad-based, systematic planning requires engagement of the program's constituents and thorough and open documentation of those activities that constitute planning.

A glossary of accreditation terminology is available at the ALA-Office for Accreditation website, http://www.ala.org/accreditedprograms/standards/glossary.

Nature of the Standards

These Standards identify the indispensable components of library and information studies programs while recognizing programs' rights and obligations regarding initiative, experimentation, innovation, and individual programmatic differences. The Standards are indicative, not prescriptive, with the intent to foster excellence through a program's development of criteria for evaluating effectiveness, developing and applying qualitative and quantitative measures of these criteria, analyzing data from measurements, and applying analysis to program improvement.

The Standards stress innovation, and encourage programs to take an active role in and concern for future developments and growth in the field.

The nature of a demonstrably diverse society is referenced throughout the Standards because of the desire to recognize diversity, defined in the broadest terms, when framing goals and objectives, designing curricula, and selecting and retaining faculty and students.

The requirements of these Standards apply regardless of forms or locations of delivery of a program.

This 2019 edition reflects an adjustment to the first sentence of ALA standard element V.3 to respond to Council on Higher Education Accreditation (CHEA) requirements that accreditors confine standards to what is necessary for student learning and achievement, "refer to resources only to the extent required for students to emerge from institutions or programs appropriately prepared" (CHEA 2010 standard 12A5/ 2018 standard 10D).

Philosophy of Program Review

The Committee on Accreditation determines the eligibility of a program for accredited status on the basis of evidence presented by a program and by the report of a visiting external review panel. The evidence supplied by the program in support of the Standards is evaluated against the statement of the program's mission and its program goals and objectives. A program's evidence is evaluated by trained, experienced, and capable evaluators.

Program goals and objectives are fundamental to all aspects of master's degree programs and form the basis on which educational programs are to be developed and upon which they are evaluated. Program goals and objectives are required to reflect and support student learning outcomes and the achievement of these outcomes.

The *Accreditation Process, Policies and Procedures (AP3)* document guides the accreditation process. Both the *Standards* and *AP3* are available online from the Office for Accreditation website, http://www.ala.org/offices/accreditation. Assistance in obtaining materials used by the Committee on Accreditation (COA) is provided by the Office for Accreditation. These materials consist of documents used in the accreditation process, as well as educational policy statements developed by relevant professional organizations that can be used to inform the design and evaluation of a master's degree program.

Standard I: Systematic Planning

I.1 The program's mission and goals, both administrative and educational, are pursued, and its program objectives achieved, through implementation of an ongoing, broad-based, systematic planning process that involves the constituencies that the program seeks to serve. Elements of systematic planning include:

I.1.1 Continuous review and revision of the program's vision, mission, goals, objectives, and student learning outcomes;

I.1.2 Assessment of attainment of program goals, program objectives, and student learning outcomes;

I.1.3 Improvements to the program based on analysis of assessment data;

I.1.4 Communication of planning policies and processes to program constituents. The program has a written mission statement and a written strategic or long-range plan that provides vision and direction for its future, identifies needs and resources for its mission and goals, and is supported by university administration. The program's goals and objectives are consistent with the values of the parent institution and the culture and mission of the program and foster quality education.

I.2 Clearly defined student learning outcomes are a critical part of the program's goals. These outcomes describe what students are expected to know and be able to do by the time of graduation. They enable a faculty to arrive at a common understanding of the expectations for student learning and to achieve consistency across the curriculum. Student learning outcomes reflect the entirety of the learning experience to which students have been exposed. Student learning outcomes address:

I.2.1 The essential character of the field of library and information studies;

I.2.2 The philosophy, principles, and ethics of the field;

I.2.3 Appropriate principles of specialization identified in applicable policy statements and documents of relevant professional organizations;

I.2.4 The importance of research to the advancement of the field's knowledge base; I.2.5 The symbiotic relationship of library and information studies with other fields;

I.2.6 The role of library and information services in a diverse global society, including the role of serving the needs of underserved groups;

I.2.7 The role of library and information services in a rapidly changing technological society;

I.2.8 The needs of the constituencies that the program seeks to serve.

I.3 Program goals and objectives incorporate the value of teaching and service to the field.

I.4 Within the context of these Standards each program is judged on the extent to which it attains its objectives. In accord with the mission of the program, clearly defined, publicly stated, and regularly reviewed program goals and objectives form the essential frame of reference for meaningful external and internal evaluation.

1.4.1 The evaluation of program goals and objectives involves those served: students, faculty, employers, alumni, and other constituents.

1.5 The program has explicit, documented evidence of its ongoing decision-making processes and the data to substantiate the evaluation of the program's success in achieving its mission, goals and objectives.

Standard II: Curriculum

II.1 The curriculum is based on goals and objectives, and evolves in response to an ongoing systematic planning process involving representation from all constituencies. Within this general framework, the curriculum provides, through a variety of educational experiences, for the study of theory, principles, practice, and legal and ethical issues and values necessary for the provision of service in libraries and information agencies and in other contexts. The curriculum is revised regularly to keep it current.

II.2 The curriculum is concerned with information resources and the services and technologies to facilitate their management and use. Within this overarching concept, the curriculum of library and information studies encompasses information and knowledge creation, communication, identification, selection, acquisition, organization and description, storage and retrieval, preservation and curation, analysis, interpretation, evaluation, synthesis, dissemination, use and users, and management of human and information resources.

The curriculum

II.2.1 Fosters development of library and information professionals who will assume a leadership role in providing services and collections appropriate for the communities that are served;

II.2.2 Emphasizes an evolving body of knowledge that reflects the findings of basic and applied research from relevant fields;

II.2.3 Integrates technology and the theories that underpin its design, application, and use;

II.2.4 Responds to the needs of a diverse and global society, including the needs of underserved groups;

II.2.5 Provides direction for future development of a rapidly changing field;

II.2.6 Promotes commitment to continuous professional development and lifelong learning, including the skills and competencies that are needed for the practitioner of the future.

II.3 The curriculum provides the opportunity for students to construct coherent programs of study that allow individual needs, goals, and aspirations to be met within the context of program requirements established by the school and that will foster the attainment of student learning outcomes. The curriculum includes as appropriate cooperative degree programs, interdisciplinary coursework and research, experiential opportunities, and other similar activities. Course content and sequence relationships within the curriculum are evident.

II.4 Design of general and specialized curricula takes into account the statements of knowledge and competencies developed by relevant professional organizations.

II.5 Procedures for the continual evaluation of the curriculum are established with input not only from faculty but also representatives from those served. The curriculum is continually evaluated with input not only from faculty, but also representatives from those served including students, employers, alumni, and other.

Standard III: Faculty

III.1 The program has a faculty capable of accomplishing program objectives. Full-time faculty members (tenured/tenure-track and non-tenure-track) are qualified for appointment to the graduate faculty within the parent institution. The full-time faculty are sufficient in number and in diversity of specialties to carry out the major share of the teaching, research, and service activities required for the program, wherever and however delivered. Part-time faculty, when appointed, balance and complement the competencies of the full-time tenured/tenure-track and non-tenure-track faculty and are integral to the program. Particularly in the teaching of specialties that are not represented in the expertise of the full-time faculty, part-time faculty enrich the quality and diversity of the program.

III.2 The program demonstrates the high priority it attaches to teaching, research, and service by its appointments and promotions; by encouragement of excellence in teaching, research, and service; and through provision of a stimulating learning and research environment.

III.3 The program has policies to recruit and retain faculty from diverse backgrounds. Explicit and equitable faculty personnel policies and procedures are published, accessible, and implemented.

III.4 The qualifications of each faculty member include competence in designated teaching areas, technological skills and knowledge as appropriate, effectiveness in teaching, and active participation in relevant organizations.

III.5 For each full-time faculty member, the qualifications include a sustained record of accomplishment in research or other appropriate scholarship (such as creative and professional activities) that contribute to the knowledge base of the field and to their professional development.

III.6 The faculty hold advanced degrees from a variety of academic institutions. The faculty evidence diversity of backgrounds, ability to conduct research in the field, and specialized knowledge covering program content. In addition, they demonstrate skill in academic planning and assessment, have a substantial and pertinent body of relevant experience, interact with faculty of other disciplines, and maintain close and continuing liaison with the field. The faculty nurture an intellectual environment that enhances the accomplishment of program objectives.

III.7 Faculty assignments relate to the needs of the program and to the competencies of individual faculty members. These assignments assure that the quality of instruction is maintained throughout the year and take into account the time needed by the faculty for teaching, student counseling, research, professional development, and institutional and professional service.

III.8 Procedures are established for systematic evaluation of all faculty; evaluation considers accomplishment and innovation in the areas of teaching, research, and service. Within applicable institutional policies, faculty, students, and others are involved in the evaluation process.

III.9 The program has explicit, documented evidence of its ongoing decision-making processes and the data to substantiate the evaluation of the faculty.

III.10 The program demonstrates how the results of the evaluation of faculty are systematically used to improve the program and to plan for the future.

Standard IV: Students

IV.1 The program formulates recruitment, admission, retention, financial aid, career services, and other academic and administrative policies for students that are consistent with the program's mission and program goals and objectives. These policies include the needs and values of the constituencies served by the program. The program has policies to recruit and retain students who reflect the diversity of North America's communities. The composition of the student body is such that it fosters a learning environment consistent with the program's mission and program goals and objectives.

IV.2 Current, accurate, and easily accessible information about the program is available to students and the general public. This information includes documentation of progress toward achievement of program goals and objectives, descriptions of curricula, information on faculty, admission requirements, availability of financial aid, criteria for evaluating student performance, assistance with placement, and other policies and procedures. The program demonstrates that it has procedures to support these policies.

IV.3 Standards for admission are applied consistently. Students admitted to the program have earned a bachelor's degree from an accredited institution; the policies and procedures for waiving any admission standard or academic prerequisite are stated clearly and applied consistently. Assessment of an application is based on a combined evaluation of academic, intellectual, and other qualifications as they relate to the constituencies served by the program, the program's goals and objectives, and the career objectives of the individual. Within the framework of institutional policy and programs, the admission policy for the program ensures that applicants possess sufficient interest, aptitude, and qualifications to enable successful completion of the program and subsequent contribution to the field.

IV.4 Students construct a coherent plan of study that allows individual needs, goals, and aspirations to be met within the context of requirements established by the program. Students receive systematic, multifaceted evaluation of their achievements. Students have access to continuing opportunities for guidance, counseling, and placement assistance.

IV.5 The program provides an environment that fosters student participation in the definition and determination of the total learning experience. Students are provided with opportunities to:

IV.5.1 Participate in the formulation, modification, and implementation of policies affecting academic and student affairs;

IV.5.2 Participate in research;

IV.5.3 Receive academic and career advisement and consultation; IV.5.4 Receive support services as needed;

IV.5.5 Form student organizations;

IV.5.6 Participate in professional organizations.

IV.6 The program applies the results of evaluation of student achievement to program development. Procedures are established for systematic evaluation of the extent to which the program's academic and administrative policies and activities regarding students are accomplishing its objectives. Within applicable institutional policies, faculty, students, staff, and others are involved in the evaluation process.

IV.7 The program has explicit, documented evidence of its ongoing decision-making processes and the data to substantiate the evaluation of student learning outcomes, using appropriate direct and indirect measures as well as individual student learning, using appropriate direct and indirect measures.

IV.8 The program demonstrates how the results of the evaluation of student learning outcomes and individual student learning are systematically used to improve the program and to plan for the future.

Standard V: Administration, Finances, and Resources

V.1 The program is an integral yet distinctive academic unit within the institution. As such, it has the administrative infrastructure, financial support, and resources to ensure that its goals and objectives can be accomplished. Its autonomy is sufficient to assure that the intellectual content of its program, the selection and promotion of its faculty, and the selection of its students are determined by the program within the general guidelines of the institution. The parent institution provides both administrative support and the resources needed for the attainment of program objectives.

V.2 The program's faculty, staff, and students have the same opportunities for representation on the institution's advisory or policy-making bodies as do those of comparable units throughout the institution. Administrative relationships with other academic units enhance the intellectual environment and support interdisciplinary interaction; further, these administrative relationships encourage participation in the life of the parent institution. Decisions regarding funding and resource allocation for the program are made on the same basis as for comparable academic units within the institution.

V.3 The administrative head of the program has authority to ensure that students are supported in their academic program of study. In addition to academic qualifications comparable to those required of the faculty, the administrative head has leadership skills, administrative ability, experience, and understanding of developments in the field and in the academic environment needed to fulfill the responsibilities of the position.

V.4 The program's administrative head nurtures an environment that enhances the pursuit of the mission and program goals and the accomplishment of its program objectives; that environment also encourages faculty and student interaction with other academic units and promotes the socialization of students into the field.

V.5 The program's administrative and other staff support the administrative head and faculty in the performance of their responsibilities. The staff contributes to the fulfillment of the program's mission, goals, and objectives. Within its institutional framework decision-making processes are determined mutually by the administrative head and the faculty, who regularly evaluate these processes and use the results.

V.6 The parent institution provides continuing financial support for development, maintenance, and enhancement of library and information studies education in accordance with the general principles set forth in these Standards. The level of support provides a reasonable expectation of financial viability and is related to the number of faculty, administrative and support staff, instructional resources, and facilities needed to carry out the program's teaching, research, and service.

V.7 Compensation for the program's faculty and other staff is equitably established according to their education, experience, responsibilities, and accomplishments and is sufficient to attract, support, and retain personnel needed to attain program goals and objectives.

V.8 Institutional funds for research projects, professional development, travel, and leaves with pay are available on the same basis as in comparable units of the institution. Student financial aid from the parent institution is available on the same basis as in comparable units of the institution.

V.9 The program has access to physical and technological resources that allow it to accomplish its objectives in the areas of teaching, research and service. The program provides support services for teaching and learning regardless of instructional delivery modality.

V.10 Physical facilities provide a functional learning environment for students and faculty; enhance the opportunities for research, teaching, service, consultation, and communication; and promote efficient and effective administration of the program.

V.11 Instructional and research facilities and services for meeting the needs of students and faculty include access to information resources and services, computer and other information technologies, accommodations for independent study, and media production facilities.

V.12 The staff and the services provided for the program by libraries, media centers, and information technology units, as well as all other support facilities, are appropriate for the level of use required and specialized to the extent needed. These services are delivered by knowledgeable staff, convenient, accessible to people with disabilities, and are available when needed.

V.13 The program's systematic planning and evaluation process includes review of its administrative policies, its fiscal and support policies, and its resource requirements. The program regularly reviews the adequacy of access to physical resources and facilities for the delivery of face-to-face instruction and access to the technologies and support services for the delivery of online education. Within applicable institutional policies, faculty, staff, students, and others are involved in the evaluation process.

V.14 The program has explicit, documented evidence of its ongoing decision-making processes and the data to substantiate the evaluation of administration, finances, and resources.

V.15 The program demonstrates how the results of the evaluation of administration, finances, and resources are systematically used to improve the program and to plan for the future.

附錄四
英國圖書館與資訊專業
學會課程認可標準：
專業知識與技能基石
The Professional Knowledge and Skills Base

資料來源：

CILIP (2021). *The Professional Knowledge and Skills Base.* https://www.cilip.org.uk/page/PKSB

INTRODUCTION

The Professional Knowledge and Skills Base

The CILIP Professional Knowledge and Skills Base is the sector skills standard for the information, knowledge, library and data profession.

It has been developed in consultation with employers, practitioners, sector experts and learning providers. It is recognised as the foundation of learning and skills development for the profession and often referred to as the "PKSB" by the community. It outlines the broad range of skills and knowledge required by those working in the information profession.

Core principles

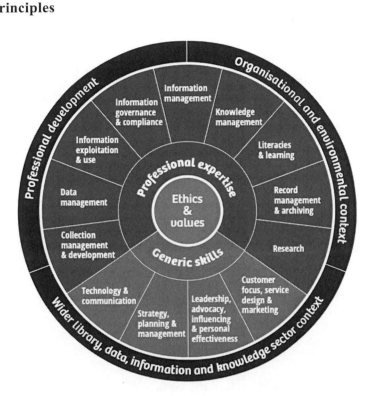

Ethics and values are central to all professional practice. They are placed at the centre of the wheel and underpin all development and practice.

Professional development Organisational and environmental context Wider library, data, information and knowledge sector context

These principles encircle the **Professional expertise** and **Generic skills**, because it is important for practitioners to commit to ongoing professional development. Practitioners should apply their skills and knowledge to drive improvements in the workplace. Understanding and contributing to the wider profession ensures good practice is shared and builds the body of professional knowledge.

Skills and knowledge

Professional expertise. This element maps the skills and behaviours that make our profession unique.

Generic skills. This element maps the generic skills that make a great information professional.

Each heading is broken down into further detail; each section having between 6 and 12 further knowledge and skills areas and with detailed description. The full PKSB products include the in-depth description of every skills and knowledge area within the sections. This creates a comprehensive and detailed framework for all working in the library, data, information and knowledge management professions.

This document gives access to the section and area level headings only. This showcases the structure of the PKSB skills standard and gives an indication of the content contained within the full PKSB products. Please contact CILIP to discuss ways to gain access to the full PKSB content.

Range of uses

The Professional Knowledge and Skills Base outlines the broad spectrum of knowledge and skills required across the profession.It can be used in a number of ways to develop skills for success.

For individual members

It can be used as a self-assessment tool to give direction to personal, professional and career development.

It can be used to demonstrate your unique skill set to employers.

It can be used to map and demonstrate transferable skills to open up opportunities across the profession.

It is the framework for CILIP Professional Registration, recognising excellence in professional practice through Certification, Chartership and Fellowship. It is a perfect guide to continuing professional development for Revalidation too.

For employers

It can be used as a framework for skills analysis, to target staff training and development and to support workforce development.

It has been used by major national public employers as the basis for the development of in-house capability, career path and assessment schemes.

For learning providers

It is used as the framework for accrediting academic and vocational qualifications and training for the information profession.

For partnership projects

It has been used as the basis for English apprenticeship development for the library, information and knowledge profession.

It has been aligned to the international standard for knowledge management: ISO 30401 Knowledge Management

It has been used as the basis for the accreditation of services, for example the 2021 ACE funded-project to develop an accreditation framework for public libraries.

OVERVIEW

Element one: Core principles

These core principles should be considered in all professional skills and knowledge development: Applying professional ethics and values, as defined by the CILIP Ethical Framework and the CILIP Professionalism Definition, in practice. Understanding the benefits of continued learning and reflection.

Understanding how development can drive service improvement. Appreciating the value of drawing from, and contributing to, the wider body of professional knowledge, across the breadth of the profession.

Ethics and values

Applying the seven ethical principles, as set out in the CILIP Ethical Framework, which underpin the library, data, information and knowledge profession in all elements of professional practice and development. They are: human rights, equality & diversity, the public benefit, preservation, intellectual freedom, impartiality and the avoidance of inappropriate bias, confidentiality and development of information skills & information literacy.

Professional development

Committing to keep skills and knowledge up to date. Identifying areas for personal improvement. Undertaking appropriate development activities and applying learning in practice. Applying a reflective approach to both practice and development.

Organisational and environmental context

Examining the organisational or environmental context of your service, evaluate service performance and consider ways to implement or recommend improvement.

Wider library, data, information and knowledge sector context

Enhancing skills and informing practice through expanded knowledge of the wider library, data, information and knowledge profession. Reflecting on areas of common interest or difference and contributing to the body of shared professional knowledge.

Element two: Professional expertise

This is an overview of the skills and knowledge areas covered in each PKSB section.To access the complete descriptions and the full range of PKSB tools, please contact CILIP.

SECTION 01 Collection management and development

The process of planning, delivering, maintaining and evaluating a programme of stock acquisition and management which meets current objectives and builds a coherent and reliable collection to allow for future development of the service. Includes collection management, resource selection and acquisition, licensing and planning for continued future use.

01.1 Collection management

01.2 Collection strategy

01.3 Selection of materials and resources

01.4 Legal deposit

01.5 Collection evaluation and information quality

01.6 Collection promotion

SECTION 02 Data management

Organising and handling data to meet the needs of organisations and the requirements of their information and knowledge management systems. Includes ensuring data quality; legal and regulatory compliance; and developing procedures, processes and plans to identify data needs; and sourcing, acquiring, collecting, organising and presenting data.

02.1 Data management

02.2 Data governance

02.3 Decision support

02.4 Data engineering

02.5 Data architecture

02.6 Data for business intelligence

02.7 Data storytelling

02.8 Data literacy

02.9 AI and algorithmic literacy

02.10 Data stewardship

SECTION 03 Information exploitation and use

Combining information skills, information content and knowledge to meet the needs of the user community, for example researchers, academics, communities, individuals, businesses or government. Includes providing enquiry and search services, bibliometrics, abstracting and promoting collections.

03.1 Understanding information services

03.2 Understanding information seeking behavior

03.3 Information retrieval

03.4 Informetrics

03.5 Information analysis

03.6 Information appraisal

03.7 Abstracting and summarizing

03.8 Information synthesis and integration

03.9 Organisational information assets and benefits

SECTION 04 Information governance and compliance

Developing and adhering to policies and regulations regarding processes and procedures for information use, while retaining an appropriate balance between information availability and information security. Includes knowledge of information law, privacy, copyright, intellectual property and licensing as well as issues relating to information risk management, information ownership and accountability.

04.1 Information governance

04.2 Informationrights

04.3 Copyright, intellectual property and licensing

04.4 Informationownership and accountability

04.5 Information risk management

04.6 Information assurance and security

04.7 Assured information sharing

04.8 Informationaudit

SECTION 05 Information management

Organising all types of information and other resources including the development and use of tools, strategies and protocols, and enabling these resources to be organised, searched and retrieved effectively. Includes cataloguing and classification, metadata and thesauri, subject indexing and database design. Awareness of how information theory underpins practical application.

05.1 Information management

05.2 Information resources

05.3 Information architecture

05.4 Metadata

05.5 Classification schemes and taxonomies

05.6 Ontologies

05.7 Thesauri and controlled vocabularies

05.8 Subject indexing

05.9 File planning

05.10 Cataloguing and resource description

05.11 Data repository design and management

SECTION 06 Knowledge management

Collecting, organising, storing, sharing and exploiting organisational knowledge assets; ensuring that these assets remain available for future use. Includes capturing and recording knowledge, reflecting on results and sharing knowledge, skills and outcomes for the benefit of others.

06.1 Knowledge management

06.2 Knowledge development

06.3 Knowledge synthesis and combination

06.4 Knowledge transfer and organisational learning

06.5 Knowledge sharing and collaboration

06.6 Organisational knowledge assets

06.7 Knowledge management principles and thinking

06.8 Knowledge management culture

SECTION 07 Literacies and learning

Understanding the attitudes, values and skills needed to become literate. This will include reading and information literacy. In addition, other literacies, closely related, which are specific to communities, formats or purpose. Includes digital literacy, health literacy, academic literacy, media literacy, civic literacy, political literacy and numerical literacy.

07.1 Information literacy

07.2 Digital literacy

07.3 Media literacy

07.4 Health literacy

07.5 Reader development and literacy

07.6 Frameworks and curricula for education and training

07.7 Educational skills

07.8 Learning environments

07.9 Community learning and development

07.10 Supporting information discovery

SECTION 08 Records management and archiving

Recording, organising and preserving information records held in a range of formats and media in an organisation, and continuing to evaluate them for retention or disposal based on their format, relevance, usage and legal requirements. Includes storage and retrieval of records and collections, digitisation, curation and preservation.

08.1 Records management

08.2 Retention and disposal

08.3 Storage of collections

08.4 Access to collections

08.5 Digitisation and continuity of access

08.6 Curation

08.7 Preservation

08.8 Archiving

08.9 Recordkeeping literacy

SECTION 09 Research

Using research processes, research techniques and knowledge of information resources to conduct and support organisational, client or individual research projects. Conducting research to further the body of knowledge about the information profession, and research to better understand how stakeholders interact with our services and profession.

09.1 Research process

09.2 Understanding research value

09.3 Empirical research

09.4 Desk research

09.5 Statistics and statistical analysis

09.6 Understanding research contexts

09.7 Communication of research findings

09.8 Research ethics

09.9 Research support

Element three: Generic skills

This is an overview of the skills and knowledge areas covered in each PKSB section. To access the complete descriptions and the full range of PKSB tools, please contact CILIP.

SECTION 10 Customer focus, service design and marketing

Understanding user needs, shaping library, data, information and knowledge services to meet those needs and using appropriate methods to inform customers of accessibility, value and the benefit of the resources and services. Includes knowing the customer, planning metrics, evaluating feedback, applying user centric design principles and promoting services. Identifying and communicating with stakeholders.

10.1 Customer service skills

10.2 Consulting and consultancy services

10.3 Community engagement in planning

10.4 Engaging with stakeholders

10.5 Service innovation, development and design

10.6 Quality management

10.7 User experience (UX)

10.8 Marketing

10.9 Events programming and management

SECTION 11 Leadership, advocacy, influencing and personal effectiveness

Providing active leadership by inspiring and managing themselves and teams, both inside and outside the organisation. Also by promoting the positive value of inclusive library, data, information and knowledge services across the organisation and society. Applicable at all levels, it includes leading, inspiring and empowering others, influencing key stakeholders and understanding external frameworks.

11.1 Leadership skills

11.2 Advocacy

11.3 Demonstrating value and impact

11.4 Influencing key stakeholders

11.5 Working with decision makers

11.6 Partnership development

11.7 Critical thinking and evaluation

11.8 Reflective practice

11.9 Team work

SECTION 12 Strategy, planning and management

Setting long-term goals and objectives; managing their planning and delivery with appropriate governance within financial and legal constraints. Ensuring that strategies and priorities are in line with and support business objectives. Includes knowledge of business, operational and financial planning and management.

12.1 Strategic planning

12.2 Business planning and asset management

12.3 Operational planning

12.4 Policy

12.5 Legal compliance

12.6 Governance

12.7 People management

12.8 Financial management

12.9 Contract management

12.10 Programme management

12.11 Project management

12.12 Change management

SECTION 13 Technology and communication

Using a range of digital technologies and resources to manage information, data and knowledge and deliver successful services. Using effective communication skills including oral, writing and presentation skills, networking and relationship building with individuals and groups.

13.1 Computational sense

13.2 Exploiting technology

13.3 Library, information and knowledge technologies

13.4 System design and development of systems

13.5 Social media and collaborative tools

13.6 Communication skills

13.7 Presentation skills

13.8 Networking skills

13.9 Media and PR skills

13.10 Language skills

附錄五之一
澳洲圖書館與資訊專業
學會課程認可標準：
檔案館、圖書館和文書管理資訊專業
人員的基礎知識、技能和特質
Foundation Knowledge, Skills and Attributes relevant to Information Professionals Working in Archives, Libraries and Records Management

資料來源：

Australian Library and Information Association (2020). *Foundation Knowledge, Skills and Attributes relevant to Information Professionals Working in Archives, Libraries and Records Management.* https://read. alia.org.au/foundation-knowledge-skills-and-attributes-relevant-informati on-professionals-working-archives-0

Adopted 2014. Amended 2015. Reviewed 2020.

Preamble

The Australian Library and Information Association (ALIA), Australian Society of Archivist (ASA) and Records and Information Management Professionals Australasia (RIMPA) collaborated on the development of the Foundation Knowledge, Skills and Attributes for information professionals working in archives, libraries and records management.

Knowledge of the Broad Context of the Information Environment

• The historic context within which information management exists, and the theories and principles by which practitioners have operated in the past

• The current and changing contexts in which information is originated, described, stored, organized, retrieved, disseminated, modified and used

• How information can be analyzed and interpreted by professionals and by users

• The relevant ethical, legal and policy issues, including privacy and copyright

• Potential partnerships and alliances with other stakeholders

• How the role aligns with government, corporate, social and cultural goals and values

• Respectfully acknowledge, learn about and understand the important contribution of our first peoples.

The Purposes and Characteristics of Information Architecture, Organisation and Access

• Understand the underpinning theory and practice of information management

• Source, capture, manage and preserve records and collections, to create an information environment that has integrity and is accessible, reliable, compliant, comprehensive

• Understand the importance of information technology, architecture and methodologies to determine the structure, design and flows of information

• Analyse information flow and user needs to develop systems and interfaces that adhere to recognised usability and accessibility guidelines

- Understand information administration, migration, retrieval, restructuring, manipulation and presentation

- Work collaboratively with information technology service providers. Processes and practices relating to information management

- Identify user requirements and the processes that will meet them, including designing, implementing and evaluating systems and tools, introducing enabling technologies, developing and applying metadata

- Enable information access and use through systematic and user-centered description, categorisation, digitisation, storage, preservation and retrieval

- Manage and preserve records and information over time in accordance with organisation and community policies, as new theories, principles, practice and technologies emerge

- Provide and promote free (where appropriate) and equitable access to information and services

- Provide user services, reference and outreach programs to support accessibility in multiple environments

- Facilitatethe acquisition, licensing or creation of information in a range of media and formats

- Create accurate and standards-driven metadata for enhanced and persistent access to information resources in an online environment

- Document the context within which information lies – past, present and future; cultural perspectives; legislative and regulatory mandates; ownership and governance

- Appraise and assess the significance of records and collections; establish priorities and implement decisions about their use, retention and disposal

- Identify vital records and information as part of business continuity and disaster management planning.

Information Sources, Services and Products

- Understand and explore how information is effectively sought and utilised

- Assess the value and effectiveness of methodologies, facilities, products and services

- Support the organisation to respond to digital transformation

- Identify and investigate information needs and information behaviours of individuals, communities, organisations and businesses through creation, collaboration and partnerships

- Design and delivery customised information services and products

- Identify and evaluate information sources, services and products to determine their relevance to the needs of users

- Use research skills to provide appropriate information to users

- Turn information into knowledge

- Understand the needs for information skills in the population, facilitate the development of information literacy and the ability for critical evaluation, and deliver information literacy education for users

- Market information services and products.

General Employability Skills

Information professionals also need management and transferable skills that complement specialist knowledge. Practitioners may not commence their career with all these skills, but will build capability over time. An experienced or senior practitioner working in a specialist or leadership role would be expected to have skills such as:

- Business analysis and audit

- Communication and interpersonal skills

- Critical, reflective and creative thinking

- Customer service

- Development of governance and information frameworks

- Digital literacy to manage and use multiple technologies

- Ethical standards and social responsibility

- Financial and budgetary management

- Human resource management

- ICT application

- Information and statistical analysis, manipulation and dissemination

- Leadership and mentoring capabilities

- Marketing

- Partnership and alliance-building

- Problem-solving

- Project management

- Research methods

- Risk assessment

- Self-direction and management

- Supervisory

- Training and development

Professional Development

While specific requirements vary, all three associations encourage members to undertake continuous professional development to ensure that their skills and knowledge remain current.

The associations provide learning environments within which members can:

- Expand their knowledge about the information profession

- Gather and analyse data and disseminate their findings to advance the theory and practice of information management.

附錄五之二
澳洲圖書館與資訊專業
學會課程認可標準：
初等圖書資訊專業人員的基礎知識
Foundation knowledge for entry-level
library and information professionals

資料來源：

> Australian Library and Information Association (2020). *Foundation knowledge for entry-level library and information professionals.* https://www.alia.org.au/about-alia/policies-standards-and-guidelines/library-and-information-sector-core-knowledge-skills-and-attributes

The phrase 'library and information professional' refers to those members of the profession who have completed an entry-level qualification in Library and Information Science at either Associate or Library Technician level.

The phrase 'library and information agencies' includes libraries, archives, records and cultural heritage information agencies.

Purpose

To describe and promote the distinctive areas of knowledge which are required for effective professional practice in the library and information sector.

Audiences for this policy include:

- · library and information professionals employed in all types of library and information agencies

- employers of library and information professionals
- managers of library and information agencies
- educators and trainers of library and information professionals
- those studying to become library and information professionals
- those interested in a career in this field.

ALIA Constitution Objects addressed

- To promote the free flow of information and ideas in the interests of all Australians and a thriving culture, economy, environment and democracy.
- To promote and improve the services provided by all kinds of library and information agencies.
- To ensure the high standard of personnel engaged in information provision and foster their professional interests and aspirations.
- To encourage people to contribute to the improvement of library and information services through support and membership of the association.
- To endorse the principles of the United Nations Universal Declaration of Human Rights Article 19 and the 2030 Sustainable Development Goals in response to the many challenges faced by the world today and not the future.

Principles

The Australian Library and Information Association (ALIA) sets and maintains education standards for entry into the library and information profession in Australia. The education of library and information professionals is key to the development of excellence in services provided by library and information agencies. Graduates must be able to understand and apply theoretical and practical library and information science (LIS) knowledge, as well as employment-related skills, and be prepared for a dynamic and challenging future in many diverse information environments. They must also be able to demonstrate professionalism in their career and a commitment to lifelong learning.

Statement

The library and information sector in Australia strives to meet the information and community needs of a democratic, progressive, technologically innovative and culturally diverse society. A key focus of the sector is enabling people to connect with the world of information, interact with and use such information in all aspects of their lives. The sector also champions lifelong learning, personal fulfilment, critical thinking, improved decision making, knowledge development, imagination, innovation, creativity and cultural continuity.

As the professional association for library and information professionals, the focus of ALIA is on library and information science. We are however part of a larger industry that encompasses galleries, libraries, archives, museum and records (GLAMR), where there are shared values and interplay within the sectors.

This document outlines the foundation knowledge required by an entry-level graduate employed in the library and information sector. As ALIA accredits LIS courses at the Diploma, Bachelor, Postgraduate Diploma and Master degree levels, the specific levels of knowledge and understanding of a graduate upon completion of a program of formal study should be interpreted in line with the language and descriptors pertaining to the relative levels of the Australian Qualifications Framework.

In presenting the broad areas of professional understanding, it is assumed that other documents such as program curricula will describe the details under each broad area, recognising the need to accommodate innovation and change in practice over time. This policy does not presume that, upon graduation, a library and information science student will have practical skills and expertise in all the listed domains. It does, however, expect that during their studies, students will be introduced to the full range of concepts.

To meet the needs of the sector, the library and information professional requires a high standard of knowledge and skills in LIS acquired through education and training. Professionals also need to have a commitment to ongoing professional learning to ensure continuous improvement in performance. It is acknowledged that the specific context of practice will determine the range and scope of knowledge required as the library and information professional's career progresses.

To meet the need for ongoing professional learning, the ALIA PD Scheme provides a framework designed to support the individual library and information professional's ongoing development with formal recognition for professional development activities. The ALIA PD Scheme offers a range of specialisations to enable library and information professionals to contextualise their professional learning and development. ALIA endorses the individual's commitment and achievements through the award of the post-nominals Certified Professional and Distinguished Certified Professional.

The Australian library and information sector is characterised by a diverse workforce that meets the challenges of the changing nature of work. The library and information workforce operates within and across the physical and digital worlds to:

- promote and uphold the core values of the library and information profession
- understand, respond to and anticipate cultural, recreational, social, information and learning needs of clients, organisations and society
- acknowledge and respect the significance and diversity of the histories,

cultures and heritage of Australia's Aboriginal and Torres Strait Islander peoples

· undertake the effective curation of data, information and knowledge through the processes of description, storage, organisation, retrieval, dissemination and preservation, in order to ensure that it can be freely accessed and used by clients

· develop, deliver and evaluate information and recreational facilities, services, programs, sources and products to meet client needs

· envision and plan future directions for the sector

· advance library and information science in its adaptability, flexibility and autonomous application to information and recreational services

· engage with clients, community, other professions and industries.

The domains of foundation knowledge for entry-level library and information professionals

	Topics
The information environment	A graduate library and information professional has current knowledge and understanding of the library and information environment, including: · historical background and changing nature of the library, information and knowledge environments · contexts in which information is originated, described, stored, organised, preserved, retrieved, modified and used · principles of human rights, inclusion and equality · wider political, economic, social, cultural, educational, technological and environmental factors and events which may impact on the profession · legal and regulatory frameworks which may apply to professional practice

Topics
· policies and standards of relevant government, corporate and professional bodies · ethical issues associated with working with a wide range of client groups, third parties and the requirement to practice with integrity and fairness.

Information services	A graduate library and information professional has current knowledge and understanding of the delivery of data, information and knowledge services that connect users with the resources they need at the right time and place, and in the right format, including: · client engagement · information needs analysis · information seeking behaviour, user experience and accessibility · retrieval, evaluation and synthesis of information · reference and research consultation services · customised delivery of resources tailored to target client groups.
Information management	A graduate library and information professional has current knowledge and understanding of the acquisition and management of the multiple information formats used by individuals and organisations, including: · information architecture to determine the structure, design and flows of data and information · storage, curation, protection, preservation of collections, data, records and knowledge · migration, restructure, manipulation, transformation and presentation of data and records · cataloguing, classification, metadata, interoperability and other information standards and schema · thesauri and subject indexing · collection analysis and management

Topics
· acquisition, negotiating with publishers and providers of resources, licensing and monitoring publishing trends · digitisation and digital repository management · research data management · intellectual property rights, copyright and creative commons.

	Topics
Literacies and learning	A graduate library and information professional has current knowledge and understanding of the importance of literacies and learning to connect individuals and communities to ideas and knowledge creation, including: · advocacy for reading, literacy and digital literacy · programs to meet the literacy, educational, information literacy and digital literacy needs of individuals and communities · cultural events, exhibitions and displays, and activities that foster discovery, creativity and collaboration · training needs assessment · community-focused training programs and learning activities · instructional methodologies, including technology- enhanced learning.
Digital technologies	A graduate library and information professional has current knowledge and understanding of information and communications technologies, including: · library business systems and platforms · content, learning, research data, repository and database management systems · web and network management services · industry standards relating to eResource management · identity management and authentication systems · principles of information privacy and cybersecurity

Topics
· mobile technologies and applications, including systems interoperability
· Artificial intelligence (AI) and machine learning
· social media and collaborative tools
· assistive and related technologies
· data analytics and the value of data as evidence in decision making, policy and research contexts
· the potential of emerging technologies for future library and information practice.

| **Community engagement** | A graduate library and information professional has current knowledge and understanding of the strategies and practices that contribute to the development of strong communities, including:

· ethical issues associated with working with a wide range of client groups and third parties

· Indigenous Australian cultures, histories and contemporary realities and awareness of Indigenous protocols, combined with the proficiency to engage and work effectively in Indigenous contexts

· community information and recreation needs

· information resources, programs and services designed to support community engagement and social inclusion

· principles of community development and evaluation strategies for community engagement

· relationships and alliances achieved through consultation, liaison and partnering with other groups and organisations. |
| **Leadership and management** | A graduate library and information professional has current knowledge and understanding of the principles of leadership and management, including:

· governance and accountability

· the value of organisational policies and procedures |

Topics
· people management and development, including equity, multicultural, diversity and cultural issues
· workplace health and safety
· leading and inspiring individuals and teams
· strategic, business and workforce planning
· budgets, financial management and fiscal accountability
· business continuity and disaster management
· risk management
· program and project management
· space, facilities and technology management
· communications, marketing, public relations, advocacy and influencing key stakeholders
· development and application of policies and procedures
· service improvement
· horizon scanning to identify innovative service and practice improvements.

Research	A graduate library and information professional has current knowledge and understanding of research activities, including:
	· the importance of evidence-based information practice to support decision making
	· quantitative and qualitative research methods
	· conducting research, quality improvement and innovation projects
	· critical appraisal and synthesis of research literature from different disciplines
	· interpretation and presentation of data and statistical analyses
	· scholarly communications
	· research support services
	· the value of open access, open science and open data.

Topics

	Topics
Behavioural skills	A graduate library and information professional is aware of and applies strong behavioural skills to successfully interact with others in the workplace and to contribute to a positive and productive work environment, through: · self-awareness and management · communication skills · interpersonal skills · relationship building · collaboration · empathy · conflict resolution · intellectual curiosity, flexibility and adaptability · creative and positive thinking · critical thinking and problem solving · resilience · critical reflective practice · enthusiasm for lifelong learning and new roles.
Professionalism	A graduate library and information professional maintains currency of professional knowledge and practice and upholds professional standards and values, through: · the understanding and application of moral, cultural, ethical principles and legal responsibilities involved in the provision of library and information services to individuals and communities · advocacy for the library and information profession · active contribution to society by sharing specialist knowledge and expertise as a library and information professional

Topics
· membership of and participation in ALIA as well as other professional associations, as appropriate to the individual's specialisation
· commitment to undertaking formal and informal continuing professional development activities to build knowledge and skills
· professional certification through the relevant ALIA PD specialisation
· mentoring and coaching activities
· research and publishing in the professional literature.

Related policies:

· ALIA's role in the education of library and information professionals

· Courses in library and information science

· Professional development for library and information professionals

· ployer roles and responsibilities in education and professional development.

中文索引

五劃

九劃

十劃

十二劃

十三劃

十四劃

十五劃

英文索引

A

M

國家圖書館出版品預行編目(CIP) 資料

歐美與亞太地區圖書資訊學教育/王梅玲主編.
-- 初版. -- 臺北市：元華文創股份有限公
司, 2023.04
面；公分

ISBN 978-957-711-294-1 (平裝)

1.CST: 圖書資訊學　2.CST: 圖書館教育

020.3　　　　　　　　　　　　111020635

歐美與亞太地區圖書資訊學教育

王梅玲　主編

發 行 人：賴洋助
出 版 者：元華文創股份有限公司
聯絡地址：100 臺北市中正區重慶南路二段 51 號 5 樓
公司地址：新竹縣竹北市台元一街 8 號 5 樓之 7
電　　話：(02) 2351-1607　　傳　　真：(02) 2351-1549
網　　址：www.eculture.com.tw
E-mail：service@eculture.com.tw
主　　編：李欣芳
責任編輯：立欣
行銷業務：林宜葶
出版年月：2023 年 04 月　初版
定　　價：新臺幣 800 元

ISBN：978-957-711-294-1 (平裝)

總經銷：聯合發行股份有限公司
地　址：231 新北市新店區寶橋路 235 巷 6 弄 6 號 4F
電　話：(02)2917-8022　　　　傳　真：(02)2915-6275